ボブ・ディ

版

THE COMPLETE
BOB DYLAN

責任編集 和久井光司

Contents of This Book

［データ表記について］
◎基本的にオリジナル盤のデータを掲載しています。
◎国名は漢字表記、米盤の場合は省略しています。例：英＝イギリス、蘭＝オランダ、日＝日本
◎楽器は一部略号を使用しています。例：ds ＝ドラムス、kbd ＝キーボード、per ＝パーカッション

introduction

ディランがつなぐ友だちの輪

和久井光司

　思えば私はボブ・ディランという人にずいぶん助けられてきている。公式カヴァー・アルバムなんてものをディランと同じレーベルでつくれたのは最たることだが、そういう流れができたのは、米英のミュージシャンにインタヴューに行ったときにディランの話をすると非常に盛り上がり、相手に「お前、わかってるな」という顔をされるのを知ったからだった。

　誰だってそうだと思うけれど、話を聞かせてくれとやってきたヤツが、まるで傍で見ていたように自分のことを知っていて、それまでの仕事について本人が意識していないところまでまことしやかに語ったら、「なんか気持ち悪い」と思うだろうし、「でも、お前なんかに俺がわかってたまるか」と斜に構えたくもなるだろう。

　私はミュージシャンとしても書き手としても、取材を受ける側であることも少なくないから、早い時期に、質問を準備して取材に出かけたり、記事の流れを想定しながら話を訊くことをやめるようにした。インタヴューを受けていて、「なんか気持ち悪い」と思うことが少なくなかったからである。

　初めてロイ・ハーパーに会ったのは90年代の半ばごろだったと思う。そのときハーパーは、ものすごい勢いでディランを批判し始めたのだ。

「英国やアイルランドに伝わるトラディショナル・ナンバーのメロディを拝借しながら、アイツは全部 Written by とクレジットするだろ。オレたちはそういう場合、Trad. Arranged by と記して、そういう曲を残してくれた先達をリスペクトする。ポール・サイモンもそうだが、アイツらはマーティン・カーシーやナイジェル・デンヴァーから教わったメロディを歌ってまるで自分のオリジナルのような顔をした。66年ごろだったか、オレは仲間たちとディランを訴えようとしたぐらいなんだ」と言う。それはとても面白い話だと思ったから、「じゃああなたはアメリカのシンガー・ソングライターの多くが嫌いですか？」と訊くと、ハーパーは、「そうじゃない。オレはデイヴィッド・クロスビーとジョニ・ミッチェルの曲を聴いてオープン・チューニングを試すようになったし、そこからジャズのモードやインド音楽を理解するようになった。それは彼らのおかげだよ」と言う。ほほう、と思った私は、「じゃあディランの歌詞には、あなたも感心したんじゃないですか？」と切り返してみた。ハーパーが書く長い歌詞には、明らかにディランの影響が見えるからだ。するとハーパーは、「オレが酷いと思ったのは60年代前半にディランがやったことで、アイツの歌詞は認めてる。ちゃんと詩になってるからね。その価値がわからなかったらいまのオレはいないよ」と、彼ははにかんで見せた。

　それはとても面白いインタヴュー記事になったから、数年後にマーティン・カーシーに会ったときに、ロイ・ハーパーがそういう話をしてたよ、と言うと、カーシーは「そりゃ近親憎悪じゃないか」と笑って、ディランと過ごした日々を懐かしそうに振り返ったのだ。

　私がロビン・ヒッチコックと仲良くなったのもディラン絡みで、06年にR.E.M.のピーター・バックがいたマイナス・ファイヴを引き連れて来日した彼と『ボブ・ディラン・サミット』というライヴの第一回をやったことが、私のカヴァー・アルバムへの布石にもなった。

　ロビンは、「ぼくは4つのBでできている。ビートルズ、シド・バレット、キャプテン・ビーフハートと、ボブ・ディランだ」と言う人で、“Dylan”というカヴァー・アルバムも出している。そこで彼がシド・バレットみたいなヴォーカルでディランの曲を歌っているのが面白かったから、『ボブ・ディラン・サミット』では私のバンドをバックに「やせっぽちのバラッド」と「ライク・ア・ローリング・ストーン」を歌ってもらった。そうしたらロビン、Juda! の声にI don't believe you と応え、Play Loud! とバンドに声をかけるロイヤル・アルバート・ホールのシーンをひとりで再現して、客席に詰めかけた〝通〟たちを笑わせたのである。

　ギタリストのマーク・リボーに会ったのは、『ディランを歌う』を出したあとだったから、自己紹介のつもりで

CDを渡すと、「アメリカ人にもあの人の歌詞はなんだかわからないのに、きみはあれを日本語にしたのか!?」と驚いてくれた。「いやいや、ディランの歌詞を日本語にしようなんて大それたことではなくて、ミュージシャンが誰かの曲をカヴァーするのと同じ感覚でやってみたんです。つまり素材にしただけで、あくまで勝手な解釈なんですよ」と言うと、「それはとってもいいアプローチだね。ぼくはラテン・バンドみたいなのもやってるけど、それが本物になるわけはない。いい加減な気持ちでやってるわけでも、趣味でもないけど、自分のマナーでやってるだけだと見えてこないことが見えたり、それをどう自分のものにできるかっていうのが面白い。発見が大事ってことだよ」と彼のスタンスを語ってくれた。

そのあとリボーは話題をディランに戻して、「だいたい我々はボブ・ディランがつくった新しい音楽を〝ロック〟だと思ってきたよね。〈サブタレニアン・ホームシック・ブルース〉に代表されるディランのブルーズ・ナンバーは全然ブルーズなんかじゃなくて、まるでガレージ・ロックでしょ。だけど、あれに痺れなかったらぼくはギターなんか弾いてないよ」と笑ったのだ。

そしていまでは有名になった、「でも、彼の最大の発明は〝ボブ・ディラン〟というクールでポップな名前だよ。ロバート・アレン・ジンママンという名前がアメリカ人にとってどれだけダサいかは日本人には掴みにくいだろうけど、〝ボブ・ディラン〟なら日本人もカッコいいと思うだろ?」と言ったのである。

そうやって〝ボブ・ディランが存在している〟ことを体感してきた私は、浦沢直樹と『ディランを語ろう』という本をつくり、レコード・コレクターズ別冊の『ボブ・ディラン・ディスク・ガイド』では全オリジナル・アルバムのレヴューを書いた。その二冊は私のもの書き仕事の中ではかなり売れたものだが、本書はもう少し楽しくディランを語り、いまだにそう思っている人が多い〝難しいのではないか〟というイメージを払拭するものにしたかった。河出に企画書を出して、ソニーの白木さんと栗原さんに「つくりますよ」と報告すると、「なんてタイミングですか！　実は和久井さんの本が出るころに歴史的なリリースがあるんです」と聞かされた。

ならば〝日本におけるボブ・ディラン〟にスポットを当てて、「いままでになかったヴァラエティ・ブックをつくってみせよう」と思ったのだ。それはそれで苦しい道のりだったが、結果、面白い本ができたと思う。

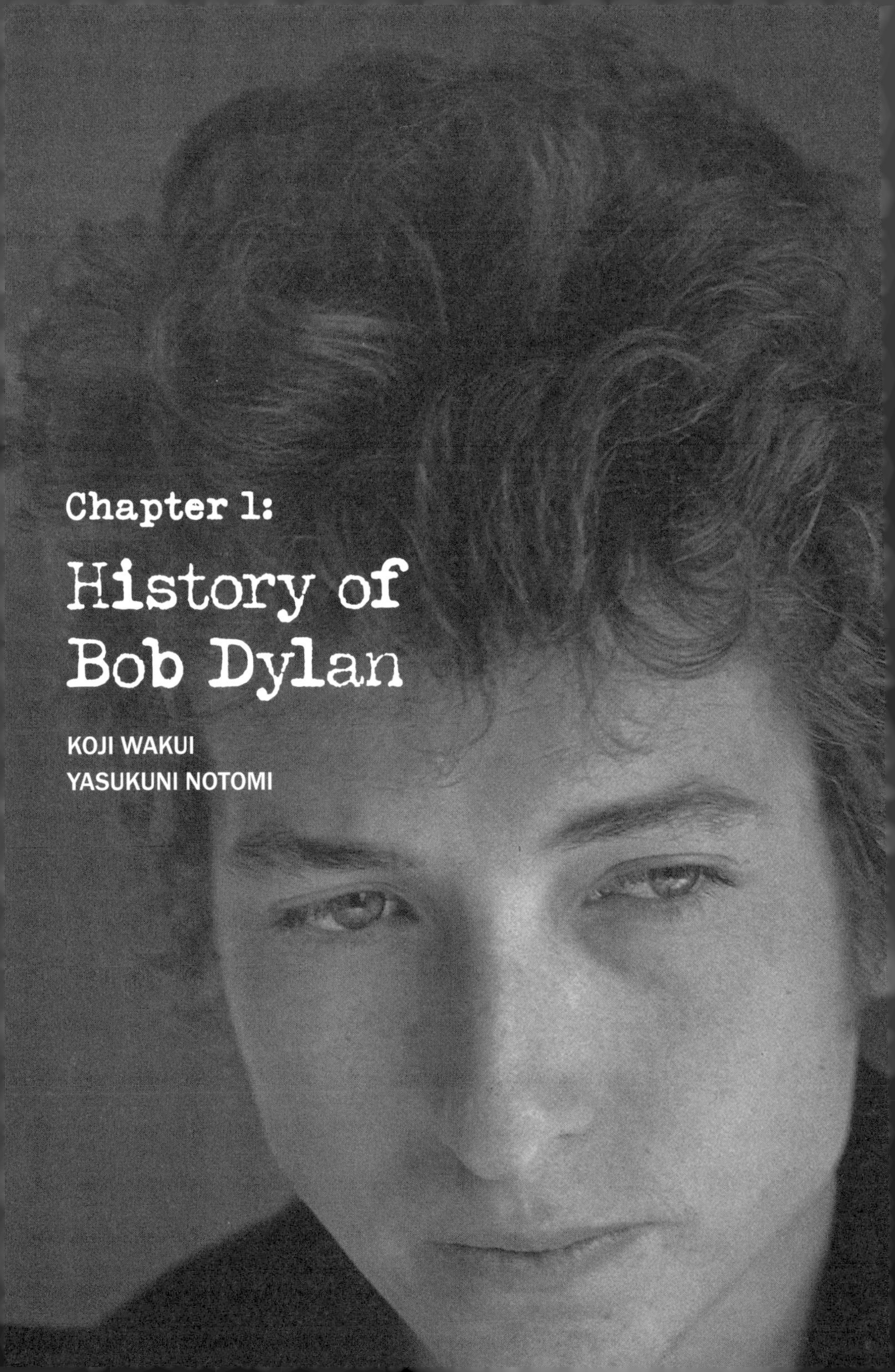

Chapter 1:

History of Bob Dylan

KOJI WAKUI
YASUKUNI NOTOMI

鼎談 いつだって転がる石のように

――構成・写真：納富廉邦

菅野ヘッケル 東京ボブ 和久井光司

和久井光司　今日は、ボブ・ディラン抜きには考えられない人生を送ってきた三人が、「ディランの歌や言動にどう影響されてきたか」を話し合うというのがテーマです。読者の皆さんが、「オレがディランを知ったのは高校生のころだった」とか「初めて観たのは86年の武道館だった」と振り返る機会になればいいな、という企画です。

菅野ヘッケル　なるほど。「それぞれにとってのボブ」ということだね。

東京ボブ　ぼくなんか78年の武道館のときは中学生でしたから、新参者みたいなものですが（笑）。

あの日のディランがここにいる

和久井　ヘッケルさんがCBSソニーに入社したのは何年ですか？

菅野　１９７０年。ＣＢＳソニーって会社は68年に始まって、2回目の新規採用だったの。シカゴの『ライヴ・イン・ジャパン』やサンタナの『ロータス』をつくった磯田秀人と同期なんですよ。

和久井　ぼくは80年代にキティにいたんで、磯田さんにはお世話になりました。

菅野　彼は制作がやりたいってずっと言ってたんだよ。シカゴやサンタナのライヴ・イン・ジャパンはつくれたけど、洋楽にいると録音に関われる機会は滅多にないでしょ。やれたとしても、録音したテープは本人たちが持って帰っちゃって、こっちでは触れない。だから彼は制作を希望してキティに行ったわけ。

和久井　そういう意味でも、ディランの『武道館』は画期的だったんですね。

菅野　全部日本側に任せてくれたからね。録音もミックスもジャケットのアートワークも全部こっちでつくって、ぼくがディランのところに持っていった。

和久井　『コンプリート武道館』のブックレットには、ディランと契約したときの写真が載ってますね。

菅野　いい写真でしょ？　ボブは「グッド・アルバム」と言ってくれて、音には注文をつけなかった。これは歴史的な瞬間だと思ったから、「写真いいですか？」と訊いて、あれを撮ったんだよ。ボブも上機嫌だったのがわかるでしょ？

和久井　ええ。実にいい写真です。

東ボブ　日本制作だったからマスターが日本に残っていて、今回『アナザー武道館』まで出せたんですもんね。

菅野　あれは白木の執念。がんばったよね。で、ディランの側からプロデューサーのクレジットをぼくと白木にしろって言ってきた。

東ボブ　たまらない話ですね。

和久井　そういう想いが帯のキャッチに溢れてますよね。

菅野　「あの日のディランがここにいる」ね。あれは白木に頼まれて、すぐ思いついたんだ。だって本当に「あの日のディランがここにいる」んだから（笑）。78年の初来日を観た人はみんなそう思ってくれるだろうし、東ボブみたいに間に合わなかった世代にも、「そうか」と納得してもらえるものになったと思う。

ヘッケルとディラン

和久井　ヘッケルさんはいつごろディランと出会ったんですか？

菅野　63年の晩秋ぐらいだったかな。ぼくは中3で、ＰＰ＆Ｍがカヴァーした「風に吹かれて」でボブを知った。アメリカのフォークが好きだったから、ただ全米1位になったヒット曲を聴くって感じじゃなくて、作者にも興味を持ってたのね。そしたらラジオの深夜放送で、ボブ・ディランの「風に吹かれて」ってオリジナル・ヴァージョンがかかった。それは衝撃だったね。当時のフォークはみんな上品ないい声で唄われてたし、ハーモニーがきれいとかも特徴だったでしょ。それがボブは全然違うじゃない。あんな声だし、歌に独特の間がある。「なに、これ?」と思った。それまでに聴いたことがない音楽だったから、一発で夢中になったんだよ。

和久井　でも、当時は日本盤なんて出てない。日本コロムビアが出し始めたのは65年の暮れですからね。

菅野　そうなんだよ。全然情報がなかった。ぼくの家は父の仕事の関係で、大阪とか広島とかを転々として、そのころは名古屋にいたのね。東京にいたら、渋谷のヤマハに輸入盤をオーダーしに行くとか考えただろうけど、名古屋じゃ輸入盤なんてものがあるのも知らない。だからようやく出るようになった日コロ盤でボプがどういう歌をつくる人かつかんでいった。けど、あれは日本の勝手な編集でジャケットも変えちゃってるから、どういう順番で出たのかを摑むだけでも大変だった。ICUに受かって東京で大学生活始めてからだね、いろいろわかったのは。あのころは洋楽のレコードが聴けるってだけでロック喫茶に通ったんだからね。ぼくも行ったもん。それこそ♪かーたすみーできーいてぃーたーボブーディラーンー、だよ（笑）。そのうちに「ボブに関わる仕事をしたい」って思うようになったわけ。

和久井　CBSソニーに入れたのはラッキーでしたね。

菅野　あのころのソニーは人が全然足りてなくて、とにかく若いヤツが欲しかったんだと思う。社長の大賀さんと面接だったんだけど、その席でも「ボブ・ディランの仕事がしたい」って言ったから、印象に残ったんだろうね。翌年ぐらいからソニーは歌謡曲でも新しい路線を築いていくけど、ぼくが入ったころは洋楽がメインの会社で、サイモンとガーファンクルやアンディ・ウィリアムスが稼ぎ頭だった。で、ロックもフォークもポップスもジャズも映画音楽もイージー・リスニングもって5人ぐらいのディレクターで振り分けてやってたのね。だから70年に入社してすぐボブの担当になって、『セルフ・ポートレイト』が最初のリリース。ぼくはフォーク系、磯田はロック系って担当でね。

和久井　しかし、いきなり『セルフ・ポートレイト』ってのは、シビレちゃいますよね（笑）。

菅野　そうだよー（笑）。中村とうようさんにライナー頼んだら、「ディランの考えていること、ディランのやることは、もはや我々ファンのお人好しの許容範囲を超えているんじゃないか」だもんね（笑）。内容もそうだけど、ライナーもありえなかったよ（笑）。

和久井　でも、ヘッケルさんも途中から名前を出して、ガンガン煽ってきた。変わった名前だから印象に残ったんですよ。誰がディレクターかなんてこっちは知らないでしょ。ヘッケル？ この人は何者？って思った。

菅野 東芝の石坂敬一さんが、ビートルズ関係ですごく名前出してたでしょ。あれはアーティストの代弁者みたいな感じに見える。だから会社も、そういう打ち出し方に疑問を持たなくて、やれやれって言ってくれたんだよ（笑）。

78年、ディラン来日する

東ボブ ヘッケルさんが初めてディランに会ったのはいつなんですか？

菅野 ライヴ・イン・ジャパンを録るって連絡はしてたけど、会ったのは78年の2月の羽田空港。来日してすぐに当時あった羽田東急ホテルで記者会見やって、その前に初めて自己紹介したの。

和久井 そのときには、もう録音の許可はおりてたんですか？

菅野 まだどうなるかわからなかった。ボブが日本に行ってから、最終的な決定を伝えるよってことになってた。17日に来て、18日の打ち合わせのときにレコーディングのOKが出て、そこから準備したから、大阪公演のあと、東京に戻ってくる28日から始めることになった。けっこうバタバタだったんだよ。

和久井 ヘッケルさんはステージは全部観たんでしょ？

菅野 もちろん。チケットは全部買ったよ。でも自分の席には座らなかったけどね（笑）

東ボブ ディランのコンサートは全部買ってますよね？ 奥さんの分も。

菅野 うん。招待席で観る人もいるし、もちろんそれはそれでいいんだけど、ぼくはチケットは全部買うの。むかし、ウドーは乃木坂にあったじゃん。整理券は乃木神社で配ってたんだよ。ぼくは朝から行って並んだんだ。

和久井 でも自分の席で観ることは絶対にないでしょ？ バック・ステージにいなきゃいけないだろうし。

菅野 そうだね。結果的には全公演をステージの袖で観た。コンサートが終わると必ずボブがぼくのところに来て、「今日のサウンドはどうだった？」って訊くんだ。毎日毎日同じようにね（笑）。だから、ぼくも毎日「よかったよ」って言うの。「日本のファンはおとなしいかもしれないけど、みんな聴き惚れてるから大丈夫だよ」って。ボブは自分の歌がどれだけちゃんとお客に伝わってるかを大事にしてる。

和久井 そうですよねー。ミュージシャンはそこがいちばん大事。

菅野 ボブはそれしか考えてない。ウケるウケないとか、あんまり関係ないんだよ。いまもそこは変わらないでしょ。

東ボブ　聴いてる人が満足してくれたかどうか、確かめたいんですよね。コンサートのあと、じっと立ってお客の様子を観察してたり。

和久井　大宮のとき、すごく長いあいだ立ってたよね。

東ボブ　2001年の初日ですね。2分半くらい立ってたと思う。

和久井　お客が拍手するのも飽き始めて、何でずっと立ってるの?って雰囲気になっちゃった（笑）。何も言わず、頭下げるわけでもなく、サンキューも言わなくて、ただ立って客席を睥睨してる。

東ボブ　大宮、音がよかったんですよね。楽器の音がよく聴こえて。

菅野　でもね、ボブはデカイ音が本当に好きなんだよ。武道館も初日はすごいデカイ音だった。もう耳が壊れるくらいの大きな音で、ぼくもビックリした。二日目からは変えてたけど。

和久井　やっぱりそうなんだ。94年の武道館でギター弾きまくったでしょ。あのときりギターの音がほんとにデカくて、曲のエンディングでジャーンってやってから、長いソロに入る。その音がデカいから、バンドのメンバーも制止のしようがなくて、短音で同じフレーズを繰り返すソロについていくしかない（笑）。ストラトなのに太い音なんだよね。この人、こんなにロックだったのかって思ったな、あのときの武道館は。

ヘッケル、74年のアメリカを往く

東ボブ　ぼくは78年の武道館は観てないんです。博多の中学生でしたから。

和久井　でも、もうディランは聴いてたんでしょ?

東ボブ　そうですね。『欲望』あたりから買ってましたた。上京したのは宗教三部作のころなんですが、もう、西新宿に毎日通ってブート漁りですよ。ライヴはブートでしか聴けなかったですから。

和久井　ぼくも74年のライヴ盤がアサイラムから出るのが待てなくて、ブートを買いましたよ。北米ツアーの2か月後ぐらいには出てたんで。それで聴いてたから、『ビフォー・ザ・フラッド』で曲順をいじってるのがすぐわかった。

菅野　あれはLAとニューヨークの音を使ってるんだよ。

和久井　ブートはセット・リスト通りの曲順なんだけど音が悪かったし、正規盤は曲順が変わってるしで、どっちも期待したほどグッと来なかったんですよ。

菅野　あのツアーの初日、シカゴ・スタジアムで観たときはビックリしたなぁ。ぼくだってそれなりにコアなファンだし、周りもそういう連中ばかり。1曲目が誰も知らない曲だから、ザワザワしちゃって、みんな「この曲なんだっけ?」って周りに聴いてるんだけど、誰も知らない。あとで「ヒーロー・ブルース」って曲だとわかったんだけど。66年に中断してから8年ぶりの全米ツアーのオープニングで、誰も知らない曲やるんだからすごいよね。

和久井　日本でもそうでしたよね。

菅野　武道館初日のオープニングは「ロンサム・ベッドルーム」。これだって誰も知らないよ（笑）。

和久井　『コンプリート武道館』のブックレットにはリハーサル時の写真が載ってますが、ディランはちゃんとリハーサルやるんですね？

菅野　武道館では毎日2時間ぐらいやってた。ボブはどのツアーでも全部リハやってるよ。

東ボブ　それでどうしてああいう本番になるのか（笑）。何のためのリハなんでしょう？（笑）。

菅野　サウンド・チェックは本番で演奏する曲をやるわけじゃない。要するに、声がちゃんと出るか、バンドはどんな感じか、音響はどうか、それを確かめたいわけ。ぼくは74年の北米ツアーを8か所、9か所観て、日々違う人なんだって実感した。そのときはそんなに詳しくはなかったし、正規盤とは違う音源が出回るわけでもなかったから、日々違うってことしかわからなかったけどね。でも、何よりボブの生の音を聴いてる喜びがすごかったんだ。あの当時はボブでも昼夜に二

『血の轍』日本盤の初版。「Idiot Wind」の邦題が「白痴風」となっている。

『激しい雨』発売時にプロモーションでつくられた「新聞ディラン」。発行／編集に菅野の名前がある。

ロンドンのハルシオン・ギャラリーで行われた造形作品の個展『ムード・スィングス』の図録より。

公演やったりしていたんだよね。そんなの知らないから、現地にいるのに夜のチケットしか買ってなくて、うわ、昼間もやってたんだーとか思ったり。でも、せっかくザ・バンドと一緒にやったのを生で見ても、そのライヴ・アルバムはアサイラムから出るわけだよ。このままソニーにいていいんだろうか？って真剣に悩んだね（笑）。

和久井　コロンビアに戻ってくるってわかったのはいつなんですか？

菅野　74年の秋口かな。また契約したよって知らせがアメリカのコロンビアから来て、暮れ近くになってニュー・アルバムのテスト・プレスが来た。それが『血の轍』だった。

ディランとソニーという会社

和久井　72年に旧譜の出し直しをやったのはヘッケルさんですよね？

菅野　そうそう、日コロ盤はあんまりちゃんとしてなくて、出た順番を調べるのにも苦労するぐらいだったから、ちゃんとオリジナルに準じた形にしようと思ったの。で、「ディランにあったらよろしくと。」ってキャンペーンをやって、小冊子をつくったり、キャップ帯の端についた応募券10枚でレア曲を集めた特典盤プレゼントとか、そういうのを向こうの許可を取らずに勝手にやった。それが当時のマニアに受けたんだよね。

東ボブ　当時のソニーって、自由だったんですね。

菅野　素晴らしい会社だった。邦題つけるのも伝統みたいになってたし。だからそのときのブームに乗って『ブラッド・オン・ザ・トラックス』は『血の轍』にしたの。漢字のタイトルにするのが流行ってたんだよ、社内で。その流れで、次の『ディザイア』は『欲望』になった。

東ボブ　「わだち」って読めなかったし意味もよくわからなくて（笑）。

菅野　ぼくも原題の意味がよくわからなくて、片桐ユズルさんの訳詞を見ながら、いろいろ考えてた。そしたら「イディオット・ウィンド」の中に「ブラッド・オン・ザ・トラックス」って言葉が出てきて、ボブがこれをアルバム・タイトルにした意味がわかったんだよ。

和久井　「イディオット・ウィンド」は、最初の盤では「白痴風」って邦題だったでしょ。

菅野　うん。最初、そうつけてたら総務からダメって言われて、すぐ「愚かな風」に変わっちゃった。

和久井　ぼくは初版で買ったから、「白痴風」に馴染みがあるんです。「愚かな風」だと曲のイメージとちょっと違う気がしちゃうんですよ。

東ボブ　「白痴風」に、「ブルーにこんがらがって」（笑）。

和久井　一体、誰がこんなことやってるんだろう?と思ってましたよ。

菅野　日本の洋楽ディレクターの仕事で、やってて面白いことなんて、そのぐらいなんだよ。ジャケットにも音にも触われないからね。

和久井　邦題つけたりは勝手にやってたんですか?

菅野　そう、ボブには知らせてない。だいたい向こうは訳詞がついてることも知らなかったはずだよ。だいたい歌詞カードに日本で書かれたライナーが載って、訳詞までつけてたんだから、当時の日本は非常に特殊だった。

和久井　ギフト・パック・シリーズでもディランを毎年やってましたよね。2枚組のボックス・セット。

菅野　あれも隠れてやってた(笑)。当時の洋楽のトップが強気で、日本には日本のマーケットがあるんだからいちいち許可なんか取らないで、どんどん出して売り上げを伸ばさなきゃいけないって言ってたんだ。ディランも全部無許可。だから、そのアーティストが来日したらみんなで隠してた(笑)。シカゴとかサンタナのときね。

東ボブ　本当ですか?

菅野　そういう時代だったってことだよ。ギフト・パックはソニーの大ヒット・シリーズだったね。

和久井　70年代中盤ぐらいまで、ディラン、そんなに売れてる感じじゃなかったですよね?

菅野　売れたって実感したのは『欲望』のときだね。あれは20万枚ぐらいまで行ったから。

東ボブ　そうですね。ぼくも売れてるものとして聴いたかも。

菅野　でもね、カタログがずっとコロンビアにあって、全タイトルを廃盤にしないで出せてたっていうのは大きいの。トータルで見ると、年間ではかなりの数になってたから、会社にとっては大事なアーティストだったんだよ、目立ったヒットはなくても。

和久井　ぼくは『血の轍』のときに、これは売れるぞって思ったんですが、そうでもなかったんですね。

菅野　そうだね。それなりに売れたけど『欲望』みたいにはならなかった。

東京ボブ登場の衝撃

和久井　東ボブは『血の轍』は、あとから聴いたの?

東ボブ　そうですね。先に『欲望』聴いてて、それで『ハード・レイン』。

菅野　『ハード・レイン』はテレビ放映が強力だったもんね。

和久井　ショーケン(萩原健一)はそれまでディランを知らなくて、あれでハマったんですよね。

菅野　そうそう。彼はローリング・サンダー・レヴューのディランにものすごく影響を受けたんだよ。あれ観てターバン買いに行って、ヴァイオリンの人をバンドに入れたり。ぼくは「シャンティ・シャンティ」のツアーのときに企画された写真集の仕事をして、あのツアーに同行してたんだよ。ショーケンが捕まっちゃったから、その企画はなくなっちゃったんだけどね。

和久井　へえ〜、それは知りませんでした。あのころのショーケンはほんとにカッコよかったですからね。写真集が実現しなかったのは残念だな。

東ボブ　そうかー。ショーケンはディランを聴いてああいう歌になっちゃったんですね（笑）。

菅野　そう（笑）。

和久井　東ボブが「東京ボブ」になろうと思ったのはいつごろなの？

東ボブ　93年ぐらいかな。それ以前もバンドはやってましたけど、普通のカヴァー・バンドで、オリジナル通りにやってたんです。〝ライク・ア・ローリング・ストーンズ〟って名前で。ところが94年の来日でアレを観て、音を外してもいいんだって（笑）。

和久井　アレ観ちゃうと、まともにやるのが馬鹿らしくなっちゃうよね。あんなのコピーとかカヴァーとかできないし。でも、東京ボブになったことで変わったでしょ？

菅野　この人が出てきたときには、みんな大騒ぎした（笑）。

東ボブ　やっぱり世界発売のトリビュート盤に入れてもらったのが大きかったですね。あれが２００３年で、最初のアルバムは２年後です。

菅野　驚いたよね。歌い方をこんなに同じにできるんだ！って。

和久井　何度も何度も聴いて、身体に染み込ませていくって感じなの？

東ボブ　どうなんすかね。メロディを決めちゃうと、もうダメなんじゃないですか（笑）。ディランにならない。

和久井　そうだよね。本人がどんどん変わっちゃうもんね（笑）。

菅野　ボブのことがすごく好きなんだなーと思ったよ。でないと、ああはできない。ただの真似だと、レコードと同じようにやりますってなっちゃうでしょ。けど東ボブは全然そうじゃない。特に〝ネヴァー・エンディング・ツアー〟であんだけぐちゃぐちゃにボブが変わるのに、いちばん新しいヴァージョンでやってるんだもん。すごいことだよ。

東ボブ　それくらいしか存在意義がないから、徹底的にやろう、と。

菅野　だから、もうほとんどオリジナルだよ、カヴァーって次元じゃない。

東ボブ　でもピアノはキツイっすよ。ぼくは上手くないんで（笑）。

和久井　久しぶりに観たいな。最近はどこでやってるの？

東ボブ　曙橋のバック・イン・タウンか、

池袋、立教通りを入った左側、雑居ビルの地下にある“Polka Dots”は東京ボブが経営するライヴ・バー。料理も美味しいし、ボブ・ディランのアルバムはすべてアナログのオリジナル盤で揃えているから、音楽好きにはたまらない名店だ。東京ボブはここで定期的にライヴを行っている。この鼎談は2023年10月15日に“Polka Dots”で行われた。

ここですね。

和久井　立見さんもよくライヴ行くって言ってたけど。

東ボブ　立見さんのような人が喜んでくれるのは、ほんと嬉しいですよ。毎回ボブの服とかアイテムを身に着けて来てくれて（笑）。

和久井　東ボブのライヴ行くと、「立見さん、今日は何ボブ?」って言われるって笑ってましたよ。

東ボブ　今日はシャツと上着と財布と靴下で４ボブ、とか言ってね（笑）。

変り続けるディランを見とどける

和久井　ヘッケルさんは、いまは海外はどれくらい行かれるんですか?

菅野　全然行ってないよ。年に一回ニューヨークでやる時だけしか行かない。ほかの街は嫌いだから。でも、さんざんヨーロッパは嫌って言ってたのに、しょうがないからロイヤル・アルバート・ホールには行った（笑）。

和久井　やっぱりニューヨークで観るディランというのは、とくべつな感じがしますか？

菅野　それもあるけど、ニューヨークは街が好きなんだよ。あそこにいる人の人柄とか、気候とか、移動手段とかも、かな。自分に合ってると思うんだ。ＬＡだとさ、最近は変ったけど……。

東ボブ　前は車がないとどうしようもなかったですよね。いまは地下鉄がかなり便利になってますけど。

和久井　東ボブにとって思い出深いライヴって、どこのとき？

東ボブ　ディランが97年に病気したじゃないですか。その復帰直後に、ＬＡシアターって狭いライヴハウスでやったのを観に行ったんです。

菅野　２０１６年のデザート・トリップだよね。１０００人くらいのキャパのところで5日間やった。日替わりでオープニング・アクトが違ったんだ。

東ボブ　そう。シェリル・クロウが出たり、ベックが出たり。最初の二日間だけダフ屋から買って観たんですよ。

和久井　ヘッケルさんは、これまで何回ぐらい観てるんですか？

菅野　70年代から始まって、ここまでで三百十何回かなぁ。

和久井　思い出深いのは、いつ、どこのときですか？

菅野　そりゃあ武道館のライヴを録ったときだけど、その時々に思い出があるから、どれってのは言えないな。

東ボブ　日本のツアーの中でもアレンジを変えていきますからね。

菅野　いまやってるツアーでもまた変えてるからねー。

和久井　ともかく我々はディランありきの人生だったわけじゃないですか。振り返るとどうですか？

菅野　そうね。だからこそって言うのも変だけど、ぼくはいまのボブが感じていることをどんな風に歌うのかがいちばん気になる。ステージも常にいま、今夜が新しいから、最近観たステージがいちばん印象に残ってる。アルバムも、いいアルバムはいっぱいあるんだけど、いまはやっぱり『ラフ&ロウディ・ウェイズ』がすごく好きだし、今度はどういうのを出すんだろう？って思うんだ。だから、善し悪しは判断はぼくにはできない。いまの彼がやりたいことが、自分にどんなふうに伝わってくるのか、だけかな。それが響いたら拍手するし、よくなかったら、「今日はダメだよ、ボブ」と言ってやればいい。そういうふうに、ぼくは思うんだよ。

和久井　それ、とっても正しい接し方だとと思うな。

菅野　ボブはショー・ビジネスの中には決して入らない人だよね。もう全身で生きてるアーティストだから、歌もそうだけど、美術関係だって、なんであれだけ絵が描けるの?と思う。

和久井 造形もやってますよね?

菅野 やってるね。大きな金属作品。ぼくはロンドンでたまたま個展を観たんだけど、あれもすごい。

東ボブ 「ムード・スウィング」ですね。図録ありますよ。ディランは炭坑の町の生まれだから、高校のころだか溶接の授業があったらしいんです。技術が身についてる。

菅野 グーグル・アースのおかげでボブの家の中まで見られるでしょ。それもどうかと思うし、こういう席で言うのもナンなんだけど(笑)。あれ見ると、広い庭に、スクラップにされたクルマとかが転がってる。最初は「どういうこと?」と思ったんだけど、ロンドンで造形の個展を観て、「ああ、作品に使える金属をストックしてるんだ」って思った。思いつきでやってるわけじゃなくて、準備もしてるし、ちゃんと技術を磨いてるんだと思うよ。

和久井 そういう人だから、レコードは代表作だけ聴いたり、ツアーに一日だけ行ったりして、そこで見たり聴いたりしたものをディランだと思ったら、それは誤解のもとだと思う。

菅野 うん、そんなにわかりやすくはないし、ノスタルジーで聴くアーティストじゃないからね。『武道館』のときも、日本のプロモーターは、初来日だから代表曲を歌ってくれってリクエストしたわけ。ボブはその要求は呑んで、「風に吹かれて」とかもちゃんとやったんだけど、でもレコードと同じにはやりたくなかったんだね。アレンジをあんなに変えて、レゲエのリズムでやってみせたりした。ボブはそんなふうに、いつでも自分の歌を変えていける。それだけのパワーを持ってるってことだよ。

菅野ヘッケル １９７０年にＩＣＵ卒業後、ＣＢＳソニーに入社。ボブ・ディランの担当ディレクターを務め、86年に独立。編集プロダクション〝セヴンデイズ〟を設立する。『ボブ・ディラン自伝』や『グリニッチヴィレッジの青春』など、ディランとその周辺の書籍の翻訳を多数手がける。

東京ボブ 93年ごろから〝気軽に観られるボブ・ディラン〟としてライヴ活動を開始。みうらじゅん氏にメディアで紹介され、03年には世界発売のトリビュート盤に参加。世界的に注目されるようになった。06年、ディランをコンセプトにしたライヴ・バー〝ポルカ・ドッツ〟をオープン。英国やインドなど国外にもライヴに出かけている。

ポルカ・ドッツ

東京都豊島区西池袋3-29-3梅本ビルB1
電話:03-6666-2122
営業時間:18時~24時
日曜祝日定休(変動有)
メール:info@polkadots. jp

あらゆる〝概念〟から逃げてきたボブ・ディランの半生

和久井光司

『ディランを唄う』ができるまで

どれだけ道を歩けば
大人になれるんだろう？
いくつの海を渡れば
羽根を休められるの？
ミサイルがどこに当たれば
争いは終わるんだろう？
我が友よ、その答えは
ずっと風に吹かれている

ボブ・ディランが日本語の歌として〝公認〟してくれた、私のヴァージョンの〈風に吹かれて〉の1番である。2007年にソニーミュージック・ダイレクトでアルバムをつくることになった私は、〝ディランの曲を勝手な日本語訳で唄ったアルバム〟を思いつき、当時のトップだった（残念ながら先日天に召された）野中規雄さんにそう提案してみた。「和久井さんがソニーでつくるなら、ソニーでしかできないことを考えた方が面白いじゃん」と、野中さんに言われていたからである。

私は野中さんが、クラッシュのシングル・ボックスの拡大版を「社長が自ら陣頭指揮をとって制作している」と知ってブログを読むようになり、彼のディレクター奮闘記にハマってしまった。それで某誌でインタヴューに出かけたのだが、とても4ページ程度の記事に収まるようなものではなかったから、単行本を企画して、『「at武道館」をつくった男　ディレクター野中と洋楽ロック黄金時代』としてまとめ、アルテス・パブリッシングから出版したのだ。

『at武道館』はディランの『武道館』に続いて制作され

たチープ・トリック78年のライヴ・イン・ジャパンで、ご存知のように彼らはそれで世界的な人気を獲得した。

72年にソニーに入社した野中さんは、モット・ザ・フープル、ジャニス・イアン、エアロスミスなどを手がけ、チープ・トリックの武道館ライヴを成功させた。そして80年には日本企画のクラッシュのシングル・ボックスをつくった人だから、私の趣味にピッタリだったのだ。

人間的にも尊敬できたし、一緒に飲み歩くのも楽しかったから、当時我々は頻繁に会っていた。双方とも「終わらせたくない」と思ったからか、取材は断続的に一年に及び、そのうちに野中さんは私のバンドのライヴを観に来てくれるようになった。私はモット・ザ・フープルの「すべての若き野郎ども」を勝手な日本語にして歌ったりして、野中さんを楽しませていたのである。

ディランの日本語カヴァーを「面白いかも」と言ってくれたのはそういう下地があったからなのだが、社長の鶴の一声で洋楽部や出版部も協力してくれて、米コロンビアならびにディランの著作管理会社スペシャル・ライダー・ミュージックに打診してくれたのだ。

相手にされないんじゃないかと思っていたから期待はしていなかったのだが、約一か月後に、「日本語の歌詞を英訳して送ってほしい。こちらがＮＯと判断した歌詞は使わない、と約束してくれるならＯＫだ」という返答が来た。驚いた。それから慌てて曲を選んで日本語の歌詞をつけていき、丸山京子さんに英訳してもらってディラン側に送った。すると、２箇所にＮＧがついて戻ってきたのだ。訳や解釈の問題ではなく、「ディランの曲にポリティカルな歌詞をつけないでほしい」というのがその理由だった。むしろ原詞に忠実なところに赤が入ったのである。

オリジナルの歌詞とはカスリもしない日本語詞の方が、向こうには歓迎された。よく考えれば、古いトラディショナルやブルーズを改作して〝オリジナル〟にしてしまうミュージシャンの最高峰がディランではないか。これこそが彼の方法なのだ。おそらく「どんどんやれよ」と思ってくれたのだろう。

私のアルバム『ディランを唄う』は07年11月28日にソニーからリリースされた。オリジナル・アルバム『愛と性のクーデター』と同時発売という破格の扱い。バンドで二枚のアルバムを録音できて、ゲスト・ミュージシャンを招く制作費があったのが嬉しかった。

二枚のアルバムが出たあとに開催されたディラン・イ

ヴェントで、トムズ・キャビンの麻田浩さんと共演することになった。そのときに、「きみが持っておくべきだ」と麻田さんから譲り受けたのが“Sing Out!”の62年10／11月号だ。表紙はディラン、レコード化はまだだった〈風に吹かれて〉など3曲の楽譜が掲載され、すでに「ジーニアス」と称賛されている。けれど、この辺りからディランの〝ひねくれ者路線〟が始まるのだ。「フォークを背負って立つ逸材が現れた」と読めてしまうことに違和感を覚えたのか、ディランは脱糞した猫が砂場から駆け出るように、すごい勢いで逃げていくようになる。〝やりっ放し〟の始まりだった。

65年7月25日、ニューポート・フォーク・フェスティヴァルのステージにエレキを持って登場してブーイングを浴びるまでは、一応〝フォーク〟にとどまっていたディランだが、記者会見やインタヴューの類は回を重ねるごとに挑戦的になり、自分を語ることなどめったになくなった。いま思えば、それは１９４１年5月24日にミネソタ州の港町ドゥルースで生まれたロバート・アレン・ジンママンが、ポピュラー音楽史に残る大作家〝ボブ・ディラン〟になっていくために必要な通過儀礼だったのかもしれない。ある特定の音楽を代表させられることで神格化され、過去の伝説で生きていくようになることを嫌った彼は、名前を変え、声を変え、宗教を変えて〝謎の男〟になった。そうすれば誰にも答えなど求められなくなり、死ぬまで転がっていける、と考えたからだろう。

ジンママンの出自

ロバート・アレン・ジンママンは、東ヨーロッパから来たユダヤ移民の三世だった。彼の祖父であるジグマンは１８７５年に黒海沿岸の港町オデッサで生まれ、同郷のアンナと結婚。ウクライナ戦争で度々名前を聞くようになった町がディランのルーツとは……と思わずにはいられない。しかもジグマンは、１９０５年にこの町でユダヤ人の大量虐殺が起こったのを機に妻子を残してアメリカに渡り、靴職人としてドゥルースに落ち着いたのだ。妻のアンナを呼び寄せたとき、夫妻にはすでに3人の子供がいたが、アメリカでさらに3人が生まれる。ボブの父エイブは下から2番目で１９１１年生まれ。高校を出た彼はスタンダード・オイル社に就職し、34年6月10日に19歳になったばかりのビーティと結婚した。

ビーティことベアトリス・ストーンは、ヒビングの裕福なユダヤ人家庭に育った。母方の祖父母ベンジャミンとリッパのエデルスタイン夫妻はリトアニア出身のユダヤ人。１９０２年にアメリカにやって来て、２年後にヒビングに落ち着いた。B・Hと呼ばれた祖父は映画館チェーンを経営、リトアニア生まれの長女フローレンスは、やはりリトアニア生まれのベン・ストーンと結婚して４人の子供に恵まれる。１９１５年に生まれた第２子がビーティだった。

大恐慌時代に結婚したエイブとビーティは、ようやく生活が落ち着いた41年に第1子をもうける。ヘブライ名ではシャブタイ・ベン・エイブラハムというロバートだ。彼が5歳のときに父エイブがポリオを患い、6か月の自宅療養中に職を失うという事件が起こった。その際に一家はビーティの実家を頼ってヒビングに移るのだ。エイブはストーン家の兄弟が営んでいたメッカ電気店で、ビーティはフェルドマンズ・デパートで働くようになり、ロバートが8歳になるころには不自由のない生活をおくれるようになっていたという。

49年9月、街いちばんの産業だった炭坑で2か月に渡るストライキが起こり、労働者側が勝った。この闘争を支援したエイブとビーティは街の名士として知られるようになり、一家の暮らしはさらに良くなった。労働者が団結する姿にはロバートも感じるところがあったらしいが、彼が夢中になったのは10歳のころ一家にやってきたピアノと、52年に早々と手に入れたテレビだった。

和久井光司『ディランを唄う』
GT/Sony：MHCL 1234
発売：2007年11月28日

『at 武道館』をつくった男
ディレクター野中と洋楽ロック
黄金時代
（アルテス・パブリッシング）
発売：2008年7月

SING OUT！
1962年10/11月号
PP&Mの「風に吹かれて」が全米1位となり、一躍ソングライターとして注目されたディランを特集した2番目の雑誌だった（最初は"Broad Side"）。

音楽にしだいに夢中になっていったロバートは、土曜の夜にナッシュヴィルから放送されていた『グランド・オール・オプリー』の〝ラヴ・シック・ブルースの男〟ハンク・ウィリアムズや、フランク・ブラザー・ゲイトマウス・ペイジの番組『ノー・ネイム・ジャイヴ』で流れるブルーズを聴いて、ピアノで弾いてみるようになる。そこにロックンロールのブームが起こるのだ。

高校生となったロバートはジョーカーズと名乗るアカペラ・グループで音楽活動を始め、リトル・リチャードやジーン・ヴィンセントのナンバーを演奏するロック・バンドに発展させる。このころ彼はディラン・トマスの詩に傾倒するようになり、すでに「ボブ・ディラン」と名乗ることを考えていたらしい。

59年1月30日、ロバートはドゥルースのナショナル・ガード・アーマリーで、バディ・ホリー、リッチー・ヴァレンス、ビッグ・ボッパー、リンク・レイが出演するショウを観た。ホリー、ヴァレンス、ボッパーはこの4日後の飛行機事故で帰らぬ人となり、ロックンロール・ブームはしぼんでいったわけだが、5か月後の6月5日、高校の卒業パーティを終えて深夜に帰宅すると、叔父のひとりからの思わぬプレゼントが届いていた。レッドベリーのＳＰ数十枚だった。高校の卒業アルバムに将来の夢は「リトル・リチャードの仲間になること」と書いたロバートだったが、これを機にフォーク・ブルーズへの興味が花開くのである。

9月にミネソタ大学に進学し、ミシシッピ川上流のミネアポリスとセイントポールから成るミネソタ州最大の街ツイン・シティーズのユダヤ人学生寮で生活するようになった彼は、ロックンロールが流行遅れだと知る。ちょうどキングストン・トリオの〈トム・ドゥーリー〉が1位になったころ、ロバートはウディ・ガスリーに辿り着いたのだ。ガスリーが古いトラディショナルに自分の歌詞を乗せてアメリカの社会に物申している姿勢に彼は打たれ、ガスリーこそが目標になった。60年、ロバートは寮を追い出され、仲間の家を転々とするようになるのだが、おかげでフォークに詳しい友人ジョン・パンケイクのところから、ハリー・スミスが編纂した6枚組ＬＰ『アンソロジー・オブ・アメリカン・フォーク・ミュージック』をいただくことにもなった。

そんなロバートが、友人のフレッド・アンダヒルと企てたヒッチハイクの旅で雪のニューヨークに辿り着いたのは、61年1月24日のことだった。その夜、グリニッチ・ヴィレッジの「カフェ・ホワ？」で行われたフーテナニーに参加した彼は、「ボブ・ディラン」と名乗っている。そして翌日にはニュージャージーのグレイストーン病院に入院していたウディ・ガスリーを見舞い、27日にはハワード・ビーチのガスリー家を訪ねている。〝最後の弟子〟と認めさせるためだ。

デイヴ・ヴァン・ロンクのアパートに居候しながら、イジー・ヤングが主宰するフォークロア・センターに出入りするようになったボブは、先輩のシンガーや左翼的な思想を持つフォークのタニマチから学んだ流儀を活用してシニカルな芸風に転じ、ニューヨークに出てわずか10か月でコロンビアとの契約を決める。当時フォークの温床だったのは、フォークウェイズ、プレスティッジ、ヴァーヴ、エレクトラといったレーベル。大メジャーのコロンビアがボブを採用したことは意外に思われたが、同社のトップだったジョン・ハモンドは、かつてのビリー・ホリディやマイルス・デイヴィスに近いオーラを、20歳のボブから感じたらしい。

ボブ・ディランの60年

さて、ここからが「ボブ・ディラン」だ。

62年3月29日に発売された初アルバム『ボブ・ディラン』は全米の注目を集めるまでには至らなかったが、4月に初披露された〈風に吹かれて〉がジル・ターナーに取り上げられ、『ブロードサイド』と『シング・アウト！』に載った楽譜で広まると、ディランの名前は知られるようになった。この年の秋にピーター・ポール＆マリーのヴァージョンが大ヒットになったのは、マネージャーが同じアルバート・グロスマンだったからでもある。が、コーエン兄弟がデイヴ・ヴァン・ロンクの自伝をもとにこの時代のフォーク・シーンを描いた映画『インサイド・ルーウィン・デイヴィス』がディランと思しき男の登場で終わるように、63年5月27日に発売になった2作目『フリーホィーリン・ボブ・ディラン』は、フォークを一変させる。公民権運動のテーマ曲として広まった〈風に吹かれて〉や、〈戦争の親玉〉〈はげしい雨が降る〉といった社会派のナンバーが、ディランを〝プロテスト・ソングの旗手〟という立場に押し上げたからだった。オリジナル曲が一気に増えたのは、コロンビアからの前払い金で西4番街にようやくアパートが借りられたことと、62年暮れから63年初頭にかけてロンドンに滞在し、英国のトラディショナル・フォークを学習してきたことの成果だった。

しかしディランはフォークを極めた64年2月の『時代は変る』でプロテスト・ソングを卒業、8月の『アナザー・サイド・オブ・ボブ・ディラン』では弾き語りながらフォーク・ロックに踏み込むのだ。ビートルズのアメリカ上陸で〝時代が変わった〟ことへの答えが、このアルバムには散りばめられている。♪イェー、イェー、イェーのビートルズに♪ノー、ノー、ノー（悲しきベイブ）で返したのもいい例だが、翌年3月、ザ・バーズに取り上げられた〈ミスター・タンブリン・マン〉がヒットするなか発売された『ブリンギング・イット・オール・バック・ホーム』で、ディランはその時点では〝ポップ〟の一部だったビートルズのロックンロールとは異質の〝ロック〟を提示して、ジョン・レノンの先を行く。何十枚もの紙に一言ずつ書いた歌詞を曲に合わせて捨てていく〈サブタレニアン・ホームシック・ブルース〉のミュージック・ヴィデオと、ビートルズの映画『ヘルプ！』が同時期に制作されたものであることに注目してほしい。世界のアイドルでもあった王者の脇で、ディランが〝ロック〟への扉を開けたのだ。

7月25日のニューポートではブーイングを浴びたものの、20日に発売になっていた〈ライク・ア・ローリング・ストーン〉は全米2位。同曲を収録した『追憶のハイウェイ61』が8月末に発売されてからは〝ディランのロック〟が認められていった。

66年3月に主にナッシュヴィル録音の2枚組『ブロンド・オン・ブロンド』を完成させたディランは、のちのザ・バンドを伴った5月の英国ツアーで70年代へとまっすぐに伸びていく〝ロック〟を完成させた。いまではライヴ映像をマーティン・スコセッシ監督による『ノー・ディレクション・ホーム』で観ることができるが、このときのロンドン公演はビートルズ、ストーンズや、デイヴィッド・ボウイやマーク・ボランといった次世代にも影響を与え、70年代以降のロックの行く末を決めた。ディランはまさに〝生ける伝説〟となったのだ。

しかし、7月29日のバイク事故をきっかけに彼はシーンから消えてしまう。翌年になるとウッドストックの〝ビッグ・ピンク〟でザ・バンドとデモ録音を始め、やがてそれはロック界初の海賊盤として市場に出回るようになるのだが、67年末に届けられた新作『ジョン・ウェズリー・ハーディング』はフォーク時代に戻ったような簡素なバックがついただけのアルバムだった。

69年4月の『ナッシュヴィル・スカイライン』ではま

さかの澄んだ声でカントリー・ロックを聴かせ、70年6月には2枚組の『セルフ・ポートレイト』を米4位、英1位に。隠遁生活が効いてミステリアスな存在となったディランは〝わからなくて当たり前〟というところから70年代をスタートさせたのだが、70年10月の『ニュー・モーニング』、ザ・バンドとの74年のツアー、75年1月の『血の轍』、ローリング・サンダー・レヴューの最初の成果と言える76年1月の『欲望』、初来日公演のメンバーで録音された78年6月の『ストリート・リーガル』と、いま聴き返せば納得の活動をしていたし、出演してサウンドトラックも手掛けたサム・ペキンパー監督の映画『ビリー・ザ・キッド　21歳の生涯』（73年）では名曲〈天国への扉〉も生んでいる。

ディランの歌詞が宗教的な重みを持つようになったのは、74年9月16日、ユダヤの新年祭の日に録音を開始した『血の轍』からだ。

父エイブがあるとき、「人間は自分の両親からも見捨てられるほど汚れてしまうことがある。けれども神は、そんなときにも人間には自分を悔い改める力がある、と信じてくださるんだ」と言ったのを思い出したのか、ディランは〝神〟を考えるようになったのである。

75年、翌年のアメリカ建国２００年に合わせて計画された「ローリング・サンダー・レヴュー」のツアーは、入植の地プリマスからスタートするという歴史的な意義を持つものだったが、告知しないで公演地に乗り込み、突如始めてしまうというミンストレル一座を再現した前半と、その模様を収めた映画『レナルド・アンド・クララ』が大赤字となり、しかも最初の妻サラと離婚してしまう。後半のロック・バンド化と、日本から始まった78年のツアーで赤字分と慰謝料を稼ぐことになるのだ。

79年にキリスト教に改宗したディランは『スロー・トレイン・カミング』からの3作と「ゴスペル・ツアー」で黒人音楽の真髄に迫り、83年の『インフィデルズ』では自ら〝異教徒〟と宣言してエルサレムの丘に戻った。しかしアメリカと宗教の関係に鉄槌を与え、「大衆の歌にこそ真実がある」と語った80年代の最高傑作〈ブラインド・ウィリー・マクテル〉をそこでは完成させられず、その後は迷走していってしまう。

トム・ペティ&ザ・ハートブレイカーズやグレイトフル・デッドとのツアー、ダニエル・ラノワにプロデュースを任せた『オー・マーシー』といったハイライトは80年代後半にもあったが、ディランという存在の大きさを見せつけたのは再びラノワを起用した97年の『タイム・アウト・オブ・マインド』だった。『血の轍』以来の文学的な歌詞に、ラノワの幽玄な音空間が相俟って、〝20世紀のロック〟の大団円を示したようなこのアルバムは、グラミーの最優秀アルバム賞、最優秀コンテンポラリー・フォーク・アルバム賞に輝き、〈コールド・アイアンズ・バウンド〉でディランは最優秀男性ヴォーカル賞も獲得している。

ところが2001年9月11日、歴史が変わったあの日に、ディランは50年代のラジオ・デイズに想いを馳せた（ある意味ではノー天気な）『ラヴ・アンド・セフト』をリリースし、その後も沈黙を通すのだ。『モダン・タイムズ』『トゥゲザー・スルー・ライフ』『テンペスト』と続いた今世紀の新曲集は、もとになった古いブルーズなど出典を隠さないもので、下地は借りもののうえ、収録曲の多くがラヴ・ソングだったりする。

けれど、『モダン・タイムズ』における〈サンダー・オン・ザ・マウンテン〉からは9・11の惨状が思い浮かぶし、『テンペスト』の最後に収録された〈ロール・オン・ジョン〉には20世紀のポップ・カルチャーを共につくった盟友ジョン・レノンへの想いが窺えたりして、相変わらず新作が聴き逃せない。

2015年の『シャドウ・イン・ザ・ナイト』からは三作もジャズ・スタンダード集が続き、ブルーズ、フォークやカントリーに精通したディランならではの〝アメリカーナ解釈〟で20世紀のポピュラー・ミュージックを総括してみせたのが凛々しかった。

16年のノーベル文学賞受賞は、〝文化〟の位置が大幅に変わった20世紀を象徴し、歌の文学性を認めるものではあったけれど、あろうことかディランは授賞式直前まで身をくらまし、式典でのパフォーマンスはパティ・スミスに任せるという相変わらずのトリッキーさで世界を煙に巻いた。ところがコロナ禍の20年3月27日、17分近い叙事詩「マーダー・モスト・フォウル（最も卑劣な殺人）」を突如配信でリリースし、78歳にしてビルボード・シングル・チャート1位という快挙を成し遂げてしまったりするのだから、まだまだ何が起こるかわからない。

そうやって時代と追いかけっこし、決してどこかにとどまらないのは、ボブ・ディランがあらゆる〝概念〟から逃げてきた証しなのである。

（本稿は『ミュージック・マガジン』2016年12月号に発表した「名前を変え、声を変え、宗教を変えて、〝概念〟から逃げてきた〝謎の男〟」に大幅に加筆したロング・ヴァージョンです）

Chapter 2:

1961-1963 Protest Years

SHIN YOKOTA

The Bootleg Series Volumes 1-3 (Rare & Unreleased) 1961-1991
ブートレッグ・シリーズ 第1～3集

Columbia : C3K 47382 [CD]
録音 : 1961年11月～1989年3月
発売 : 1991年3月26日

[1] Volume 1
1. Hard Times In New York Town
2. He Was A Friend Of Mine
3. Man On The Street
4. No More Auction Block
5. House Carpenter
6. Talkin' Bear Mountain Picnic Massacre Blues
7. Let Me Die In My Footsteps
8. Rambling, Gambling Willie
9. Talkin' Hava Negeilah Blues
10. Quit Your Low Down Ways
11. Worried Blues
12. Kingsport Town
13. Walkin' Down The Line
14. Walls Of Red Wing
15. Paths Of Victory
16. Talkin' John Birch Paranoid Blues
17. Who Killed Davey Moore?
18. Only A Hobo
19. Moonshiner
20. When The Ship Comes In
21. The Times They Are A-Changin'
22. Last Thoughts On Woody Guthrie

[2] Volume 2
1. Seven Curses
2. Eternal Circle
3. Suze (The Cough Song)
4. Mama, You Been On My Mind
5. Farewell, Angelina
6. Subterranean Homesick Blues
7. If You Gotta Go, Go Now (Or Else You Got To Stay All Night)
8. Sitting On A Barbed Wire Fence
9. Like A Rolling Stone
10. It Takes A Lot To Laugh, It Takes A Train To Cry
11. I'll Keep It With Mine
12. She's Your Lover Now
13. I Shall Be Released
14. Santa-Fe
15. If Not For You
16. Wallflower
17. Nobody 'Cept You
18. Tangled Up In Blue
19. Call Letter Blues
20. Idiot Wind

[3] Volume 3
1. If You See Her, Say Hello
2. Golden Loom
3. Catfish
4. Seven Days
5. Ye Shall Be Changed
6. Every Grain Of Sand
7. You Changed My Life
8. Need A Woman
9. Angelina
10. Someone's Got A Hold Of My Heart
11. Tell Me
12. Lord Protect My Child
13. Foot Of Pride
14. Blind Willie McTell
15. When The Night Comes Falling From The Sky
16. Series Of Dreams

プロデューサー : Jeff Rosen

参加ミュージシャン : George Harrison (g), Robbie Robertson (g), Garth Hudson (org), Richard Manuel (p, cho), Levon Helm (ds, cho), Rick Danko (b, cho), Leon Russell (b), Mike Bloomfield (g), Al Kooper (org), Emmylou Harris (cho), T-Bone Burnett (g), Mick Ronson (g), Mark Knopfler (g), Alan Clark (kbd), Jim Keltner (ds), Mick Taylor (g), Sly Dunbar (ds), Robbie Shakespeare (b), Scarlet Rivera (violin), Cyril Neville (per), Al Gorgoni (g), Paul Griffin (kbd), Bob Neuwirth (g), Harvey Brooks (b), Russ Kunkel (ds), Ben Keith (g), Buddy Cage (g), Carolyn Dennis (cho), Clydie King (cho), Tim Drummond (b), Jennifer Warnes (cho), Roy Bittan (kbd), Steven Van Zandt (g), Mason Ruffner g), Bobby Gregg (ds), Barry Beckett (kbd), Paul Griffin (kbd), David Mansfield (per), Fred Tackett (g), Kenny Rankin (g), Harvey Brooks (b), Charlie Daniels (b), Kenny Buttrey (ds), Eric Weissberg (g), Rob Stoner (b), Sugar Blue (harmonica), Daniel Lanois (g, b, per), Howie Wyeth (ds), Erik Frandsen (g), Pick Withers (ds), Danny "Kootch" Kortchmar (g), Steve Ripley (g), Benmont Tench (org), Full Force (cho), Mason Ruffner (g)

91年に発売された〝ブートレッグ・シリーズ〟の記念すべき第一弾。それまで海賊盤でしか聴くことができなかった未発表曲や有名曲のデモ、オルタネイト・ヴァージョン、ライヴなどの貴重な音源を一挙に公式盤としてリリースしたものだ。61年のデビュー前に録音された通称〝ミネソタ・テープス〟から89年のアルバム『オー・マーシー』のアウトテイクまで全58曲中45曲が未発表。それを公式盤でまとめて聴けるというのはかなりの衝撃だった。

　ボブ・ディランについてはこれまでに幾多の論考が発表されてきたが、読めば読むほど彼の輪郭はぼやけてしまう。それは書き手の理解というよりも、ディランが何を考えてきたか、これからどこへ向かうのかを、彼自身もよくわかっていないことに由来するのではないだろうか。ロックンロールが大好きなミネアポリスの少年が、ウディ・ガスリーに傾倒してニューヨークに出て、フォークの新星、時代の寵児ともてはやされる。が、ビートルズに触発されたらさっさと転身して〝フォーク・ロック〟を確立。次から次へとカッコいい、面白いと感じたこと——もっと言うと、女の子にモテそうなことにすぐ顔を突っ込み、会いたい有名人が来ると聞いたらふらふらと出かけ……。ひょっとするとディランは、そういった衝動に脊髄反射的に身をゆだねてきただけなのではなかったか。近年はノーベル文学賞で箔がついたけれども、その実態は向こう見ずな〝パンク野郎〟で、批評家やメディアやファン、つまり世界の人々が、彼の〝ブラウン運動〟に引っ掻き回されているだけなのではないか。そんな仮説に基づいてディランの言動や作品を振り返ると、さまざまなことが腑に落ちるのだ。

　70年代末から80年代にかけてのディランは、〝パンク野郎〟に拍車がかかって揺れ動いていたように見える。キリスト教への改宗とゴスペル3部作『スロー・トレイン・カミング』『セイヴド』『ショット・オブ・ラヴ』、ユダヤ教への回帰と『インフィデル』、流行り物好きが顔をのぞかせた『エンパイア・バーレスク』、カヴァーや共作曲のごった煮みたいな『ノックト・アウト・ローデッド』『ダウン・イン・ザ・グルーヴ』。ディランでなくてはならない〝何か〟は次第に鳴りを潜め、〝ディランは終わった〟という声すら聴かれはじめた。そんな迷走のまっただ中で、ディランに彼自身のあるべき姿を再認識させて原点回帰へと導いたのは、73年のコロムビア復帰以来ディランと苦楽を共にしてきたジェフ・ローゼンたちだったのだろう。ディランはついに重い口を開き、自分自身や制作の背景などについて堰を切ったように語り始め、ブルーズやフォークに回帰したアルバムを次々とリリースした。その背中を押すように、ローゼンは〝ブートレッグ・シリーズ〟の制作を自らリードする。本作品は、その最初の結晶だ。

〝ブートレッグ・シリーズ〟では、これまでのオフィシャル・リリースだけではわからなかった〝ディラン宇宙〟の本当の奥行の広さや凄みがわかる。オリジナル・アルバムやシングル収録曲を凌駕する曲やテイクがゴロゴロと出てくる。これまで我々が聴いてきたものは、必ずしもディランの最高到達点、〝すべてを出し尽くしたもの〟ではなかったのだ。ジグソーパズルの欠けていたパーツが見つかり、シナプスの結合が始まったというだけではない。過去の優れた作品が入ったタイム・カプセルが大量にあって、これから次々と開けられるのだ。この期待感は、ディランの再評価を促す大きなきっかけになったといえるだろう。

収録曲を見てみよう。「辛いニューヨーク」は〝ミネソタ・テープス〟からのライヴ音源。南部の貧しい農民たちによって歌い継がれてきた'Down On Penny's Farm'のメロディや歌詞の構成を利用しながも、ディランは、大都会を舞台に自分の体験に重ねて歌っている。ギターも歌も粗さが目立つが、成功を夢見る若者の決意が伝わってくる一曲だ。「友達だった彼」と「路上の男」は『ボブ・ディラン』のアウトテイク（「ハウス・カーペンター」もここに加えるのが正しいだろう）。「競売はたくさんだ」は、英国が奴隷を解放した１８３３年以降カナダに逃げてきた黒人たちによって歌われたトラッドで、62年10月グリニッチ・ヴィレッジのカフェ〝ギャスライト〟でのライヴ演奏。この曲はのちに「風に吹かれて」の原型であるとピート・シーガーに指摘され、ディラン本人も78年のインタヴューで認めている。『フリーホイーリン・ボブ・ディラン』のアウトテイクからは、「ベア・マウンテン・ピクニック大虐殺ブルース」をはじめ8曲。「その道をくだって」「船が入ってくるとき」「時代は変る」は音楽出版社ウィットマーク・アンド・サンズ向けのデモ。『時代は変る』のアウトテイクからは、「パス・オブ・ヴィクトリー」をはじめ6曲。個人的には、ヘロンやロッド・ステュアートらのカヴァーで馴染みのある「オンリー・ア・ホーボー」が、ディラン本人の歌で聴けて嬉しかった。「デイビー・ムーアを殺したのは誰？」「ジョン・バーチ・パラノイド・ブルース」は、63年10月カーネギー・ホール、「ウディ・ガスリーへの最後の想い」は63年4月ニューヨーク・タウン・ホールでのライヴだ（この日、ディランは初めてステージで自作詩を朗読した）。

『アナザー・サイド・オブ・ボブ・ディラン』のアウトテ

イク「ママ、ユー・ビーン・オン・マイ・マインド」は、すこぶる上出来で生き生きとしている。『ブリンギング・イット・オール・バック・ホーム』セッションからは3曲。この中では、「サブタレニアン・ホームシック・ブルース」のオルタネイト・テイクが最初期のアコースティック・ヴァージョンで特に面白い。「有刺鉄線の上で」と「悲しみは果てしなく」は『追憶のハイウェイ61』セッションから。初期リハーサル音源「ライク・ア・ローリング・ストーン」は、そのイメージを覆すワルツになっている。「アイル・キープ・イット・ウィズ・マイン」は『ブロンド・オン・ブロンド』セッション時のリハーサル音源で、バンド・ヴァージョンだ。「シーズ・ユア・ラヴァー・ナウ」も『ブロンド〜』のアウトテイクで、バックはホークス。続く「アイ・シャル・ビー・リリースト」と「サンタフェ」は、『地下室』には収録されなかった〝ビッグ・ピンク〟でのデモ音源。『新しい夜明け』の時期に録られた曲では、ジョージ・ハリスンとの70年5月のセッションから「イフ・ナット・フォー・ユー」が入っている。「ウォールフラワー」は『プラネット・ウェイヴズ』の頃の71年11月収録のスタジオ・テイク。これまでダグ・サームの『ダグ・サーム・アンド・バンド』（Atrantic：SD7254／ディランもゲスト参加）で聴けたが、ディランが歌うヴァージョンは未発表だった。

「セヴン・デイズ」はロン・ウッドへの提供曲で、76年4月、フロリダ州タンパにおけるローリング・サンダー・レヴューのライヴ音源だ。「エヴリー・グレイン・オン・サンド」はスペシャル・ライダー・ミュージック社向けのデモ音源で、これも初出テイク。『インフィデル』のアウトテイク5曲のうち、「私をとりこにした人」は後に『エンパイア・バーレスク』に収録される「タイト・コネクション」の初期ヴァージョン。「ブラインド・ウィリー・マクテル」は同名のブルーズ・シンガーのことを歌った曲のアコースティック版。のちにミック・テイラーらとのバンド・ヴァージョンが『スプリングタイム・イン・ニューヨーク』に収録され、シングル化もされた（Third Man：TMR-740／未公表だったテイク1もB面に収録）。最後に、『エンパイア・バーレスク』のオルタネイト・テイク「フォーリング・フロム・ザ・スカイ」、『オー・マーシー』のアウトテイク「夢のつづき」で締められる。

　これ以降の〝ブートレッグ・シリーズ〟の入門編として聴いても面白い重要作品。一曲として聴き逃せないし、ディラン初心者にもオススメだ。

横田

The Bootleg Series Vol.7: No Direction Home: The Soundtrack
ノー・ディレクション・ホーム〜ザ・サウンドトラック

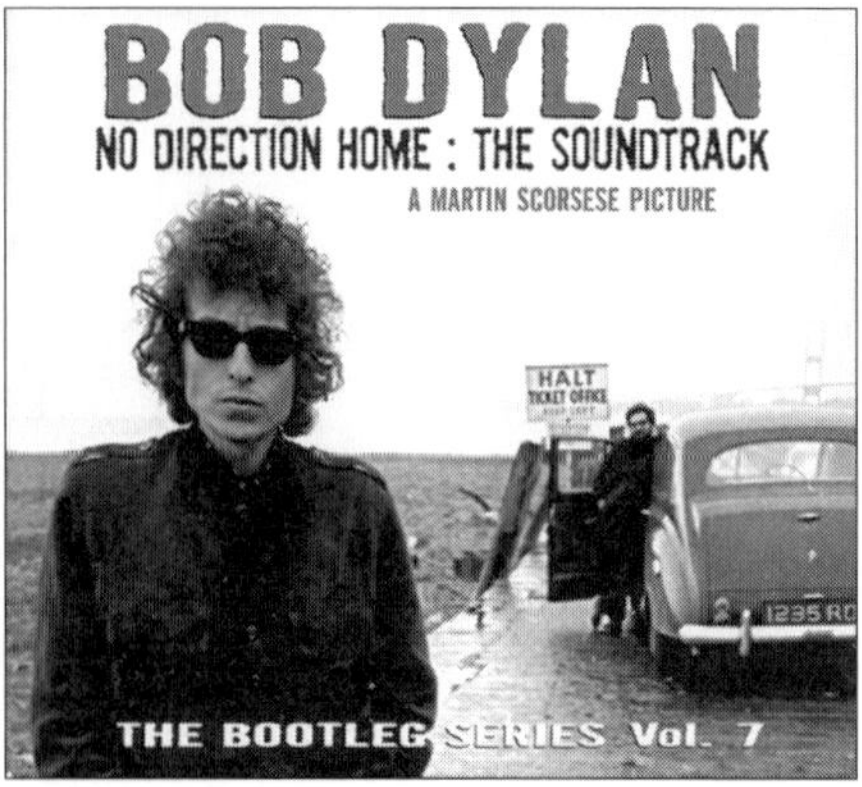

Columbia／Legacy：C2K 93937 [CD]
録音：1959年〜1966年5月
発売：2005年8月30日

[1]
1. When I Got Troubles (1959) / 2. Rambler, Gambler (Home Rec.) / 3. This Land Is Your Land (Live) / 4. Song To Woody / 5. Dink's Song (Home Rec.) / 6. I Was Young When I Left Home (Home Rec.) / 7. Sally Gal (Alt.) / 8. Don't Think Twice, It's All Right (Demo) / 9. Man Of Constant Sorrow / 10. Blowin' In The Wind (Live) / 11. Masters Of War (Live) / 12. A Hard Rain's A-Gonna Fall (Live) / 13. When The Ship Comes In (Live) / 14. Mr. Tambourine Man (Alt.) / 15. Chimes Of Freedom (Live) / 16. It's All Over Now, Baby Blue (Alt.)

[2]
1. She Belongs To Me (Alt.) / 2. Maggie's Farm (Live) / 3. It Takes A Lot To Laugh, It Takes A Train To Cry (Alt.) / 4. Tombstone Blues (Alt.) / 5. Just Like Tom Thumb's Blues (Alt.) / 6. Desolation Row (Alt.) / 7. Highway 61 Revisited (Alt.) / 8. Leopard-skin Pill-box Hat (Alt.) / 9. Stuck Inside Of Mobile WIth The Memphis Blues Again (Alt.) / 10. Visions Of Johanna (Alt.) / 11. Ballad Of A Thin Man (Live) / 12. Like A Rolling Stone (Live)

[Download] Exclusive Outtakes From No Direction Home
1. Baby Please Don't Go / 2. Mr. Tambourine Man / 3. Outlaw Blues

プロデューサー：Steve Berkowitz, Bruce Dickinson, Jeff Rosen, Martin Scorsese

参加ミュージシャン：Al Kooper (org, g), Robbie Robertson (g), Rick Danko (b), Levon Helm (ds), Mike Bloomfield (g), Mickey Jones (ds), Garth Hudson (org), Charlie McCoy (g), Harvey Brooks (b), Al Gorgoni (g), Paul Griffin (p)

マーティン・スコセッシ監督の『ノー・ディレクション・ホーム』は、ボブ・ディランの生い立ちから、66年5月の伝説のマンチェスター公演「ライク・ア・ローリング・ストーン」までの過程を克明に描いたドキュメント映画。これと連動した本作も、単なる〝サウンドトラック〟としては片づけられない骨太の内容になっている。

61年のデビュー前後、ウディ・ガスリー色の濃いカヴァー中心のフォーク・ソングを歌っていたディランは、次第に自作の曲を演奏し始める。その中の一曲、「風に吹かれて」がPP&Mをはじめとするフォーク・シンガーたちによってカヴァーされ、ちょうど勢いを増していた公民権運動の象徴のように扱われるようになると、それに呼応するかのように、「時代は変る」「戦争の親玉」「はげしい雨が降る」などプロテスト色の濃い作品を次々と発表していく。しかし、ディランの関心はすでにそこから離れていた。64年に発売された『アナザー・サイド・オブ・ボブ・ディラン』では、弾き語りのスタイルはとりつつも、歌の内容は恋愛など自身の内面を見つめるものに変わり、65年3月の『ブリンギング・イット・オール・バック・ホーム』で、ついにロック・サウンドが導入された。7月のニューポート・フォーク・フェスティヴァルでは、ポール・バターフィールド・ブルース・バンドのメンバーらをバックにエレキ・ギターをかき鳴らし、保守的なフォーク・ファンから非難轟々、大ブーイングを浴びる。さらに、8月の『追憶のハイウェイ61』、66年5月の『ブロンド・オン・ブロンド』と、ロック路線に大きく舵を切ったアルバムを次々とリリースする。この頃行われたのが、冒頭に触れたマンチェスター公演だ。ディランがフォークを捨てたことに怒った観客が〝ユダ！（裏切者）〟とヤジを飛ばすと、ディランは〝アンタを信じない。アンタは嘘つきだ〟とやり返し、大音量で「ライク・ア・ローリング・ストーン」の演奏を始める。フォークと訣別し、ルビコン川を渡った瞬間。ここに至るまでの激動の時代をとらえたのがこの作品だ。

全28曲のうち、「ウディに捧げる歌」「ライク・ア・ローリング・ストーン」「アイ・ワズ・ヤング・ホエン・アイ・レフト・ホーム」（01年に欧米と豪州のみで発売された『ラヴ・アンド・セフト』の限定盤に収録）を除く25曲が公式盤未収録曲や未発表ヴァージョン、15曲はそれまで海賊盤でも出回っていなかったという、きわめて貴重な音源だ。

「ホエン・アイ・ガット・トラブルズ」は、59年に高校の友人リック・カンガスが録音したもので、ディランが歌ったオリジナル曲の録音としては一番古い。「ランブラー、ギャンブラー」は、トラッドの「ワゴナーズ・ラッド」をベースとした曲で、60年、大学の友人クリーヴ・パターソンによる録音。これまでは、ディランがこの曲を歌ったことさえ知られていなかった。「わが祖国」は61年11月のカーネギー・チャプター・ホールにおけるライヴ。ウディ・ガスリーのこの名曲をディランもよく歌っていたことは知られていたが、音が聴けたのはこれが初めてだった。このほか、ライヴ音源では、ニューヨーク・タウン・ホールにおける「風に吹かれて」（63年4月）と、カーネギー・ホールの「はげしい雨が降る」（63年10月）が初出である。また、これまで未公表だったオルタネイト・テイクとしては、「サリー・ギャル」、「シー・ビロングズ・トゥ・ミー」、「悲しみは果てしなく」「トゥームストーン・ブルース」「親指トムのブルースのように」「廃墟の街」「追憶のハイウェイ61」、「ヒョウ皮のふちなし帽」「メンフィス・ブルース・アゲイン」「ジョアンナのヴィジョン」が収録された。

横田

Bob Dylan
ボブ・ディラン

Columbia：CL 1779(mono)／CS 8579(stereo)
録音：1961年11月20日・22日
発売：1962年3月19日

[A]
1. You're No Good
2. Talkin' New York
3. In My Time Of Dyin'
4. Man Of Constant Sorrow
5. Fixin' To Die
6. Pretty Peggy-O
7. Highway 51

[B]
1. Gospel Plow
2. Baby, Let Me Follow You Down
3. House Of The Risin' Sun
4. Freight Train Blues
5. Song To Woody
6. See That My Grave Is Kept Clean

プロデューサー：John H. Hammond

「とうとうガスリーに会ったぞ！」
61年1月25日、前日ニューヨークにやってきたばかりのディランは、ニュージャージー州のグレイストーン病院に、不治の病で入院中だったフォークの重鎮、ウディ・ガスリーを見舞いに行った。初対面の興奮を絵はがきにしたためたディランは、ミネアポリスのデイヴィッド・ウィッテイカー（彼の家は、〝ミネソタ・テープス〟が録られた場所の一つと言われている）に送った。その9か月後の11月20日と22日に録音され、翌62年3月に発売されたのが、デビュー・アルバム『ボブ・ディラン』だ。当時ディランは20歳。ジョン・ハモンドのプロデュースによるこのアルバムの制作費は、たったの402ドルだったという。

　ニューヨークに着いてからのディランは、61年1月29日、ヴィレッジにあったフォークロア・センターに初出演したのを皮切りに、ガーディス・フォーク・シティ、ギャスライトと、当時有名だったフォークのライヴ・スポットで次々と実績を重ねていった。61年4月にはジョン・リー・フッカー、6月からはデイヴ・ヴァン・ロンクの前座を任され、9月29日には女性フォーク歌手キャロリン・ヘスターのレコーディングに、ハーモニカ奏者として呼ばれている。

59年にコロンビアのエグゼクティヴ・プロデューサーに就任したハモンドは、新しいフォークの動きにも敏感で、既にピート・シーガーとの契約を成立させていた。ディランの噂を耳にした彼はすぐさま行動を起こし、61年10月26日に正式契約を獲得している。ただ、ハモンドは元々ジャズ畑のプロデューサーだったため、コロンビアの社内では当初、ディランは〝ハモンドの道楽〟と見られていたようだ。

アルバムにはギターの弾き語りによる全13曲が収録されているが、オリジナルは「ニューヨークを語る」と「ウディに捧げる歌」の2曲のみ。残りの11曲はブルーズやトラッドのカヴァーになっている。ブルーズと言っても黒人色は薄く、ガスリーや彼の弟子ランブリング・ジャック・エリオットなど、白人フォーク・シンガーの影響を強く感じさせる演奏だ。それでも、「死にかけて」「死をみつめて」「僕の墓をきれいにして」など、死に強く結びついた曲が多いのは、新進気鋭のフォーク・シンガーのデビュー・アルバムとしてはかなり異質に思える。

「ニューヨークを語る」は、ガスリーが得意としたトーキング・ブルーズのスタイルで、ディランがニューヨークにやってきた際の印象を語るもの（このスタイルは、友部正人の「大阪へやってきた」などに受け継がれている）。ハーモニカの仕事があり《体が裏返り、ひっくり返るまで吹いた》が1日1ドルしかもらえなかった、という歌詞が胸を打つ。「ウディに捧げる歌」は、ギター片手に放浪しやっと憧れのガスリー本人に出会えたディランの熱い思いが、それとは対照的に淡々とした歌の中に詰め込まれている。彼はこの曲を病床のウディにも聴かせたそうだ。特筆すべきは、ブラインド・ウィリー・ジョンソンの「死にかけて」のカヴァー。《さてさてさてそうすればぼくは楽に死ねる》《イエスはうまくやってくれるだろう》と畳みかけるフレーズは、脳裏に焼き付いて離れない。ウィリーの真似をしたスライド・ギターはやや不完全燃焼だけれども。リック・フォン・シュミットのレパートリーでトラッドの「連れてってよ」や、デイヴ・ヴァン・ロンクから習った「朝日のあたる家」も、のちのアニマルズなどのヴァージョンと比較してみるととても面白い。

我々が後年知ることになる、愛すべき〝ひねくれ者〟ボブ・ディランの夜明けを感じる一枚だ。

横田

The Bootleg Series Vol.9: The Witmark Demos: 1962-1964
ザ・ウィットマーク・デモ

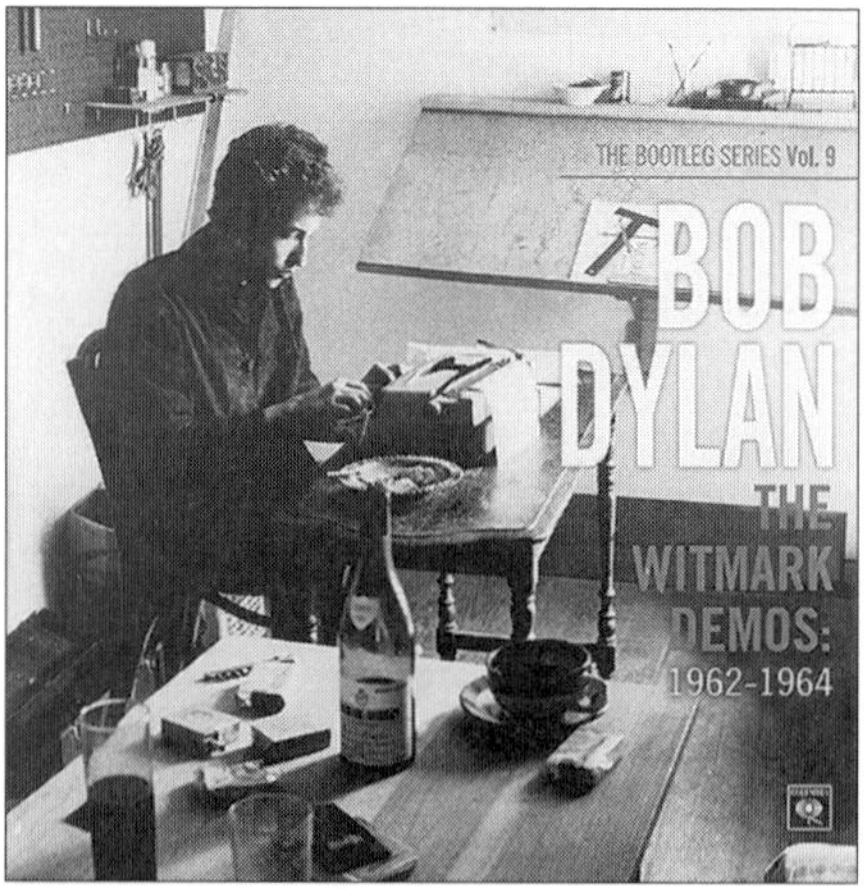

Columbia／Legacy：88697 76179 2 [CD]
録音：1962年〜1964年
発売：2010年10月19日

[1]
1. Man On The Street (Frag.)／2. Hard Times In New York Town／3. Poor Boy Blues／4. Ballad For A Friend／5. Rambling, Gambling Willie／6. Talking Bear Mountain Picnic Massacre Blues／7. Standing On The Highway／8. Man On The Street／9. Blowin' In The Wind／10. Long Ago, Far Away／11. A Hard Rain's A-Gonna Fall／12. Tomorrow Is A Long Time／13. The Death Of Emmett Till／14. Let Me Die In My Footsteps／15. Ballad Of Hollis Brown／16. Quit Your Low Down Ways／17. Baby, I'm In The Mood For You／18. Bound To Lose, Bound To Win／19. All Over You／20. I'd Hate To Be You On That Dreadful Day／21. Long Time Gone／22. Talkin' John Birch Paranoid Blues／23. Masters Of War／24. Oxford Town／25. Farewell

[2]
1. Don't Think Twice, It's All Right／2. Walkin' Down The Line／3. I Shall Be Free／4. Bob Dylan's Blues／5. Bob Dylan's Dream／6. Boots Of Spanish Leather／7. Girl From The North Country／8. Seven Curses／9. Hero Blues／10. Watcha Gonna Do?／11. Gypsy Lou／12. Ain't Gonna Grieve／13. John Brown／14. Only A Hobo／15. When The Ship Comes In／16. The Times They Are A-Changin'／17. Paths Of Victory／18. Guess I'm Doing Fine／19. Baby, Let Me Follow You Down／20. Mama, You Been On My Mind／21. Mr. Tambourine Man／22. I'll Keep It With Mine

プロデューサー：Jeff Rosen, Stan Berkowitz

ファースト・アルバムのレコーディング後から『アナザー・サイド・オブ・ボブ・ディラン』の制作時期にかけて、ディランが音楽著作権会社への登録のために行ったデモ・レコーディングのすべてを収録。「その道をくだって」「船が入ってくるとき」「時代は変る」「くよくよするなよ」を除き、それまで未公表だった音源ばかりだ。

『ボブ・ディラン』を録音したあと、ディランはまずリーズ・ミュージック・インクと契約し、62年1月に「辛いニューヨーク」など8曲のデモを録音する。その翌月コロンビアはディランとの契約打ち切りまで検討していたようだが、無事4月に『フリーホイーリン』のレコーディングが開始される。6月に入って、今度はウィットマーク・アンド・サンズで「風に吹かれて」のデモを録音、7月、同社と正式契約を締結。翌月には、本名をロバート・アレン・ジママンからボブ・ディランに変更した。「ロング・アゴー、ファー・アウェイ」のデモを録ったあと、『フリーホイーリン』のレコーディングは終了。すると、すぐに「はげしい雨が降る」など7曲のデモを録音した。それからロンドンに飛んで、マーティン・カーシーらと交流、いくつかのライヴに参加後、ローマへ飛んでオデッタに合流。現地にいるはずの恋人スージー・ロトロに会うためだったが、彼女はもういなかった。63年1月、ロンドンに戻り、リチャード・ファリーニャとリック・フォン・シュミットのレコーディングにバック・ヴォーカルとハーモニカで参加。すぐにニューヨークに帰り、なんとかロトロと仲直りする。その頃から、『時代は変る』のレコーディングが本格的に始まった8月にかけて、「戦争の親玉」「オックスフォード・タウン」「くよくよするなよ」「スペイン革のブーツ」「北国の少女」など21曲を怒涛の如くデモ録音を敢行。その間も5月にモンタレー、7月にニューポートのフォーク・フェスティヴァルでジョーン・バエズと共演、8月にはフォレスト・ヒルズ・スタジアムでのバエズのコンサートに参加し、１５０００人の前で歌っている。バエズと公私ともに〝べったり〟になったのはこの頃だ。8月末に公民権運動ワシントン大行進に参加したあと、「船が入ってくるとき」「時代は変る」のデモを録音。ここではピアノの弾き語りを披露している。その後、ディランはソロ・コンサート活動に戻り、悪名高き『ニューズウィーク』誌スヴェドバーグ記者によるインタヴューを経験。カーネギー・ホールに両親を招いたあと、『ニューズウィーク』の記事に怒り心頭し３週間ほど雲隠れした。その間に、ケネディ暗殺のテレビ生中継をロトロ一家と一緒に見ている。12月、「フェアウェル」と「パス・オブ・ヴィクトリー」のデモを録音後、ロトロ家でクリスマス・イヴを過ごす。64年1月、「ゲス・アイム・ドゥーイング・ファイン」と「連れてってよ」（後者はのちに著作権を取下げた）を録音。２月に入るとヴィクター・マイマラスら３人とアメリカ横断の旅へ。各地であれやこれやとイベント目白押しで、３月中旬に帰ってきたら、ついにロトロとの決定的な別れが待っていた。すぐにロンドン、パリ、ベルリンなどへ傷心の旅へ出て、ロトロへの思いを込めて多くの曲を書く。帰国後の6月には『アナザーサイド』をレコーディングし、ウィットマーク社には「ママ、ユー・ビーン・オン・マイ・マインド」と、ピアノがよれよれの「ミスター・タンブリンマン」「アイル・キープ・イット・ウィズ・マイン」を提出した。

ふうっ、この展開の速さこそがディランそのもの！　しかもデモまで全部聴けるなんて、本当に幸せだ。

横田

The Freewheelin' Bob Dylan
フリーホイーリン・ボブ・ディラン

Columbia：CL 1986(mono)／CS 8786(stereo)
録音：1962年4月24〜25日、7月9日、10月16日、11月1日、11月15日、12月6日、1963年4月24日
発売：1963年5月27日

[A]
1. Blowin' In The Wind
2. Girl From The North Country
3. Masters Of War
4. Down The Highway
5. Bob Dylan's Blues
6. A Hard Rain's A-Gonna Fall

[B]
1. Don't Think Twice, It's All Right
2. Bob Dylan's Dream
3. Oxford Town
4. Talking World War III Blues
5. Corrina, Corrina
6. Honey, Just Allow Me One More Chance
7. I Shall Be Free

プロデューサー：John Hammond, Tom Wilson

参加ミュージシャン：Howie Collins (g), Gene Ramey (b), George Barnes (b), Leonard Gaskin (b), Bruce Langhorne (g), Herb Lovelle (ds), Dick Wellstood (p)

冬のマンハッタン、グリニッチ・ヴィレッジのジョーンズ通り。肩を寄せ合って歩くディランと、当時の恋人スージー・ロトロの写真が印象的なセカンド・アルバム。前作と同様、ジョン・ハモンドがプロデュースした。「コリーナ、コリーナ」と「ワン・モア・チャンス」以外の11曲がオリジナル作品で、バンド編成の「コリーナ〜」を除き、全曲がディランのギター弾き語りだ。レコーディングは62年の4月から翌年4月まで断続的に行われている。

ジャケットでは仲睦まじげな二人だが、そこに至るまでは必ずしも順風満帆でなかった。レコーディング期間中、ロトロがイタリアで勉強を続けたため、二人の関係は壊れかかっていたのだ。62年12月、ディランは彼女に会うため、旅先の英国からイタリアに飛ぶが、彼女は既に帰国したあと。63年1月中旬にようやくニューヨークで再会を果たし、「寄りを戻して一緒に住もう」と彼女に告げる。この写真が撮影されたのは、そんなこんなで彼らが同棲を始めた4番街のアパートからほど近い場所だった。

「風に吹かれて」「北国の少女」「戦争の親玉」「はげしい雨が降る」「くよくよするなよ」などの、ディラン初期の代表作が詰めこまれた本作は、とくに「風に吹かれて」が「勝利を我らに」にならぶ公民権運動の象徴として、PP&Mをはじめとするミュージシャンによって盛んに歌われたことにより、〝プロテスト・ソングのアルバムだ〟という先入観を人々に植えつけてしまった。このことは、オリジナルの2年後に発売されたフランス盤（CBS：62193）のタイトルから「フリーホイーリン」の文字が消え、〝en roue libre〟（自由への道）とだけ書かれたことからも窺える。確かに「戦争の親玉」などはバリバリのプロテスト・ソングだが、「北国の少女」「ダウン・ザ・ハイウェイ」「くよくよするなよ」「コリーナ、コリーナ」「ワン・モア・チャンス」は、どれもみんな〝失ってしまった女性〟のことを思う歌だ。しかも、美しい思い出に昇華できた「北国の少女」を除いて、歌い手はすっかりしょげかえってくよくよしている。「くよくよするなよ」ですら、自分に言い聞かせるように強がって歌っているだけだ。これらをプロテスト・ソングとは呼べないだろう。大衆から公民権運動をはじめとする非暴力闘争の旗手、プロテスト・ソングのヒーローと目されたディラン自身の関心は、もはやそこにはなかったのだ。この〝外からの期待〟と〝本人の意識や実態〟とのズレが、ロックの世界へと足を踏み入れ、フォークの信奉者たちから見た〝裏切者〟へと移行していくディランの爆発的進化のマグマとなったにちがいない。

とはいえ、死の商人への痛烈な批判を歌った「戦争の親玉」や、キューバ危機の最中に書かれた、降り注ぐ爆弾を想起させる「はげしい雨が降る」の鬼気迫る演奏と徹底的に繰り返されるフレーズのインパクトは大きい。夢で見た戦争の恐怖をシニカルに語る「第3次世界大戦を語るブルース」も、プロテスト・ソングの流れに沿うものと言えるだろう。この流れは、次のアルバム『時代は変る』でさらに進化を遂げることになる。

さて、プロテスト・ソングの象徴とされた「風に吹かれて」は、世界が抱えるいくつかの問題について、〝その答えは風に舞っている〟と、淡々と突き放すように歌われる。まるで「何も決まってなんかいない。自分でどうしたらいいかしっかり考えろ」と言っているようである。この歌は、その後のディランの長い道のりと、次々と繰り広げられる予測不可能な変化のすべてに共通する答えを、今も提供し続けているように思える。

横田

Live At The Gaslight 1962

Columbia／Legacy：A 96016［CD］
録音：1962年10月
発売：2005年8月30日

1. A Hard Rain's A-Gonna Fall
2. Rocks And Gravel
3. Don't Think Twice, It's All Right
4. The Cuckoo
5. Moonshiner
6. Handsome Molly
7. Cocaine
8. John Brown
9. Barbara Allen
10. West Texas

プロデューサー：Jeff Rosen, Steve Berkowitz

ニューヨークはグリニッチ・ヴィレッジにあったギャスライト・カフェでの、62年10月のライヴを収録。05年8月から1年半、北米のスターバックスで独占発売された。07年には一般に流通するようになったが、日本盤は出ていない。

ギャスライト・カフェは、当時ニューヨークで活動するフォーク・シンガーたちの登竜門、ホーム・ステージの一つだった。そこではトム・パクストン、フィル・オクスら名だたる面々が集まり交流を深め、同時にしのぎを削っていた。『フリーホイーリン・ボブ・ディラン』の制作期間中だったディランが、そのエネルギー・スポットに飛び込み、力のみなぎった演奏を聴かせたのがこのライヴだ。

「はげしい雨が降る」と「くよくよするなよ」は、『フリーホイーリン』に収録される曲の初期ヴァージョンだ。「ロックス・アンド・グラヴェル」はブラウニー・マッギーの「ソリッド・ロード」やレロイ・カーの「アラバマ・ウーマン」をディランが一つにまとめたもの。のちに『フリーホイーリン』のために録音され、テスト盤にだけ収録されていた。「ジョン・ブラウン」は、オムニバスの“Broadside Ballads Vol. 1”のためにディランがブラインド・ボーイ・グラントという変名で録音したものだ。そのほかは、クラレンス・アシュリーの演奏で知られていた「カッコー」、クランシー・ブラザーズのレパートリー「ムーンシャイナー」など、トラッドで占められている。

横田

In Concert – Brandeis University 1963

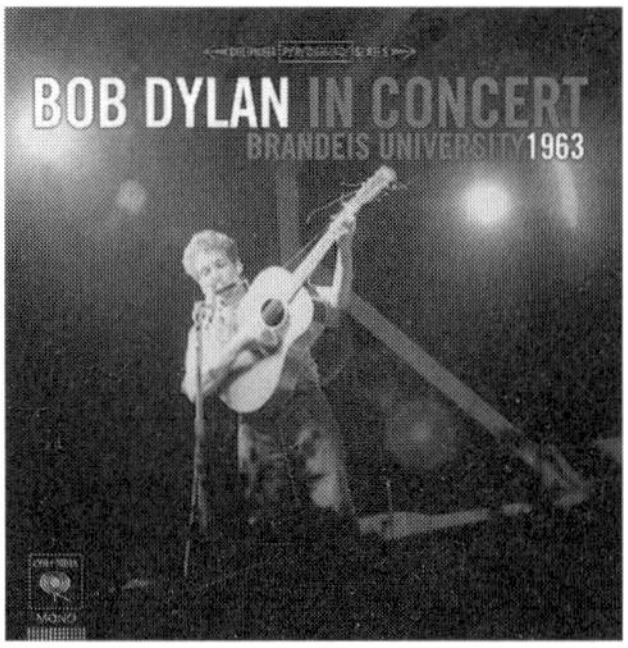

Columbia／Legacy：88697 84742 2［CD］
録音：1963年5月10日
発売：2011年4月11日

1st set
1. Honey, Just Allow Me One More Chance (Incomplete)／2. Talkin' John Birch Paranoid Blues／3. Ballad Of Hollis Brown／4. Masters Of War
2nd set
5. Talkin' World War III Blues／6. Bob Dylan's Dream／7. Talkin' Bear Mountain Picnic Massacre Blues

プロデューサー：Jeff Rosen, Steve Berkowitz

Live At Carnegie Hall 1963

Columbia／Legacy：CSK 17254［CD］
録音：1963年10月26日
発売：2005年11月15日

1. The Times They Are A-Changin'／2. Ballad Of Hollis Brown／3. Boots Of Spanish Leather／4. Lay Down Your Weary Tune／5. North Country Blues／6. With God On Our Side

プロデューサー：Jeff Rosen

『イン・コンサート－ブランダイス・ユニヴァーシティ』は63年5月10日にマサチューセッツ州ウォルサムのブランダイス大学で行われたフォーク・フェスティヴァル初日、『ライヴ・アット・カーネギー・ホール1963』は同年10月26日、ニューヨークのカーネギー・ホールでのライヴである。後者の「レイ・ダウン・ユア・ウィアリー・チューン」以外は海賊盤でもまったく出回っていなかった貴重な音源ばかりだ。

ブランダイス大学ではアルバムに収録された4曲を含め、『フリーホイーリン・ボブ・ディラン』用に録音された7曲が歌われたが、まだレコードの発売前だったこともあって、聴衆の反応は鈍い。

一方、カーネギー・ホール公演の時点では、『フリーホイーリン』の発売から5か月が経ち、ディランの評価もうなぎ上りだった。ステージに登場したディランに黄色い声が飛び、大きな拍手が響く。ディランの両親もミネソタから観に来ていた。満員の聴衆の前で誇らしげに歌う彼の姿が手に取るようにわかる。このときの音源の一部は、64年に直前で発売中止となった幻のライヴ盤"Bob Dylan In Concert"に収録予定だった。当日演奏された全19曲がまとまった形でリリースされる日が待ち遠しい。

なお、前者は『ザ・ウィットマーク・デモ』、後者は『ノー・ディレクション・ホーム』の購入者特典だったもの。前者はのちに一般発売もされた。

横田

The Times They Are A-Changin'
時代は変る

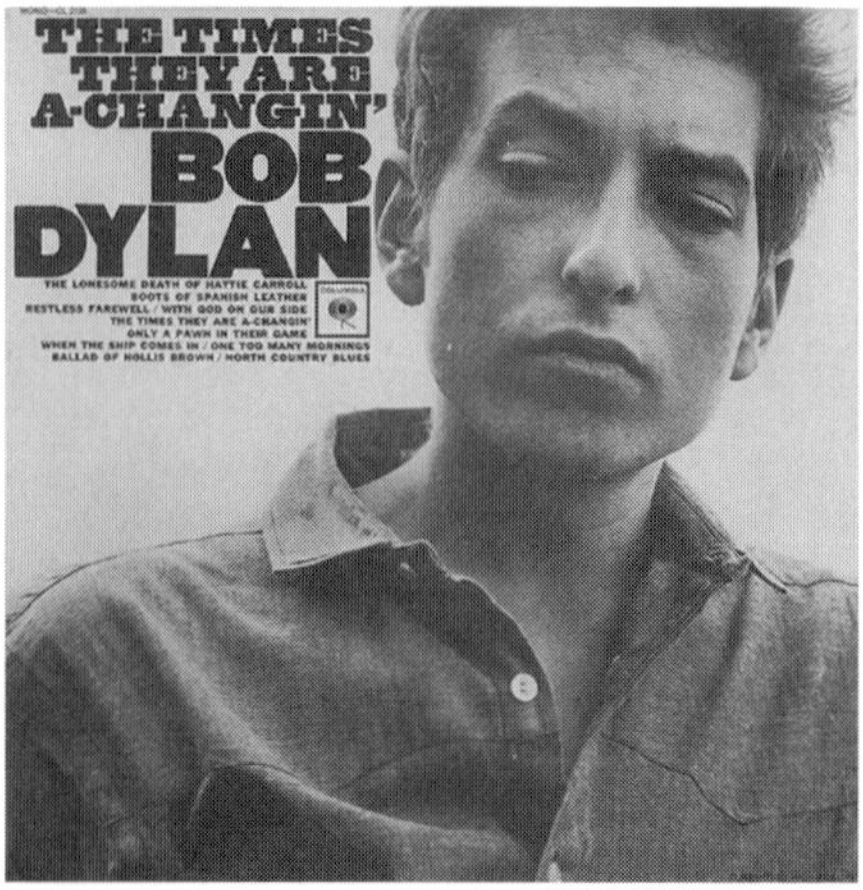

Columbia：CL 2105(mono)／CS 8905(stereo)
録音：1963年8月6日〜10月31日
発売：1964年2月10日

[A]
1. The Times They Are A-Changin'
2. Ballad Of Hollis Brown
3. With God On Our Side
4. One Too Many Mornings
5. North Country Blues

[B]
1. Only A Pawn In Their Game
2. Boots Of Spanish Leather
3. When The Ship Comes In
4. The Lonesome Death Of Hattie Carroll
5. Restless Farewell

プロデューサー：Tom Wilson

ウディ・ガスリーを強く意識した、沈痛な面持ちのディランをとらえたジャケットが印象的な3枚目のアルバム。フォーク期の頂点を極めると同時に、プロテスト・ソングを書き、そして歌うディランの最後の姿を記した作品だ。プロデューサーはジョン・ハモンドからトム・ウィルスンに代わり、63年8月と10月に分けて計6回、ニューヨークのコロンビア・スタジオで録音された。すべて彼自身による弾き語りだ。アルバム全体を通して、ギターのリズミカルな力強さ、時にぞっとするほど気迫のこもったヴォーカル、そして何よりもどっしりと重みの増した歌詞が、これまでの作品を上回るパワーを感じさせる。

影のある表情の背景には、ディランを取り巻く環境の大きな変化もあった。レコーディング期間中、ディランはウィットマーク・アンド・サンズ（著作権管理をする音楽出版社）で新曲のデモを次々と録音しながら、〝フォークの女王〟ジョーン・バエズのコンサートにゲストとして何度も登場し、大いに知名度を高める。8月28日には公民権運動のワシントン大行進に参加して、「しがない歩兵」「風に吹かれて」などを歌い、プロテスト・シンガーとしての外観をどんどん身にまとっていく。一方で、バエズとはプライヴェートでも親密な関係になったため、恋人スージー・ロトロはディランと同棲していたアパートを去ってしまう。その後もロトロとの関係はしばらく続くのだが、恋の終わりを悟ったディランは、「スペイン革のブーツ」「哀しい別れ」などに切ない思いを書き綴っていった。

また、グリニッチ・ヴィレッジのミュージシャンたちとの和気藹々とした交流とは違って、ディランが放り込まれたビジネスの世界のやり方が彼の懐疑心を掻き立てるものだったことも、大きな変化だ。とくに、『ニューズウィーク』の女性記者スヴェドバーグによる63年10月のインタヴューの一件は、ディランのマスコミに対する不信感と敵意を強固なものにした。あからさまに挑発的な態度で接する彼女にディランは激怒し、インタヴューは終始険悪な空気に包まれる。その結果、『ニューズウィーク』に掲載された記事は、彼の生まれ育ちやニューヨークに来るまでの活動を暴露する、悪意に満ちたものになった。さらに、10月26日のカーネギー・ホール公演を訪れたディランの両親にまで取材攻勢があったことが追い打ちをかける。ジャケットの裏からインサートに続く散文詩「11のあらましな墓碑銘」は、『ニューズウィーク』と記者に対する報復と抵抗の証だ。共鳴するように、収録曲も〝これでもか〟と突きつける骨太のプロテスト・ソングが目立つ。「時代は変る」では〝いまの敗者はあすの勝者だ〟などと、時代が変わっても変わることのない真理を次々と示し、「神が味方」では〝今度戦争するとしたら相手はロシア人、でも神が味方してくれるなら次の戦争をとめるだろう〟と歌う。また、生活苦で一家心中したサウス・ダコタの農民を取り上げた「ホリス・ブラウンのバラッド」、白人に殺害された黒人公民権活動家を題材にした「しがない兵士」、パーティで飲み物を出すのが遅かっただけで白人男性に殴り殺されてしまった黒人女性の歌「ハッティ・キャロルの寂しい死」など、虐げられた人たちの実話をもとにした作品も強烈だ。

一方、「船が入ってくるとき」は、歌詞に間接的な表現が多用されて難解なうえに、ワシントン大行進でも歌われたため、〝プロテスト・ソング〟の代表格のように受け取られたが、明るく軽快な曲調なので、PP&Mやホリーズなどによる爽やかなカヴァーの方がピッタリくる。新たな表現の胎動がひしひしと感じられる一曲だ。

横田

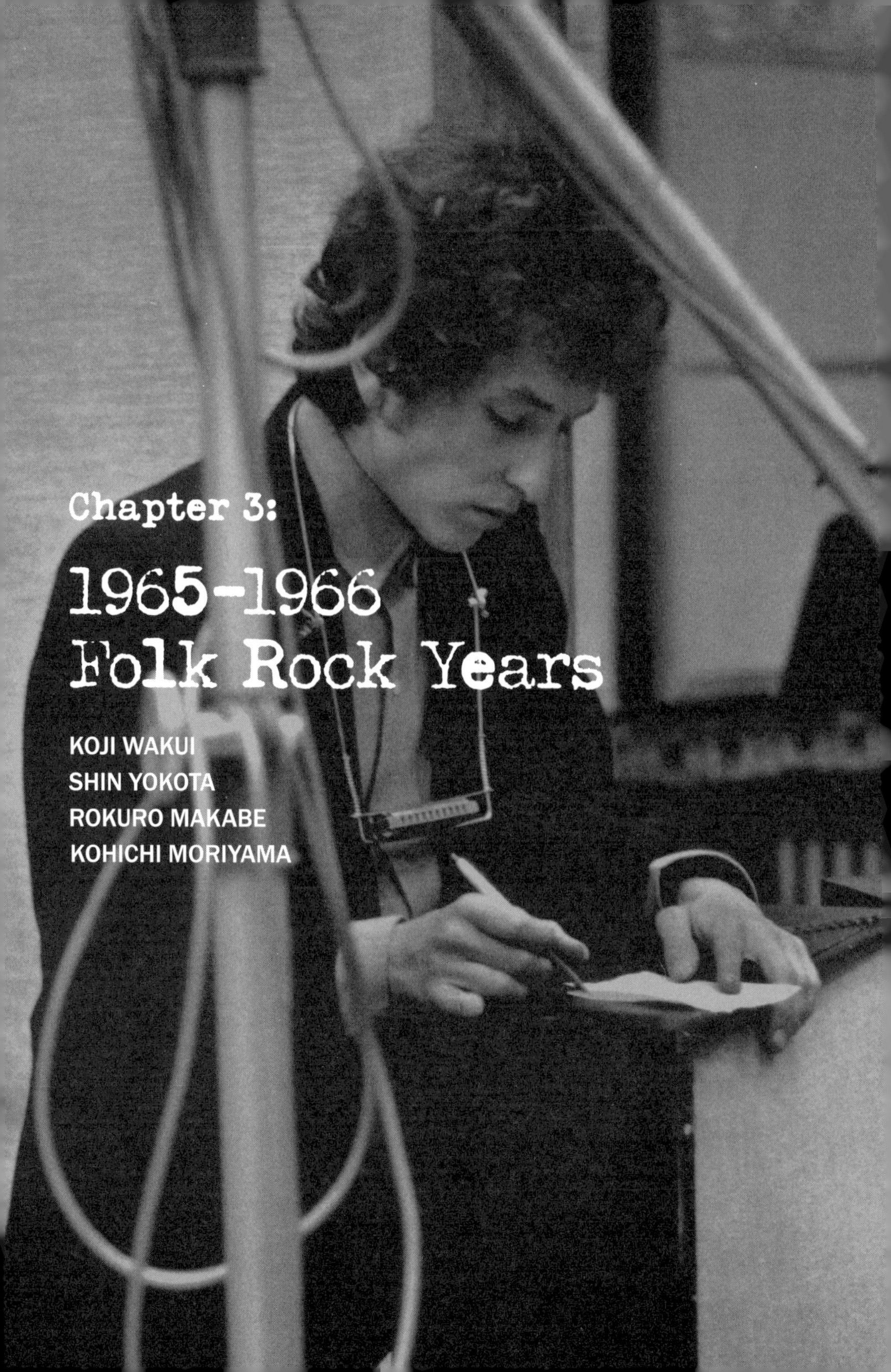

Chapter 3:

1965-1966 Folk Rock Years

KOJI WAKUI
SHIN YOKOTA
ROKURO MAKABE
KOHICHI MORIYAMA

ビートルズに刺激され〝ポップ〟に踏み込む

和久井光司

「風に吹かれて」や「はげしい雨が降る」を、同じアルバート・グロスマンがマネジメントしていたPP&Mやジョーン・バエズがヒットさせ、莫大な印税を手にするようになったとき、ディランは「俺はフォークを支援するエスタブリッシュメント層や、共産主義者のために歌っているわけではない」と思ったに違いない。いや、『時代が変る』までに書いた多くのプロテスト・ソングや、公民権運動を支援する気持ちに嘘はなかったはずだが、〝フォーク〟に身を置いていては、一瞬にして世界のアイドルとなった同世代のビートルズに敵うわけがないと悟ったのだろう。彼らが歌うポップ・チューンは無責任に少年少女を煽るだけにも見えたが、ディランが最初に痺れたロックンロールをアップデイトするビートルズにはあらゆる音楽を呑み込んでいきそうな気配があることを、ディランはすぐに気づいたのではなかったか。

63年から65年にかけて行われた多くのインタヴューでディランは苛立ちを隠さず、取材にきた記者に噛みつかんばかりの〝反撃〟を見せることが多かった。それは、かつて気分で書いた歌詞をディランの思想と受け取ったジャーナリストが、今夜のステージで彼がどんな演奏をするかよりも、レコードという棺に入った〝死んだ歌〟のことを語らせたがることへの失望だったはずだ。レコードの〝演奏〟に言及されるならまだしも、歌詞ばかりが〝表現〟とされることを彼はいまも嫌っている。だからディランはアメリカ／ヨーロッパ盤に歌詞をつけたことが一度もなく、現在はbobdylan.comですべての歌詞を読めるようにしているのだ。文字として記録された詩（ポエム）と、音と感情が加わった歌詞（リリック）は別だということを、「ものを書く人間がなぜわからないんだ」という苛立ちは私にもある。ディランがアルバム『時代は変る』にわざわざ連作の詩と受け取れる「11のあらましな墓碑銘」というセルフ・ライナーをつけたのも、詩と歌詞をソングライターはどう使い分けるかを実践してみせるつもりがあったからだと思う。

　63年11月22日、J．F．ケネディがダラスで凶弾に倒れたのをテレビの生中継で見ていたディランは、〝即時性〟の何たるかを思い知らされ、近代（モダン・タイムズ）の怖ろしさを痛感したという。ところが一転、64年2月に初めてアメリカの土を踏んだビートルズは、速攻で時代を〝笑える方〟に進めたのだから、苦虫を嚙み潰したような顔をしていた〝フォーク・シンガー〟も、穏やかな笑みをたたえてポップ・チューンに取り組む〝アナザー・サイド〟に踏み込む策を考え始めるのだ。

　来るべきポップの予兆を、ディランは62年12月に初めて訪れたロンドンですでに摑んだのではないかと思う。BBCのドラマ〝The Madhouse On Castle Street〟で若いフォーク歌手を演じるために渡英した彼は、ドラマのリハーサル期間に、トゥルバドール、キング&クイーン、ビンダー・オブ・ウェイクフィールド・パブといったフォーク・クラブでライヴを行ったが、英国フォークの重鎮であるイーワン・マッコールらにはまったく相手にされず、その代わりに、若手のホープと認められていたマーティン・カーシーと親しくなり、彼のアパートに10日間ほど居候することになるのだ。私はカーシーに直接このときのディランの様子を訊いたことがある。

「ボブはオデッタの歌で知った黒人霊歌'No More Auction Block'のメロディを借りた〈風に吹かれて〉で成功したから、そういうやり方でもっと曲を書こうとしていたんだ。〝英国やアイルランドのトラディショナル・ナンバーをたくさん覚えて帰りたい〟と言うから、ぼくは〈スカーボロ・フェア〉を教え、ナイジェル・デンヴァーからはドミニク・ビーハンがつくった〈ザ・パトリオット・ゲイム〉を伝授されていた。ぼくらもトラッドをそのまま歌うつもりはなかったからボブの姿勢を好意的に受け取ったんだよ。でも、いちばん記憶に残ってるのは、英国では珍しい夜中までやっているレストランで、名物のランプ・ステーキを食べさせたら夢中になっちゃったこと。〝アメリカじゃステーキは珍しくないだろ？〟と訊いたら、あいつ〝こんな美味い肉は食ったことない！〟と言って、毎晩行きたがるんだ（笑）」

Another Side Of Bob Dylan
アナザー・サイド・オブ・ボブ・ディラン

Columbia：CL 2193(mono)／CS 8993(stereo)
録音：1964年6月9日
発売：1964年8月10日

[A]
1. All I Really Want To Do
2. Black Crow Blues
3. Spanish Harlem Incident
4. Chimes Of Freedom
5. I Shall Be Free No.10
6. To Ramona

[B]
1. Motorpsycho Nitemare
2. My Back Pages
3. I Don't Believe You
4. Ballad In Plain D
5. It Ain't Me Babe

プロデューサー：Tom Wilson

ヴォーカルのキーの高さにビートルズへの対抗心が見える、ディラン初のポップ・アルバム。タイトルはトム・ウィルソンのアイディアで、本人は「何を大袈裟な」と思っていたというが、これを65年6月9日にたった一日で録音してしまったのだから、24歳になったばかりのディランの新境地にウィルソンは打たれていたのだろう。

『時代は変る』をリリースしたあと、ディランは2月3日から約一か月かけてアメリカ各地を旅した。同行したのはヴィクター・マイミュダス、ポール・クレイトン、ピート・カーマン。途中5回ほどステージにも立ったが、この行程を「アメリカの心を探る旅」とした一行は、ストライキ中だったケンタッキー州の炭鉱を訪れて坑夫に話を訊いたり、ノースカロライナ州にスウェーデン系のアメリカ人作家カール・サンドバーグ（リンカーンの伝記で知られた人だ）を訪ねたり、ニューオリンズでマルディ・グラのパレードを眺めたりした（ニューオリンズでの体験がのちの「雨の日の女」に活かされているのは明らかだ）。3月始めにニューヨークに戻ったディランは、ロイヤル・アルバート・ホールでのコンサートのためにロンドンに出かけ、そのあと休暇をとって訪れたギリシャで本作に収録したナンバーなど15の新曲を書いたと言われている。

さんざん「アメリカ中を放浪した」と嘯いてきたのを真実にし、ヨーロッパに触れたのも大きかったと思うが、ここではオリジナルなメロディの充実ぶりが素晴らしく、ヴォーカルがいつになく明るい。そのせいでジャケットのポートレイトもわずかに笑みを湛えているように見えるのだが、いよいよフォトジェニックぶりに磨きがかかってきたディランに相応しい曲が並んでいる印象でもある。

ピアノとハーモニカで聴かせる「黒いカラスのブルース」、歌詞もいい長尺の「自由の鐘」、まだ8分の6拍子ながらメロディの良さが揺るぎない「マイ・バック・ペイジズ」、ギター・リフとハーモニカで〝ロック〟に迫った「アイ・ドント・ビリーブ・イン・ユー」に、ビートルズの♪イェーに♪ノーと応えた「悲しきベイブ」（高い声の艶はどうだ！）。全編弾き語りながら、曲はすでに〝フォーク・ロック〟なのである。

裏ジャケに載せた連作の詩「いくつかのべつのうた」からは、もはや〝フォーク〟の範疇にはない文学的な才気も窺え、散文集『タランチュラ』への布石も見える。究極のプロテスト・ソング集『時代は変る』と、フォーク・ロックを明確な形にした『ブリンギング・イット・オール・バック・ホーム』のあいだにあって未だに正当な評価を得られていないアルバムなのは、英国のチャートでは8位まで上がったのに、アメリカではビルボード43位止まりだったのも影響しているのかもしれない。

72年4月、中学2年生になった私は、ＣＢＳソニーがようやくオリジナル通りの形で出してくれたアルバムを、ファーストから順に集め始めたのだが、ものを知らぬガキにとって『ボブ・ディラン』や『時代は変る』はしょっぱいばかりのアルバムだった（いまでは後者を初期の最高傑作だと思っているが）。友人たちのようにビートルズやストーンズを聴いて喜んでいる方が良かったかな、と思いながらもう一度奮起して買ったこのアルバムに救われ、ディランを聴き続けられたのが忘れられない。

ＣＤで聴いても曲の良さは伝わってくるが、高い声で歌っていることもあって、米国のオリジナル・モノラルＬＰじゃないとヴォーカルがキンキンした感がある。ぜひ初期のアナログ盤で聴いていただきたい一枚だ。

和久井

The Bootleg Series Vol. 6: Bob Dylan Live 1964, Concert At Philharmonic Hall

アット・フィルハーモニック・ホール

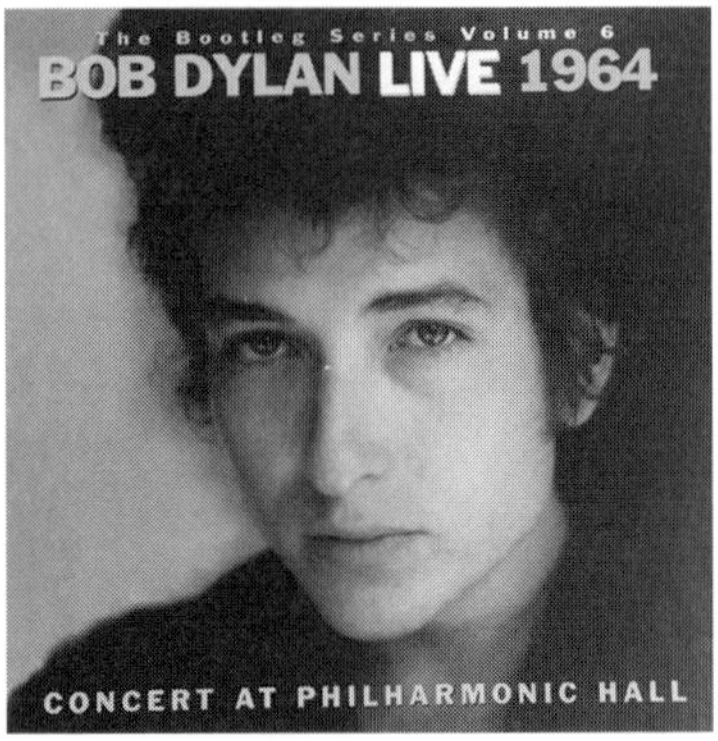

Columbia／Legacy：C2K 86882 [CD]
録音：1964年10月31日
発売：2004年3月30日

[1]
1. The Times They Are A-Changin'
2. Spanish Harlem Incident
3. Talkin' John Birch Paranoid Blues
4. To Ramona
5. Who Killed Davey Moore?
6. Gates Of Eden
7. If You Gotta Go, Go Now (Or Else You Got To Stay All Night)
8. It's Alright, Ma (I'm Only Bleeding)
9. I Don't Believe You (She Acts Like We Never Have Met)
10. Mr. Tambourine Man
11. A Hard Rain's A-Gonna Fall

[2]
1. Talkin' World War III Blues
2. Don't Think Twice, It's All Right
3. The Lonesome Death Of Hattie Carroll
4. Mama, You Been On My Mind
5. Silver Dagger
6. With God On Our Side
7. It Ain't Me, Babe
8. All I Really Want To Do

プロデューサー：Jeff Rosen, Steve Berkowitz

参加ミュージシャン：Joan Baez (vo)

『アナザー・サイド・オブ・ボブ・ディラン』をリリースしたあと、ディランはフィラデルフィア、デトロイト、ミネソタ州ケニオンでソロ・ツアーを行った。そしてニューヨークに戻り、カーネギー・ホール以来1年ぶりとなるワンマン・コンサートを開く。会場は2年前にできたばかりのフィルハーモニック・ホール。当時はレナード・バーンスタイン率いるニューヨーク・フィルハーモニックの本拠地だった。現在はデイヴィッド・ゲフィン・ホールと改称されている。

地元とも言うべきニューヨークに凱旋し、それまででいちばん広々とした、新しくて豪華で格式高い会場。ディランがゴキゲンでノリノリだったのも無理はない。この日のステージではよくしゃべり、冗談を飛ばしまくった。「くよくよするなよ」では、タガが外れたように素っ頓狂な声を張り上げて聴衆の笑いを誘っている。我々が思い描く〝ひねくれ者〟の要素など、ほとんど感じられない。彼らしいのは、ギターのチューニングの甘さや、雑な演奏だったりするのだ。

しかし、「はげしい雨が降る」や「オール・アイ・リアリー・ウォント」での伸びやかなヴォーカルや、後半のジョーン・バエズとの仲睦まじいデュエットを聴けば、些細なことはどうでもよくなる。この夜にしか歌われたことがない「スパニッシュ・ハーレム・インシデント」など、ライヴではめったに聴けない曲が収録されているのも嬉しい。 **横田**

The Other Side Of The Mirror (Live At The Newport Folk Festival 1963 - 1965)

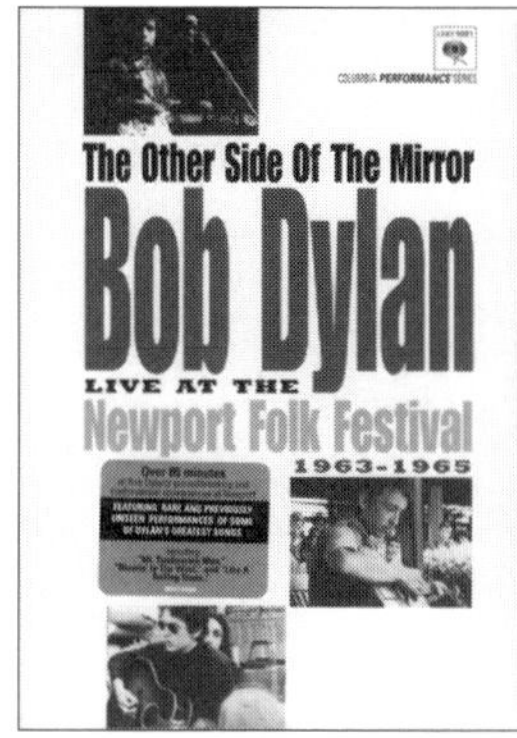

Columbia／Legacy：8869714466 9［DVD］
録音：1963年7月26日、1964年7月24日、26日、1965年7月24日、25日
発売：2007年10月29日

1965年
1. All I Really Want To Do

1963年
2. North Country Blues
3. With God On Our Side
4. Talkin' World War III Blues
5. Who Killed Davey Moore?
6. Only A Pawn In Their Game
7. Blowin' In The Wind

1964年
8. Mr. Tambourine Man
9.1. Don't Think Twice, It's All Right - Johnny Cash
9.2. Mary Hamilton -Joan Baez
10. It Ain't Me, Babe
11. Joan Baez Interview
12. With God On Our Side
13. Chimes Of Freedom

1965年
14. If You Gotta Go, Go Now
15. Love Minus Zero/No Limit
16. Idolized/Who Needs Him Anymore?
17. Rehearsal
18. Maggie's Farm
19. Like A Rolling Stone
20. Mr. Tambourine Man
21. It's All Over Now, Baby Blue

監督・プロデューサー：Murray Lerner

参加ミュージシャン：Joan Baez (vo), Johnny Cash (vo), Al Kooper (org), Mike Bloomfield (g), Jerome Arnold (b), Sam Lay (ds), Barry Goldberg (org)

ニューポート・フォーク・フェスティヴァルに出演したディランのライヴ映像から17曲をピックアップ、新たに編集した映像作品。１９７０年のワイト島フェスティヴァルを撮影したマーレイ・ラーナーが監督だ。ほとんどの曲が完奏ヴァージョンだったうえに、半分以上が未発表のもの。ＭＣの場面なども残されているので、当時の熱気を体感できる。

ディランのマネージャーだったアルバート・グロスマンらがオーガナイズしたこのイヴェントは59年に始まったが、翌60年に入場できなかった客が騒動を起こしたため、市当局が61年と62年の開催を拒否。再開された63年にディランが初登場という、絶妙なタイミングでもあった。

63年は伝統の継承者、社会派シンガーの色が濃い。「風に吹かれて」では、ピート・シーガー、ジョーン・バエズ、ＰＰ＆Ｍらをバックに〝さあみんなでフォークを歌いましょう〟と言わんばかりの顔つきだ。64年になると芸術家肌が顔を出す。「ミスター・タンブリン・マン」「悲しきベイブ」「自由の鐘」からは、美しい世界を自在に紡ぎ出す吟遊詩人へと変貌していく様子がよくわかる。

そして圧巻は65年、伝説のエレクトリック・パフォーマンスだ。「マギーズ・ファーム」で唸りまくるギター。「ライク・ア・ローリング・ストーン」で異様な空気に包まれる会場。時代がフォークからロックへと急転回した瞬間を追体験することになる。

横田

Bringing It All Back Home
ブリンギング・イット・オール・バック・ホーム

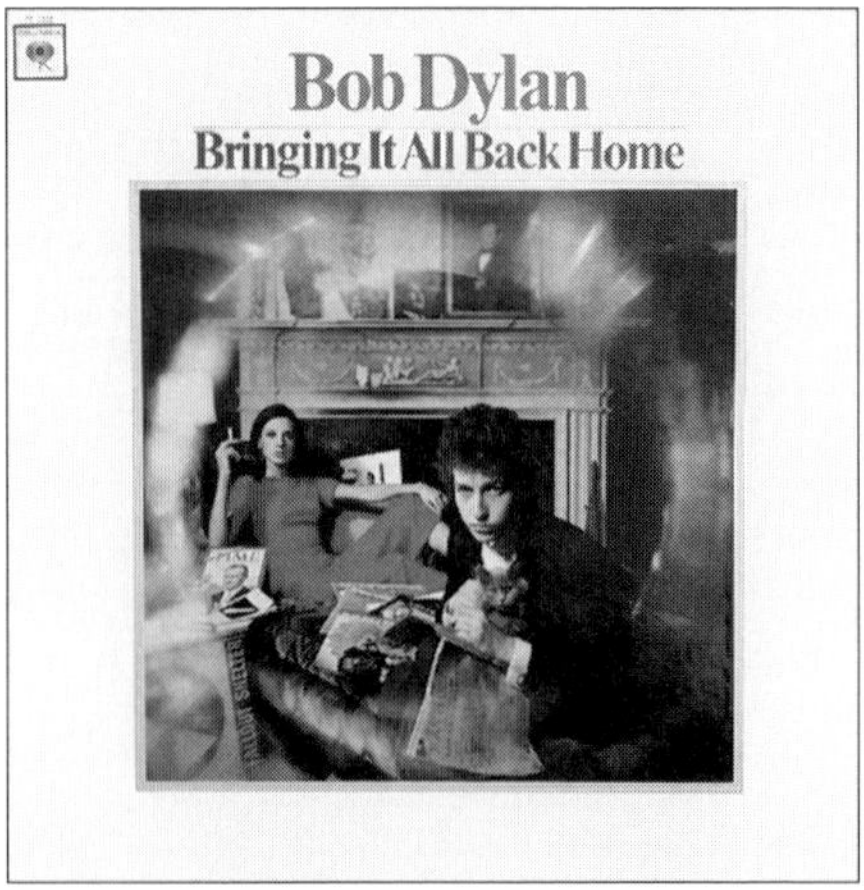

Columbia：CL 2328(mono)／CS 9128(stereo)
録音：1965年1月13日〜15日
発売：1965年3月22日

[A]
1. Subterranean Homesick Blues
2. She Belongs To Me
3. Maggie's Farm
4. Love Minus Zero / No Limit
5. Outlaw Blues
6. On The Road Again
7. Bob Dylan's 115th Dream

[B]
1. Mr. Tambourine Man
2. Gates Of Eden
3. It's Alright, Ma (I'm Only Bleeding)
4. It's All Over Now, Baby Blue

プロデューサー：Tom Wilson

参加ミュージシャン：Bobby Gregg (ds), John Sebastian (b), Bill Lee (b), Kenny Rankin (g), Steve Boone (b), John P. Hammond (g), Bruce Langhorne (g), Paul Griffin (kbd), Al Gorgoni (g), Joseph Macho, Jr. (b), Frank Owens (p)

前作でプロテスト・ソングから脱却し、ポップへの視線を見せ始めたディランが、エレクトリックなバンド・サウンドを導入した最初のアルバムである。記録映画『ドント・ルック・バック』となった65年4月末から5月の英国ツアーは、本作リリースのあとでありながら弾き語りで通し、同行したジョーン・バエズとデュオで歌うこともなかった。当時のディランは自身のアコースティック・ライヴを「相変わらず」と捉え、刺激を感じなくなっていたようだが、〝フォーク・ロックへの扉を開いた〟と評されるこのアルバムでも、アナログ盤のB面はアコースティック・サウンドのままだ。7月25日のニューポート・フォーク・フェスティヴァルで浴びた〝ブーイング〟が本作や春の英国ツアーにはなかったのは、古い体質のフォーク・ファンもA面でのバンド導入を「アルバムをヴァラエティ豊かにするための策」としか受け取っていなかったのだろう。

ファースト・シングル「サブタレニアン・ホームシック・

ブルース」は、『ドント・ルック・バック』に収録されたミュージック・ヴィデオでのちに広く知られるようになったが、ロンドンのホテル・サヴォイの横の小路で撮影された。カードをめくるアイディアはディラン自身によるもので、監督のD.A.ペネベイカーはこう語っている。

「あの場面は撮ったきりになっていて、誰もそれを扱えばいいかわからなかった。映画を編集するとき、初めて〝冒頭にもってくればいいんだ〟と思いついたんだ」

　いまではポップ・ミュージック史上初のミュージック・ヴィデオと謳われる名編は、半ば即興的なものだったということか。当時はトーキング・ブルーズを模したものと評されたが、いまでは〝ラップの元祖〟としか思えず、映像のスリルもまったく色褪せていない。

「シー・ビロングス・トゥ・ミー」「マギーズ・ファーム」「ラヴ・マイナス・ゼロ／ノー・リミット」と続くA面はバンド・サウンドならではの感があるが、アレンジを決めて取り組んだわけではないから、ディランの弾き語りにバック・ミュージシャンが寄り添っただけ、と受け取れる。そこに〝フォーク・ロックの最初の形〟を見ることもできるわけだ。「ボブ・ディランの115番目の夢」は、歌い始めたと思ったら噴き出して失敗、すぐ「テイク2」にいく様子をそのまま収録している。そういう〝ライヴ感〟はビートルズらビート・バンドのレコードにはなかったから、より〝自由〟を表現しているようにも見えるのだ。

　B面の最初はのちにザ・バーズのカヴァーで有名になる「ミスター・タンブリン・マン」だが、バーズのヴァージョンを先に知っていた私にはオリジナルの弾き語りが逆に新鮮だった。「イッツ・オールライト・マ」で歌われる〝アメリカ合衆国の大統領でさえ　ときにはどうしても裸で立たなくてはならない〟というフレーズは、ウォーターゲイト事件後の74年ツアーでコンサート会場を大いに盛り上げたようだ。アルバムを締めくくる「イッツ・オール・オーヴァー・ナウ、ベイビー・ブルー」は、7月のニューポートでブーイングを浴びて一旦引っ込んだあと、ギター一本で歌い、歴史的な曲となった。

　ダニエル・クレイマーによるジャケットもまた、芸術的な作品である。一緒に写っている女性はアルバート・グロスマンの奥方サリー。ディランの左袖からのぞくラヴェンダー色のカフスボタンは、ジョーン・バエズからプレゼントされたものだとか。アルバム・チャートでは全米6位、ツアーの効果もあって全英では1位となり、米英ともにゴールド・ディスクに輝いている。

真下部

Dont Look Back 65 Tour
Deluxe Edition
ドント・ルック・バック　〜デラックス・エディション〜

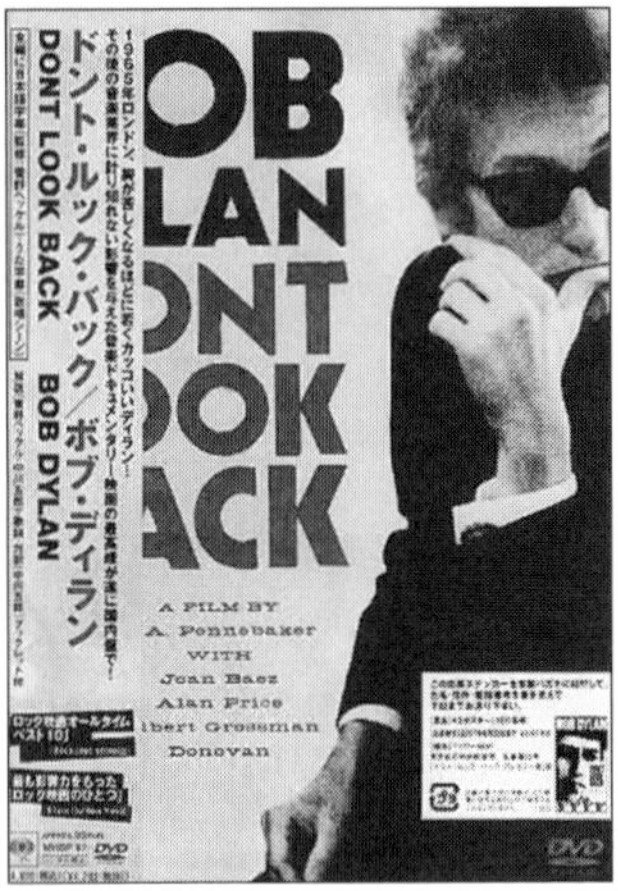

日・Sony：MHBP-95［DVD＋BOOK］
撮影：1965年4月〜5月
発売：2007年5月24日

[1] Dont Look Back
1. Subterranean Homesick Blues／2. All I Really Want To Do／3. Maggie's Farm／4. Only A Pawn In Their Heart／5. The Times They Are A-Changin'／6. To Ramona／7. The Lonesome Death Of Hattie Carroll／8. Percy's Song／9. Love Is Just A Four Letter Word／10. Lost Highway／11. So Lonesome I Could Cry／12. Family Reunion／13. Leaning On A Lamp Post／14. Little Things／15. Don't Think Twice, It's All Right／16. Why Do You Treat Me Like You Do／17. To Sing For You／18. It's All Over Now, Baby Blue／19. Talking World War III Blues／20. It's Alright, Ma(I'm Only Bleeding)／21. Gates Of Eden／22. Love Minus Zero/No Limit

[2] Bob Dylan 65 Revisited
1. Untitled Piano／2. Subterranean Homesick Blues／3. Don't Think Twice, It's All Right／4. Love Minus Zero/No Limit／5. To Ramona／6. It's All Over Now, Baby Blue／7. It Takes A Lot To Cry, It Takes A Train To Cry／8. The Lonesome Death Of Hattie Carroll／9. It's Alright, Ma(I'm Only Bleeding)／10. It Ain't Me Babe／11. If You Gotta Go Go Now／12. Love Minus Zero/No Limit／13. Everybody Knows But You／14. The Times They Are A-Changin'／15. She Belongs To me／16. I'll Keep It With Mine／17. Subterranean Homesick Blues

Disc.1の副音声として収録
1. To Ramona／2. The Lonesome Death Of Hattie Carroll／3. Love Minus Zero/No Limit／4. It Ain't Me Babe／5. It's All Over Now, Baby Blue

監督：D.A. Pennebaker

プロデューサー：Albert Grossman, John Court

参加ミュージシャン：Joan Baez (vo,vo), Donovan (vo, g), Alan Price

65年4月末から5月10日までの英国ツアーをドキュメントした必見の映像作品。同行したD.A.ペネベイカーは、シェフィールド、リヴァプール、ニューカッスル、マンチエスターなどを経て、ロンドンのロイヤル・アルバート・ホールに至った弾き語りツアーのステージばかりでなく、移動中、各地のホテル、取材風景を含めて撮影。アルバート・グロスマン、トム・ウィルソン、ジョーン・バエズ、アレン・ギンズバーグ、ボブ・ニューワースらとの行程や、ホテルを訪ねたドノヴァン、アニマルズのアラン・プライス、デロール・アダムズ、ジョン・メイオール、マリアンヌ・フェイスフルらとの交歓も記録し、ディランのプライヴェートにも踏み込んでいる。

英国に着いてすぐ、新聞でドノヴァンが「英国のディラン」と紹介されているのを鼻で笑っていたのに、本人が訪ねてきたらギターを貸して歌わせ、「イッツ・オール・オーヴァー・ナウ、ベイビー・ブルー」を返歌とする人の良さと、バエズが傍で歌っているのに無視するようにタイプライターに向かったり、グロスマンまで時には煙たがってみせる冷酷さの両面が記録されているのが面白いし、動くトム・ウィルソンが見られるというのも貴重。本番前の楽屋でディランと哲学的な論争を繰り広げる学生は、のちにクリサリス・レコーズの経営者となるテリー・エリスだ。

強烈なのは、インタヴューにやってきた『TIME』誌ロンドン支局の記者、ホレス・フリーランド・ジャドソンに、ディランが執拗に食い下がるところで、メディアに対する敵意を剝き出しにしている。まるで喧嘩腰のディランに「仕事だからやっている」という顔の中年記者はタジタジになるのだが、彼が冷静さを保とうとするほどディランは熱くなるのである。そういったシーンは〝ポップ・ミュージックが力を持ち始めた時代〟を裏打ちする価値があり、単に〝ディランのドキュメント〟とは片づけられない。革命的だった「サブタレニアン・ホームシック・ブルース」のフィルムが収められているのも目玉だが、その分ライヴ・パフォーマンスが少なく、完奏している曲がほとんどないというのは不満の要素となっていた。

それを晴らしてくれたのは00年リリースのDVDで、「サブタレニアン～」の別ヴァージョンと、5曲の完奏ライヴが加えられたのである。

さらに07年には、アウトテイクを再編集したディスク2〝65 Revisited〟を加えた2枚組のデラックス・エディションが登場。「サブタレニアン～」のさらなる別ヴァージョンや、「イッツ・オール・オーヴァー・ナウ、ベイビー・ブルー」など多くの曲のライヴを完奏ヴァージョンで味わえるようになったのだ。気迫を感じられる弾き語りにはすでに〝ディランのロック〟が屹立している。

改めて観る人にも、初めての人にも、もちろんオススメはデラックス・エディションだが、1時間足らずのオリジナル・ヴァージョンの息づまる展開こそがこの作品の真骨頂なので、ボーナス部分はあくまでも〝付け足し〟と考えた方がいい。ペネベイカーが記録した〝65年春のディラン〟が持つ圧倒的なリアリティは、翌年撮影された『イート・ザ・ドキュメント』では超えられず、そのフィルムはおよそ四半世紀後にマーティン・スコセッシによる『ノー・ディレクション・ホーム』で活かされる。

そうやって歴史を補強できる素材が残されているのは、ボブ・ディランという存在が最初から誰の目にも特異だったということだろうし、この時期のディランはいつ見てもホレボレするほどカッコいい。

和久井

Highway 61 Revisited
追憶のハイウェイ 61

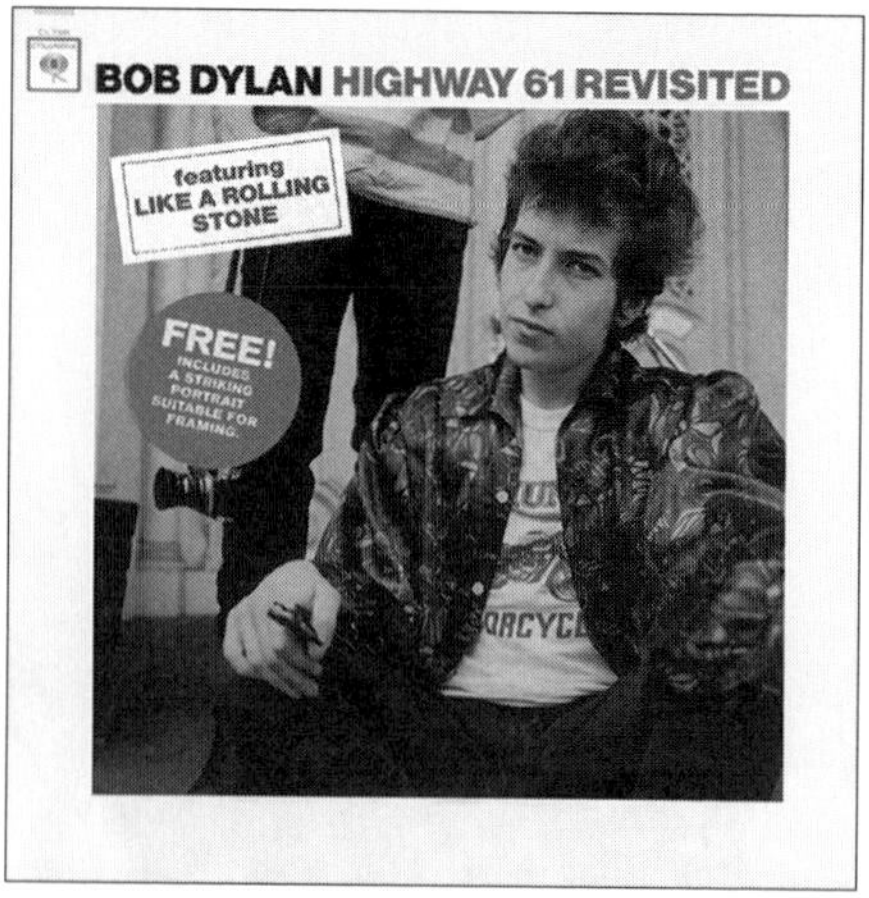

Columbia：CL 2389(mono)／CS 9189(stereo)
録音：1965年6月～8月
発売：1965年8月30日

[A]
1. Like A Rolling Stone
2. Tombstone Blues
3. It Takes A Lot To Laugh, It Takes A Train To Cry
4. From A Buick 6
5. Ballad Of A Thin Man

[B]
1. Queen Jane Approximately
2. Highway 61 Revisited
3. Just Like Tom Thumb's Blues
4. Desolation Row

プロデューサー： Bob Johnston, Tom Wilson

参加ミュージシャン： Al Kooper (kbd), Charlie McCoy (g), Mike Bloomfield (g), Paul Griffin (kbd), Frank Owens (p), Harvey Brooks (b), Bobby Gregg (ds), Sam Lay (ds), Russ Savakus (b), Bruce Langhorne (tambourine)

前作の成功で自信を深めたのか、ディランは一気にフォーク・ロックへと舵を切る。先行シングルとして7月20日にリリースされた「ライク・ア・ローリング・ストーン」は、シングルは3分前後という不文律があった時代に6分という長尺の曲で、シングルではAB面に分けて収録された。速射砲のような歌詞と、ブルース・ロックをサイケデリック方向に転がしたサウンドは強烈で、ビルボードのシングル・チャートでは2位まで上がった。自身ではシングル・ヒットがなかったディランにとっては記念すべき曲となり、いまでも多くのファンが「ディランの一曲」に選ぶ代表作として認められている。

転落した人間をテーマにした歌詞は秀逸で、ヴァースの締めで歌われる《どんな気がする？　どんな気がする？　帰る家もなく、誰にも知られず、まるで転がる石みたいなことは》は一度で記憶に残る。当時ニュージャージーの片田舎にいたティーンエージャーのブルース・スプリングスティーンは、「それまで聞いたことがないほど、力強い声を聞いていると感じた」と語り、ポール・マッカートニーは「永遠に続く感じがした。すごい歌だった。枠を超えられることを、みんなに示してくれた」と振り返った。

バックを務めたのは、マイク・ブルームフィールド、アル・クーパー、ポール・グリフィン、ハーヴィ・ブルックス、ボビー・グレッグら。ギターを弾くつもりでやってきたアル・クーパーは、マイク・ブルームフィールドがいたのでは出る幕がないと悟り、それまで弾いたことがなかったオルガンに立候補する。プロデューサーのトム・ウィルソンは「アルはオルガン奏者ではない」と意見したそうだが、ディランは「いいか、誰がオルガン奏者で、誰がオルガン奏者じゃないなんて、俺に言わなくてもいい」と切り返し、そのまま録音を進めたというのだ。

トム・ウィルソンはこのレコーディングのあと、ミュージシャンたちをそのままスタジオに残して、アコースティックだったサイモン&ガーファンクルの「サウンド・オブ・サイレンス」にバックをつけてしまった、と長いあいだ言われてきたが、「サウンド・オブ・サイレンス」のレコーディングは別日のことで、ミュージシャンも若干異なっていたことが近年の研究で明らかになった。

けれども、ディラン、バーズ、S&Gが同時にコロンビアにいて、同社が〝フォーク・ロック〟を牽引していたことは間違いない。トム・ウィンソンは翌年MGMに移籍し、ヴェルヴェット・アンダーグラウンドやフランク・ザッパ&マザーズを手がけ、バーズはビーチ・ボーイズ一派のテリー・メルチャーやゲイリー・アッシャーのプロデュースでどんどん進化していったのだから、〝フォーク・ロック〟の台頭はもっと評価されていいと思う。

いま聴けば「トゥームストーン・ブルース」はラップだし、「悲しみは果てしなく」ではディランのブルージーな歌いっぷりとハーモニカがいい。「ライク・ア・ローリング・ストーン」と並ぶもうひとつのハイライト「やせっぽちのバラッド」は、ディランのピアノとアル・クーパーのオルガンが効いた名演で、いまでも人気が高い曲だ。ラストに置かれた「廃墟の街」は唯一のアコースティック・ナンバーだが、さまざまなイメージをコラージュし、万華鏡のようにした歌詞が胸に迫る豊潤な10分となった。

なお、日本盤では長らく「ビュイック6型の想い出」が別ヴァージョンで収録されていたため、海外のファンには珍重されていたりする。この曲は肝っ玉母さん風の女性のを歌ったもので、歌詞にビュイックは出てこない。**真下部**

Blonde On Blonde
ブロンド・オン・ブロンド

Columbia：C2L 41(mono)／C2S 841(stereo)
録音：1965年10月5日～1966年3月10日
発売：1966年6月20日

[A]
1. Rainy Day Women #12 & 35
2. Pledging My Time
3. Visions Of Johanna
4. One Of Us Must Know (Sooner Or Later)

[B]
1. I Want You
2. Memphis Blues Again
3. Leopard-Skin Pill-Box Hat
4. Just Like A Woman

[C]
1. Most Likely You Go Your Way And I'll Go Mine
2. Temporary Like Achilles
3. Absolutely Sweet Marie
4. 4th Time Around
5. Obviously 5 Believers

[D]
1. Sad Eyed Lady Of The Lowlands

プロデューサー：Bob Johnston

参加ミュージシャン：Al Kooper (org, g), Robbie Robertson (g, vo), Rick Danko (b), Charlie McCoy (b, g, harmonica, trumpet), Kenneth Buttrey (ds), Paul Griffin (p), Wayne Moss (g, vo), Bobby Gregg (ds), Bill Aikins (kbd), Joe South (b, g), Jerry Kennedy (g), Wayne Butler (trombone), Henry Strzelecki (b)

このアルバムが〝フォーク・ロックの到達点〟と謳われることに異存はない。66年の段階では珍しかった2枚組で、全14曲を収録。溢れ出る創作意欲を抑えきれなかった感がある屈指の名作である。

ニューヨークでザ・ホークスをバックに録音をスタートしたが、ディランは結果に満足できず、ボブ・ジョンストンの意見に従ってナッシュヴィルに赴く。連れていったのはロビー・ロバートソンとアル・クーパーだけだった。その他はチャーリー・マッコイが集めたナッシュヴィルのミュージシャンたち――ケニー・バトレー、ハーガス・ピッグ・ロビンス、ウェイン・モス、ヘンリー・スチェリッキで、いずれもロイ・オービソンやエルヴィス・プレスリーのセッションに参加していた名手である。通常は一曲いくらの計算で働いていた彼らは、アルバムが完成するまでつきあうという特異な契約で雇われ、その結果40時間もスタジオに籠りっぱなしということもあったという。

冒頭で強烈なインパクトを放つ「雨の日の女」は、マーチング・バンドのようにしたいというディランに従って、それぞれの楽器を交換してラフなサウンドを生み出した。「俺たちがいま演奏した曲のタイトルは？」とバトレーが尋ねたのは、繰り返される‘Everybody must get stoned’では明らかにドラッグ・ソングだとわかるからだ。みんなはディランならそれで押し切るかもしれないと思っていたそうだが、彼はニコリともせずに‘Rainy Day Woman #12 &35’と答えたのだという。

偶然性を重視していたディランは譜面や歌詞を用意せず、その場で歌ってミュージシャンに曲を伝えていたが、どの曲も決して最後までは歌わなかったそうだ。ミュージシャンは曲の全貌をつかめないから、イメージで即座に反応して適した音をで出さないといけないのだが、曲の長さがどれだけなのか、とか、どういった方向へ展開するのかも知らされず、ディランの合図や身振りによって進行が決められたというのだ。ヒヤヒヤものだったに違いない。

D面を占める「ローランドの悲しい目の乙女」のときは、どんな曲か教えるためにディランが手短に歌っただけで録音中のランプが点灯した。ラジオに最適な長さと思われる2分20秒を過ぎたあたりでミュージシャンたちは本能的にクライマックスに向かおうとしたそうだが、ディランは新しいヴァースを歌い始め、次で終わりかと思ったら、また新しいヴァースに突入するという、その繰り返しだった。11分以上が経過したところでようやくディランは終わりの合図を出し、それ以前のポップ・アルバムにはない長尺の曲が完成するのである。

結果的に本作は全米チャートで9位を記録したが、ナッシュヴィルにはそれ以上の効果をもたらすことになる。ディランのサウンドを真似ようと、それまでカントリー・ミュージックとは無縁だったアーティストが押し寄せるようになったからだ。初めてミュージシャンの名前がジャケットにクレジットされたため、マッコイらはちょっとした有名人になり、ナッシュヴィルを代表するセッションマンとして世界的に知られるようにもなった。

ところが本作リリース直後の7月29日に、ディランはウッドストックの自宅近くでバイク事故を起こし、すべてのスケジュールがキャンセルされてしまう。長い静養期間は謎に包まれ、〝隠遁生活〟と呼ばれるようになるのだが、67年春、アルバート・グロスマンが用意したビッグ・ピンクと呼ばれた家の地下室で、ザ・バンドとの歴史的なデモ録音が開始されるのだ。

真下部

14. 同 (Take 13 Remake Break)
15. 同 (Take 14 Remake false)
16. 同 (Take 15 Remake Break)
17. 同 (Guitar)
18. 同 (Vocals, Guitar)
19. 同 (Piano, Bass)
20. 同 (Drums, Organ)

[4]

1. Can You Please Crawl Out Your Window? (Take 1)
2. 同 (Take 17)
3. Highway 61 Revisited (Take 3)
4. 同 (Take 5)
5. 同 (Take 7 false)
6. Just Like Tom Thumb's Blues (Take 1 Break)
7. 同 (Take 3)
8. 同 (Take 13)
9. Queen Jane Approximately (Take 2)
10. 同 (Take 5)
11. Ballad Of A Thin Man (Take 2 Break)
12. Medicine Sunday (Take 1 Incomplete)
13. Jet Pilot (Take 1)
14. I Wanna Be Your Lover (Take 1 Frag.)
15. 同 (Take 6)
16. Instrumental (Take 2)
17. Can You Please Crawl Out Your Window? (Take 6)
18. Visions Of Johanna (Take 1 Reh.)
19. 同 (Take 5)

[5]

1. Visions Of Johanna (Take 7)
2. 同 (Take 8)
3. 同 (Take 14)
4. She's Your Lover Now (Take 1 Break)
5. 同 (Take 6)
6. 同 (Take 15)
7. 同 (Take 16)
8. One Of Us Must Know (Sooner Or Later) (Take 2 Reh.)
9. 同 (Take 4 Reh.)
10. 同 (Take 19)
11. Lunatic Princess (Take 1 Incomplete)
12. Fourth Time Around (Take 11)
13. Leopard Skin Pill-Box Hat (Take 3)
14. 同 (Take 8)
15. Rainy Day Women #12 & 35 (Take 1)

[6]

1. Stuck Inside Of Mobile With The Memphis Blues Again (Take 1 Reh.)
2. 同 (Reh.)
3. 同 (Take 5)
4. 同 (Take 13 Break)
5. 同 (Take 14)
6. Absolutely Sweet Marie (Take 1)
7. Just Like A Woman (Take 1)
8. 同 (Take 4)
9. 同 (Take 8)
10. Pledging My Time (Take 1 Break)
11. Most Likely You Go Your Way (And I'll Go Mine) (Take 1)

The Bootleg Series Vol.12: The Cutting Edge 1965-1966 [Deluxe Edition]

ザ・カッティング・エッジ 1965-1966［デラックス・エディション］

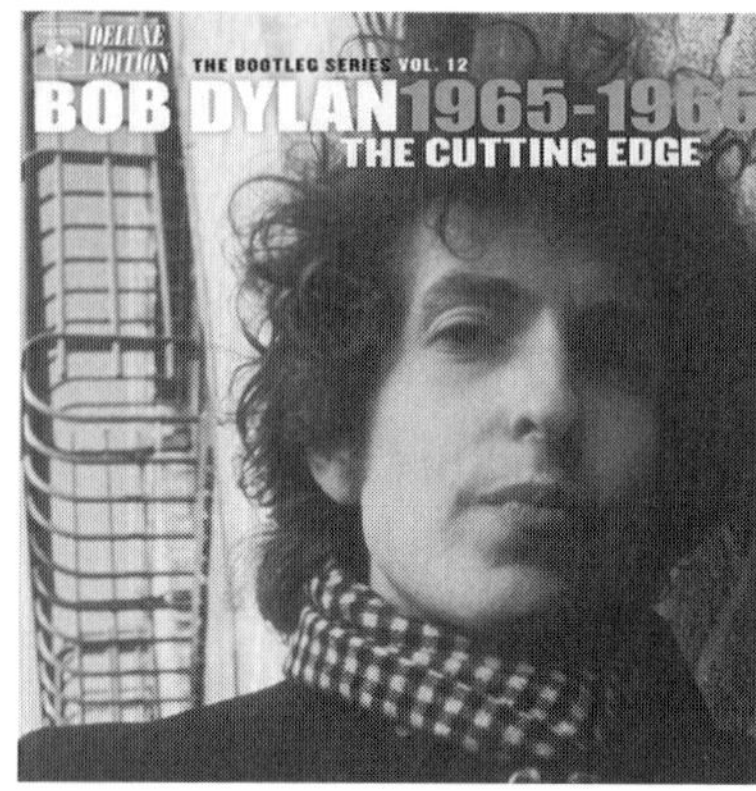

Columbia／Legacy：88875124412 [CD]
録音：1965年1月13日〜1966年5月13日
発売：2015年11月6日

12. Temporary Like Achilles (Take 3)
13. Obviously Five Believers (Take 3)
14. I Want You (Take 4)
15. Sad-Eyed Lady Of The Lowlands (Take 1)

プロデューサー：Jeff Rosen, Steve Berkowitz, Tom Wilson, Bob Johnston

参加ミュージシャン：, Robbie Robertson (g), Joan Baez (vo, g), Mike Bloomfield (g), Al Kooper (kbd), Richard Manuel (p), Garth Hudson (org), Levon Helm (ds), Rick Danko (b), John Sebastian (b, harmonica), Al Gorgoni (g), John Hammond, Jr. (g), Jerry Kennedy (g), Sam Lay (ds), Bruce Langhorne (g), Bobby Gregg (ds), Charlie McCoy (g), Wayne Moss (g), Russ Savakus (b), Harvey Brooks (b), Kenny Rankin (g), Joe South (g, b), Paul Griffin (kbd), Frank Owens (p), Hargus "Pig" Robbins (p), John Boone (b), Joseph Macho, Jr. (b), Henry Strzelecki (b), Kenny Buttrey (ds), Sandy Konikoff (ds), Angeline Butler (cho)

フォーク・ロック期と呼ばれる三枚の傑作アルバム、『ブリンギング・イット・オール・バック・ホーム』『追憶のハイウェイ61』『ブロンド・オン・ブロンド』のレコーディング風景を事細かに追いかけたブートレッグ・シリーズの第12集。バンド・サウンドへと舵を切った革命児ディランの変遷に迫ったドキュメント作品だ。注目トラックを挙げながら、各ディスクを見ていこう。

『ブリンギング・イット〜』制作の様子を捉えたディスク1は、意外とグルーヴィーなジョン・セバスチャンのベースが聞ける「ラヴ・マイナス・ゼロ／ノー・リミット」で始まる。ディランが小節数をイジりまくるから、ミス連発で可哀想。奏者を追加しつつ二日間に渡って完成形を模索していく。トークバックの声（プロデューサーのトム・ウィルソン？）との受け答えも微笑ましい「ボブ・ディランの115番目の夢」は、弾き語りヴァージョンを収録。

ディスク2も『ブリンギング』期の音源が続く。「ミスター・タンブリン・マン」のドラム入りテイクが惜しい。バーズのヴァージョンがまだ世に出る前なのだが納得がいかず、結局アルバムではアコギ一本で歌われることになる。「悲しみは果てしなく」からは『追憶のハイウェイ61』セ

[1]

1. Love Minus Zero / No Limit (Take 1 Break)
2. 同 (Take 2)
3. 同 (Take 3 Remake)
4. 同 (Take 1 Remake)
5. I'll Keep It With Mine (Take 1)
6. It's All Over Now, Baby Blue (Take 1)
7. Bob Dylan's 115th Dream (Take 1 Frag.)
8. 同 (Take 2)
9. She Belongs To Me (Take 1)
10. 同 (Take 2 Remake)
11. 同 (Take 1 Remake)
12. Subterranean Homesick Blues (Take 1)
13. 同 (Take 1 Remake)
14. Outlaw Blues (Take 1)
15. 同 (Take 2 Remake)
16. On The Road Again (Take 1)
17. 同 (Take 4)
18. 同 (Take 1 Remake)
19. 同 (Take 7 Remake)
20. Farewell, Angelina (Take 1)
21. If You Gotta Go, Go Now (Take 1)
22. 同 (Take 2)
23. You Don't Have To Do That (Take 1 Incomplete)

[2]

1. California (Take 1)
2. It's Alright, Ma (I'm Only Bleeding) (Take 1 false)
3. Mr. Tambourine Man (Takes 1-2 false)
4. 同 (Take 3 Break)
5. It Takes A Lot To Laugh, It Takes A Train To Cry (Take 1)
6. 同 (Take 8)
7. 同 (Take 3 Incomplete)
8. 同 (Take 3 Remake)
9. Sitting On A Barbed Wire Fence (Take 2)
10. Tombstone Blues (Take 1)
11. 同 (Take 9)
12. Positively 4th Street (Takes 1-3 false)
13. 同 (Take 4)
14. 同 (Take 5)
15. Desolation Row (Take 1)
16. 同 (Take 2 Reh.)
17. 同 (Take 5 Remake)
18. From A Buick 6 (Take 1 false)
19. 同 (Take 4)

[3]

1. Like A Rolling Stone (Takes 1-3 Reh.)
2. 同 (Take 4 Reh.)
3. 同 (Take 5 Break)
4. 同 (Rehearsal Remake)
5. 同 (Take 1 Remake Reh.)
6. 同 (Takes 2-3 Remake false)
7. 同 (Take 4 Remake Master)
8. 同 (Take 5 Remake Reh.)
9. 同 (Take 6 Remake false)
10. 同 (Take 8 Remake Break)
11. 同 (Takes 9-10 Remake false)
12. 同 (Take 11 Remake)
13. 同 (Take 12 Remake false)

ッションだ。マイク・ブルームフィールドの巧みなブルーズ・ギターが、どのテイクにも緊張感を与えている。個人的にはのちにナッシュヴィルとの接点を作るキッカケとなった「廃墟の街」のボツテイクが気になっていた。この時点ではディランも、ウィルソンから交代したプロデューサーのボブ・ジョンストンもお蔵入りと判断した代物だが、確かにどれも凡庸な出来ではある。

　ディスク3は一枚が丸々「ライク・ア・ローリング・ストーン」。こんな芸当が出来るのはロック界ではディラン位のものだ。冒頭は6月15日の録音。以前にも蔵出しされ、我々に衝撃を与えた三拍子が試される。テイク3まではリハーサル。入念なコード確認の様子に、思い入れの強さが伺える。テイク5は形にはなるのだが、ミスも多く翌日に持ち越されたようだ。ワルツのまま世に出なくて本当に良かった。運命の16日のセッションで、ディランはエレキギターを手に4拍子でリハをスタートさせている。ひと通り構成をさらったあとに録音を開始。この日のテイク1～3に音楽の天使が舞い降りる。ウィルソンの知り合いでスタジオ見学に来ていたアル・クーパーが、キーボーディストのポール・グリフィンがピアノへ移動した隙を突いて、空いたオルガンに無断で着席、そのままセッションに参加したのだ。ハモンドB3の使い方を知らず、ドローバーを全部引っ張ったという眉唾話もあるが、何はともあれ、ここで例の音色が飛び出している！〝時代を変える一発〟と言える、ボビー・グレッグによる頭のスネアも加わった。アルバムで採用されたのは全ての要素が出揃ったテイク4で、本作には正規ミックス前のヴァージョンを収録。やはりヴォーカルもアンサンブルも躍動感に溢れている。その後、更なる可能性を求めてテンポを上げたり、各パートのアプローチを変えたりと試行錯誤を繰り返すミュージシャン達。テイク11辺りになると、ディランの歌い回しもぶっきら棒になり、集中力が切れてきたのが判る。クーパーがずっと元気なのが笑えるが、それもそのはずで、ディランの大ファンだった彼は、当日チャンスがあればセッションに加わろうと、ギターを持参していたそう。しかしブルームフィールドのプレイに圧倒され、すぐさま楽器をケースに仕舞って大人しく現場を眺めていたところに、千載一遇のチャンスが訪れたのだから。17曲目以降は、マスター・テイクのマルチから抜き出した各楽器の単独トラックを収録。内訳は、エレキギター、ディランのヴォーカルとギター、ピアノとベース、ドラムとオルガンの四分割だ。僕の職業病だろうが、カブリ音の漏れ具合から、ブースの数、立ち位置やマイクの距離、アンプやパーティションの配置を想像するのが楽しすぎる。

ディスク4も『追憶の〜』のレコーディングが中心だ。タイトル曲の別ヴァージョン、爆裂ブギーのテイク5に胸が躍る。アル・クーパーが首からぶら下げていたパトカーのサイレン音が鳴る笛を、ディランがハモニカ・ホルダーに固定して思いっきり吹いたとき、プロデューサーのジョンストンは大袈裟にも〝全能の神だ！〟と思ったらしいが、その様もテイク8に収められている。「クィーン・ジェーン」のテイク2では珍しくチェレスタを演奏するクーパー。割と効果的だったのに続くテイク5ではオルガンに戻されている。残念。「メディシン・サンデー」からバックがザ・ホークスに代わるのが一目瞭然で、リヴォン・ヘルム（ds）とリック・ダンコ（b）の他を寄せ付けないコンビネイションは、やはり最強だ。

続くディスク5でもホークス＝のちのザ・バンドのメンバーが奮闘して、以前のブートレッグ・シリーズで既出の「シーズ・ユア・ラヴァー・ナウ」（テイク15）など、それなりの成果を出すものの、リヴォンの不在が応えたのか、なかなかOKテイクも出ずに、次作『ブロンド・オン・ブロンド』の制作は、いよいよナッシュヴィルで行われることになる。その初日からいきなり凄い。「ヒョウ皮のふちなし帽」（テイク8）の余裕ぶりを見よ。まず全員のクリーンな出音が違うし、どのプレイヤーもヴォーカルを引き立てながら、自分自身の楽器を歌わせているのだ。

ディスク6も全編ナッシュヴィル祭り。「メンフィス・ブルーズ・アゲイン」や「女の如く」が出来上がる過程も凄まじく、カントリーだけでなく、どんなオーダーにも答える現地のミュージシャンたちの音楽的ボキャブラリーの豊富さには、ただただ脱帽させられる。

こうして65〜66年のレコーディングを反芻する中で浮き上がってくるのは、現状に満足せず常に未開の地を切り開くディランの姿だ。ずいぶん先の話になるが、80年代以降に交流を持ったプロデューサー、ダニエル・ラノワとの電話の中で、僕の大好きなやり取りがある。「今どこ？」と尋ねたラノワに対してディランが答える「漂流しているところだ」…そう、今も昔もディランは風の中に答えを求め続けているのである。

なお、公式サイト限定で本作の拡張版、オマケもたっぷり詰め込んだ、驚異の18枚組CDボックス『ウルトラ・デラックス・コレクターズ・エディション』も発売された。曲目は次のページをご参照ください。

森山

The Bootleg Series Vol.12: The Cutting Edge 1965-1966 (Collector's Edition)

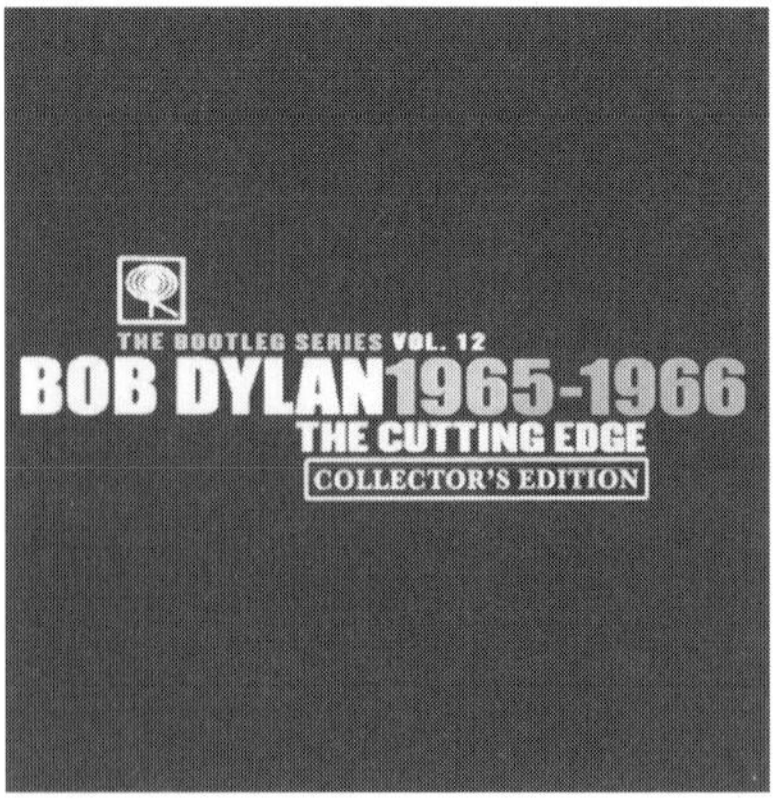

Columbia／Legacy：8887512440-2 [CD+7″]
録音：1965年1月13日〜1966年5月13日
発売：2015年11月6日

[12]
1. One Of Us Must Know (Sooner Or Later) (Take 23) / 2. 同 (Take 24) / 3. 同 (guitar, organ) / 4. 同 (vocal) / 5. 同 (piano, drums) / 6. 同 (guitar, bass) / 7. Lunatic Princess (Take 1 Incomplete) / 8. Leopard-Skin Pill-Box Hat (Takes 1-2 false incomplete) / 9. 同 (Insert) / 10. I'll Keep It With Mine (Reh.) / 11. Fourth Time Around (Take 1 Reh.) / 12. 同 (Take 2 Break) / 13. 同 (Takes 3-4 Reh.) / 14. 同 (Take 5) / 15. 同 (Takes 6-7 Reh.) / 16. 同 (Take 8 Reh.) / 17. 同 (Takes 9-10 false)

[13]
1. Fourth Time Around (Take 11) / 2. 同 (Takes 12-13 false) / 3. 同 (Takes 14-16 false) / 4. 同 (Takes 17-18 false) / 5. 同 (Take 19 Break) / 6. 同 (Take 19 again) / 7. Visions Of Johanna (Take 1 false) / 8. 同 (Take 2 Break) / 9. 同 (Take 3 false) / 10. 同 (Take 4) / 11. Leopard-Skin Pill-Box Hat (Takes 1-2 Reh.) / 12. 同 (Take 3) / 13. 同 (Takes 4-5 Reh.) / 14. 同 (Take 6 Break) / 15. 同 (Take 6 again Reh.) / 16. 同 (Take 8) / 17. 同 (Take 9 Break) / 18. 同 (Take 10 false) / 19. 同 (Take 11 Break) / 20. 同 (Take 12 false) / 21. 同 (Take 13) / 22. I'll Keep It With Mine (inst.) (Take 1 Reh.) / 23. 同 (Take 2 Reh.) / 24. 同 (Take 3 Reh.) / 25. 同 (Take 4 Reh.) / 26. 同 (Take 5 Reh.) / 27. 同 (Takes 6-7 Reh.) / 28. 同 (Take 8 Reh.) / 29. 同 (Take 8 again) / 30. 同 (Take 9)

[14]
1. Sad-Eyed Lady Of The Lowlands (Take 1) / 2. 同 (Take 2 Reh.) / 3. 同 (Take 3) / 4. 同 (Take 4) / 5. Stuck Inside Of Mobile With The Memphis Blues Again (Take 1 Reh.) / 6. 同 (Reh.) / 7. 同 (Take 1 Break) / 8. 同 (Takes 2-3 Reh.) / 9. 同 (Take 4 Break) / 10. 同 (Take 4 mis false) / 11. 同 (Take 5) / 12. 同 (Takes 6-8 false) / 13. 同 (Take 9 Break) / 14. 同 (Take 10 false) / 15. 同 (Takes 11-12 Break) / 16. 同 (Take 13 Break)

[15]
1. Stuck Inside Of Mobile With The Memphis Blues Again (Take 14) / 2. 同 (Take 15) / 3. Absolutely Sweet Marie (Reh.) / 4. 同 (Take 1) / 5. 同 (Take 2 false) / 6. 同 (Take 3) / 7. 同 (Insert) / 8. Just Like A Woman (Take 1) / 9. 同 (Take 2) / 10. 同 (Take 3) / 11. 同 (Take 4) / 12. Pledging My Time (Take 1 Break) / 13. 同 (Reh.) / 14. 同 (Take 2 false) / 15. 同 (Take 3) / 16. Just Like A Woman (Take 5 false) / 17. 同 (Take 6 Break)

[16]
1. Just Like A Woman (Take 8) / 2. 同 (Takes 9-10 false Break) / 3. 同 (Takes 11-12 Reh.) / 4. 同 (Take 13 Break) / 5. 同 (Takes 14-15 Reh.) / 6. 同 (Take 16) / 7. 同 (Take 17 Break) / 8. 同 (Take 18) / 9. Most Likely You Go Your Way (And I'll Go Mine) (Take 1) / 10. 同 (Take 2 Reh.) / 11. 同 (Take 3 Reh.) / 12. 同 (Take 4 Reh.) / 13. 同 (Take 5 Break) / 14. 同 (Take 6) / 15. Temporary Like Achilles (Take 1) / 16. 同 (Take 2 false) / 17. 同 (Take 3) / 18. 同 (Take 4) / 19. Rainy Day Women #12 & 35 (Reh.) / 20. 同 (Take 1)

[17]
1. Obviously Five Believers (Take 1 false) / 2. 同 (Take 2 Break) / 3. 同 (Take 3) / 4. 同 (Take 4) / 5. Leopard-Skin Pill-Box Hat (Take 1) / 6. I Want You (Reh.) / 7. 同 (Take 1) / 8. 同 (Take 2 Break) / 9. 同 (Take 3 Reh. false) / 10. 同 (Take 4) / 11. 同 (Take 5) / 12. 同 (Take 5b g. overdub)

[18] Live At Savoy Hotel, London.1965.5.4
1. Remember Me / 2. More And More / 3. Blues Stay Away From Me / 4. Weary Blues From Waitin' / 5. Lost Highway / 6. I'm So Lonesome I Could Cry / 7. Young But Daily Growing / 8. Wild Mountain Thyme

Live At North British Station Hotel, Glasgow, Scotland.1966.5.13
9. I Can't Leave Her Behind (1) / 10. 同 (2) / 11. On A Rainy Afternoon / 12. If I Was A King (1) / 13. 同 (2) / 14. What Kind Of Friend Is This

Live At Denver, Colorado Hotel Room.1966.3.12
15. Positively Van Gogh (1) / 16. 同 (2) / 17. 同 (3) / 18. Don't Tell Him, Tell Me / 19. If You Want My Love / 20. Just Like A Woman / 21. Sad-Eyed Lady Of The Lowlands

[7″-1] mono
A. Subterranean Homesick Blues
B. She Belongs To Me

[7″-2]
A. Like A Rolling Stone
B. Gates Of Eden

[7″-3]
A. From A Buick 6
B. Positively 4th Street

[7″-4]
A. Can You Please Crawl Out Your Window? (Single)
B. Highway '61 Revisited

[7″-5]
A. One Of Us Must Know
B. Queen Jane Approximately

[7″-6]
A. Rainy Day Women #12 & 35
B. Pledging My Time

[7″-7]
A. I Want You
B. Just Like Tom Thumb's Blues (Live)

[7″-8]
A. Just Like A Woman
B. Obviously 5 Believers

[7″-9]
A. Leopard-Skin Pill-Box Hat
B. Most Likely You Go Your Way And I'll Go Mine

プロデューサー：Jeff Rosen, Steve Berkowitz, Tom Wilson, Bob Johnston

[1]
1. Love Minus Zero/No Limit (Take 1 Break) / 2. 同 (Take 2) / 3. I'll Keep It With Mine (Take 1) / 4. It's All Over Now, Baby Blue (Take 1) / 5. Bob Dylan's 115th Dream (Take 1 Frag.) / 6. 同 (Take 2) / 7. She Belongs To Me (Take 1) / 8. Subterranean Homesick Blues (Take 1) / 9. Outlaw Blues (Take 1) / 10. On The Road Again (Take 1) / 11. Farewell Angelina (Take 1) / 12. If You Gotta Go, Go Now (Take 1) / 13. You Don't Have to Do That (Take 1) / 14. California (Take 1) / 15. Love Minus Zero/No Limit (Take 3 remake) / 16. She Belongs To Me (Take 2 remake) / 17. Outlaw Blues (Take 1 remake false) / 18. 同 (Take 2 remake) / 19. Love Minus Zero/No Limit (Take 1 remake) / 20. 同 (Take 2 remake) / 21. 同 (Insert) / 22. Subterranean Homesick Blues (Take 1 remake) / 23. 同 (Take 2 remake false) / 24. 同 (Take 3 remake) / 25. Outlaw Blues (Take 1 remake false) / 26. 同 (Take 2 remake Frag./Break) / 27. 同 (Take 3 remake)

[2]
1. She Belongs To Me (Take 1 remake) / 2. 同 (Take 2 remake) / 3. Bob Dylan's 115th Dream (Take 1 false) / 4. 同 (Take 2) / 5. On The Road Again (Take 1 false) / 6. 同 (Take 2) / 7. 同 (Take 3 false) / 8. 同 (Take 4) / 9. Maggie's Farm (Take 1) / 10. On The Road Again (Take 1 remake) / 11. 同 (Takes 2-6 remake false) / 12. 同 (Take 7 remake) / 13. 同 (Takes 8-9 remake false) / 14. 同 (Take 11 remake false) / 15. 同 (Take 12 remake false) / 16. 同 (Take 13 remake) / 17. It's Alright, Ma (I'm Only Bleeding) (Take 1 false) / 18. 同 (Take 2) / 19. Gates Of Eden (Take 1) / 20. Mr. Tambourine Man (Takes 1-2 false) / 21. 同 (Take 3 Break) / 22. 同 (Takes 4-5 Break) / 23. 同 (Take 6) / 24. It's All Over Now, Baby Blue (Take 1 remake)

[3]
1. If You Gotta Go, Go Now (Take 1) / 2. 同 (Take 2) / 3. 同 (Take 3) / 4. 同 (Take 4) / 5. It Takes A Lot To Laugh, It Takes A Train To Cry (Take 1) / 6. 同 (Takes 2-3 Frag.) / 7. 同 (Take 4 Break) / 8. 同 (Takes 5 false) / 9. 同 (Takes 6 Break) / 10. 同 (Take 7 Insert) / 11. 同 (Take 8) / 12. 同 (Take 9) / 13. Sitting On A Barbed-Wire Fence (Take 1 Reh, & break) / 14. 同 (Take 2) / 15. 同 (Take 3) / 16. 同 (Take 2 Edit) / 17. It Takes A Lot to Laugh, It Takes A Train To Cry (Take 1 remake) / 18. Sitting On A Barbed-Wire Fence (Takes 4-5 false) / 19. 同 (Take 6) / 20. Like A Rolling Stone (Takes 1-3 Reh.) / 21. 同 (Take 4 Reh.) / 22. 同 (Take 5 Break)

[4]
1. Like A Rolling Stone (remake Reh.) / 2. 同 (Take 1 remake Reh.) / 3. 同 (Takes 2-3 remake false) / 4. 同 (Take 4 remake) / 5. 同 (Take 5 remake Reh.) / 6. 同 (Take 6 remake false) / 7. 同 (Take 8 remake Break) / 8. 同 (Takes 9-10 remake false) / 9. 同 (Take 11 remake) / 10. 同 (Take 12 remake false) / 11. 同 (Take 13 remake Break) / 12. 同 (Take 14 remake false) / 13. 同 (Take 15 remake Break) / 14. 同 (guitar) / 15. 同 (vocals, guitar) / 16. 同 (piano, bass) / 17. 同 (drums, organ)

[5]
1. It Takes A Lot To Laugh, It Takes A Train To Cry (Take 1 Break) / 2. 同 (Take 2 false) / 3. 同 (Take 3 Incomplete) / 4. Tombstone Blues (Take 1) / 5. 同 (Takes 2-3 false) / 6. 同 (Take 4) / 7. 同 (Takes 5-7 false reh.) / 8. 同 (Take 9) / 9. 同 (Take 10 false) / 10. 同 (Take 11 Break) / 11. 同 (Take 12) / 12. It Takes A Lot To Laugh, It Takes A Train To Cry (Take 1) / 13. 同 (Take 2 false) / 14. 同 (Take 3) / 15. 同 (Take 4) / 16. Positively 4th Street (Takes 1-3 false) / 17. 同 (Take 4) / 18. 同 (Take 5) / 19. 同 (Take 6 Break) / 20. 同 (Take 7 Break) / 21. 同 (Take 8 Break) / 22. 同 (Take 10 Break) / 23. 同 (Take 12)

[6]
1. Desolation Row (Take 1) / 2. From A Buick 6 (Take 1 false) / 3. 同 (Take 2 false) / 4. 同 (Take 4) / 5. 同 (Take 5) / 6. Can You Please Crawl Out Your Window? (Takes 1-4 false) / 7. 同 (Take 1) / 8. 同 (Take 2 false) / 9. 同 (Take 3) / 10. Can You Please Crawl Out Your Window? (Take 4 false) / 11. 同 (Take 5) / 12. 同 (Take 6 Reh. false) / 13. 同 (Take 7 false) / 14. 同 (Take 8 false) / 15. 同 (Takes 10-11 false) / 16. 同 (Take 12) / 17. 同 (Take 14 Break) / 18. 同 (Take 15 Break) / 19. 同 (Take 17) / 20. Highway 61 Revisited (Take 1 false) / 21. 同 (Take 2 false) / 22. 同 (Take 3) / 23. 同 (Take 4 false) / 24. 同 (Take 5) / 25. 同 (Take 5 mis) / 26. 同 (Take 6) / 27. 同 (Take 7 false) / 28. 同 (Take 8 false) / 29. 同 (Take 9)

[7]
1. Just Like Tom Thumb's Blues (Take 1 Break) / 2. 同 (Take 3) / 3. 同 (Take 4 Reh.) / 4. 同 (Take 5) / 5. 同 (Takes 9-10 Break) / 6. 同 (Takes 11-12 false) / 7. 同 (Take 13) / 8. 同 (Takes 14-15 false) / 9. Just Like Tom Thumb's Blues (Take 16) / 10. Queen Jane Approximately (Take 1 Reh.) / 11. 同 (Take 2) / 12. 同 (Take 3 false) / 13. 同 (Take 4 false) / 14. 同 (Take 5) / 15. 同 (Take 6) / 16. 同 (Take 7) / 17. Ballad Of A Thin Man (Take 1 false) / 18. 同 (Take 2 Break) / 19. 同 (Take 3) / 20. 同 (Take 4 Insert)

[8]
1. Desolation Row (Takes 1-2 remake false Break) / 2. 同 (Take 3 remake Break) / 3. 同 (Take 4 remake false) / 4. 同 (Take 5 remake) / 5. Tombstone Blues (Take 1 vo.overdub) / 6. 同 (Take 2 vo.overdub) / 7. 同 (Take 3 vo.overdub) / 8. Desolation Row (Take 1 Reh.) / 9. 同 (Take 2 Reh.) / 10. 同 (Take 1) / 11. 同 (Take 5 without a.g. overdub) / 12. 同 (Take 6 g. overdub) / 13. 同 (Take 7 g. overdub) / 14. Tombstone Blues (Take 1 harmonica. overdub) / 15. Medicine Sunday (Take 1 Incomplete) / 16. 同 (Take 2 Incomplete) / 17. Jet Pilot (Take 1) / 18. I Wanna Be Your Lover (Reh.) / 19. Can You Please Crawl Out Your Window? (Take 1 Frag.) / 20. 同 (Take 2 Frag.)

[9]
1. I Wanna Be Your Lover (Take 1 Frag.) / 2. 同 (Take 1 Edit 1) / 3. 同 (Edit 2) / 4. 同 (Take 2) / 5. 同 (Reh.) / 6. 同 (Take 3) / 7. 同 (Take 4) / 8. 同 (Take 5) / 9. 同 (Take 6) / 10. 同 (Take 6 mis) / 11. Instrumental (Take 1 Frag.) / 12. 同 (Take 2) / 13. Visions Of Johanna (Take 1 Reh.) / 14. 同 (Take 2 Reh.) / 15. 同 (Take 3 Reh.) / 16. 同 (Take 4) / 17. 同 (Take 5) / 18. 同 (Take 6 Reh.) / 19. 同 (Take 7) / 20. 同 (Take 8)

[10]
1. Visions Of Johanna (Takes 9-12 false) / 2. 同 (Take 13 Break) / 3. 同 (Take 14) / 4. Can You Please Crawl Out Your Window? (Take 1 false) / 5. 同 (Take 2 false Reh.) / 6. 同 (Take 3 false) / 7. 同 (Take 4 false Reh.) / 8. 同 (Take 6) / 9. 同 (Take 7 Break) / 10. 同 (Take 8) / 11. 同 (Take 9 false) / 12. 同 (Take 10) / 13. She's Your Lover Now (Take 1 Break) / 14. 同 (Take 2 Reh.) / 15. 同 (Take 3 Break) / 16. 同 (Take 4 Incomplete) / 17. 同 (Take 5 Reh.) / 18. 同 (Take 6) / 19. 同 (Take 7 false) / 20. 同 (Take 8 Reh.) / 21. 同 (Take 9 Reh.) / 22. 同 (Takes 10-11 Reh.) / 23. 同 (Take 12 Reh.) / 24. 同 (Take 13 Reh.)

[11]
1. She's Your Lover Now (Take 14 Break) / 2. 同 (Take 15) / 3. 同 (Reh.) / 4. 同 (Take 16) / 5. Leopard-Skin Pill-Box Hat (Take 1) / 6. 同 (Take 2) / 7. One Of Us Must Know (Sooner Or Later) (Take 1 Reh.) / 8. 同 (Take 2 Reh.) / 9. 同 (Take 3 Frag.) / 10. 同 (Take 4 Reh.) / 11. 同 (Take 5 Reh.) / 12. 同 (Takes 6-8 Reh.) / 13. 同 (Take 9 Reh.) / 14. 同 (Takes 10-14 Reh.) / 15. 同 (Take 15) / 16. 同 (Takes 16-17 false) / 17. 同 (Take 18) / 18. 同 (Reh.) / 19. 同 (Take 19) / 20. 同 (Takes 21-22 Break)

The Bootleg Series Vol. 4: Bob Dylan Live 1966, The Royal Albert Hall
ロイヤル・アルバート・ホール

Columbia／Legacy：C2K 65759［CD］
録音：1966年5月17日
発売：1998年10月13日

[1]
1. She Belongs To Me
2. Fourth Time Around
3. Visions Of Johanna
4. It's All Over Now, Baby Blue
5. Desolation Row
6. Just Like A Woman
7. Mr. Tambourine Man

[2]
1. Tell Me, Momma
2. I Don't Believe You (She Acts Like We Never Have Met)
3. Baby, Let Me Follow You Down
4. Just Like Tom Thumb's Blue
5. Leopard-Skin Pill-Box Hat
6. One Too Many Mornings
7. Ballad Of A Thin Man
8. Like A Rolling Stone

プロデューサー：Jeff Rosen

参加ミュージシャン：Robbie Robertson (g), Rick Danko (b, cho), Garth Hudson (org), Richard Manuel (p), Mickey Jones (ds)

〝ロイヤル・アルバート・ホール〟と銘打たれているが、実際は1966年5月17日のマンチェスター、フリー・トレード・ホール公演。66年のツアーは前半弾き語り、休憩を挟んで後半がバンドを従えたセットという構成だった。ご存知のように保守的なメディアやファンは、エレキギターに持ち替えたディランを総攻撃したが、中でも本作で聞ける観客からの野次、〝ジューダス〟のくだりは、ロック史に詳しい方なら誰もが知っているやり取りだ。そんな〝伝説の一夜〟の記録がしっかり残ってるのが、ディランの引きの強さだろう。一聴すると、つまらなそうに淡々と流している感じの弾き語りセクションだが、縦横無尽なハープのアプローチも見事だし、フラットピック使いも既に完成の域に達している。中でも「女の如く」の落ち着いた演奏は20代とは思えない。ザ・ホークス（この時リヴォン・ヘルムは離脱中のため、ドラムスはミッキー・ジョーンズ）を従えてのバンド・セットになるとディランも上機嫌だ。前のめりな歌でバンドをグイグイ引っ張っていく。この時期のパフォーマンスは、純粋な意味での〝ロック〟の始まりと言われているが、確かに「アイ・ドント・ビリーヴ・ユー」のイントロからヴァースで聞けるロビー・ロバートソン（g）のリフと、リック・ダンコ（b）の絶妙な八分弾きなど、当時としては画期的だったろうし、現在でも十分有効なアレンジと言える。

森山

[24] Newcastle, England, 21 May 1966
※same as [12]
[25] Newcastle, England, 21 May 1966
※same as [6]
[26] Paris, France, 24 May 1966
※same as [12]
[27] Paris, France, 24 May 1966
※same as [6]
[28] London, England, 26 May 1966
※same as [12]
[29] London, England, 26 May 1966
※same as [6]
[30] London, England, 27 May 1966
※same as [12]
[31] London, England, 27 May 1966
※same as [6]
[32] White Plains, NY, USA, 5 February 1966
1. She Belongs To Me / 2. To Ramona / 3. Visions Of Johanna / 4. It's All Over Now, Baby Blue / 5. Desolation Row / 6. Love Minus Zero/No Limit / 7. Mr. Tambourine Man / 8. Tell Me, Momma / 9. I Don't Believe You (She Acts Like We Never Have Met)
[33] Pittsburgh, PA, USA, 6 February 1966
1. She Belongs To Me / 2. To Ramona / 3. Visions Of Johanna / 4. Desolation Row / 5. Love Minus Zero/No Limit / 6. Mr. Tambourine Man / 7. Positively 4th Street / 8. Like A Rolling Stone
[34] Hempstead, NY, USA, 26 February 1966
1. She Belongs To Me / 2. Fourth Time Around / 3. Visions Of Johanna / 4. It's All Over Now, Baby Blue / 5. Desolation Row / 6. Love Minus Zero/No Limit / 7. Mr. Tambourine Man / 8. Tell Me, Momma / 9. I Don't Believe You (She Acts Like We Never Have Met) / 10. Baby, Let Me Follow You Down / 11. Just Like Tom Thumb's Blues / 12. Leopard-Skin Pill-Box Hat / 13. One Too Many Mornings
[35] Melbourne, Australia, 19 April 1966
1. She Belongs To Me / 2. Fourth Time Around / 3. Visions Of Johanna / 4. It's All Over Now, Baby Blue / 5. Desolation Row / 6. Just Like A Woman / 7. Mr. Tambourine Man / 8. Tell Me, Momma / 9. I Don't Believe You (She Acts Like We Never Have Met) / 10. Baby, Let Me Follow You Down / 11. Just Like Tom Thumb's Blues / 12. Leopard-Skin Pill-Box Hat
[36] Stockholm, Sweden, 29 April 1966
1. She Belongs To Me / 2. Fourth Time Around / 3. Visions Of Johanna / 4. It's All Over Now, Baby Blue / 5. Desolation Row / 6. I Don't Believe You (She Acts Like We Never Have Met) / 7. Baby, Let Me Follow You Down / 8. Just Like Tom Thumb's Blues / 9. Leopard-Skin Pill-Box Hat / 10. One Too Many Mornings / 11. Ballad Of A Thin Man

プロデューサー：Jeff Rosen, Steve Berkowitz

参加ミュージシャン：Robbie Robertson (g), Rick Danko (b), Garth Hudson (org), Richard Manuel (p), Mickey Jones (ds), Sandy Konikoff (ds)

The Real Royal Albert Hall 1966 Concert!

リアル・ロイヤル・アルバート・ホール

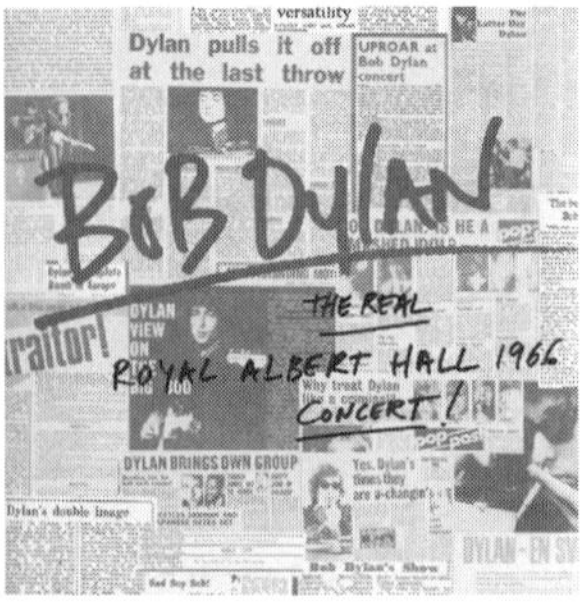

Columbia／Legacy：88985374342 [CD]
録音：1966年5月26日
発売：2016年11月25日

[1] 1. She Belongs To Me / 2. Fourth Time Around / 3. Visions Of Johanna / 4. It's All Over Now, Baby Blue / 5. Desolation Row / 6. Just Like A Woman / 7. Mr. Tambourine Man
[2] 1. Tell Me, Momma / 2. I Don't Believe You (She Acts Like We Never Have Met) / 3. Baby, Let Me Follow You Down / 4. Just Like Tom Thumb's Blues / 5. Leopard-Skin Pill-Box Hat / 6. One Too Many Mornings / 7. Ballad Of A Thin Man / 8. Like A Rolling Stone

Live In Sydney 1966

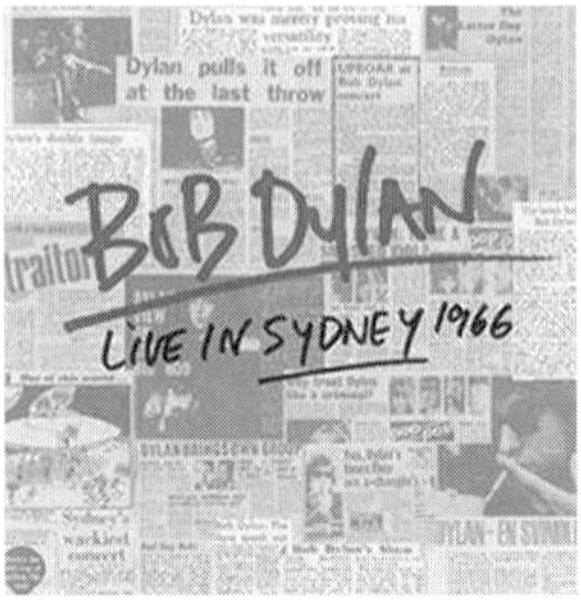

豪・Columbia／Legacy／Sony：88985384101 [LP]
録音：1966年4月13日
発売：2016年12月2日

[A] 1, She Belongs To Me / 2. Fourth Time Around / 3. Visions Of Johanna / 4. It's All Over Now, Baby Blue
[B] 1. Desolation Row / 2. Just Like A Woman / 3. Mr. Tambourine Man
[C] 1. Tell Me, Momma / 2. I Don't Believe You (She Acts Like We Never Have Met) / 3. Baby, Let Me Follow You Down / 4. Just Like Tom Thumb's Blues / 5. Leopard-Skin Pill-Box Hat
[D] 1. One Too Many Mornings / 2. Ballad Of A Thin Man / 3. Like A Rolling Stone

The 1966 Live Recordings
ライヴ 1966

欧・Columbia／Legacy／Sony：889853581924［CD］
録音：1966年2月5日～1966年5月27日
発売：2016年11月11日

[1] Sydney, Australia, 13 April 1966
1. She Belongs To Me / 2. Fourth Time Around / 3. Visions Of Johanna / 4. It's All Over Now, Baby Blue / 5. Desolation Row / 6. Just Like A Woman / 7. Mr. Tambourine Man

[2] Sydney, Australia, 13 April 1966
1. Tell Me, Momma / 2. I Don't Believe You (She Acts Like We Never Have Met) / 3. Baby, Let Me Follow You Down / 4. Just Like Tom Thumb's Blues / 5. Leopard-Skin Pill-Box Hat / 6. One Too Many Mornings / 7. Ballad Of A Thin Man / 8. Positively 4th Street

[3] Melbourne, Australia, 20 April 1966
1. She Belongs To Me / 2. Fourth Time Around / 3. Visions Of Johanna / 4. It's All Over Now, Baby Blue / 5. Desolation Row / 6. Just Like A Woman / 7. Tell Me, Momma / 8. Baby, Let Me Follow You Down / 9. Just Like Tom Thumb's Blues

[4] Copenhagen, Denmark, 1 May 1966
1. She Belongs To Me / 2. Fourth Time Around / 3. Baby, Let Me Follow You Down / 4. Just Like Tom Thumb's Blues / 5. Leopard-Skin Pill-Box Hat / 6. Ballad Of A Thin Man / 7. Like A Rolling Stone

[5] Dublin, Ireland, 5 May 1966
1. She Belongs To Me / 2. Fourth Time Around / 3. Visions Of Johanna / 4. It's All Over Now, Baby Blue / 5. Desolation Row / 6. Just Like A Woman / 7. Mr. Tambourine Man

[6] Dublin, Ireland, 5 May 1966
1. Tell Me, Momma / 2. I Don't Believe You (She Acts Like We Never Have Met) / 3. Baby, Let Me Follow You Down / 4. Just Like Tom Thumb's Blues / 5. Leopard-Skin Pill-Box Hat / 6. One Too Many Mornings / 7. Ballad of a Thin Man / 8. Like a Rolling Stone

[7] Belfast, Ireland, 6 May 1966
1. She Belongs to Me / 2. Fourth Time Around / 3. Visions of Johanna / 4. Desolation Row / 5. Just Like a Woman / 6. Mr. Tambourine Man

[8] Belfast, Ireland, 6 May 1966
※same as [6]

[9] Bristol, England, 10 May 1966
1. Fourth Time Around / 2. Mr. Tambourine Man / 3. She Belongs To Me / 4. Visions Of Johanna / 5. It's All Over Now, Baby Blue / 6. Desolation Row / 7. Just Like A Woman

[10] Bristol, England, 10 May 1966
※same as [6]

[11] Cardiff, Wales, 11 May 1966
※same as [6]

[12] Birmingham, England, 12 May 1966
1. She Belongs To Me / 2. Fourth Time Around / 3. Visions Of Johanna / 4. It's All Over Now, Baby Blue / 5. Desolation Row / 6. Just Like A Woman / 7. Mr. Tambourine Man

[13] Birmingham, England, 12 May 1966
※same as [6]

[14] Liverpool, England, 14 May 1966
1. It's All Over Now, Baby Blue / 2. Desolation Row / 3. Just Like A Woman / 4. Mr. Tambourine Man / 5. Tell Me, Momma / 6. I Don't Believe You (She Acts Like We Never Have Met) / 7. Baby, Let Me Follow You Down / 8. Just Like Tom Thumb's Blues / 9. Leopard-Skin Pill-Box Hat / 10. One Too Many Mornings / 11. Ballad Of A Thin Man / 12. Like A Rolling Stone

[15] Leicester, England, 15 May 1966
※same as [12]

[16] Leicester, England, 15 May 1966
※same as [6]

[17] Sheffield, England, 16 May 1966
※same as [12]

[18] Sheffield, England, 16 May 1966
※same as [6]

[19] Manchester, England, 17 May 1966
※same as [12]

[20] Manchester, England, 17 May 1966
1. Tell Me, Momma / 2. I Don't Believe You (She Acts Like We Never Have Met) / 3. Baby, Let Me Follow You Down / 4. Just Like Tom Thumb's Blues / 5. Leopard-Skin Pill-Box Hat / 6. One Too Many Mornings / 7. Ballad Of A Thin Man / 8. Like A Rolling Stone / 9. Just Like Tom Thumb's Blues

[21] Glasgow, Scotland, 19 May 1966
1. It's All Over Now, Baby Blue / 2. Desolation Row (Incomplete) / 3. Just Like A Woman / 4. Mr. Tambourine Man / 5. Tell Me, Momma / 6. I Don't Believe You (She Acts Like We Never Have Met) / 7. Baby, Let Me Follow You Down / 8. Just Like Tom Thumb's Blues / 9. Leopard-Skin Pill-Box Hat / 10. One Too Many Mornings (Incomplete) / 11. Ballad Of A Thin Man / 12. Like A Rolling Stone

[22] Edinburgh, Scotland, 20 May 1966
※same as [12]

[23] Edinburgh, Scotland, 20 May 1966
※same as [6]

ロックの未来を提示した１９６６年のツアーが、驚異の36枚組ボックスとして全貌を現した。4月13日のシドニー公演から時系列で並べられている。ただし、音質の劣るオーディエンス録音は最後にまとめられた。セットリストにほとんど変化はなく、前半は「シー・ビロングス・トゥー・ミー」に始まる弾き語り、後半はバンドを従えた6人編成で「テル・ミー・ママ」から「ライク・ア・ローリング・ストーン」までの8曲が主に演奏された。

それでは、順を追って見ていこう。ディスク1と2は『ライヴ・イン・シドニー』という単独作としても、のちにリリースされた公演。オーストラリアＴＣＮ９テレビによる録音とあるので、専門のスタッフがいたはずなのに、音量ピークで歪んだりマイクに息が入ったりと、聞き苦しい。バンドセットでのヴォーカルがデカすぎるので、アンプ類が爆音だったのは想像がつくが、もうちょっと何とかならなかったのだろうか。ディスク3は1、2と同じチームによる録音と考えられてるメルボルン公演が収められた。こちらの方が歌のレベルが落ち着いていて聞きやすい。

コペンハーゲン公演を収録したディスク4から、15と16のレスター公演までは、ライヴのオペレーターだったリチャード・オルダーソンがミキサー（サウンドボード）からポータブル・レコーダーに録音した音源が元になっている。ディスク4は試し録りのつもりだったのだろう、途中でバッサリ切られるテイクがあったり、バンドセットでベースが異常に抜けていたりと不安定だが、さすがはＰＡさん、次の会場であるダブリンでは弱点を修正、単なる記録以上の臨場感だ。ホールの響きも素晴らしく、アコギパートでのディランもいつになく気持ち良さそう。音質が落ち着いたので、ここからしばらくは安心して聞ける。ディスク7と8は、6日のベルファスト公演。序盤からオーディエンスの盛り上がりが凄い。バンドコーナーの切れ味も鋭く、グルーヴ全開だ。張り切りすぎたのかラストの「ライク・ア・ローリング・ストーン」では息切れ気味だけれど。

ブリストルでのコンサートはディスク9、10に収録された。この日だけ弾き語りセットの並びがほかの公演とかなり違うが、理由はディスク9はサウンドボード録音と観客の隠し録りが混在するからで、音の酷いオーディエンス録音を後ろにズラしたらしい。本人の調子ももうひとつで、歌もチューニングもユルい。ディスク10のバンド演奏も今ひとつ噛み合わない感じがする。あのガース・ハドソンですらイントロの入り口を間違うし、直前に皆んなで何か悪い事しましたか？的なノリである。翌11日はカーディフ公演。何故かアコースティック・パートは残っておらず、後半のみ。前日の反省もあったのか、すこぶるタイトな出来栄えだ。ディランの声も伸びやかで勢いもあるので、弾き語りも聞いてみたかった。ベースのトレブルが出過ぎなのは気になるけど、ライン録り用機材のない時代だから、これ以上の文句は言うまい。三日連続ライヴの次の開催地はバーミンガムだ。ディスク12のアコースティック編から既に熱い。頭は失敗するが、「廃墟の街」を聞いてみてほしい。言葉が伝わる低音成分がしっかり出ており、観客が固唾を飲んでいるのが分かる。途中で切れるのが本当に惜しい。この日のバンドもご機嫌だ。ミックスバランスに変化があり鍵盤が大きくフィーチャーされている。

　一日休んでまた3デイズと過酷な日程が続く。14日のリヴァプールは現存曲が少なく一枚モノ。「ミスター・タンブリン・マン」のイントロや歌い回しにチャレンジ精神を感じるが、飽きてきただけかも。バンドの成長も著しい。リズムの縦軸がピッタリ合ってきたようで、一体感という意味では突出している。続くはレスター公演。前日からちょっと怒っていた印象のあったディラン、この日も弾き語りを早く終わりたいのか、テンポを上げてのヤケッパチである。バンドとの演奏ではその苛立ちをぶつけることでさらにワイルドさを増し、パンキッシュで格好いい。歌というより叫びに近い「ライク・ア・ローリング・ストーン」が笑える。

　歓声からして明らかに音質の違うディスク17から20までは、コロンビア・レコードがライヴ・アルバムを作る目的で専門のエンジニアを派遣し、ステレオで収録したものである。ツアー初のマルチトラック録音となった16日のシェフィールド公演だが、通常と違う緊張感もあったのか、演者もさほど乗りきれていない。録りの方でも問題が多かったらしく、ディスク18の方のバンドセットはヴォーカルが歪みすぎて使えず、結局サウンドボードの歌を移植したそうだ。チグハグな仕上がりで、僕は二度と聞かないだろう。失敗を乗り越えて辿り着いたのが次のマンチェスター公演だ。海賊版として広く流通した伝説のライヴで、前項で詳しく取り上げた『ボブ・ディラン・ライヴ１９６６』と同一音源である。こうして流れで聞くと、演奏も録音も圧倒的に素晴らしいことが判る。

　ディスク21から27までは再びサウンドボード録音だ。19日のグラスゴー公演。今日のディランは機嫌が良さそうだ。いい女と会う約束でもしたのだろうか。客席から罵声が飛んできても歌声からハッピーが滲み出ている。続く20日は東へ移動してエディンバラ。残響の多い会場だったのか、ハウリングが気になったが、落ち着いた演奏を聞かせる弾き語りディラン。バンドサイドではナチュラル・リヴァーブを減らす作戦で、曲中は客席マイクの成分を極力まで抑えている。そのせいで硬いサウンドとなり臨場感に欠ける。ディスク24、25を占めるニューキャッスル公演は、前日同様に安定したプレイではあるのだが、何故か〝心此処にあらず〟といった印象を受ける。ギターを弾くストロークが弱々しく感じられるのだ。バンドにもご主人の憂鬱さが乗り移ったようで、なんとも覇気がない。全員が無茶なスケジュールに本当に疲れ切っていたのだろう。あ、そう思ってたら「やせっぽちのバラッド」の前のMCで言いました。「アイム・ア・シックマン」。

休む間もなくフランスに入国。26日のステージはパリのオリンピア劇場である。歌い出す前から野次がエゲツない。気候の影響かチューニングが全く合わないアコギのせいで、いつになくお喋りなディラン。体調は戻っているようだ。後半戦も異国情緒がメンバーを高揚させたか、なかなかの踏ん張りを見せてくれた。喧しすぎてウザい時もあるミッキー・ジョーンズ（ds）が、この日はイイ塩梅だ。

そしていよいよ本ボックスの目玉となるヨーロッパでの最終公演、〝本当の〟ロイヤル・アルバート・ホール公演である。ディスク28、29には5月26日、ディスク30、31に翌27日の模様が丸ごと収められている。シェフィールド、マンチェスターと同様に、コロンビアのチームが乗り込んで収録した素材を、『ラヴ・アンド・セフト』『モダン・タイムズ』といった傑作を手がけたエンジニア、クリス・ショーが丹念にミックスしている。現代にも通じるファットな音像に仕上がった反面、本来の鳴りとは異なるパートもあり、好き嫌いが分かれるところだろう。肝心の演奏の方は2デイズとも〝中の上〟といった辺りで、「有終の美を飾るぞ」という意識より「やっとアメリカに帰れる」という気持ちの方が強かったのが伝わってくる。ディスク31のエレクトリック・セットでの長尺の弁明は胸に迫るものがあるし、異例のメンバー紹介には切ない気持ちになってしまった。なお、26日のライヴは『リアル・アルバート・ホール』として単独リリースされている。

プロフェッショナルな録音はここまでで、残るディスク32〜36は観客の隠し録り集。コレクターズ・アイテムの域を出ないオマケといった所だが、珍しい曲満載のディスク33、ピッツバーグ公演は和気藹々で楽しそうだし、34〜36のゴミ同然の音質も逆にウケる。

森山

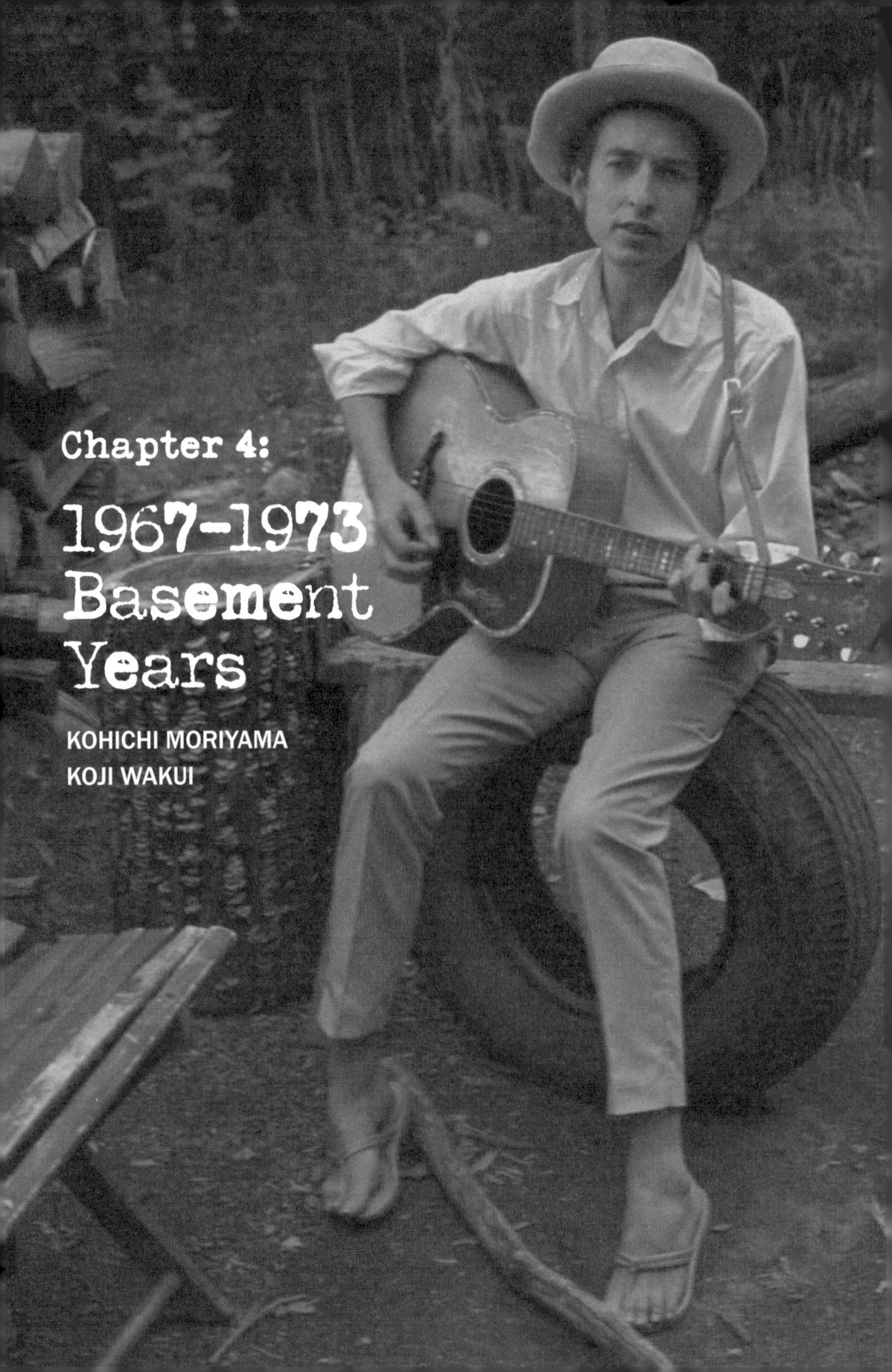

Chapter 4:

1967-1973 Basement Years

KOHICHI MORIYAMA
KOJI WAKUI

意識的につくられた〝謎の男〟というキャラクター

和久井光司

ウッドストックの自宅近くでディランがバイク事故を起こしたのは66年7月29日のことで、8月後半から予定されていたホークスとの北米ツアーはキャンセルされた。当初は〝重症〟と報じられたが傷はそれほどでもなく、67年はじめになると曲づくりが再開されたようだ。

アルバート・グロスマンはツアー中止の損害を理由にディランに〝他者に売れる新曲〟を要望し、すでに結婚していたロビー・ロバートソン以外のホークスのメンバーには〝ビッグ・ピンク〟と呼ばれる屋敷を住居として斡旋した。グロスマンは14曲入れのアセテート盤をつくって業界内で配り、ピーター・ポール&マリーに「何もないことが多すぎる」をカヴァーさせて、〝ディランの新曲が人知れず発表されている〟ことを話題にしたのだ。グロスマンとディランは音楽出版社「ドゥワーフ・ミュージック」を共同経営していたから、自分がレコードにしなくても印税が入ってくるこのやり方を当初はディランも評価していたんだと思う。68年にはマンフレッド・マンが「マイティ・クイン」を取り上げてヒットさせたり、アセテート盤から起こされた海賊盤〝Great White Wonder〟が出回ったりしたことでディランの隠遁生活には箔がついたのだから、作戦は成功だった。

ところが67年10~11月にナッシュヴィルで録音された新作『ジョン・ウェズリー・ハーディング』は〝ベースメント・テープス〟とはまったく違うもので、チャーリー・マッコイやピート・ドレイクらの簡素なバックをつけただけのカントリー・フォーク風の方向性が、「商業的な成功を無視してロックのルーツに迫る姿勢」と評されるのだ。ローリング・ストーンズが『ベガーズ・バンケット』のオリジナル・カヴァー(当時は発売されなかったトイレの落書きヴァージョン)にBob Dylan's Dream

とリスペクトしたり、グラム・パーソンズがバーズの『ロデオの恋人』でカントリー・ロックを形にして見せたのも『ジョン・ウェズリー・ハーディング』の影響だし、「見張り塔からずっと」はジミ・ヘンドリクスによるカヴァーで広く知られることになった。

　ところが69年4月にリリースされた『ナッシュヴィル・スカイライン』で、ディランは澄んだクルーナー・ヴォイスのヴォーカルを聴かせ、カントリー歌手に転向したかのように振る舞うのだ。当然のように賛否は分かれたが、ディランはおかまいなしで、続く『セルフ・ポートレイト』では多くのカヴァー曲の中にサイモン&ガーファンクルの「ボクサー」まで入れてしまったのだから、〝ディランの行動は謎〟と言われ始めたのも納得できてしまう。

　このころグロスマンが印税の分配率でディランを騙していたのが発覚し、裁判に発展していることから考えると、ディランはドゥワーフ・ミュージックのために新曲を書くのを拒否し、グロスマンが彼をコントロールできていないことを世間に知らしめるために『セルフ・ポートレイト』をつくったのではないかと思う。

　自身でイニシアチヴを取った『ニュー・モーニング』を水準以上のアルバムに仕上げ、71年8月のバングラ・デシュ救済コンサートでは久々にニューヨークの聴衆の前に立ったディランは、コロンビアとの契約切れに向けて編まれた『グレーテスト・ヒッツ第2集』に未発表曲を提出する。しかし、既定の契約枚数に達していないことを理由に、コロンビアが69〜70年のスタジオ・アウトテイクで『ディラン』をつくってしまったために両者の関係は悪化。サム・ペキンパー監督の映画『ビリー・ザ・キッド』のサントラ盤は〝別枠〟のような格好でリリースされることになるのだ。

　バイク事故以降、ディランが人前に現れたのは、68年1月20日にカーネギー・ホールで行われたウディ・ガスリー・メモリアル・コンサートと、69年8月31日のワイト島フェスティヴァル、そして71年8月1日のバングラ・デシュ救済コンサートだけで、71年12月31日にニューヨークのアカデミー・オブ・ミュージックで開かれていたザ・バンドのコンサートへのゲスト出演は言わばサプライズだった。およそ4年半のあいだに4回というのは事故後も意識的に隠遁生活を続けていた証を受け取れるし、〝謎の男〟というキャラクターづくりを本人も楽しんでいたのではないかと思う。

BOB DYLAN AND THE BAND
The Basement Tapes
地下室（ザ・ベースメント・テープス）

Columbia：C2 33682
録音：1967年6月〜9月
発売：1975年6月26日

[A]
1. Odds And Ends
2. Orange Juice Blues (Blues For Breakfast)
3. Million Dollar Bash
4. Yazoo Street Scandal
5. Goin' To Acapulco
6. Katie's Been Gone

[B]
1. Lo And Behold!
2. Bessie Smith
3. Clothes Line Saga
4. Apple Suckling Tree
5. Please, Mrs. Henry
6. Tears Of Rage

[C]
1. Too Much Of Nothing
2. Yea! Heavy And A Bottle Of Bread
3. Ain't No More Cane
4. Crash On The Levee (Down In The Flood)
5. Ruben Remus
6. Tiny Montgomery

[D]
1. You Ain't Goin' Nowhere
2. Don't Ya Tell Henry
3. Nothing Was Delivered
4. Open The Door, Homer
5. Long Distance Operator
6. This Wheel's On Fire

プロデューサー：Bob Dylan, The Band

《あばかれた秘宝！これがボブ・ディランとザ・バンドの初共演作だ。ロック史上に残された幻のアルバム、遂に発表》——1975年の発表時、日本盤アナログの帯に堂々と書かれた文言である。〝隠れ家ビッグ・ピンクで家庭用テープレコーダーで録音された〟との記述もあるが、現在僕たちはこのアルバムがプロデューサーのロビー・ロバートソンによって綿密に加筆・修正された作品であることを知っている。〝地下室〟の全貌に迫ったブートレッグ・シリーズの第11集が出てからは、正式な録音時期や場所、どの曲にどんなダビングを施したのかも明確になった。しかし、研究が進むのも厄介なもんで、真実をすべて知ることがこれからの音楽界にとって本当にプラスになるのかは分からない。無知だからこそ生まれる独創性もある。夢もある。ギタリストの佐橋佳幸さんから聞いた話で好きなのが〝ストリングベンダー（エレキギターにペダルスティールのような音程を変える装置を取り付けたもの）の存在を知らずに、必死に指でマネしていた〟というエピソード。こういう努力があったからこそ、佐橋さんは日本を代表するプレイヤーになったのではないのか。ユーチューブ見て全部理解した気分になってるようじゃダメなんじゃないの？

愚痴はこの辺にして、レヴューに移ります。66年7月29日、ディランはウッドストックの自宅近くでバイク事故を起こし、活動休止を余儀なくされる。9月から予定していた北米ツアーはすべてキャンセル、同行する予定だったメンバーのスケジュールも当然バラシとなる。コンサート中止による莫大な損失を補填するため、マネージャーのアルバート・グロスマンは考えた。療養中にディランとザ・バンド（当時の名義はザ・ホークス）にデモを作らせて、オリジナル新曲のアセテート盤をプレス。それを業界にバラまいてほかのアーティストに取り上げてもらおう。権利は自分の出版社がおさえているので、動かずしてひと儲けという算段だ。かくして事故から回復したディランとバンドの実りある音楽的交流と実験は金儲けの道具となった。67年6月に開始されたセッションは当初ディラン邸で行われていたが、しばらくすると、リック・ダンコ、リチャード・マニュエル、ガース・ハドソンが引っ越して来たウェスト・ソーガティーズの借家、通称〝ビッグ・ピンク〟の地下に場所を移し、その年の10月まで続いたという（ちなみにロビー・ロバートソンは近所で彼女と同棲）。この期間でカヴァーとオリジナルを合わせて百曲を越えるテイクが、民生用テープレコーダーと3本のマイクで録音されている。グロスマンの目論見は当たり、配布したサンプラーは大きな話題となって、ザ・バーズやフェアポート・コンベンションなどが楽曲を採用した。69年には世界初の海賊盤と言われる『グレイト・ホワイト・ワンダー』によって一部が流出し、『ブロンド・オン・ブロンド』と『ジョン・ウェズリー・ハーディング』の間に何があったのか、ファンの知るところとなる。

本作はその後も続いた海賊盤対策の意味合いもあり、75年にリリースされた。24曲入り二枚組仕様。うち8曲はザ・バンドによる単独作だ。頭脳派のロビーが主導権を握ったおかげで、選曲や構成は完璧と言えるし、音質を落としてまで整えた霞がかった音像も半端なく効果的だ。オープニングの「オッズ・アンド・エンズ」の突き抜け感で勝ちは確定、「ヤズー・ストリート・スキャンダル」のリヴォン・ヘルムの歌い出しには毎回チビりそうになってしまう。過去と未来を行き来しながら米国音楽のエッセンスをこれでもかと詰め込んだ永遠の名作だ。

森山

BOB DYLAN AND THE BAND
The Bootleg Series Vol.11: The Basement Tapes Complete
ザ・ベースメント・テープス・コンプリート

Columbia／Legacy：88875016122 [CD]
録音：1967年6月～10月
発売：2014年11月4日

[1]
1. Edge Of The Ocean / 2. My Bucket's Got A Hole In It / 3. Roll On Train / 4. Mr. Blue / 5. Belshazzar / 6. I Forgot To Remember To Forget / 7. You Win Again / 8. Still In Town / 9. Waltzing With Sin / 10. Big River (Take 1) / 11. 同 (Take 2) / 12. Folsom Prison Blues / 13. Bells Of Rhymney / 14. Spanish Is The Loving Tongue / 15. Under Control / 16. Ol' Roison The Beau / 17. I'm Guilty Of Loving You / 18. Cool Water / 19. The Auld Triangle / 20. Po' Lazarus / 21. I'm A Fool For You (Take 1) / 22. 同 (Take 2)

[2]
1. Johnny Todd / 2. Tupelo / 3. Kickin' My Dog Around / 4. See You Later Allen Ginsberg (Take 1) / 5. 同 (Take 2) / 6. Tiny Montgomery / 7. Big Dog / 8. I'm Your Teenage Prayer / 9. Four Strong Winds / 10. French Girl (Take 1) / 11. 同 (Take 2) / 12. Joshua Gone Barbados / 13. I'm In The Mood / 14. Baby Ain't That Fine / 15. Rock, Salt And Nails / 16. Fool Such As I / 17. Song For Canada / 18. People Get Ready / 19. I Don't Hurt Anymore / 20. Be Careful Of Stones That You Throw / 21. One Man's Loss / 22. Lock Your Door / 23. Baby, Won't You Be My Baby / 24. Try Me Little Girl / 25. I Can't Make It Alone / 26. Don't You Try Me Now

[3]
1. Young But Daily Growing / 2. Bonnie Ship The Diamond / 3. Hills Of Mexico / 4. The Down On Me / 5. One For The Road / 6. I'm Alright / 7. Million Dollar Bash (Take 1) / 8. 同 (Take 2) / 9. Yea! Heavy And A Bottle Of Bread (Take 1) / 10. 同 (Take 2) / 11. I'm Not There / 12. Please, Mrs. Henry / 13. Crash On The Levee (Take 1) / 14. 同 (Take 2) / 15. Lo And Behold! (Take 1) / 16. 同 (Take 2) / 17. You Ain't Goin' Nowhere (Take 1) / 18. 同 (Take 2) / 19. I Shall Be Released (Take 1) / 20. 同 (Take 2) / 21. This Wheel's On Fire / 22. Too Much Of Nothing (Take 1) / 23. 同 (Take 2)

[4]
1. Tears Of Rage (Take 1) / 2. 同 (Take 2) / 3. 同 (Take 3) / 4. Mighty Quinn, The (Quinn The Eskimo) (Take 1) / 5. 同 (Take 2) / 6. Open The Door, Homer (Take 1) / 7. 同 (Take 2) / 8. 同 (Take 3) / 9. Nothing Was Delivered (Take 1) / 10. 同 (Take 2) / 11. 同 (Take 3) / 12. All American Boy / 13. Sign On The Cross / 14. Odds And Ends (Take 1) / 15. 同 (Take 2) / 16. Get Your Rocks Off / 17. Clothes Line Saga / 18. Apple Suckling Tree (Take 1) / 19. 同 (Take 2) / 20. Don't Ya Tell Henry / 21. Bourbon Street

[5]
1. Blowin' In The Wind / 2. One Too Many Mornings / 3. Satisfied Mind, A / 4. It Ain't Me Babe / 5. Ain't No More Cane (Take 1) / 6. 同 (Take 2) / 7. My Woman She's A-Leavin' / 8. Santa-Fe / 9. Mary Lou, I Love You Too / 10. Dress It Up, Better Have It All / 11. Minstrel Boy / 12. Silent Weekend / 13. What's It Gonna Be When It Comes Up / 14. 900 Miles From My Home / 15. Wildwood Flower / 16. One Kind Favor / 17. She'll Be Coming Round The Mountain / 18. It's The Flight Of The Bumblebee / 19. Wild Wolf / 20. Goin' To Acapulco / 21. Gonna Get You Now / 22. If I Were A Carpenter / 23. Confidential / 24. All You Have To Do Is Dream (Take 1) / 25. 同 (Take 2)

[6] Bonus Disc
1. 2 Dollars And 99 Cents / 2. Jelly Bean / 3. Any Time / 4. Down By The Station / 5. Hallelujah, I've Just Been Moved / 6. That's The Breaks / 7. Pretty Mary / 8. Will The Circle Be Unbroken / 9. King Of France / 10. She's On My Mind Again / 11. Goin' Down The Road Feeling Bad / 12. On A Rainy Afternoon / 13. I Can't Come In With A Broken Heart / 14. Next Time On The Highway / 15. Northern Claim / 16. Love Is Only Mine / 17. Silhouettes / 18. Bring It On Home / 19. Come All Ye Fair and Tender Ladies / 20. Spanish Song (Take 1) / 21. 同 (Take 2) / 22. 900 Miles From My Home / Confidential

プロデューサー： Jeff Rosen, Jan Haust, Steve Berkowitz

その昔、自分への誕生日プレゼントでハリー・スミス編『アンソロジー・オブ・アメリカン・フォーク・ミュージック』を買いました。確か１９９８年だから25歳か。生意気やね。『アンソロジー〜』は、20〜30年代にレコーディングされた米国ルーツ音楽の貴重な音源が集められたコンピレイションで、最初の発売は52年。60年代のフォーク・リヴァイヴァルに多大な影響を与え、若き日のボブ・ディランも貪るように聞いていた……みたいな話をグリール・マーカス発、鈴木カツ経由で鵜呑みにしていた僕らの世代は、『地下室』の良さを分かるためには絶対に外せない、と大枚叩いて競うように再発ＣＤを購入していた。でも、そもそも『地下室』は最初に聞いた時から格好良かったし、ヒスノイズ全開の簡素すぎる『アンソロジー〜』の曲とは直接繋がらず、ただのお守りとして持っていた感がある。のちに『オー・ブラザー！』が公開された時や、カントリーの世界にお世話になってからは、何度もその重要さに気づいて聞き返すことになるのだが。ブートレッグ・シリーズの第11集が、ディランとザ・バンドが67年に人知れず取り組んでいたセッションの模様を収めた、ベースメント・テープスの完全版だと発表されたとき、その筋のファンは狂喜乱舞した。しかもオーヴァーダブなしの録りっぱなし音源である。エンジニア役も兼ねていたガース・ハドソンが保管していたマスターから発掘されたお宝は全１３９曲！　大盤振る舞いだ。で、聞いてビックリ、質感がかなり『アンソロジー〜』っぽかったのである。25年前の僕は、商品として流通させるためにサウンドを再構築したロビー・ロバートソンの仕掛けにまんまと騙されて本質を見失っていたようだ。その点、海賊盤を片っ端から手に入れて、研究していた諸先輩方はやっぱり凄い。おみそれしました。

内容は時系列に沿って並べられ、前半は噂通りお互いの好きな曲を教え合っては録音するというカヴァー大会。原曲に忠実な物もあれば、「ビッグ・リヴァー」のように、独自のアレンジが施されたテイクもうんとある。「シー・ユー・レーター・アレン・ギンズバーグ」といった替え歌まで残され、大笑いするディランにコチラまで幸せになる。アルバート・グロスマンにオリジナル曲を書くように命じられてからは、同じ曲を繰り返したりと仕事モードに入るが、仲睦まじさは変わらずで、一貫してお気楽ムードで作業していたことが窺える。心が揺さぶられる生々しいテイクが目白押しだが、ベストを挙げるとすれば「エイント・ノー・モア・ケイン」のディラン・ヴァージョンだろうか。とくにテイク１のヴォーカルは神憑り的だ。

森山

カントリー・ミュージックへの熱い視線

森山公一

〝迷ったら、笑える方へ〟へというのはTV演出家テリー伊藤さんの名言だが、ディランという人も生まれつきなのか後天的なのか、同じ気質の持ち主のような気がする。そう考えると、すべての行動に納得がいくからだ。そもそも自ら〝ボブ・ディラン〟と名乗った時点で変だし、各地を放浪したと嘘をついてフォーク・シーンに潜り込んだり、ジャケットに彼女と写ったり、エレキギターに持ち替えてみたり。自分を理解してくれない観衆や評論家を困惑させたい、怒らせたい気持ちもあったのだろうが、元々は気の合う仲間を笑わせたい、もしくは自分が笑いたい、を軸にして常に動いている節がある。本稿のテーマである〝ナッシュヴィルへの接近〟も、またしかりである。

　ディランのカントリー好きは有名だ。自伝によれば、今も続く老舗ラジオ番組『グランド・オール・オープリー』でハンク・ウィリアムズを初めて聞いたと語り、この時の体験を《彼の声の響きがまるで電気棒のようにわたしを貫き、わたしは苦労してハンクの78回転盤を手に入れ、それを繰り返し聞いていた》と書き記している。《デルモア・ブラザーズも大好きだった》とも言い、40〜50年代に隆盛を極めたクローズド・ハーモニーの使い手である彼らや、『ソングの哲学』で絶賛していた「ポイズン・ラヴ」のジョニー&ジャックにも夢中だった様子だ。デビューしてからも、ファースト・アルバムで、ブルーグラスの重要なレパートリーだった「いつも悲しむ男」や、ジャック・エリオットからの影響で再発見したロイ・エイカフの「貨物列車のブルース」を取り上げ、カントリー・ミュージックへの憧れは途絶えることがなかった。とはいえ、フォーク・シンガーを目指し、野心を持って都会に出てきた自分が、カントリーの本場であるテネシー州ナッシュヴィルに赴いて、地元ミュージシャンと共にレコーディングする日が来ようとは、本人も想像していなかったはずだ。

その直接のキッカケを作った重要人物が、65年にトム・ウィルソンと入れ替わる形でディランのプロデュースを担当する事になったボブ・ジョンストンだ。前任者のウィルソンは元々フリー・ジャズ畑から出てきた人物で、音楽性や強引な仕事ぶりで徐々にディランとの間に溝が生じて、実質的にクビを切られる形となってしまった。一方、フォークとカントリーの分野ではコロンビアきってのプロデューサーだったジョンストンは、ディランとは最初から相思相愛だった。まずはジョンストンからの告白。《彼は、イエス以降に現れた初めての予言者だと思っています。わたしは二百年後には、ボブ（・ディラン）が予言者だったことが判明するだろうと本当に信じていました》。ディランの側でも《ジョンストンは南部風のカントリーバーベキューを常食とする魅力的な男だった》と、自伝でも好意的なコメントを連発していた。

ジョンストンが提案したナッシュヴィル・レコーディングについて触れる前に、彼のそれまでの経歴をおさらいしておこう。32年にテキサス州ヒルズボロで生まれたボブ・ジョンストンは、ソングライターだった母親の影響で幼い頃から音楽に親しみ、やがて親子で曲作りを行うようになる。自身でもロカビリーのレコードをリリースしたり、ビル・ヘイリー&ザ・コメッツや、エルヴィス・プレスリーにも曲を提供している。プロデューサーとしてカップ・レコードで数枚のシングルを制作したところ、その手腕を買われ大手コロンビアと契約。ディラン付きになる直前には、パティ・ペイジの「ハッシュ・ハッシュ・スウィート・シャーロット」を手がけ、全米チャート8位に送り込んでいる。

ディランのプロデューサーに抜擢されたのはアルバム『追憶のハイウェイ61』の制作途中だったが、就任早々に今後のディラン、ひいてはロック／カントリー界の未来にとっても、かなり重要な一歩を（おそらく無意識で）踏み出してくれた。ニューヨークのミュージシャンで録音したものの暗礁に乗り上げていた「廃墟の街」のレコーディングに、たまたまナッシュビルから来ていた友人のチャーリー・マッコイをスタジオに呼んで、リード・ギターを弾いてもらったのだ。試みは成功し、アルバムを締めくくる長尺ナンバーが見事に完成。いま聴くと、チャーリーによるスパニッシュ風ギターは、かなり危なっかしいけれど、兎にも角にもディランと本場カントリー・ミュージシャンとのファースト・コンタクトが実現したのだ。その後もジョンストンは手を緩めない。次作に向けたセッションは、ザ・ホークスの面々を使って始められたものの、仕上がりに満足しなかったディランに、遂にナッシュヴィル・レコーディングを進言する。当時はチェット・アトキンスらが指揮を執る大人向けのカントリー・ミュージック、所謂〝ナッシュヴィル・サウンド〟が全盛の時代。毒気のない音楽を好む保守的なミュージック・シティと、先鋭的アーティストの代表だったボブ・ディランは全くそぐわない。それでも行ってしまうのだ、〝迷ったら、笑える方へ〟。

66年2月、ロビー・ロバートソンとアル・クーパーを引き連れてナッシュヴィル入りしたディラン。三人の奇抜なファッションは浮きまくっていたという。レコーディングも型破りで、ステージで演るように集まって演奏したい、というディランの希望を叶えるため、ジョンストンは管理人に命じてノコギリとハンマーでブースを仕切っていた壁をブチ壊させたというし、ミュージシャンもそれまでは一日に何曲も録音するのが当たり前だったのが、アルバムが完成するまでの契約で雇い入れられ、ディランの作曲中など、待たされている間にもギャラが支払われた。集められたのはケニー・バトレー（ds）、ウェイン・モス（g）といった、のちのエリア・コード615のメンバーや、ハーガス・ビッグ・ロビンス（p）、ヘンリー・スチェレッキ（b）といった正真正銘の腕利き達。無事に仕上がったアルバム『ブロンド・オン・ブロンド』には、録音スタジオとともに彼らの名前が記載されることになるのだが、実はこれが画期的な出来事で、以降、最高のサウンドとセッションマンを求めて、ザ・バーズやニール・ヤング、ソロになったビートル達まで、意欲的なミュージシャンの多くが〝ナッシュヴィル詣で〟を行い、当地はニューヨークやロサンゼルスと肩を並べるほどの流行の発信地となっていく。ディランはアルバム一枚でナッシュヴィルの音楽シーンまで変えてしまったのだ。

濃密な関係はしばらく続いた。バイク事故後の復帰作『ジョン・ウェズリー・ハーディング』の制作にあたっては、自分からナッシュヴィルにやって来て、「ベースとドラム、ギターを使ってレコーディングしたい」とシ

HANK WILLIAMS
We're Really Love
MGM：11100（1951）

JOHNNIE AND JOHNNIE
Poison Love
RCA victor：21-0377（1950）

PATTI PAGE
Hush, Hush, Sweet Charlotte
Columbia：4-43251（1965）

ンプルこの上ない要求をしたそうだ。サイケデリック・ムーヴメント華やかなりし67年に、〝正反対のスタイルって笑えるよね？〟と、ここでも例のスイッチが入った気がしてならない。続く『ナッシュヴィル・スカイライン』になると、意図的に仕かけたとおぼしき変貌ぶりだ。より正調カントリーを意識した曲調と演奏に、澄みきったクルーナー・ヴォイス。ジャケットの笑顔も見方によっては〝どう？おもしろい？〟と問いかけられてるようだ。ジョンストンは自身が住むナッシュヴィルにディランを引っ越させたくてしつこく勧誘していたようだが、ナッシュヴィル録音が世のトレンドとなると、次のフェイズに移るのが天邪鬼ディランで、その後何度か訪れることはあっても、徐々に気持ちはナッシュヴィルから離れてしまう。その点、一向に辞めないのは〝笑える方へ〟の舵取りだ。カヴァー集に〝自画像〟というタイトルをつけたり、ローリング・サンダー・レヴューでは白塗りで登場、キリスト教徒になったかと思えば、突然チョビヒゲを生やしたり、ゲロゲーロ声でのクリスマス・アルバムまであった。シナトラ・リスペクトの三部作はイキ過ぎだし、ツアーを止めないのもどうかしている。今後はどんなアプローチで攻めてくるのだろうか。命が続く限り、いや、亡くなってからも何か出てきそうなディランからは最後まで目が離せないが、60年代後半に試みたナッシュヴィルを舞台にした派手なドッキリは、エポック・メイキングな出来事として、ファンの記憶のみならず、お笑いロック史に燦然と輝き続けることだろう。

John Wesley Harding
ジョン・ウェズリー・ハーディング

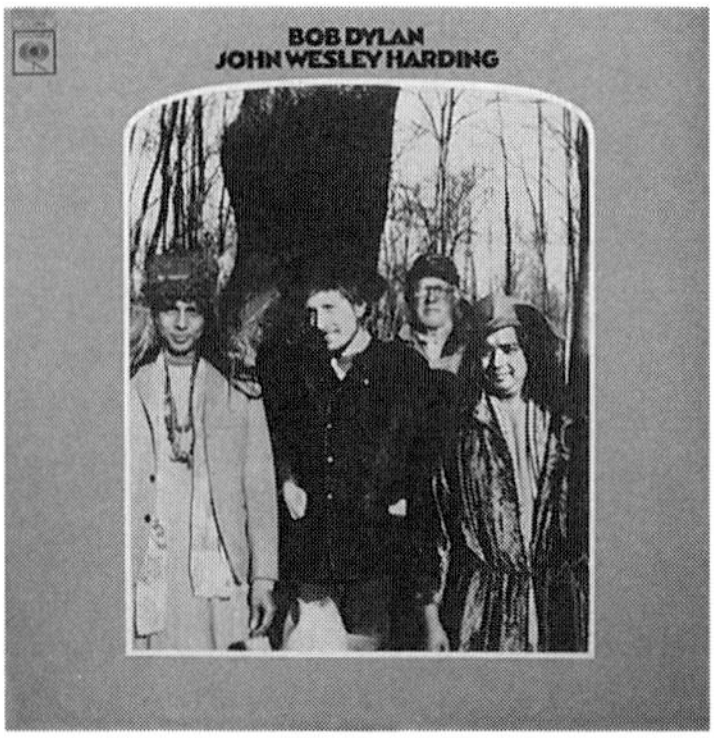

Columbia：CL 2804(mono)／CS 9604(stereo)
録音：1967年10月17日、11月6日、29日
発売：1967年12月17日

[A]
1. John Wesley Harding
2. As I Went Out One Morning
3. I Dreamed I Saw St. Augustine
4. All Along The Watchtower
5. The Ballad Of Frankie Lee And Judas Priest
6. Drifter's Escape

[B]
1. Dear Landlord
2. I Am A Lonesome Hobo
3. I Pity The Poor Immigrant
4. The Wicked Messenger
5. Down Along The Cove
6. I'll Be Your Baby Tonight

プロデューサー：Bob Johnston

参加ミュージシャン：Charlie McCoy (b), Kenneth A. Buttrey (ds), Pete Drake (g)

サイケデリック・ムーヴメントの真っ只中、多くのミュージシャンが『サージエント・ペパーズ・ロンリー・ハーツ・クラブ・バンド』をお手本に、極彩色サウンドを目指してスタジオで試行錯誤を繰り返していた頃、孤高の天才は真逆の地点に到達していた。ディランがバイク事故からの復帰作として1967年12月に発表したのが、装飾を極限まで剝ぎ取った本作だった。スティール・ギターでピート・ドレイクが3曲参加しているものの、基本的にはディラン（vo、g、p）、チャーリー・マッコイ（b）、ケニー・バトレー（ds）による簡素なベーシック・トラックのみ。たった三回のセッションで、費やした時間は9時間程度。バトレーも「まるでデモテープを作るようにやっつけた」と語っている。いま流行の時短です。オーヴァーダブも考えていたそうだが、ロビー・ロバートソンの「このままでいいんじゃない」という適当な助言で発売に踏み切った。ロックドラムの礎を築いた一人であるバトレーのプレイは流石だが、ギターのチューニングは甘いし、専門職ではないベースも走り気味だ。チャーリーとは何度かご一緒させていただいた事もあるが、最初にバンドで共演した時、僕らが「ジョン・ウェズリー・ハーディング」を演奏し始めたら明らかに顔を曇らせたのが印象的だった。その時は本家より何倍も巧いハープを吹いてくれましたが、当人たちにとってはあまり良い想い出では無かったのだろう。 **森山**

Nashville Skyline
ナッシュヴィル・スカイライン

Columbia：KCS 9825
録音：1969年2月12日〜21日
発売：1969年4月9日

[A]
1. Girl From The North Country
2. Nashville Skyline Rag
3. To Be Alone With You
4. I Threw It All Away
5. Peggy Day

[B]
1. Lay Lady Lay
2. One More Night
3. Tell Me That It Isn't True
4. Country Pie
5. Tonight I'll Be Staying Here With You

プロデューサー：Bob Johnston

参加ミュージシャン：Johnny Cash (g, vo), Norman Blake (g), Charlie McCoy (g, harmonica), Kenneth A. Buttrey (ds, per), Fred Carter Jr. (g), Marshall Grant (b), Charlie Daniels (b, g), Bob Wootton (g), Pete Drake (g), W. S. Holland (ds), Bob Wilson (kbd)

エルヴィス・コステロ『オールモスト・ブルー』、ジョナサン・リッチマン『ジョナサン・ゴーズ・カントリー』、ウィーン『12ゴールデン・カントリー・グレーツ』など、ロック・ミュージシャンがカントリーに挑戦した例はいくつもあるが、本作はその元祖だ。ジャケットで見せる笑顔と優しい歌声で、それまでの怒れる若者のイメージを払拭、発表時は「変節」だ「転向」だと騒がれたが、50年以上経った今ではそれがお得意の〝気まぐれ〟か〝イヤがらせ〟だったのは明白だ。とはいえ、前作以上にしっかりとしたアレンジメントが施され、飽きさせない。プロデューサーのボブ・ジョンストンによるピアノにはディランへの愛を感じるし、のちに名を馳せるノーマン・ブレイクやチャーリー・ダニエルズのギタープレイもお見事。「北国の少女」でのジョニー・キャッシュとの強烈なデュエットは作品に永遠の輝きを与えている。なお、勘違いされてる方も多いのでカントリー畑から補足です。ディランが本作で披露した歌声は、どちらかというとクルーナー唱法と呼ばれるもので、ジーン・オースティンやビング・クロスビーらポピュラー歌手のそれであって、ジミー・ロジャースに始まり、ハンク・ウィリアムズからジョージ・ジョーンズに至る、正調カントリー・シンガーの歌い方ではない、ということもお伝えしておきたい。知っててこんな芸当やってくるからニクいね、ディランは。

森山

The Bootleg Series Vol. 15: Travelin' Thru, 1967-1969
トラヴェリン・スルー

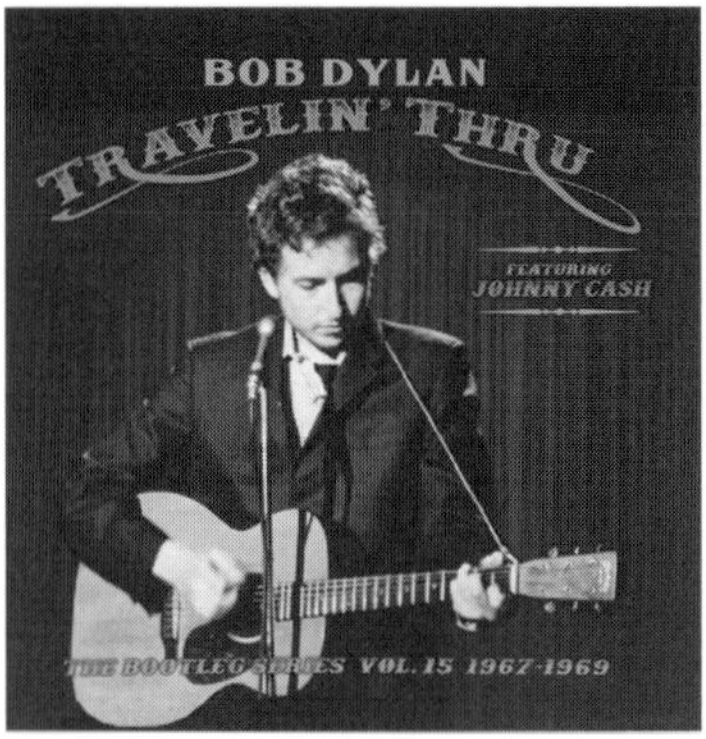

Columbia／Legacy：19075981932 [CD]
録音：1967年10月〜11月、1969年2月、5月、1970年5月
発売：2019年11月1日

[1] John Wesley Harding Sessions (Alternate)
1. Drifter's Escape (Take 1)/2. I Dreamed I Saw St. Augustine (Take 2)/3. All Along The Watchtower (Take 3)/4. John Wesley Harding (Take 1)/5. As I Went Out One Morning (Take 1)/6. I Pity The Poor Immigrant (Take 4)/7. I Am A Lonesome Hobo

Nashville Skyline Sessions (Alternate & Outtake)
8. I Threw It All Away (Take 1)/9. To Be Alone With You (Take 1)/10. Lay Lady Lay (Take 2)/11. One More Night (Take 2)/12. Western Road (Take 1)/13. Peggy Day (Take 1)/14. Tell Me That It Isn't True (Take 2)/15. Country Pie (Take 2)

[2] The Bob Dylan - Johnny Cash Sessions
1. I Still Miss Someone (Take 5)/2. Don't Think Twice, It's All Right / Understand Your Man (Reh.)/3. One Too Many Mornings (Take 3)/4. Mountain Dew (Take 1)/5. 同 (Take 2)/6. I Still Miss Someone (Take 2)/7. Careless Love (Take 1)/8. Matchbox (Take 1)/9. That's All Right, Mama (Take 1)/10. Mystery Train / This Train Is Bound For Glory (Take 1)/11. Big River (Take 1)/12. Girl From The North Country (Reh.)/13. 同 (Take 1)/14. I Walk The Line (Take 2)/15. Guess Things Happen That Way (Reh.)/16. 同 (Take 3)/17. Five Feet High And Rising (Take 1)/18. You Are My Sunshine (Take 1)/19. Ring Of Fire (Take 1)

[3] 1. Studio Chatter/2. Wanted Man (Take 1)/3. Amen (Reh.)/4. Just A Closer Walk With Thee (Take 1)/5. Jimmie Rodgers Medley No. 1 (Take 1)/6. Jimmie Rodgers Medley No. 2 (Take 2)

Live On The Johnny Cash Show
7. I Threw It All Away/8. Living The Blues/9. Girl From The North Country

Self Portrait Sessions (Outtakes)
10. Ring Of Fire/11. Folsom Prison Blues/With Earl Scruggs/12. Earl Scruggs Interview/13. East Virginia Blues/14. To Be Alone With You/15. Honey, Just Allow Me One More Chance/16. Nashville Skyline Rag

プロデューサー：Jeff Rosen, Bob Johnston, Steve Berkowitz

参加ミュージシャン：Johnny Cash (vo), Earl Scruggs (banjo), Randy Scruggs (g), Gary Scruggs (b), Dolores Edgin (cho), Dottie Dillard (cho), Bob Wilson (kbd), Peter Drake (g), Charlie Daniels (b, g), Charlie McCoy (b, harmonica), Marshall Grant (b), Kenneth Buttrey (ds), W.S. Holland (ds), Bob Wootton (g), Carl Perkins (g), Fred F. Carter (g), Kelton D. Herston (g), Norman Blake (g), Wayne Moss (g)

ブートレッグ・シリーズ第15集は、『ジョン・ウェズリー・ハーディング』『ナッシュビル・スカイライン』のアウトテイクに、ジョニー・キャッシュとの伝説のレコーディング・セッションなど、ディランがカントリー・ミュージックに急接近した60年代後半の貴重な音源を詰め込んだ至福のコンピレイションとなった。ディスク1のスタジオ・アウトテイクから驚きの連続で、採用ヴァージョンと大差ないどころか、上回る出来栄えのトラックもあり、改めてディランの閃きと、ナッシュビル在住ミュージシャンの底力を感じた。

1967年10月17日、11月6日に行われた『ジョン・ウェズリー〜』セッションの参加メンバーはチャーリー・マッコイ（b）、ケニー・バトレー（ds）のみ。ディランを含めた3人での時短仕事ながら、幾つものアイデアが試されている。ブリティッシュ・ビートの香りすら漂う「哀れな移民」は、歌詞以外は全く別の曲といっていいし、「ある朝出かけると」も、ベースのおとぼけフレーズが生まれる前のゆったりとしたテンポで、これも味があって素晴らしい。

続く『ナッシュビル・スカイライン』のレコーディングは、69年の2月に行われている。前作より丹念にアレンジされていたのか、大幅な変更は少ないが、「トゥ・ビー・アローン・ウィズ・ユー」のテイク1が興味深い。もろシャッフルのブルーズ・アレンジで、どちらかと言えば最新作『シャドウ・キングダム』のヴァージョンを彷彿とさせる。唯一の未発表曲「ウエスタン・ロード」は煮詰まった時に陥りがちなスリー・コードのお遊びで、拍子抜けだった。本作の売りであるディラン／キャッシュ・セッションはアナログ3面分に渡って収録。アルバムにゲスト参加して欲しいという要望を受けたキャッシュは69年2月17日、テネシー・スリーのメンバーを引き連れてコロンビア・スタジオAに入り、インパクト絶大の2曲をディランとデュエット。ハモリという概念を超越した「アイ・スティル・ミス・サムワン」と、互いの曲を同時に歌う「くよくよするなよ／アンダースタンド・ユア・マン」がそれで、音楽的には破茶滅茶なのに、魂の交歓のような異様なパワーが伝わってくる。翌18日には、さらに多くのレパートリーに挑戦。自作曲はもちろん、歌い慣れたトラッド・ソングにエルヴィス・リスペクトのロックンロール・ナンバー、ジミー・ロジャースのメドレーに至るまで、完成形など求めずに手当たり次第に演奏する様が痛快だ。注目すべきはキャッシュ邸で共作したという「おたずね者」で、ここでは歌詞の間違いに吹き出して完成には程遠い出来だったのが、セッションの数か月後、有名なサン・クエンティン刑務所でのライヴで、キャッシュはディランを褒め称えたＭＣに続けて、この曲を観客の前で初披露している。

レコードの最終面には関連音源がまとめられた。まずテレビ番組『ジョニー・キャッシュ・ショー』用にライマン公会堂で録られたライヴ3曲。音はアンビエンス・マイク頼みで劣悪だが、レコーディング・メンバーも参加して安定のプレイを聞かせる。デュエット「北国の少女」はアルバム版より自然だ。69年5月の『セルフ・ポートレート』のアウトテイクから、キャッシュ曲の野心的なカヴァーが2曲。「リング・オブ・ファイヤー」でやっと本職のハーモニカを吹かせてもらったチャーリー・マッコイ先生、良かったね。残りはビル・モンローと活動を共にしたブルーグラス・バンジョーの名手アール・スクラッグスのＴＶドキュメンタリー用に収録されたスクラッグス・ファミリーとのセッションが4曲収録されている。

森山

Self Portrait
セルフ・ポートレート

Columbia：C2X 30050
録音：1969年4月24日〜1970年3月30日
発売：1970年6月8日

[A]
1. All The Tired Horse／2. Alberta # 1／3. I Forgot More Than You'll Ever Know／4. Days Of '49／5. Early Mornin' Rain／6. In Search Of Little Sadie

[B]
1. Let It Be Me／2. Little Sadie／3. Woogie Boogie／4. Belle Isle／5. Living The Blues／6. Like A Rolling Stone

[C]
1. Copper Kettle／2. Gotta Travel On／3. Blue Moon／4. The Boxer／5. The Mighty Quinn (Quinn, The Eskimo)／6. Take Me As I Am (Or Let Me Go)

[D]
1. Take A Message To Mary／2. It Hurts Me To／3. Minstrel Boy／4. She Belongs To Me／5. Wigwam／6. Alberta #2

プロデューサー：Bob Johnston

参加ミュージシャン：Robbie Robertson (g, vo), Rick Danko (b, vo), Levon Helm (ds, per, vo), Garth Hudson (kbd), Richard Manuel (p, vo), Al Kooper (g, kbd, horn), Charlie McCoy (g, b, harmonica, vib), David Bromberg (g, b), Doug Kershaw (violin), Norman Blake (g), Kenneth A. Buttrey (ds, per), Fred Carter Jr. (g), Ron Cornelius (g), Charlie Daniels (b, g), Pete Drake (g), Bubba Fowler (g), Sheldon Kurland (violin), Tony Terran (trumpet), Bob Moore (b), Joe Osborn (g), Bill Pursell (p)

〝引き寄せの法則〟って言うんですか。この原稿を書くのに本作のことばっかり考えてた日に、茅ヶ崎の老舗カントリー小屋〈ステージコーチ〉で自分のライヴがあったんですが、幕間のBGMがとっても『セルフ・ポートレイト』なムードだったんです。『ナッシュヴィル・スカイライン』期のディランを思わせるクルーナー・ヴォイスに、カントリー・マナーに則した控えめながらも的確な演奏のミュージシャン。選曲も幅広く、ハンクの「ユア・チーティン・ハート」からポピュラー曲の「ユー・アー・マイ・サンシャイン」、果ては「風に吹かれて」まで演っているではないですか。慌てて店主の片山誠史さんに大声で訊ねましたよ。森「これ何すか!?」、片「これジミーさんですよ」、森「えー!何年?」、片「66年」、森「えーー!」。音の正体は日本のカントリー黎明期を彩った、ジミー時田とマウンテン・プレイボーイズの『フォーク・ロック・パーティー』というライヴ・アルバムで、そのクオリティに心底驚かされました。ジミーさんはアメリカ人の知り合いも多かったらしいし、このレコードが海を越えて聞かれていた可能性もあるので、ディランが綺麗な声で歌い出したり、ジャンルレスでカヴァー曲を録音したりしたのって、ひょっとして…？

いきなり女性コーラスとストリングスのみの「オール・ザ・タイアード・ホーシズ」で豪奢な幕を開ける『セルフ・ポートレイト』。二枚組で全24曲、スタジオ収録曲の大半はカヴァーで、カントリー・クラシックからディランと同世代アーティストのナンバーもあったりと選曲もバラバラ、おまけにザ・バンドと共演した1969年8月31日のワイト島フェスティヴァルでのライヴ音源が無秩序に差し込まれる。70年の発表時には、欧米メディアのみならず、日本の識者の間でも、その意図が理解されず、概ね酷評を浴びたと言うし、前後の情報がない当時のファンにとっても不可解な作品に映ったようだ。しかし、リアルタイムでは無い我々の世代にとっては、いろんなディランの〝顔〟が見える千態万状アルバムとして、意外に人気が高い。《思いつくものは何でも壁に投げつけ、壁にくっついたものはすべて発表する。壁にくっつかなかったものをかき集め、それもすべて発表する。そういうアルバムだった》という、本作を評する際に必ず引用される自伝からの一節は、ネガティヴに捉えられることも多いけれども、見方を変えれば自身から発するものは全部ブチ込むという姿勢が感じられるし、本人にしてみたら割と肯定的な発言なのかも知れない。

本作を構成する素材は三種類に大別される。まず69年4〜5月に行われたナッシュヴィル・セッションで録られたカントリー中心のカヴァー（オリジナルの「リヴィング・ザ・ブルーズ」含む）が6曲、70年3月にアル・クーパーやデイヴィッド・ブロムバーグらとニューヨークで収録したテイクに、プロデューサーのボブ・ジョンストンがナッシュヴィルでオーヴァーダブを施したトラックが14曲、そして先述のワイト島でのライヴ4曲である。ディランのヴォーカルに限って言えば、ナッシュヴィルから地元ニューヨークへ制作場所が移るにつれ、元々の刺々しいスタイルに戻していったことが分かる。そのせいで本作は、まるで二人の歌手が代わる代わる歌っているような印象を与えるのだ。「ボクサー」でいよいよ共演か？　無秩序に並んでいるように見える曲順も、両方の唱法を混在させるライヴを挟むタイミングといい、〝シンガー2名説〟で捉えてみると、自然な流れに聞こえるから不思議だ。

森山

New Morning
新しい夜明け

Columbia：KC 30290
録音：1970年6月〜8月
発売：1970年10月21日

[A]
1. If Not For You
2. Day Of The Locusts
3. Time Passes Slowly
4. Went To See The Gypsy
5. Winterlude
6. If Dogs Run Free

[B]
1. New Morning
2. Sign On The Window
3. One More Weekend
4. The Man In Me
5. Three Angels
6. Father Of Night

プロデューサー：Bob Johnston

参加ミュージシャン：Al Kooper (kbd, g, horn), David Bromberg (g), Ron Cornelius (g), Russ Kunkel (ds), Billy Mundi (ds), Buzz Feiten (g), Harvey Brooks (b), Charlie Daniels (b), Hilda Harris (cho), Albertin Robinson (cho), Maeretha Stewart (cho)

　日本での発売元がCBSソニーに変わり、ようやく本国のオリジナル・アルバムに準じた形の国内盤がリリースされることになったのはよかったが、菅野ヘッケルさんが担当になって最初のアルバムが『セルフ・ポートレイト』だったのだから、氏も頭を抱えたことだろう。ワイト島のライヴ4曲を入れたEPを出していることからも、『セルフ・ポートレイト』には〝聴かせたいディラン〟が少なかったのがわかる。ところが『アナザー・セルフ・ポートレイト』が出てセッションの全貌が摑めるようになると、これが面白い。それまでとは違う方法をいろいろ試しながらこの『ニュー・モーニング』に至ったのは、ディラン史の中でもかなり研究しがいのあるところと言えるはずだ。

　私がこのアルバムを入手したのは、72年の正月だった。お年玉で2月に出る『バングラ・デシュのコンサート』を買うことを決め、その予約に行ったときに前哨戦のつもりで購入したのかもしれない。シングルやEPを何枚か買ったあとだったが、まだ最新作だったこれをディランの初アルバムとして聴いたのはよかったと思う。『オール・シングス・マスト・パス』は高くて買えなかったから、ジョージ・ハリスンと共作した「イフ・ナット・フォー・ユー」はこっちを先に聴いた。「せみの鳴く日」も悪くなかったし、エルヴィス・プレスリーのことを歌ったといわれる「ジプシーに会いに行った」から、ワルツの「ウィンタールード」、ジャジーな「イフ・ドッグズ・ラン・フリー」というA面後半の展開を〝意外といろんなことやるんだな〟と思って聴いていたものだが、こういう感じは『セルフ・ポートレイト』から本作の時期にしかない。おかげでこのアルバムを50年以上も聴くことになるのだから〝変化球は重要〟ということか。

日本でも70年代前半によく〝標語〟のように使われることになった「ニュー・モーニング」で始まるB面は、ディランがいつもの1番、2番…という展開の曲ではなく、Cメロ、いわゆる〝大サビ〟がある曲づくりに興味を持っていたのを裏付けている。「ニュー・モーニング」「サイン・イン・ザ・ウィンター」「ザ・マン・イン・ミー」では大サビが効いていて、メロディもポップだ。「ザ・マン・イン・ミー」はアル・クーパーによるカヴァーもいいし、のちにコーエン兄弟の映画『ビッグ・リボウスキー』のテーマ曲にもなった裏名曲である。

ディランらしいブルース・ロックの「ワン・モア・ウィークエンド」がいちばんしっくりくるけれど、リーディングに近い「3人の天使」のあと、ヘンテコなゴスペルとも言える「ファーザー・オブ・ザ・ナイト」で味も素気もなくアルバムを終わらせてしまうのだから、リアルタイムで聴いた世代以外には軽い印象の一枚かもしれない。

ディランのピアノと、アル・クーパーの好サポートも聴きどころのアルバムは、裏ジャケの写真も意味不明。61年に訪ねたビッグ・ジョー・ウィリアムズのところで、夫人ママ・ヴィクトリアと写したもので、ディランが持っているのは有名なウィリアムズの9弦ギターなのだが、このアルバムに載せた意味がよくわからないのである（あーだこーだと言われながら10年近くやってきたぞ、ということだったのかもしれないが）。

ビルボードでは7位、全英チャートでは1位となったが、この段階では相変わらずディランの隠遁生活は謎に包まれていた。そんな中、海賊盤〝Great White Wonder〟が出回り始め、追ってビートルズの〝Wisky Flats〟などが登場。海賊盤がちょっとしたブームになるのだ。

和久井

[A]
1. George Harrison / Ravi Shankar Introduction / 2. Bangla Dhun - Ravi Shankar

[B]
1. Wah-Wah - George Harrison / 2. My Sweet Lord - George Harrison / 3. Awaiting On You All - George Harrison / 4. That's The Way God Planned It - Billy Preston

[C]
1. It Don't Come Easy - Ringo Starr / 2. Beware Of Darkness - George Harrison / 3. Introduction Of The Band - George Harrison / 4. While My Guitar Gently Weeps - George Harrison

[D]
1. Medley: Jumpin' Jack Flash / Young Blood - Leon Russell / 2. Here Comes The Sun - George Harrison

[E]
1. A Hard Rain's Gonna Fall - Bob Dylan / 2. It Takes A Lot To Laugh, It Takes A Train To Cry - Bob Dylan / 3. Blowin' In The Wind - Bob Dylan / 4. Mr. Tambourine Man - Bob Dylan / 5. Just Like A Woman - Bob Dylan

[F]
1. Something - George Harrison / 2. Bangla Desh - George Harrison

プロデューサー：George Harrison, Phil Spector

参加ミュージシャン：Eric Clapton (g), Jim Keltner (ds), Don Preston (g, vo, per), Jim Horn (sax), Jesse Ed Davis (g), Klaus Voormann (b), Pete Ham (g), laudia Lennear (cho, per), Joe Greene (cho, per), Don Nix (cho, per), Tom Evans (g), Joey Molland (g), Mike Gibbins (per), Carl Radle (b), Chuck Findley (trumpet, Jackie Kelso (sax), Allan Beutler (sax), Ollie Mitchell (trumpet), Lou McCreary (trombone), Jeanie Greene (cho, per), Marlin Greene (cho, per), Dolores Hall (cho, per), Ali Akbar Khan (sarod), Alla Rakha (tabla), Kamala Chakravarty (tambura)

VARIOUS ARTISTS
Concert For Bangla Desh
バングラデシュ・コンサート

Apple：STCX 3385
録音：1971年8月1日
発売：1971年12月20日

The Concert For Bangladesh

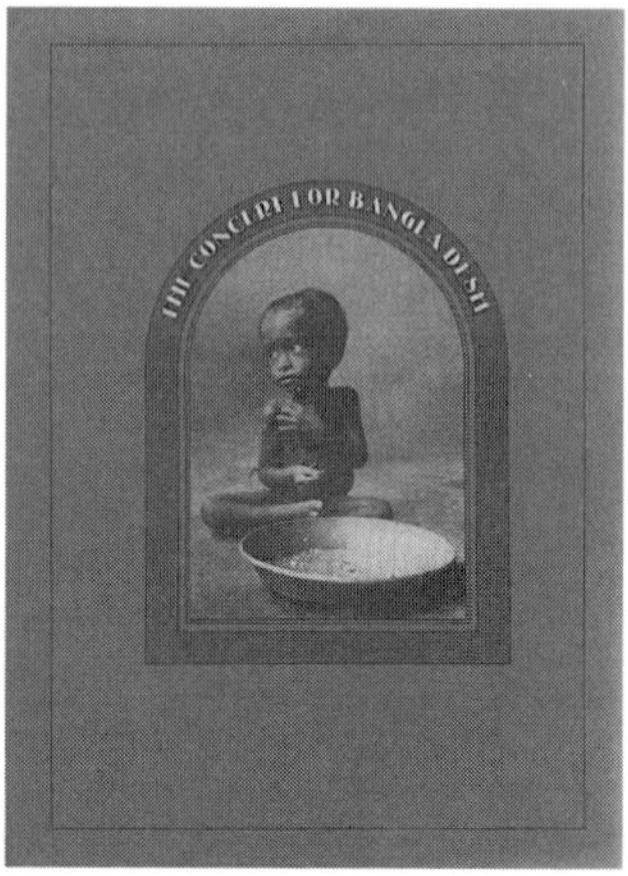

Apple：R2 970480 [DVD]
公開：1972年3月23日
発売：2005年10月24日

監督：Saul Swimmer

プロデューサー：Jo Human, Jonathan Clyde, Olivia Harrison

71年8月1日の昼夜、ニューヨークのマディソン・スクエア・ガーデンで開かれた、ロック界初のベネフィット・コンサートの模様は、首謀者であるジョージ・ハリスンの尽力で、3枚組のライヴ・アルバムと、およそ1時間半の記録映画となった。アルバムはアップル・レーベルながら発売はコロンビア。ディランがいたからである。

国内盤の発売日に買いに行った私は、ラヴィ・シャンカールの一座がA面を占めているのに戸惑いながらも、B面からのゴージャスなバンドの演奏に感心し、いよいよディランが登場するE面を迎えた。ついていた写真集には前年に『ミュージック・ライフ』で見た、ジョージ、ディラン、リオン・ラッセルがひとつのマイクに向かうショットが載っていたから、ディランもバンドをバックに歌うのかと思ったら、ほぼ弾き語り。ジョージがエレキで寄り添い、リオンがベース、リンゴがタンバリンというのが最大の編成だったのには驚いた。ところがこれが染みた。「ジャスト・ライク・ア・ウーマン」で終えると、満員の客席の惜しみない拍手が長々と収録されていて、ディランのステージが感動を呼んだことがよくわかった。

68年1月20日にカーネギー・ホールで開かれた「ウディ・ガスリー・メモリアル・コンサート」にディランは出演したが、自身の曲をニューヨークで披露したのは65年以来6年ぶりのことだった。リハーサルでは試した「イフ・ナット・フォー・ユー」や「ラヴ・マイナス・ゼロ」を外して「はげしい雨が降る」と「風に吹かれて」を入れたのは、ベネフィット・コンサートという趣旨にはかつてのプロテスト・ソングの方が合うと思ったからだろう。さらに、ワイト島でのステージを意識したに違いないジョージが白いスーツを着たのに、ディランはデニムの上下なのである。動くディランなんて見たことがなかった当時は気づかなかったが、65年春の英国ツアー（『ドント・ルック・バック』）でもわかるように、ディランがジーパンにジージャンでステージに立ったことなどなかったのである。

つまり、彼はグリニッチ・ヴィレッジ時代の自分を再現する衣装を選び、意識的に〝プロテスト・ソング〟を聴かせたわけだ。もちろん他の出演者のステージには一切顔を出さなかったし、このコンサート（およびライヴ盤や映画）についてもディランは何も語っていない。そして、こういうパフォーマンスは最初で最後だった。

30歳になったばかりのディランが〝ニューヨーク〟への想いを「ジャスト・ライク・ア・ウーマン」で締め括ったとも受け取れる、珠玉の演奏である。

和久井

The Bootleg Series Vol.10: Another Self Portrait [Deluxe Edition]
アナザー・セルフ・ポートレイト [デラックス・エディション]

Columbia／Legacy：88883 73488 2 [CD]
録音：1967年2月13日、1969年～1971年3月19日
発売：2013年8月27日

プロデューサー：Bob Johnston

参加ミュージシャン：George Harrison (g, vo), Russ Kunkel (ds), Happy Traum (banjo, cho), Robbie Robertson (g, vo), Rick Danko (b, vo), Levon Helm (ds, per, vo), Garth Hudson (kbd), Richard Manuel (p, vo), Al Kooper (g, kbd, horn), Charlie McCoy (g, b, harmonica, vibratone), David Bromberg (g, b), Doug Kershaw (violin), Norman Blake (g), Kenneth A. Buttrey (ds, per), Fred Carter Jr. (g), Ron Cornelius (g), Charlie Daniels (b, g), Pete Drake (g), Bubba Fowler (g), Sheldon Kurland (vn), Tony Terran (trumpet), Bob Moore (b), Joe Osborn (g), Bill Pursell (p)

[1]
1. Went To See The Gypsy (Demo)
2. Little Sadie (Without Overdubs)
3. Pretty Saro (Unreleased)
4. Alberta #3 (Alternate)
5. Spanish Is The Loving Tongue (Unreleased)
6. Annie's Going To Sing Her Song (Unreleased)
7. Time Passes Slowly #1 (Alternate)
8. Only A Hobo (Unreleased)
9. Minstrel Boy (Unreleased)
10. I Threw It All Away (Alternate)
11. Railroad Bill (Unreleased)
12. Thirsty Boots (Unreleased)
13. This Evening So Soon (Unreleased)
14. These Hands (Unreleased)
15. In Search Of Little Sadie (Without Overdub)
16. House Carpenter (Unreleased)
17. All The Tired Horses (Without Overdubs)

[2]
1. If Not For You (Alternate)
2. Wallflower (Alternate)
3. Wigwam (Without Overdubs)
4. Days Of '49 (Without Overdubs)
5. Working On A Guru (Unreleased)
6. Country Pie (Alternate)
7. I'll Be Your Baby Tonight (Live)
8. Highway 61 Revisited (Live)
9. Copper Kettle (Without Overdubs)
10. Bring Me A Little Water (Unreleased)
11. Sign On The Window (Orchestral Overdubs)
12. Tattle O'Day (Unreleased)
13. If Dogs Run Free (Alternate)
14. New Morning (Horn Section Overdubs)
15. Went To See The Gypsy (Alternate)
16. Belle Isle (Without Overdubs)
17. Time Passes Slowly #2 (Alternate)
18. When I Paint My Masterpiece (Demo)

[3] The Complete, Historic "Isle Of Wight" Concert, 1969 (Remixed And Remastered 2013)
1. Intro
2. She Belongs To Me
3. I Threw It All Away
4. Maggie's Farm
5. Wild Mountain Thyme
6. It Ain't Me, Babe
7. To Ramona
8. Mr. Tambourine Man
9. I Dreamed I Saw St. Augustine
10. Lay Lady Lay
11. Highway 61 Revisited
12. One Too Many Mornings
13. I Pity The Poor Immigrant
14. Like A Rolling Stone
15. I'll Be Your Baby Tonight
16. (Quinn, The Eskimo) The Mighty Quinn
17. Minstrel Boy
18. Rainy Day Women #12 & 35

[4] "Self Portrait" (Remastered 2013)

1-24. "Self Portrait"

ブートレッグ・シリーズ第10集は『アナザー・セルフ・ポートレイト』と題されたCD4枚組ボックス。元々は60～70年代にかけてディランのプロデューサーだったボブ・ジョンストンが、『セルフ・ポートレイト』のリマスタリングをしていた２０１２年に、ソニーのアーカイヴ倉庫から一巻のテープを発見する所から始まる。中身は、まだダビングが施される前のテイクが入った素材だった。当時、ナッシュヴィルでオーヴァーダブを主導したのはジョンソンその人だったので、40年越しの音との再会は感慨も一入だったろう。そこで、リマスター作業と並行して、この時期に的を絞った音源集の制作に乗り出し、精魂を込めて完成させたのが本作だ。

　ディスク1と2が発見されたテープからの音源で、『ナッシュビル・スカイライン』『セルフ・ポートレイト』『新しい夜明け』という3枚のアルバムからのアウトテイクや別ヴァージョンが収められている。一曲だけ67年の〝地下室（ベースメント・テープス）〟セッションからオリジナル曲「ミンストレル・ボーイ」が収録されているが、後述するワイト島でのライヴ・ヴァージョンとの比較のためだと思われる。この度、公になった音源の中で一番の売りは、70年5月1日のジョージ・ハリスンとのセッションだろうか。「ワーキング・オン・ザ・グルー」は軽くリヴァーブをかけたジョージのソロと、リズミックなディランの歌がゴキゲンだ。『新しい夜明け』に収録されることになる「時はのどかに流れゆく」の初期テイクも同じメンバーで試されているが、若きラス・カンケル（ds）の抑えたビートがこれから来る内省の時代を予知しているかのようだ。何度も変化を繰り返すことになる曲だが（ディスク2にも別テイクあり）、完成ヴァージョンより好きかもしれない。

〝ウィズアウト・オーヴァーダブズ〟と表記された音源の数々が冒頭に書いたダビング前の『セルフ・ポートレイト』収録曲音源で、70年3月3～5日にディランがデイヴィッド・ブロムバーグ、アル・クーパーのほか、地元の仲間を集めて、ニューヨークのコロンビア・スタジオBで行ったセッションの記録だ。一説によればスタジオに新しく入ったレコーディング機材を試す目的もあったそうで、フォークソングの歌本を片手に次々に録音していったとの話もある。リズム楽器はほとんど入っておらず、歌とギターと鍵盤程度で、「コッパー・ケトル」や「デイズ・オブ・フォーティー・ナイン」ではディランの歌が直接飛び込んでくる。だが、僕が驚いたのは、ナッシュヴィルの腕利きミュージシャン達が、こんなにも簡素なテイクを基にさまざまな楽器をダビングさせられていたという事実だ。試しにテンポを測ってみたら案の定ヨレまくってたので、相当大変だったに違いない。「イン・サーチ・オブ・リトル・セイディ」に合わせてプレイするのは、もはや〝音ゲー〟の世界ですよ。ディランに対しては献身的だったプロデューサーのボブ・ジョンストンも、スタジオ経営者やエンジニアには暴君のように振るまう事があったらしく、ある時はスタッフにたっぷり働かせるために、スタジオの時計を取っ払ってしまった、というトンデモな逸話も残されている程なので、ミュージシャンに対しても強引に仕事を進めたんだろうなぁ。とはいえシングルにもなった「ウィグワム」の鼻歌まがいのテイクを、ホーンやストリングス入りのゴージャスな形にまで持っていくんだから、大したもんだけれど。

　ディスク3には、『セルフ・ポートレイト』ではランダムに4曲のみ収められていた、ワイト島フェスティバル（69年8月31日）で演奏された全17曲が丸ごと収録されている。既発の「シー・ビロングス・トゥ・ミー」もMCのイントロダクションに導かれて始まると何故だか興奮してしまう。全体的に解像度も上がって、リヴォン・ヘルムにしか叩けないビート感とフィルインの連続に、思わず歌を忘れてドラムだけに耳を傾けてしまうので要注意だ。トラッド・ソングの「ワイルド・マウンテン・タイム」に始まる弾き語りコーナーでは4曲披露された。過去の代表作も例の〝ナッシュビル・スカイライン声〟で歌われる。「悲しきベイブ」が絶品で、元のメロディは完膚無きまでに崩されているが、続く「ラモーナへ」への繋がりを意識してか、異国情緒すら漂うアレンジが素敵。この日初めて演奏された『ジョン・ウェズリー・ハーディング』収録曲の「聖オーガスティンを夢で見た」、「哀れな移民」が、とことんザ・バンド的なのも面白い。ベース音が下降していく得意のコード進行や、ガース・ハドソン（kbd）の手癖が飛び出したかと思えば、ロビー・ロバートソン（g）がマンドリン奏法で対抗する。何があっても我関せずのディランの歌もクールだ。歌といえば、元々の『セルフ・ポートレイト』にも入っていた、「ライク・ア・ローリング・ストーン」のヴァースにおける即興ラインは、流れるような美しさで、ディランのメロディ・メイカーとしての非凡な才能の片鱗が垣間見える。

　ディスク4にはグレッグ・カルビによる『セルフ・ポートレイト』の最新リマスターが収録された。左右の幅を広げつつ、ヴォーカルの帯域にふくよかさが加味された印象だ。ライヴ音源の雑味も減り、スタジオ録音との違和感も少し解消されたようだ。

森山

Dylan
ディラン

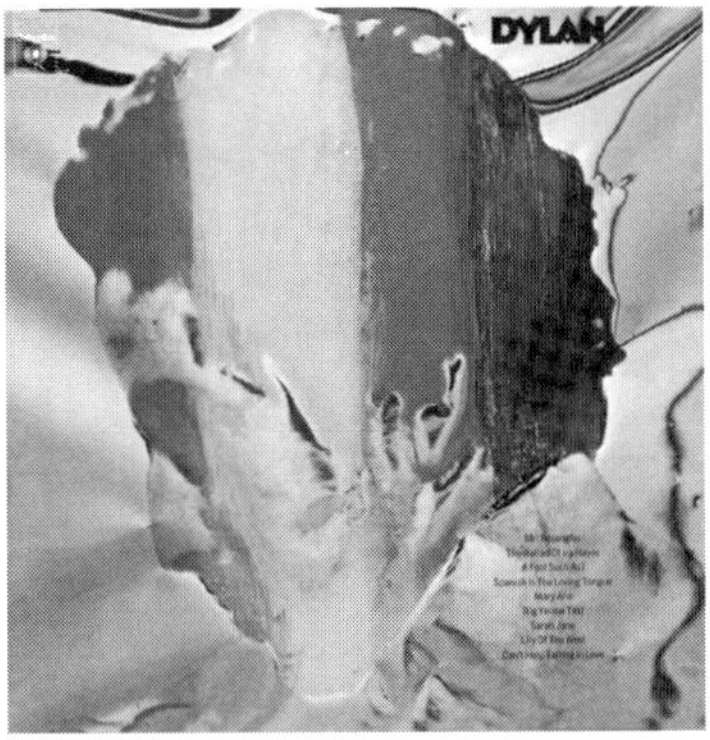

Columbia：PC 32747
録音：1969年4月24日、26日、1970年6月1日～4日
発売：1973年11月16日

[A]
1. Lily Of The West
2. Can't Help Falling In Love
3. Sarah Jane
4. The Ballad Of Ira Hayes

[B]
1. Mr. Bojangles
2. Mary Ann
3. Big Yellow Taxi
4. A Fool Such As I
5. Spanish Is The Loving Tongue

プロデューサー：Bob Johnston

参加ミュージシャン：Robbie Robertson (g, vo), Rick Danko (b, vo), Levon Helm (ds, per, vo), Garth Hudson (kbd), Richard Manuel (p, vo), Al Kooper (g, kbd, horn), Charlie McCoy (g, b, harmonica, vibratone), David Bromberg (g, b), Doug Kershaw (violin), Russ Kunkel (ds), Norman Blake (g), Kenneth A. Buttrey (ds, per), Fred Carter Jr. (g), Ron Cornelius (g), Charlie Daniels (b, g), Pete Drake (g), Bubba Fowler (g), Sheldon Kurland (vn), Tony Terran (trumpet), Bob Moore (b), Joe Osborn (g), Bill Pursell (p), Billy Mundi (ds), Buzz Feiten (g), Harvey Brooks (b), Hilda Harris (cho), Albertin Robinson (cho), Maeretha Stewart (cho)

今年（2023年）、日本でも発売されたボブ・ディランの新刊『ソングの哲学』のリッキー・ネルソン「プア・リトル・フール」の項で、《フールについてはたくさんのうたがある》として、アリサ・フランクリンの「チェイン・オブ・フール」に始まって、ハンク・スノウの「ア・フール・サッチ・アズ・アイ」、ビートルズの「フール・オン・ザ・ヒル」…と、まくし立てていく記述がある。リスト羅列好きな御大の講釈はまだ6曲ほど続くのだが、ここで思い出したのが本作である。アサイラムに移籍された腹いせに、コロンビア・レコードが勝手に発売した、『セルフ・ポートレイト』と『新しい夜明け』からのアウトテイクで構成されたカヴァー集だ。ディランの雑食ぶりとヴォーカリストとしての非凡な才能が手っ取り早く味わえる格好のサンプラーなのに、欧米の評価はすこぶる低い。質の高いコンピレイションだと思うし、個人的には好きな作品なのだが。

ここに収録された「フール・サッチ・アズ・アイ」が、「チェイン・オブ・フール」風アレンジなのだ。しかもエルヴィス・プレスリーを意識してか『ジョン・ウェズリー・ハーディング』期のクルーナーで歌うもんだから笑うしかない。エルヴィスといえば「好きにならずにいられない」も取り上げていて、シンプルで手堅いバックに歌だけディラン節という形式が、のちのカヴァー・アルバム群を先取りしてるようで興味深い。　**森山**

50th Anniversary Collection: 1970
1970

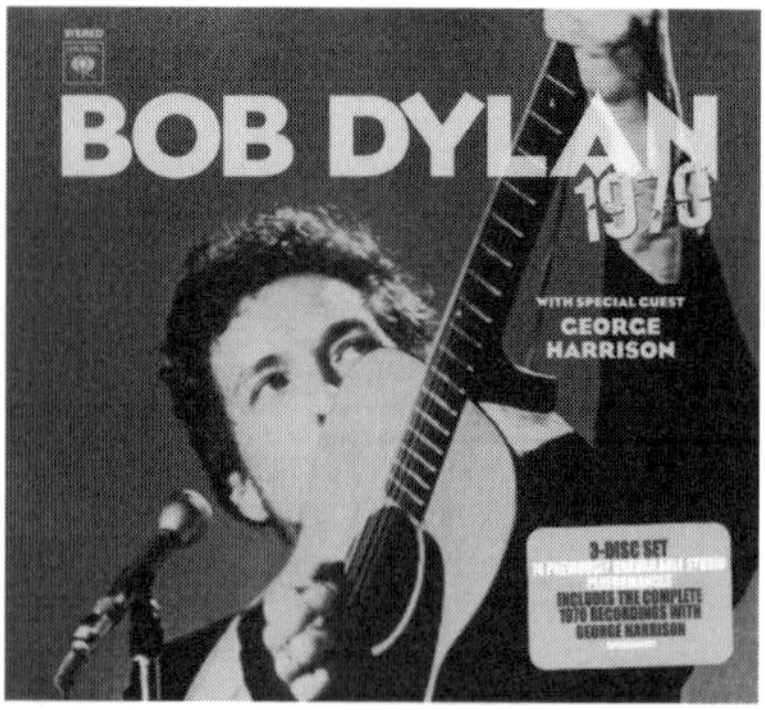

欧・Columbia／Legacy：19439816262 [CD]
録音：1970年3月3日、5日、5月1日、6月1日〜5日、8月12日
発売：2020年12月4日

[1]
1. I Can't Help But Wonder Where I'm Bound
2. Universal Soldier (Take 1)
3. Spanish Is The Loving Tongue (Take 1)
4. Went To See The Gypsy (Take 2)
5. 同 (Take 3)
6. Woogie Boogie
7. Went To See The Gypsy (Take 4)
8. Thirsty Boots (Take 1)
9. Little Moses (Take 1)
10. Alberta (Take 2)
11. Come All Your Fair And Tender Ladies (Take 1)
12. Things About Comin' My Way (Takes 2 & 3)
13. Went To The See The Gypsy (Take 6)
14. Untitled 1970 Instrumental #1
15. Come A Little Bit Closer (Take 2)
16. Alberta (Take 5)
17. Sign On The Window (Take 2)
18. 同 (Take 3-5)
19. If Not For You (Take 1)
20. Time Passes Slowly (Reh.)
21. If Not For You (Take 2)
22. 同 (Take 3)
23. Song To Woody (Take 1)
24. Mama, You Been On My Mind (Take 1)
25. Yesterday (Take 1)

[2]
1. Just Like Tom Thumb's Blues (Take 1)
2. Medley: I Met Him On A Sunday (Ronde-Ronde) Da Doo Ron Ron (Take 1)
3. One Too Many Mornings (Take 1)
4. Cupid (Take 1)
5. Ghost Riders In The Sky (Take 1)
6. All I Have To Do Is Dream (Take 1)
7. Gates Of Eden (Take 1)
8. I Threw It All Away (Take 1)
9. I Don't Believe You (She Acts Like We Never Have Met) (Take 1)
10. Matchbox (Take 1)
11. Your True Love (Take 1)
12. Telephone Wire (Take 1)
13. Fishing Blues (Take 1)
14. Honey, Just Allow Me One More Chance (Take 1)
15. Rainy Day Women #12 & 35 (Take 1)
16. It Ain't Me Babe
17. If Not For You
18. Sign On The Window (Take 1)
19. 同 (Take 2)
20. 同 (Take 3)
21. Alligator Man
22. 同 (Rock)
23. 同 (Country)
24. Day Of The Locusts (Take 2)
25. Sarah Jane 1
26. Sign On The Window
27. Sarah Jane 2

[3]
1. If Not For You (Take 1)
2. 同 (Take 2)
3. Jamaica Farewell
4. Can't Help Falling In Love
5. Long Black Veil
6. One More Weekend
7. Bring Me Little Water, Sylvie (Take 1)
8. Three Angels
9. Tomorrow Is A Long Time (Take 1)
10. 同 (Take 2)
11. New Morning
12. Untitled 1970 Instrumental #2
13. Went To See The Gypsy
14. Sign On The Window (Stereo Mix)
15. Winterlude
16. I Forgot To Remember To Forget (Take 1)
17. 同 (Take 2)
18. Lily Of The West (Take 2)
19. Father Of Night (Reh.)
20. Lily Of The West
21. If Not For You (Take 1)
22. 同 (Take 2)

プロデューサー：Jeff Rosen, Bob Johnston, Steve Berkowitz

参加ミュージシャン：George Harrison (g, vo), David Bromberg (g, b), Al Kooper (kbd), Russ Kunkel (ds), Charlie Daniels (b), Buzzy Feiten (g), Ron Cornelius (g), Bob Johnston (p), Albertine Robinson (cho), Hilda Harris (cho), Maeretha Stewart (cho), Harvey Brooks (b), Stu Woods (b), Alvin Rogers (ds), Emanuel Green (violin)

著作権保護期間の延長を目的にヨーロッパで限定販売されたデビュー50周年記念盤を元にして作られた、マニア垂涎の三枚組コンピレイションだ。タイトル通り１９７０年に行われた『セルフ・ポートレイト』と『新しい夜明け』用のレコーディング・セッションで生まれたアウトテイク集だが、そもそも正規アルバムの選曲で外され、コロンビアが移籍の腹いせに出した『ディラン』でもピックアップされず、その後のブートレッグ・シリーズ、とくに同時期をテーマにしていた『アナザー・セルフ・ポートレイト』からも漏れていた、言ってみれば筋金入りの不良グループである。イメージでは、かなり目の粗いザルで濾してる感じがするので、正直どんなゴミが出てくるのかと思ったら、イメージしてた何倍も素晴らしい作品集でした。

時系列で並べられ、ディスク１は3月3日から。ピアノで歌われる「スペイン語は愛の言葉」に注目だ。『アナザー・セルフ・ポートレイト』のヴァージョンも良かったが、このテイクもヴォーカルが素晴らしい。ミス連発なのでお蔵入りしたのだろう。勿体ない。翌4日からは2曲のみ収録で、エリック・アンダースンのカヴァー「サースティー・ブーツ」が染みる。5日は女性コーラス隊も召喚して本気モードだ。ドブロ入りの「アルバータ」も気が利いているし、トラッドの「カム・オール・ユー・フェア・アンド・テンダーレイディーズ」でのコーラスの合いの手、ギターの絡みも洒落ている。

本作で最大のヴォリュームを誇るのが、ディスクを跨いで計30トラックを占める5月1日のジョージ・ハリスンが参加したセッションだ。ディランのオリジナルはもちろん、互いの好きな曲をジャムってみたり、共通ルーツの確認作業でカール・パーキンス楽曲を合わせてみたりと、自由奔放にセッションを楽しむ様子が伝わってくる。飛び道具の「イエスタデイ」はお遊びのつもりが周りが乗ってきて、気付けば本家超えの2分57秒、ジョージはソロまで弾いている。

6月に入るといよいよセッションが本格化し始め、ＯＫテイクと遜色のないプレイが随所に現れる。ディスク２の後半にあたる6月1日の音源が本作の白眉だろう。２ヴァージョン収められた「アリゲーター・マン」は、どちらも至極の出来。「サラ・ジェーン」の躍動感も凄まじい。翌2~5日と、間を取って8月12日に行われたセッションの模様はディスク３にまとめられた。『新しい夜明け』収録曲の別テイクや、珍しいカヴァーの良質な録音が聞けるが、提出のデッドラインが近づいていたのか、マジメに取り組みすぎた感があるのが残念。

森山

Pat Garrett & Billy The Kid
ビリー・ザ・キッド

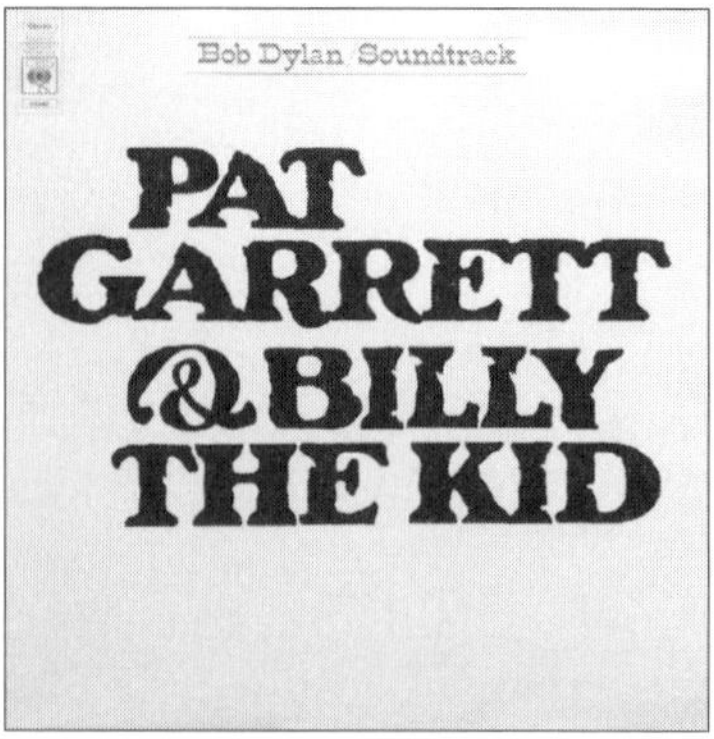

Columbia：KC 32460
録音：1973年1月～2月
発売：1973年7月13日

[A]
1. Main Title Theme (Billy)
2. Cantina Theme (Workin' For The Law)
3. Billy 1
4. Bunkhouse Theme
5. River Theme

[B]
1. Turkey Chase
2. Knockin' On Heaven's Door
3. Final Theme
4. Billy 4
5. Billy 7

プロデューサー：Gordon Carroll

参加ミュージシャン：Booker T. Jones (b), Jim Keltner (ds), Bruce Langhorn (g), Roger McGuinn (g), Carol Hunter (g, cho), Terry Paul (b, cho), Priscilla Jones (cho), Brenda Patterson (cho), Donna Weiss (cho), Jolly Roger (banjo), Russ Kunkel (per), Byron Berline (cho, fiddle), Fred Katz (cello), Ted Michel (cello)

（日本盤全面帯）

西部開拓時代の英雄、ビリー・ザ・キッドの生涯を描いたサム・ペキンパー監督映画のサントラ盤。ディランも俳優として出演している。主演のクリス・クリストファーソンからの誘いで音楽だけ手がけるつもりが、ペキンパーの嘆願で出る事になったらしい。演技はさておき、音の方は非常に興味深い。ヒットした「天国への扉」を含む3曲のヴォーカル曲は言わずもがな、残りのインスト・ナンバーにもディラン印がしっかりと刻まれている。

録音に参加したグリニッチ・ヴィレッジ時代からの旧友、ブルース・ロングホーンはこの頃、映画音楽の分野で活躍していたそうで、通常の劇伴録音とのあまりの違いに驚きながらも感心したと話している。スクリーンを見ながら譜面もなしにヘッドアレンジで指示を出していた事が容易に想像できるが、ウエスタン調でも幾分ロウファイな「七面鳥狩り」や、似非メキシカン風の「ビリー1」といった、古くて新しい音像を作り出せてしまったのは偶然か？

メンバーも豪華で、ロジャー・マッギン(g)、ジム・ケルトナー(ds)、何故かベースでブッカー・T・ジョーンズまで駆り出されている。面白いのはジャズ畑のゲイリー・フォスターが参加していること。「ファイナル・テーマ」でもメロディアスなリードを吹き倒しているが、こんなに頑張ってクレジットが〝作曲ボブ・ディラン〟なのはあんまりじゃない？ 怒っていいですよ、先輩！ **森山**

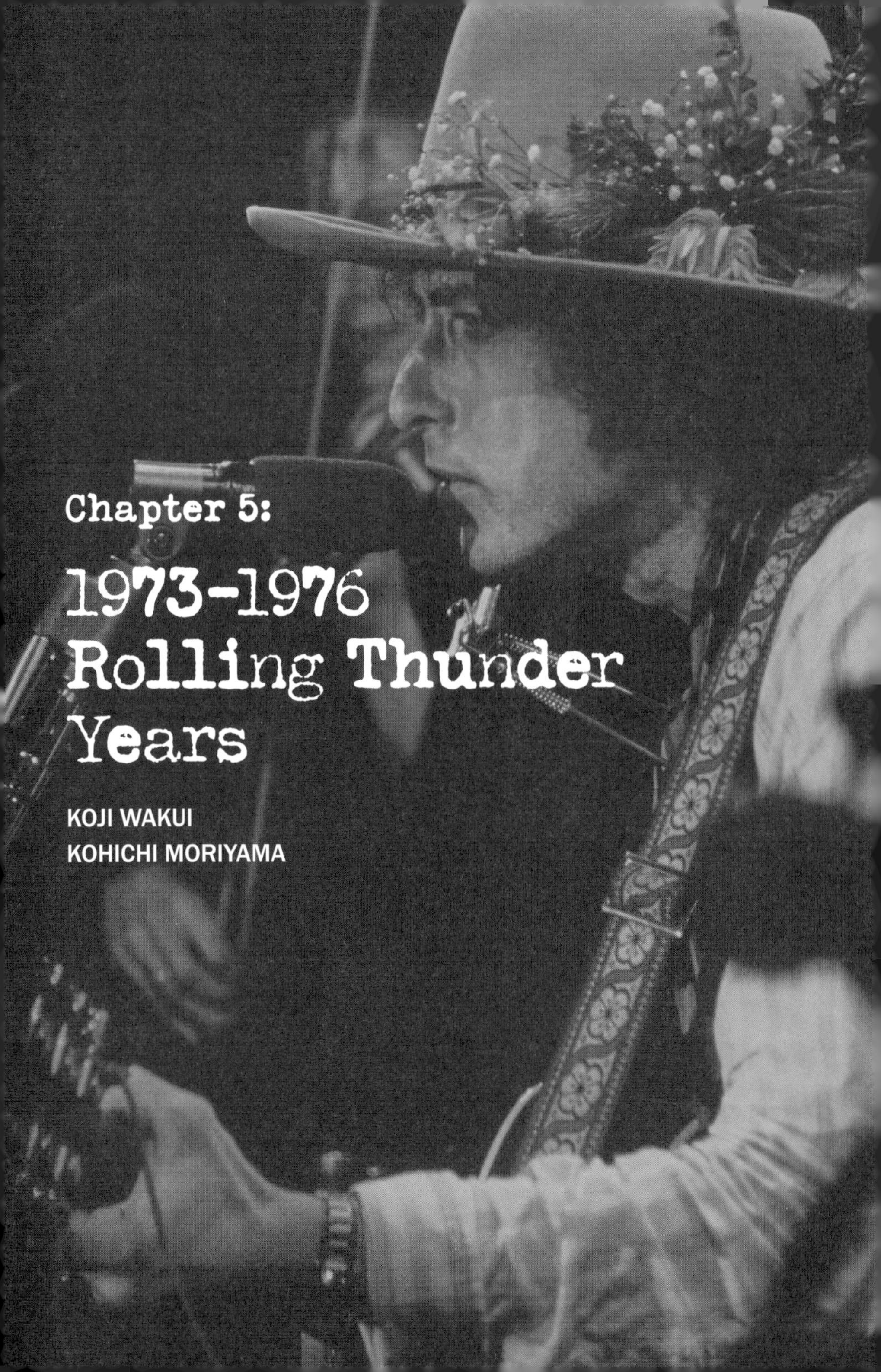

Chapter 5:

1973-1976 Rolling Thunder Years

KOJI WAKUI
KOHICHI MORIYAMA

ザ・バンドとのツアー、『血の轍』、『欲望』を経ての、ローリング・サンダー・レヴュー

和久井光司

66年にキャンセルされた66年の北米ツアーを8年ぶりに実現させようとディラン／ザ・バンドを口説いたのは、フィルモアの経営者として知られたビル・グレアムと、アサイラム・レコーズのデイヴィッド・ゲフィンだった。グレアムはローリング・ストーンズの72年のツアーをコーディネイトして全国区のプロモーターとなっていたし、ゲフィンは新興のアサイラムにジョニ・ミッチェルやイーグルスを迎えてレコード業界に新風を送っていた。コロンビアと契約問題で揉めていたため、ディランはザ・バンドとの新作とツアーのライヴ盤のみをアサイラムからリリースすることにしたのだ。それはキャピトルとの契約があったザ・バンドにとっても都合がよかったし、9月にマリブで行われたリハーサルでもディランは上機嫌だったという。11月2日から僅か6日間でレコーディングしなければならなかったため『プラネット・ウェイヴス』は少々雑なアルバムになったうえ、74年1月3日のツアー初日に間に合わなかったが、1月17日にリリーされるやディラン初の全米ナンバー・ワン・アルバムとなり、21都市40公演、1か月に及んだツアーは大成功を収めたのである。

けれどもディランは、6月30日に発売されたライヴ・アルバム『ビフォー・ザ・フラッド』（米3位／英8位）の内容をあまり気に入らなかったらしい。ザ・バンドの演奏に負けじと物凄い勢いで歌ったのが彼には〝普通のエンタテインメント・ロック〟のように感じられたらしく、せっかく築いた〝謎の男〟というキャラクターの足を引っぱっているように思えたからのようだ。

この年の夏にディランはコロンビアと再契約し、9月

16日、ユダヤの新年祭の日に、かつてない文学性をたたえた新作『血の轍』の制作を開始するのである。

75年1月20日にリリースされた『血の轍』は批評家に絶賛され、全米1位／全英4位となったが、妻サラと別居して久しぶりにグリニッチ・ヴィレッジで過ごしていたのが大きな刺激となり、ディランの思考は〝ユダヤ人の轍〟から〝移民の国アメリカ〟へと向いていくのだ。ニューヨークの新しい波となっていたパンク・ムーヴメントに触れ、ルー・リードやパティ・スミスとも交流をもったディランは、劇作家のジャック・レヴィと『欲望』に収録される多くの曲を書き、75年7月28日〜31日のセッションで同作に収録の全曲を録音した（歌詞を書き換えた「ハリケーン」のみあとから録られたテイクと繋いでいる）。そのセッションに参加したスカーレット・リヴエラのヴァイオリンに触発され、ジプシーの一座が全米をまわるかのようなツアーを76年に建国２００年を迎えるアメリカで展開することを思いつき、〝ローリング・サンダー・レヴュー〟のプロジェクトを立ち上げたのである。ランブリン・ジャック・エリオットに相談に行って快諾を得たディランは、ジョーン・バエズ、ロジャー・マッギン、ボブ・ニューワースといった旧友のシンガーと、リヴェラやロブ・ストーナーから成る新しいバンドを合体させ、アレン・ギンズバーグを役者、サム・シェパードを記録係としてツアーに出たのだ。

第一期ＲＴＴは10月30日にマサーチューセッツ州のプリマスでスタートし、その模様は映画『レナルド・アンド・クララ』に記録されることにもなった。しかし、事前にほとんど告知せずに公演地（いずれも小さな会場だった）に乗り込むツアーは大きな赤字を生み、映画の制作を中止せざるをえない状況となってしまうのだ。そこでディランは、76年4月18日のフロリダ州レイクランドから全27箇所、南東部・中西部の1万人以上の会場をまわる第二期ＲＴＴを敢行し、4月22日のフロリダ州クリアウォーターの公演（ライヴ・アルバム『ハード・レイン』となる）をＮＢＣテレビで放映させることにする。

第二期ＲＴＴ収益とテレビに売った放映権（及びコロンビアからのライヴ盤のロイヤリティ）で赤字を埋めたディランは『レナルド・アンド・クララ』を完成させたが、5時間を超える長尺となったため配給が決まらず、短縮ヴァージョンをつくるのだが、それでも限定公開にとどまってしまう。そんな中、サラとの離婚が成立し、ディランは慰謝料を稼がねばならなくなるのだ。

Planet Waves
プラネット・ウェイヴズ

Asylum：7E-1003
録音：1973年11月2日、5日、6日、8日、9日、14日
発売：1974年1月17日

[A]
1. On A Night Like This
2. Going, Going, Gone
3. Tough Mama
4. Hazel
5. Something There Is About You
6. Forever Young

[B]
1. Forever Young
2. Dirge
3. You Angel You
4. Never Say Goodbye
5. Wedding Song

プロデューサー：Rob Fraboni

参加ミュージシャン：Robbie Robertson (g), Garth Hudson (kbd), Richard Manuel (p, ds), Rick Danko (b), Levon Helm (ds), Ken Lauber (per)

この時期のディランはスピリチュアルな星占い？にご執心だったようで、なんでも〝自らの運命の啓示を宇宙から受け取った〟らしい。活動再開についても「星まわりが良くなって、それまで大きな障害となっていた土星が消えたのが理由だ」と仰られてます。『ラヴ・ソングス』〜『セレモニー・オブ・ザ・ホースマン』〜『プラネット・ウェイヴス』と、タイトルもどんどんスピ方面に変遷していったそう。有名になればなるほど拠り所が欲しくなり、怪しい占いや宗教にハマりやすいと言われるけれど、スーパースターのディランも例外ではなかったようだ。

コロンビアとの契約満了タイミングを見越して、ロビー・ロバートソンをダシに使い、見事ディランとの契約に漕ぎつけたデイヴィッド・ゲフィン＝アサイラム・レコード。ザ・バンドとの大々的な復帰ツアーを催し、新作をそこで宣伝すれば、コンサートのギャラも入るし、レコードも売れるという一石二鳥の計画はディランにも魅力的に映ったのだろう。ゲフィンと伝説の興行主、ビル・グレアムの手でツアー日程が組まれ、ボブ・ディラン／ザ・バンドによる初の共同制作アルバムの発売が決定した。ロサンゼルスのヴィレッジ・レコーダー・スタジオでレコーディングが開始されたのは73年11月2日。ツアー初日が74年の1月3日だったので、今と違って完パケからリリースまでの間隔が短いとはいえ、突貫工事は確定である。案の定、録音期間はたったの三日だった。それを可能にしたのは65年から続く両者の関係性はもちろん、バンドのメンバーも納得したという制作方法にある。「ぼくらは、ボブが本気で一日に一回だけ歌いたい、一回だけ演奏したいというやり方を気に入った。だからセカンド・テイクでたいてい終わりだった。ファースト・テイクの曲が数曲、入っていると思うよ」とガース・ハドソン（kbd）も語る通り、〝レコーディングはその日のパフォーマンスにすぎない〟と考えるディランの流儀に沿った形だ。

　それでも、気心知れた間柄だけに収められたベーシック・アンサンブルは絶妙だ。打楽器を誰よりも歌わせることができるリヴォン・ヘルム（ds）、音価はさほど長くないのに粘っこいリック・ダンコ（b）の最強リズム隊に、シンプルだが味のあるリチャード・マニュエル（p）が隙間を接着、その上でガースとロビー・ロバートソン（g）が縦横無尽に駆け巡る。「君の何かが」で聞ける〝これぞザ・バンド〟な演奏は、もはや自分たちのパロディにさえ感じるが、その魅力には抗えない。「タフ・ママ」の彼らにしか出せないファンキーなグルーヴも極上だ。のちに代表曲となる、息子ジェイコブに捧げた「いつまでも若く」は、アレンジに迷い5種類のテイクが録られたというが、結局テンポを変えた2ヴァージョンが収録された。歌詞を見ながらその場で即興でつけたと思しき、自由律メロディてんこ盛りの中、フックも強力な売れ線ナンバーを、この付け焼き刃な期間でモノにしてしまうのだからやはり恐れ入る。残念なのが、ザ・バンドのもうひとつの武器である3人の優れたシンガー、リチャード、リヴォン、リックの歌声が聞けない点だろう。契約の問題なのか、単に時間が足りなかったのかは不明だが、僕がプロデューサーなら、何がなんでももう1日おさえてコーラス・ダビングするけどなぁ。「奴らは友達さ。友達に〝仕事〟をさせられるかよ」というディランの発言を見かけたが、早々に作業を終わらせて街へ繰り出したかったのだろうか。

　なお、本作はツアーとの相乗効果もあり、ディランに初の全米チャート一位をもたらした。

森山

BOB DYLAN / THE BAND
Before The Flood
偉大なる復活

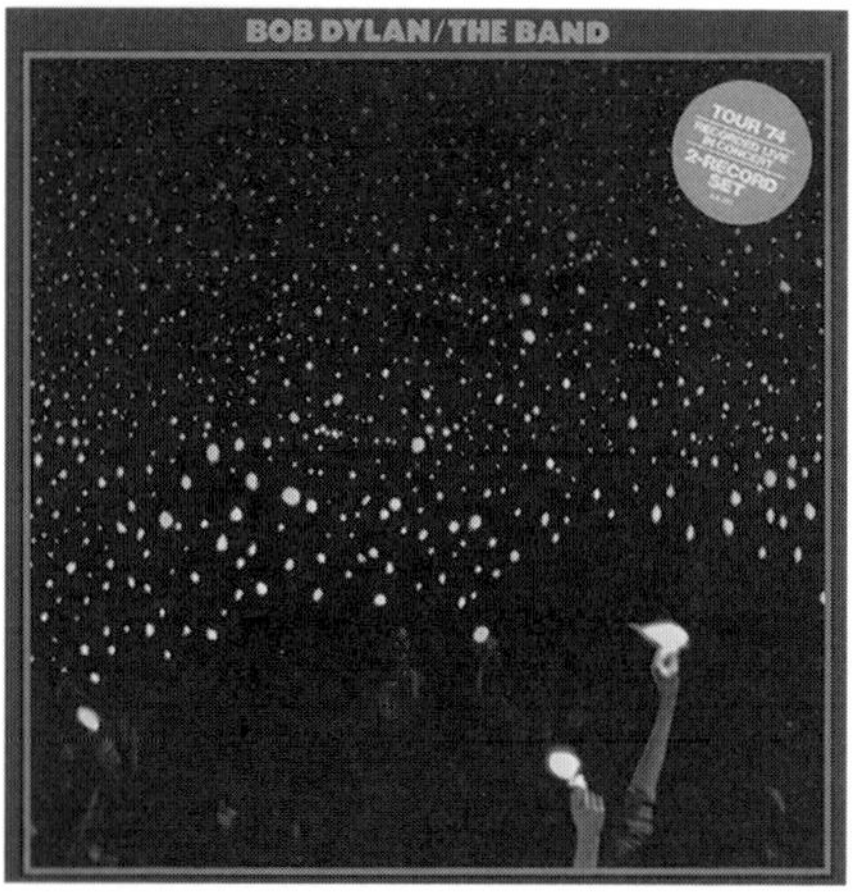

Asylum : AB 201
録音 : 1974年1月30日、2月13日〜14日
発売 : 1974年6月20日

[A]
1. Most Likely You Go Your Way (And I'll Go Mine)
2. Lay Lady Lay
3. Rainy Day Women #12 & 35
4. Knockin' On Heaven's Door
5. It Ain't Me, Babe
6. Ballad Of A Thin Man

[B]
1. Up On Cripple Creek
2. I Shall Be Released
3. Endless Highway
4. The Night They Drove Old Dixie Down
5. Stage Fright

[C]
1. Don't Think Twice, It's All Right
2. Just Like A Woman
3. It's Alright Ma (I'm Only Bleeding)
4. The Shape I'm In
5. When You Awake
6. The Weight

[D]
1. All Along The Watchtower
2. Highway 61 Revisited
3. Like A Rolling Stone
4. Blowin' In The Wind

プロデューサー : Bob Dylan, The Band

剛腕プロモーターのビル・グレアムと、ディランが新たに契約したアサイラム・レコードのデイヴィッド・ゲフィンによる仕切りで1974年に開催された、ザ・バンドとの大規模なコンサート・ツアーは、約40日間で21都市40公演、65万人以上を動員した。総収益は500万ドルとも言われる。その最終公演地だったロサンゼルス・フォーラムでの模様を収めた二枚組ライヴ・アルバムが本作だ（「天国への扉」のみNYマディソン・スクエア・ガーデンでの収録）。

とにかく怒っている。36枚組の『ライヴ1966』を一気聞きして追体験したあとだからか、ディランの喜怒哀楽を歌からジャッジできる特殊能力が今だけ備わっているのかも知れない。いや、聞けば誰にでも判るはずだ。どの曲のヴォーカルもやり場のない怒りに満ちている。66年はディランがエレキギターを持っただけで保守的なフォーク・ファンからブーイングを浴びていた頃だし、ザ・バンドが無名だったこともあって、バンドセットは盛り上がりに欠ける会場もあったが、74年の今回は何処に行っても拍手喝采だったというのに。理由はいくつか考えられるけれど、のちに吐露した「あのツアーで僕は役を演じていただけだと思う。僕はボブ・ディランを演じ、バンドはザ・バンドを演じていた。それはある意味、無意味だった」という言葉に全てが集約されているのではなかろうか。とにかく予定調和が嫌いなのだ。世間が求めるディラン像をブチ壊すことでしか前に進めない性分なんである。金儲けのために我慢してやり遂げたが、相当辛かったようで「すべての瞬間が嫌だった」との発言まで残している。

　しかし、パンク・ロックの例を挙げるまでもなく、怒りの感情は音楽にとってプラスに作用する場合も多く、ディランの意思とは裏腹にそのパフォーマンスは凄まじい。ザ・バンドの面々も呼吸を合わせ、親方ディランの好戦的な姿勢とスピード感に食らいついていく。「ライヴで演奏する時、曲はダイナミックに、荒々しく、爆発力を持った。ぼくらはただ自動的に、曲に対する態度を変えた…速く、攻撃的で荒っぽく、タフに、ね」とは、ロビー・ロバートソンの弁。中でも「悲しきベイブ」や「ハイウェイ61」の原曲めった斬り破天荒ヴァージョンが素晴らしい。リヴォン・ヘルム（ds）特有のシャッフル感に対して、細かい仕掛けを交えながらもぴったり寄りそうリック・ダンコのベース、あらゆる鍵盤楽器を操る鬼才ガース・ハドスンの計算されたプレイも流石だが、今回主役級の活躍を見せるのがロビーのギターだ。間を取ったキレのあるバッキングや的確なオブリ、ソロの構成力も無駄がない。

　アナログB面にあたる5曲と、C面の後半3曲はザ・バンド単独の演奏で、こちらも代表曲のオンパレードだ。ディランとのコーナーに比べると、原曲に忠実なアプローチで、多少気の抜けた感じもするが、「アイ・シャル・ビー・リリースト」でリチャード・マニュエル（p、vo）が歌い始めた瞬間は、いつだって鳥肌が立ってしまうし、ギターのイントロを追加してライヴ感を出した「ホエン・ユー・アウェイク」もなかなかの出来だ。終始ガースが最新機器を惜しげもなく投入する姿が可笑しい。

　話は前後するが、ディランの弾き語りパートも聞き逃せない。「くよくよするなよ」のドスの効いた歌声と高速ハープは、何度聞いてもゾクゾクさせられるし、「イッツ・オールライト・マ」でのフラット・ピック奏法は、タッチのダイナミクス、リズムの安定感とともに、この筋の先輩、ジャック・エリオットやジョニー・キャッシュを凌ぐ勢いだ。ヴォーカルにも自信と余裕が漲っている。

森山

Blood on the Tracks
血の轍

Columbia：PC 33235
録音：1974年9月16日〜19日、12月27日〜30日
発売：1975年1月20日

[A]
1. Tangled Up In Blue
2. Simple Twist Of Fate
3. You're A Big Girl Now
4. Idiot Wind
5. You're Gonna Make Me Lonesome When You Go

[B]
1. Meet Me In The Morning
2. Lily, Rosemary And The Jack Of Hearts
3. If You See Her, Say Hello
4. Shelter From The Storm
5. Buckets Of Rain

プロデューサー：Bob Dylan, Phil Ramone

参加ミュージシャン：Billy Peterson (b), Chris Weber (g), Gregg Inhofer (kbd), Kevin Odegard (g), Eric Weissberg (g), Buddy Cage (g), Peter Ostroushko (mandolin), Thomas McFaul (kbd), Bill Berg (ds), Tony Brown (b), Charles Brown III (g), Richard Crooks (ds)

(1st Back Cover)

(2nd Back Cover)

前作のFloodの韻を踏んでBloodとした、とは小倉エージさんの説。ヘッケルさんは帯のキャッチに〝すごいアルバムだ。ディランの血だらけの詩が溢れ、我らは畏れに震える〟と書いている。66年に提出できず宿題として残っていたザ・バンドとの北米ツアーを、74年に相応しい形で成功させたことで、肩の荷がおりたような気持ちもあったのかもしれない。妻サラとの関係が悪くなったため久しぶりにニューヨークに滞在し、デイヴ・ヴァン・ロンク、フィル・オクス、デイヴィッド・ブルー、ボブ・ニューワースらグリニッチ・ヴィレッジの旧友と夜な夜な飲み歩いてリフレッシュできたのも大きかったと思うが、〝血〟というテーマが内側に向いてユダヤ移民が〝来た道〟を考えるようになったことで、詩の世界がかつてないほど深くなったのがここでの大きな進化だった。

そういう意味では〝跡〟とか〝痕跡〟と訳すこともできるTracksを〝轍〟としたヘッケルさんの寄り添い方はみ

ごとと言うほかない。もはやディランの分身とも思えるほどだ。私が感動した「白痴風」が上部からのクレームで第2版から「愚かな風」に改められたのは残念だったが、「ブルーにこんがらがって」「運命のひとひねり」「きみは大きな存在」「彼女にあったら、よろしくと」「嵐からの隠れ場所」という邦題は、いまでも歴史的な傑作だと思う。

レコーディングは74年9月16日、ユダヤの新年祭ロッシュ・ハサナの日にスタート。コロンビアのジョン・ハモンドはミュージシャンが仲達しにくい休日に作業を開始するのを反対したそうだが、ディランは「どうして元日から始めちゃいけないんだ?」と意見を変えず、エンジニアのフィル・ラモーンにミュージシャンを集めさせた。ラモーンが「デュエリング・バンジョー」のヒットで知られたエリック・ワイズバーグと彼のバンド、デリヴァランスのメンバーを集めるのはどうかと訊くと、ディランは「そいつはいいや」と快諾。25日までに録音した中から10曲を選んでコロンビアに提出しアセテート盤がつくられたのだが、ディランは〝気が変わった〟として12月27日、30日にミネアポリスでレコーディングし直すと言い出したのだ。弟のデイヴィッドに当地の「スタジオ80」を予約させ、ミュージシャンのコーディネイトも彼に頼んでいる。27日のセッションで録音された「白痴風」と「きみは大きな存在」にはOKを出したものの、ディランは〝もっと腕の立つミュージシャンを集めてくれ〟とデイヴィッドに指示し、30日には「ブルーにこんがらがって」「リリー、メーズマリーとハートのジャック」「彼女にあったら、よろしくと」と、結局ニューヨークのヴァージョンに差し替えられる「朝に会おう」が録音されたのである。

しかし、日本盤の発売日に本作を購入した私には、録音がニューヨークかミネアポリスかなんてどうでもよかったし、バック・ミュージシャンのクレジットも見なかった。歌詞と曲の充実と、ディランの歌いっぷりに、ただただ圧倒されたのである。それまでの私は『ブロンド・オン・ブロンド』と『ニュー・モーニング』がディランのスタジオ盤の頂点だと思っていたが、ここに収録された新曲群はかつて聴いたことがないほど確信に満ちて、神がかっている。私はたかがポップ・ミュージックに〝神がかっている〟なんて表現は決して使わない人間だが、ここでのディランは絶対にあるはずの枠をやすやすと超えてしまっているのだ。ジョン・レノンをはじめ、そういう〝瞬間〟をレコードに刻んだ才人はいたが、アルバム丸ごとこんなのはほかにない。〝完璧〟とは本作を指す言葉だ。

和久井

[1]
1. If You See Her, Say Hello (Take 1) / 2. 同 (Take 2) / 3. You're A Big Girl Now (Take 1) / 4. 同 (Take 2) / 5. Simple Twist Of Fate (Take 1) / 6. 同 (Take 2) / 7. You're A Big Girl Now (Take 3) / 8. Up To Me (Reh.) / 9. 同 (Take 1) / 10. Lily, Rosemary And The Jack Of Hearts (Take 1) / 11. 同 (Take 2)

[2]
1. Simple Twist Of Fate (Take 1) / 2. 同 (Take 2) / 3. 同 (Take 3) / 4. Call Letter Blues (Take 1) / 5. Meet Me In The Morning (Take 1) / 6. Call Letter Blues (Take 2) / 7. Idiot Wind (Take 1) / 8. 同 (Take 1 Remake) / 9. 同 (Take 3 with Insert) / 10. 同 (Take 5) / 11. 同 (Take 6) / 12. You're Gonna Make Me Lonesome When You Go (Reh. Take 1) / 13. 同 (Take 2) / 14. 同 (Take 3) / 15. 同 (Take 4) / 16. 同 (Take 5) / 17. 同 (Take 6) / 18. 同 (Take 6 Remake) / 19. 同 (Take 7) / 20. 同 (Take 8)

[3]
1. Tangled Up In Blue (Take 1) / 2. You're A Big Girl Now (Take 1 Remake) / 3. 同 (Take 2 Remake) / 4. Tangled Up In Blue (Reh.) / 5. 同 (Take 2 Remake) / 6. Spanish Is The Loving Tongue (Take 1) / 7. Call Letter Blues (Reh.) / 8. You're Gonna Make Me Lonesome When You Go (Take 1 Remake) / 9. Shelter From The Storm* (Take 1) / 10. Buckets Of Rain (Take 1) / 11. Tangled Up In Blue (Take 3 Remake) / 12. Buckets Of Rain (Take 2) / 13. Shelter From The Storm (Take 2) / 14. 同 (Take 3) / 15. 同 (Take 4)

[4]
1. You're Gonna Make Me Lonesome When You Go (Take 1 Remake 2) / 2. 同 (Take 2 Remake 2) / 3. Buckets Of Rain (Take 1 Remake) / 4. 同 (Take 2 Remake) / 5. 同 (Take 3 Remake) / 6. 同 (Take 4 Remake) / 7. Up To Me (Take 1 Remake) / 8. 同 (Take 2 Remake) / 9. Buckets Of Rain (Take 1 Remake 2) / 10. 同 (Take 2 Remake 2) / 11. 同 (Take 3 Remake 2) / 12. 同 (Take 4 Remake 2) / 13. If You See Her, Say Hello (Take 1 Remake) / 14. Up To Me (Take 1 Remake 2) / 15. 同 (Take 2 Remake 2) / 16. 同 (Take 3 Remake 2) / 17. Buckets Of Rain (Reh.) / 18. Meet Me In The Morning (Take 1 Remake) / 19. 同 (Take 2 Remake) / 20. Buckets Of Rain (Take 5 Remake 2)

[5]
1. Tangled Up In Blue (Reh. Take 1 Remake 2) / 2. 同 (Take 2 Remake 2) / 3. 同 (Take 3 Remake 2) / 4. Simple Twist Of Fate (Take 2 Remake) / 5. 同 (Take 3 Remake) / 6. Up To Me (Reh. Take 1 Remake 3) / 7. 同 (Take 2, Remake 3) / 8. Idiot Wind (Reh.Takes 1-3 Remake) / 9. 同 (Take 4 Remake) / 10. 同 (Take 4 Remake) / 11. You're A Big Girl Now (Take 1 Remake 2) / 12. Meet Me In The Morning (Take 1 Remake 2) / 13. 同 (Takes 2-3 Remake 2)

[6]
1. You're A Big Girl Now (Takes 3-6 Remake 2) /

The Bootleg Series Vol.14: More Blood, More Tracks [Deluxe Edition]
モア・ブラッド、モア・トラックス [デラックス・エディション]

Columbia／Legacy：19075858962 [CD]
録音：1974年9月、12月
発売：2018年11月2日

2. Tangled Up In Blue (Reh.Takes 1-2 Remake 3) / 3. 同 (Take 3 Remake 3) / 4. Idiot Wind / 5. You're A Big Girl Now / 6. Tangled Up In Blue / 7. Lily, Rosemary And The Jack Of Hearts / 8. If You See Her, Say Hello

プロデューサー：Jeff Rosen, Steve Berkowitz

参加ミュージシャン：Barry Kornfeld (g), Buddy Cage (g), Tony Brown (b), Thomas McFaul (kbd), Charles Brown III (g), Chris Weber (g), Billy Peterson (b), Richard Crooks (ds), Gregg Inhofer (kbd), Paul Griffin (kbd), Peter Ostroushko (mandolin), Eric Weissberg (g), Kevin Odegard (g), Bill Berg (ds)

ブートレッグ・シリーズにはいつも驚かされてきたが、たった一枚のスタジオ・アルバムのアウトテイク集がこんなに凄かったことはない。いや、『カッティング・エッジ』で聴ける曲の変化や、『アナザー・セルフ・ポートレイト』で追体験できる紆余曲折はスリリングだが、ディランの歌そのものにここまで魂がこもっていた例はないと思うのだ。74年9月16日に始まった4日間のニューヨーク・セッションを順番に記録していたのはフィル・ラモーン。明らかにリハーサルと思しき弾き語りソロはマルチを使わず、2トラックで録っていたそうだが、どれを基本テイクとしてもいいほどディランは丁寧に歌っているし、ギターやハーモニカのアプローチをどう変えようと、歌が揺らいでいないのだ。どうしてこれをお蔵入りに?というテイクが目白押しのブートレッグ・シリーズだが、全テイクが太い鎖で繋がっているように思えるほど緩みのなさが一貫していて、ディランにブレがないのである。

6枚組のデラックス・エディションにはさすがに粗っぽいテイクもあるが、同じ曲を、多いものでは8テイクも聴かされるのに、まったく飽きないどころか、ディランの息遣いや〝間〟の変化に聞き耳を立ててしまう。最高傑作の誉れ高い『血の轍』ゆえ、こっちの方がいいというテイクはほとんどないのだが、別編集の映画を観ているような発見があり、一瞬の緩みにディランの想いが見えたりする。

ディスク5の3曲目までがニューヨーク・セッションで、12月27、30日のミネアポリス・セッションはCD2枚に満たないのだが、明らかにボツと思えるテイクは、その上に別テイクを重ね、マルチ・トラック・テープの数が嵩むことを避けていたのだろう。謎だらけだったミネアポリス・セッションがここまで明らかにされたのだから文句はないが、クリスマスに休暇をとって故郷に帰ったというのに、今度はキリスト教の新年早々レコーディングしてしまうのだから、〝壊れていく関係〟がもうひとつのテーマだったという『血の轍』にディランが自ら仕掛けた〝対比〟はもう少し聴いてみたかったとも思うのだ。

ザ・バンドとのライヴを後から聴いて、ディランはヴォーカルに力が入りすぎていると感じたらしいのだが、このセッションでは通じて自然な声で、余裕を持って歌っているのが一貫性の高さになっているのだ。バンドがつくと自分の声がサウンドに埋もれてしまうと思うらしく、ミネアポリスでは「ブルーにこんがらがって」のキーをGからAに上げている。そういう変化がありつつも、穏やかで深みのある歌を聴かせているというのがたまらない。

和久井

Desire
欲望

Columbia：PC 33893
録音：1975年7月28日〜31日、8月11日、10月24日
発売：1976年1月5日

[A]
1. Hurricane
2. Isis
3. Mozambique
4. One More Cup Of Coffee
5. Oh, Sister

[B]
1. Joey
2. Romance In Durango
3. Black Diamond Bay
4. Sara

プロデューサー：Don DeVito

参加ミュージシャン：Eric Clapton (g), Emmylou Harris (cho), Scarlet Rivera (violin), Rob Stoner (b, cho), Howard Wyeth (ds, p), Mike Lawrence (trumpet), Dominic Cortese (mandolin, accordion), Vinnie Bell (bouzouki), Ronee Blakley (cho), Steven Soles (cho), Luther Rix (per)

ボブ・ディランの全オリジナル・アルバム中、売り上げ枚数では『血の轍』と一位二位を争う人気作である『欲望』がリリースされたのは1976年1月。本作の特異な点は、収録曲のうち「コーヒーもう一杯」「サラ」を除く7曲がジャック・レヴィとの共作である所だろう。レヴィはブロードウェイで行われた全裸ミュージカル『オー・カルカッタ』の脚本・演出や、ザ・バーズの「栗毛の雌馬」「ラヴァー・オブ・ザ・バイユー」をロジャー・マッギンと共作したことでも知られる演出家／作詞家で、74年にマッギンから紹介された際にディランは、「いつか一緒に曲を創ろう」と約束していたという。

妻サラとの仲が拗れ、自暴自棄になっていたディランは久しぶりにニューヨークに戻り、古巣のグリニッチ・ヴィレッジに夜な夜な顔を出すようになる。ブリーカー・ストリートにあるジ・アザー・エンドに連日繰り出しては、ランブリン・ジャック・エリオットやボブ・ニューワースら旧友と呑み散らかしていたらしい。「僕が書くべきことなど何も持っていなくて、レコードを作る気もまるでなかった」とのちのインタヴューで当時の心境を語っており、レヴィとの再会はまさに〝渡りに船〟といった所だったのだろうか。75年6月、ソーホーで偶然すれ違った二人はそのままレヴィの家へ直行して、たった数時間で「イシス」を書き上げる。その足で閉店間際のアザー・エンドへ乗り込んで、詩を朗読すると大好評を得たという。気を良くしたディランはロング・アイランドの別荘にレヴィを招き、本格的に共同作業を開始、合宿状態で次々とアイディアを形にしていくのだ。殺人の濡れ衣を着せられ収監中だった黒人ボクサー、ルービン・カーターの無罪を主張した「ハリケーン」、伝説的なマフィア、ジョーイー・ギャロの生涯を描いた「ジョーイー」といった実在の人物をテーマにした曲に始まり、お互いに愛読していたジョセフ・コンラッドの小説『勝利』に触発された「ブラック・ダイアモンド湾」、部屋に飾っていたメキシコの絵葉書から想像を膨らませた「ドゥランゴのロマンス」など、物語性の強い楽曲が数多く生まれている。

　レコーディングは当初、アザー・エンドにたむろしていた若手ミュージシャン達や、著名なセッション・ミュージシャン、スタープレイヤーのデイヴ・メイソンやエリック・クラプトンらが混在する大所帯（クラプトンの参加した日はイギリスのファンクバンド、ココモのメンバー全員を含む総勢24名！）で進められたものの、「ドゥランゴ～」以外は形にすることが出来ず、現場も全く統制が取れないままに頓挫。しかしその後、ベーシストでバンド・リーダー的な素質があったロブ・ストーナー、ディランと親密だったシンガーのシーナ・サイデンバーグ（タンバリン）、故グラム・パーソンズとのデュエットで知られるエミルー・ハリス（cho）、楽器ケースを持って歩いていたところをシーナとディランにナンパされたヴァイオリニスト、スカーレット・リヴェラの4人を残し、ストーナーの同僚だったハウイ・ワイエス（ds）を追加招集、ディランを加えた6人で再開すると途端にマジックが起こり、録音初日と翌日で残りの楽曲を難なく録り終えてしまった。特筆すべきは全編を通して聞かれるスカーレットのヴァイオリンだろう。「コーヒーもう一杯に」における、演歌すら想像させる哀愁溢れるプレイの出所を聞かれても「指示は全く与えてくれませんでした。ノー・ディレクション（・ホーム）」と、のちにディラン駄洒落で笑って答えた彼女だが、当時の緊張感や心境は察するに余り有る。

森山

The Bootleg Series Vol. 5: Bob Dylan Live 1975, The Rolling Thunder Revue
ザ・ローリング・サンダー・レヴュー

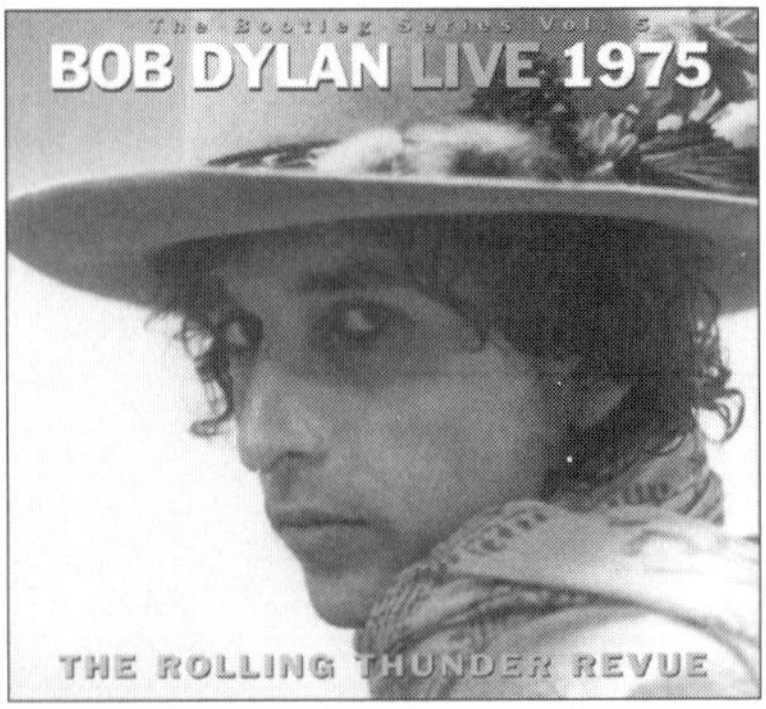

Columbia／Legacy：C2K 87047［CD＋DVD］
録音：1975年11月19日〜21日、12月4日
発売：2002年11月26日

[1]
1. Tonight I'll Be Staying Here With You／2. It Ain't Me, Babe／3. A Hard Rain's A-Gonna Fall／4. The Lonesome Death Of Hattie Carroll／5. Romance In Durango／6. Isis／7. Mr. Tambourine Man／8. Simple Twist Of Fate／9. Blowin' In The Wind／10. Mama, You Been On My Mind／11. I Shall Be Released

[2]
1. It's All Over Now, Baby Blue／2. Love Minus Zero/No Limit／3. Tangled Up In Blue／4. The Water Is Wide／5. It Takes A Lot To Laugh, It Takes A Train To Cry／6. Oh, Sister／7. Hurricane／8. One More Cup Of Coffee (Valley Below)／9. Sara／10. Just Like A Woman／11. Knockin' On Heaven's Door

[DVD]（limited）
1. Tangled Up In Blue／2. Isis／3. Isis (Audio Only)

プロデューサー：Jeff Rosen, Steve Berkowitz

参加ミュージシャン：Joan Baez (vo, g, per), Mick Ronson (g), Ronee Blakley (vo), T-Bone Burnett (g, p), David Mansfield (mandolin, g, violin), Rob Stoner (b), Howie Wyeth (ds, p), Roger McGuinn (g, vo), Bob Neuwirth (g, vo), Scarlet Rivera (violin), Steven Soles (g), Luther Rix (per, ds)

2002年にリリースされたブートレッグ・シリーズの第5集。本作により、長らく謎に包まれていた第一期ローリング・サンダー・レヴューの音源が、初めてまとまった形で姿を現した。24トラックのテープに録音されていた75年の5公演、メモリアム・オーディトリアム（11月19日、マサチューセッツ州ウースター）、ハーバード・スクエア・シアター（同20日、マサチューセッツ州ケンブリッジ）、ボストン・ミュージック・ホール（同21日昼・夜、マサチューセッツ州ボストン）、フォーラム・デ・モントリオール（12月4日、カナダ）から21曲のベスト・テイクが選び出され、コールドプレイで知られるエンジニアのマイケル・ブラウアーによって精巧にミックス処理された迫力のパフォーマンスに、度肝を抜かれたファンの方も多かっただろう。かく言う僕もその一人で、冒頭の「今宵はきみと」で腰を抜かしそうになったのを覚えている。今聴くとミック・ロンソンのスペイシー感が、ちと恥ずかしかったりするのだが。

ジョーン・バエズとのデュエットも聞き物だ。バンド入りの「ママ、ユー・ビーン・オン・マイ・マインド」や「アイ・シャル・ビー・リリースト」は、近年のアメリカーナ勢によるミクスチャー加減を先取りしていた。**森山**

The Rolling Thunder Revue: The 1975 Live Recordings
ローリング・サンダー・レヴュー：1975年の記録

Columbia／Legacy：19075928282［CD］
録音：1975年10月19日～12月4日
発売：2019年6月7日

[1] S.I.R. Rehearsals, New York - 10.19,1975
1. Rake And Ramblin' Boy (Incomplete) / 2. Romance In Durango (Incomplete) / 3. Rita May / 4. I Want You (Incomplete) / 5. Love Minus Zero/No Limit (Incomplete) / 6. She Belongs To Me (Incomplete) / 7. Joey (Incomplete) / 8. Isis / 9. Hollywood Angel (Incomplete) / 10. People Get Ready / 11. What Will You Do When Jesus Comes? / 12. Spanish Is The Loving Tongue / 13. The Ballad Of Ira Hayes / 14. One More Cup Of Coffee (Valley Below) / 15. Tonight I'll Be Staying Here With You / 16. This Land Is Your Land / 17. Dark As A Dungeon

[2] S.I.R. Rehearsals, New York - 10.21,1975
1. She Belongs To Me / 2. A Hard Rain's A-Gonna Fall / 3. Isis / 4. This Wheel's On Fire / Hurricane / All Along The Watchtower / 5. One More Cup Of Coffee (Valley Below) / 6. If You See Her, Say Hello / 7. One Too Many Mornings / 8. Gwenevere / 9. Lily, Rosemary And The Jack Of Hearts (Incomplete) / 10. Patty's Gone To Laredo / 11. It's Alright, Ma (I'm Only Bleeding)

[3] Seacrest Motel Rehearsals, Falmouth, MA - 10.29,1975
1. Tears Of Rage / 2. I Shall Be Released / 3. Easy And Slow / 4. Ballad Of A Thin Man / 5. Hurricane / 6. One More Cup Of Coffee (Valley Below) / 7. Just Like A Woman / 8. Knockin' On Heaven's Door

[4] Memorial Auditorium, Worcester, MA - 11.19,1975
1. When I Paint My Masterpiece / 2. It Ain't Me Babe / 3. The Lonesome Death Of Hattie Carroll / 4. It Takes A Lot To Laugh, It Takes A Train To Cry / 5. Romance In Durango / 6. Isis / 7. Blowin' In The Wind / 8. Wild Mountain Thyme / 9. Mama, You Been On My Mind / 10. Dark As A Dungeon / 11. I Shall Be Released

[5] 同上
1. Tangled Up In Blue / 2. Oh, Sister / 3. Hurricane / 4. One More Cup Of Coffee (Valley Below) / 5. Sara / 6. Just Like A Woman / 7. Knockin' On Heaven's Door / 8. This Land Is Your Land

[6] Harvard Square Theater, Cambridge, MA - 11.20,1975
※same as [4]

[7] 同上
1. Simple Twist Of Fate / 2. Oh, Sister / 3. Hurricane / 4. One More Cup Of Coffee (Valley Below) / 5. Sara / 6. Just Like A Woman / 7. Knockin' On Heaven's Door / 8. This Land Is Your Land

[8] Boston Music Hall, Boston, MA - 11.21,1975 (Afternoon)
1. When I Paint My Masterpiece / 2. It Ain't Me, Babe / 3. The Lonesome Death Of Hattie Carroll / 4. A Hard Rain's A-Gonna Fall / 5. Romance In Durango / 6. Isis / 7. The Times They Are A-Changin' / 8. I Dreamed I Saw St. Augustine / 9. Mama, You Been On My Mind / 10. Never Let Me Go / 11. I Shall Be Released

[9] 同上
1. Mr. Tambourine Man / 2. Oh, Sister / 3. Hurricane / 4. One More Cup Of Coffee (Valley Below) / 5. Sara / 6. Just Like A Woman / 7. Knockin' On Heaven's Door / 8. This Land Is Your Land

[10] Boston Music Hall, Boston, MA - 11.21,1975 (Evening)
1. When I Paint My Masterpiece / 2. It Ain't Me Babe / 3. The Lonesome Death Of Hattie Carroll / 4. It Takes A Lot To Laugh, It Takes A Train To Cry / 5. Romance In Durango / 6. Isis / 7. Blowin' In The Wind / 8. The Water Is Wide / 9. Mama, You Been On My Mind / 10. Dark As A Dungeon / 11. I Shall Be Released

[11] 同上
1. I Don't Believe You (She Acts Like We Never Have Met) / 2. Tangled Up In Blue / 3. Oh, Sister / 4. Hurricane / 6. One More Cup Of Coffee (Valley Below) / 6. Sara / 7. Just Like A Woman / 8. Knockin' On Heaven's Door / 9. This Land Is Your Land

[12] Forum de Montreal, Quebec, Canada - 12.4,1975
1. When I Paint My Masterpiece / 2. It Ain't Me, Babe / 3. The Lonesome Death Of Hattie Carroll / 4. Tonight I'll Be Staying Here With You / 5. A Hard Rain's A-Gonna Fall / 6. Romance In Durango / 7. Isis / 8. Blowin' In The Wind / 9. Dark As A Dungeon / 10. Mama, You Been On My Mind / 11. Never Let Me Go / 12. I Dreamed I Saw St. Augustine / 13. I Shall Be Released

[13] 同上
1. It's All Over Now, Baby Blue / 2. Love Minus Zero/ No Limit / 3. Tangled Up In Blue / 4. Oh, Siste / 5. Hurricane / 6. One More Cup Of Coffee (Valley Below) / 7. Sara / 8. Just Like A Woman / 9. Knockin' On Heaven's Door / 10. This Land Is Your Land

[14] Rare Performances
1. One Too Many Mornings / 2. Simple Twist Of Fate / 3. Isis / 4. With God On Our Side / 5. It's Alright, Ma (I'm Only Bleeding) / 6. Radio Advertisement For Niagara Falls Shows / 7. The Ballad Of Ira Hayes / 8. Your Cheatin' Heart / 9. Fourth Time Around / 10. The Tracks Of My Tears / 11. Jesse James / 12. It Takes A Lot To Laugh, It Takes A Train To Cry

プロデューサー：Jeff Rosen, Steve Berkowitz

参加ミュージシャン：Allen Ginsberg (vo, per), Robbie Robertson (g), Ramblin' Jack Elliott (vo, g), Eric Andersen (g), Joan Baez (vo, g, per), Mick Ronson (g), Ronee Blakley (vo), T-Bone Burnett (g, p), Arlen Roth (g), David Mansfield (mandolin, g, violin), Rob Stoner (b), Howie Wyeth (ds, p), Roger McGuinn (g, vo), Bob Neuwirth (g, vo), Scarlet Rivera (violin), Steven Soles (g), Luther Rix (per, ds)

ボブ・ディランの頭の中では60年代半ばから夢想していたという〝各地を移動しながら小さな街で演奏して歩く、旅回りの一座のようなショウ〟が、１９７５年に突如実現した。前年のザ・バンドとの大掛かりな金儲けツアーの反動か、はたまた無実の罪で刑務所送りとなったボクサーのルービン・カーターの救済が目的か。真相は本人に聞いてみないと分からないが、久々に戻ったグリニッチ・ヴィレッジでの仲間との交流が起爆剤となったのは間違いないだろう。行き付けの店（ジ・アザー・エンド）でムートン・カデのワインを飲み干して「よし、皆で旅いくぞ～」みたいな軽いノリだったのかも。

『欲望』のレコーディングが上手くいったので、参加したロブ・ストーナーとハウイ・ワイエス、スカーレット・リヴェラの同行が決定、兄貴分のジャック・エリオットも二つ返事で快諾してくれたし、舎弟のボブ・ニューワースに声をかけたら同居人のミック・ロンソン、Ｔ・ボーン・バーネットまでついてきた。そこからは芋づる式にスティーヴン・ソールズ、デイヴィッド・マンスフィールド、ルーサー・リックスに加え、女優で歌手のロニー・ブレイクリーも参加を表明したり、ザ・バーズからロジャー・マッギン、そしてダメ元で誘ったら来てくれた元カノのジョーン・バエズといったスターの出演も取りつけ、準備万端。道中ではディランが監督する映画の撮影も敢行されることになり、演出のジャック・レヴィー、脚本家のサム・シェパード、詩人のアレン・ギンズバーグら、音楽家以外も入り乱れ、総勢約70名での大移動となったのである。

こうしてローリング・サンダー・レヴューと銘打たれたツアーは、75年10月30日のマサチューセッツ州プリマス、ウォー・メモリアム・オーディトリアムを皮切りに、アメリカ北東部とカナダを縦断し、12月8日にニューヨークのマディソン・スクエア・ガーデンで一旦幕を閉じるまで、25日間で計31回の公演が行われた（76年にメンバーを若干入れ替えて再開）。魂を揺さぶる白熱のパフォーマンスが連日繰り広げられた様子を、ツアーに帯同していたライターのラリー〝ラッツォ〟スローマンがのちに「66年以来、ボブの演奏を何度も見てきたが、この時ほど良い出来の彼を見た事は無かった。素晴らしいエネルギーと信じられないほどの情熱を見せた」と興奮気味に語っている。

本作は19年公開の映像作品『ローリング・サンダー・レビュー／マーティン・スコセッシが描くボブ・ディラン伝説』の配信に合わせてリリースされたお宝満載の14枚組ボックスセットである。『ライヴ１９７５』の項に詳述した、

24トラックでマルチ録音された5公演のディラン歌唱分全曲と、新たに発掘された初期リハーサル音源に、関連ボーナス・ディスクをプラス、計百曲以上の未発表テイクがお披露目された。ブートレッグ・シリーズで既出のトラックも、スティーヴ・アダボによるニュー・ミックスで収録されているので聴き比べてみたら、『ライヴ1975』は、作品としてのトータル感を出すために、音色やEQなど、かなり手が加えられていたようだ。スザンヌ・ヴェガのプロデューサーであるアダボの仕事は、録り音を重視した自然なアプローチで、ライブ本来の魅力を伝えるための人選といったところか。

ライヴ・レコーディング初日の11月19日は緊張感もあったのか、リズムの縦軸が揃わないシーンが散見される。「ハリケーン」以降は歌の迫力に引っ張られてバンドもまとまってくるのだが。翌20日は録音がすこぶる良く、全員の演奏も素晴らしい。「マスターピース」からグルーヴ全開だ。後半に入っても調和が保たれ、大団円の「天国への扉」では観客の充足感が伝わってくる。

11月21日は二回公演。昼の部は冒頭、まだディランの声が起きてないのか、普段よりもガラガラだ。それでも絞り出す「悲しきベイブ」が格好いい。バエズとの場面では落ち着いてきたようで、「時代は変る」で絶妙なハーモニーを聞かせる。この時点ではご機嫌に思えたディランだったが、夜公演はどこか怒りをぶつけている風の歌い方が目立つ。ハモりを無視して突っ走る「コーヒーもう一杯」では、それがプラスに働いている面もあるにはあるが。

収録最終日となった12月4日のカナダ公演は、全体のバランスが良好だ。ツアーも終盤で余裕が出たのか、奏者が些か技巧的になり、度々ウザいシーンが見られるものの、ラストの「我が祖国」では凱旋したジョニ・ミッチェルはじめ、全員がいつになく楽しそうなので、許すとしよう。

発掘されたリハーサル音源も資料の域を超えていた。初日にあたる10月19日は、演奏がなかなか固まらない中で、ピアノを弾きながら指示を出すディランに驚いたし、翌々日の「ハリケーン」がヘナヘナのレゲエ・ヴァージョンだったりと先行き不安になっていたのが、本番前日のシークレスト・モーテルでは、突然完璧なアンサンブルを見せていたりする、その進化の過程が堪らない。バエズも交えての「怒りの涙」に、トラッド・ソングの弾き語り「イージー・アンド・スロウ」等々、鳥肌モノのテイク目白押しのこのディスク3だけ切り離してアナログで出してくれませんか？　お願いします、ソニーさん！

森山

Rolling Thunder Revue: A Bob Dylan Story By Martin Scorsese
ローリング・サンダー・レヴュー：マーティン・スコセッシが描くボブ・ディラン伝説

The Criterion：CC3215D［DVD］
配信：2019年6月12日
発売：2021年1月19日

Rolling Thunder Revue
1. Bicentennial Madness／2. Folk City／3. Stefan Van Dorp, Filmmaker／4. Rehearsing Rolling Thunder／5. Mental Marriage／6. Isis／7. The Promoter／8. When I Paint My Masterpiece／9. The Writer／10. A Hard Rain's A-Gonna Fall／11. The Beauty Queen／12. One More Cup Of Coffee／13. Poets, Oracles, And Shamans／14. Simple Twist Of Fate／15. On The Road With Joan／16. Just Like A Woman / Oh, Sister／17. The Ballad Of Ira Hayes／18. The Lonesome Death Of Hattie Carroll／19. Ratso Forever／20. Coyote／21. Jack Tanner, Congressman／22. The Hurricane／23. Knockin' On Heaven's Door / Benediction／24. End Credits / Encore／25. Color Bars

Supplements, Interviews
26. Martin Scorsese／27. David Tedeschi／28. Larry 'Ratso' Sloman

Additional Performances
29. Tonight I'll Be Staying Here With You／30. Romance In Durango／31. Tangled Up In Blue

Extras
32. Restoration Demonstration／33. Trailer

監督：Martin Scorsese

プロデューサー：Margaret Bodde, Jeff Rosen

２０１９年にネットフリックス・オリジナル作品として全世界で配信された名匠マーティン・スコセッシ監督による映像作品。ディランが約20年ぶりにカメラの前でインタビューに答えた事でも話題となった。ディラン78歳、スコセッシ77歳（本作公開時）。最初に言うときますがこの二人、ええ歳こいてメッチャ嘘ついてます。日本語の作品解説には《１９７５年に行われたボブ・ディランのツアー。それを過渡期にあった当時の米国の様子と共に振り返り、その現実と幻想をマーティン・スコセッシ監督が神秘的に紡ぎ出す》とあり、分類されたジャンルは〝ドキュメンタリー〟。伝説に包まれた第一期ローリング・サンダー・レヴューの真相が明らかにされるという触れ込みで、ソニーからは同時期のボックス・セットも発売とあって、かく言うワタシも視聴するまでは完全に引っ掛かってたクチですが実は本作、細部までこだわり抜く完璧主義者スコセッシと、稀代のトリックスター、ボブ・ディランによる、半分

〝モキュメンタリー（＝フェイク・ドキュメンタリー）〟作品なのでした。

　モック（擬似）とドキュメンタリーの合成語であるモキュメンタリーの元祖は、かのオーソン・ウェルズが製作したラジオドラマ『宇宙戦争』（38年）で、架空のニュース放送を信じた聴衆がパニックを起こしたことで知られている。その後も、落ちぶれていくロック・バンドを描いた『スパイナル・タップ』（80年）、有名俳優のプライヴェートに密着した『容疑者、ホアキン・フェニックス』（10年）など、コメディ・ファン必見の傑作が続く。ここ日本でも漫画原作の『山田孝之の東京都北区赤羽』（15年）や、ホラー要素もチラつく『このテープ持ってないですか？』（22年）といったテレビ東京制作の素晴らしい作品等で、今日もどこかで誰かが騙されている。

　ネタバレ注意なので具体的な記述は避けるが、フェイクであるヒントは各所に散りばめられている。冒頭で手品師ジョルジュ・メリエスによる１８９６年の無声映画『ロベール・ウーダン劇場における婦人の雲隠れ』が流れたり、時代考証の怪しいMVや荒唐無稽なインタヴューなどがガシガシ挟まれる。とくに、顔面白塗りのキッカケについて語るシーンは、大女優のシャロン・ストーンも交えて、ラトルズ顔負けの「そんなアホな？」感で爆笑だった。先に半分と書いたのは、通常のモキュメンタリーと違い、ディラン以下、登場人物のほとんどは実在しているし、使われている過去素材も映画『レナルド・アンド・クララ』撮影時の実際の映像だからで、演奏シーンだけ抜き出せば、第一級のライヴ作品としても楽しめるのが本作のもうひとつの魅力だろう。ギターレスのスタンド・マイクで歌われる「イシス」や、ルービン・カーターとの交流を語った後に挿入される「ハリケーン」での歌唱は鬼気迫るものがあるし、「運命のひとひねり」のソリッドな弾き語り、「天国への扉」でのロジャー・マッギンとのギョロ目対決も映像ならではの迫力。そのほか、ディランもお手本にしたであろうランブリン・ジャック・エリオットによる「プリティ・ボーイ・フロイド」、若き日のパティ・スミスが見せるトーキング・パフォーマンス、トロントのゴードン・ライトフットの家で、書いたばかりの新曲として「コヨーテ」を披露するジョニ・ミッチェルなど、貴重映像も満載だ。作中、《人生は自己発見ではない。発見など何もない。（人生とは）自分を創造する事だ》と語る御大の姿に、やはりボブ・ディランという存在自体が壮大なモキュメンタリーなのだな、と妙に納得してしまった。

森山

Hard Rain
激しい雨

Columbia：PC 34349
録音：1976年5月16日、23日
発売：1976年9月13日

[A]
1. Maggie's Farm
2. One Too Many Mornings
3. Stuck Inside Of Mobile With The Memphis Blues Again
4. Oh, Sister
5. Lay, Lady, Lay

[B]
1. Shelter From The Storm
2. You're A Big Girl Now
3. I Threw It All Away
4. Idiot Wind

プロデューサー：Bob Dylan, Don DeVito

参加ミュージシャン：Joan Baez (g, cho), Mick Ronson (g), T-Bone Burnett (g, p), Scarlet Rivera (violin), David Mansfield (g), Steven Soles (g, cho), Rob Stoner (b, cho), Gary Burke (ds), Howard Wyeth (ds, p)

１９７６年４月に始まった第二期ローリング・サンダー・レビュー、終盤戦の模様を収めたライヴ・アルバム。本作を構成するソースは二つ、５月16日のフォートワース公演と、23日のフォートコリンズ公演だ。建国二百年に沸く75年、ディランによる米国再発見の旅としてスタートした第一期は、２～３千人規模の小さな会場を借りて、告知は公演１週間前、チケットは口コミ販売、出演者とスタッフはバスとキャンピング・カーで現地入り、ライヴが終わるとまた別の土地へ移動という、文字通りドサ廻りスタイルで行われていた。同時にディランが監督を務める映画の撮影も行われていたりで、当然大赤字を被る。映画の完成に漕ぎ着けたいディランは、仕切り直しとばかりにレヴューを再開、数万人収容の大会場に舞台を移したものの、思うようには集客できず、マネジメントから提案されたテレビ・スペシャルの放映と、本作の製作を仕方なしに承諾してしまうのだ。そんな経緯からか、やけくそ気味の演奏が続く中、一際目立つのがバンマス役を無理やり引き受けさせられたロブ・ストーナーのベース・プレイだ。連日パーティーに出かけるメンバーを横目に見ながら、ホテルの部屋で同録を聞き返し、リハに来なかった奴らには当日のサウンドチェックでメモを渡していたという。涙ぐましい努力である。「レイ・レディ・レイ」での出しゃばりなフレーズも、どうか許してあげて！

森山

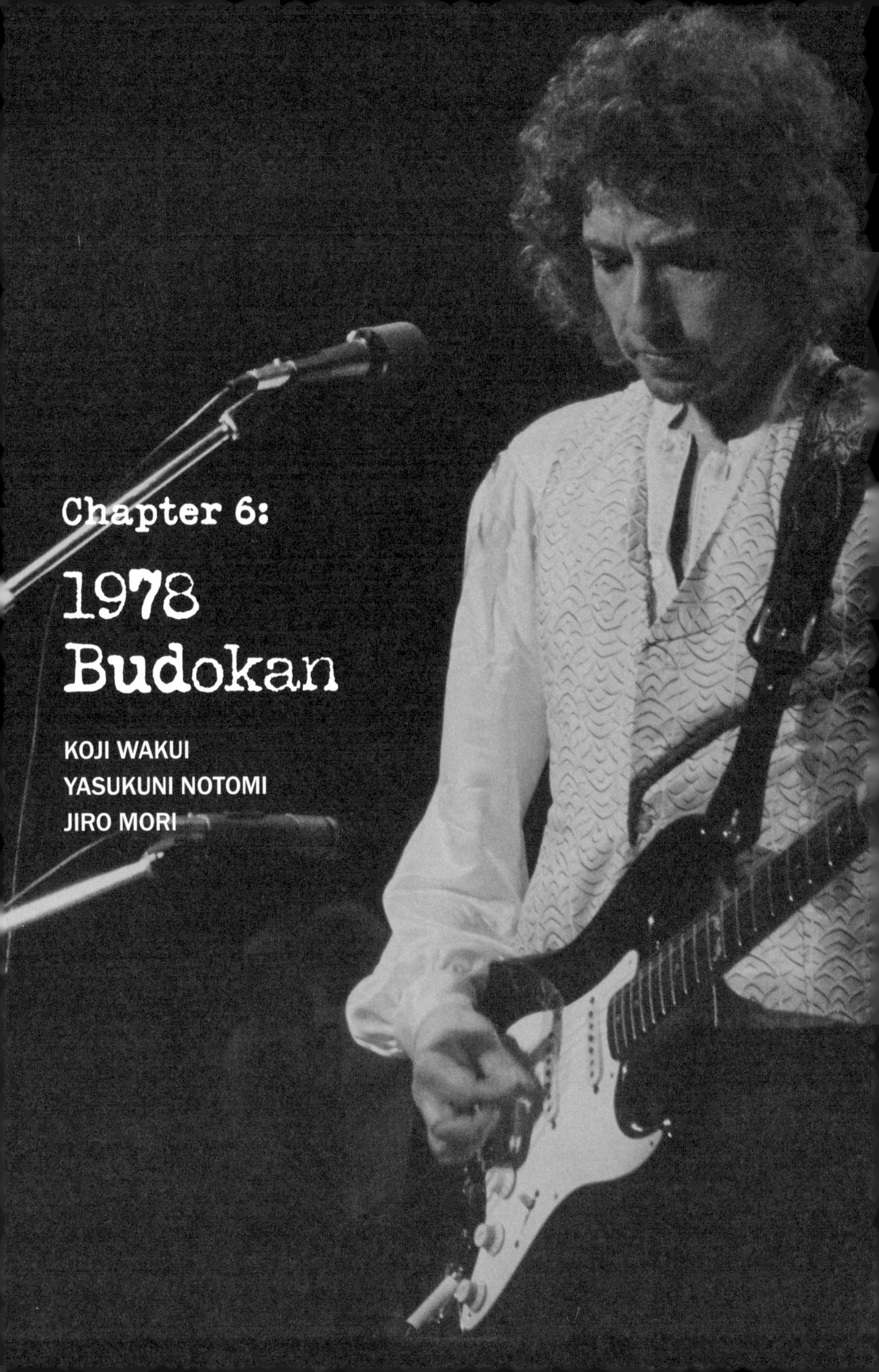

Chapter 6:

1978 Budokan

KOJI WAKUI
YASUKUNI NOTOMI
JIRO MORI

Bob Dylan At Budokan
武道館

日・CBS/Sony：40AP 1100
録音：1978年2月28日、3月1日
発売：1978年8月21日

[A]
1. Mr. Tambourine Man
2. Shelter From The Storm
3. Love Minus Zero / No Limit
4. Ballad Of A Thin Man
5. Don't Think Twice, It's All Right

[B]
1. Maggie's Farm
2. One More Cup Of Coffee (Valley Below)
3. Like A Rolling Stone
4. I Shall Be Released
5. Is Your Love In Vain?
6. Going, Going, Gone

[C]
1. Blowin' In The Wind
2. Just Like A Woman
3. Oh, Sister
4. Simple Twist Of Fate
5. All Along The Watchtower
6. I Want You

[D]
1. All I Really Want To Do
2. Knockin' On Heaven's Door
3. It's Alright, Ma (I'm Only Bleeding)
4. Forever Young
5. The Times They Are A-Changin'

プロデューサー： Don DeVito

参加ミュージシャン： Billy Cross (g), Alan Pasqua (kbd), Rob Stoner (b, cho), Ian Wallace (ds), Steve Douglas (sax, flute, recorder), Steven Soles (g, cho), David Mansfield (g, violin, mandolin), Bobbye Hall (per), Ed Rash (per), Debi Dye (cho), Jo Ann Harris (cho), Helena Springs (cho)
菅野ヘッケルさんによれば、過去最大の規模となった78年のワールド・ツアーは、当時ニール・ダイアモンドなどを手掛けていた全米きってのエージェントにマネージメントを任せたことから実現した〝そのときだけのこと〟だったという。それこそラスヴェガスのショウを仕切っているような会社で、いちばんロック寄りなのがダイアモンドだったそうだから、76年11月26日にサンフランシスコのウィンターランドで開かれたザ・バンドの〝ザ・ラスト・ワルツ〟でダイアモンドと同席したのをきっかけに、そういう話になっていったのかもしれない。ロビー・ロバートソンがプロデュースしたダイアモンドの『ビューティフル・ノイズ』（76年）と、グリーク・シアターでのライヴ盤『ラヴ・アット・ザ・グリーク』（77年）が高く評価されていた時期だから、ディランは〝ポピュラー・ミュージック寄り〟にシフトしてみるのも面白いと考えたのだろう。

パンク／ニュー・ウェイヴに夢中になっていた19歳の私

は、〝フォークの神様、初来日！〟と盛んに報じられることに違和感を覚え、15年前に貼られたレッテルを少しもアップデイトしない日本のメディアに怒りさえ感じていた。

　ミック・ロンソンのゴリゴリしたギターがパンクへの接近を思わせた『ハード・レイン』が大好きだった私は、「おそらくディランはもうそこにはいないだろう」と予想していたが、したり顔で語る人の中には「ボブ・ディランは歌詞が重要だからステージに通訳がつくのではないか」なんてのたまう旧世代がいた。私はそういう輩に、「いつの時代のピート・シーガーだよッ！」とツッコミを入れたくてしようがなかったのだ。

　自分がそれほどディランをわかっているとは思っていなかったけれど、『ニュー・モーニング』以降はほぼリアルタイムで新作を聴き、ディランについて書かれた本も可能なかぎり読んでいた。だから、〝ディランはある意味ではビートルズ以上にロックを進化させた人〟だと思っていたし、初期のアルバムだって日本で認識されている〝フォーク〟とは明らかに違うものだと確信していた。

　厄介だったのはメディアが文化人にディランを語らせ、〝ロックと差別化しようとしている〟のが透けて見えたことだ。『限りなく透明に近いブルー』の村上龍ならいいけれど、かつて『風に吹かれて』という小説を書いたからって五木寛之は違うだろ、と私は思っていたのだ。

　武道館に出かけてみると、ふだんのロック・コンサートにはいないタイプの人たちが沢山来ていて、アリーナ席で妙にゆったりしている。外タレのライヴでは必ず目にした客入れのＢＧＭが鳴っているときから騒いでいるヤンチャな兄ちゃんや、もらったチラシですぐさま紙飛行機を折って二階席から下に投げつける低能そうな連中もいない。ロック・コンサートが始まる前の武道館とは思えないムードに、逆に息苦しさを感じたぐらいである。

　私が観たのは3月3日、当初の最終公演（4日に追加公演が行われた）だったから、日本での演奏は10日目だ。フルートや女性コーラスが入ったバンドによるロック度の低い演奏に最初は戸惑ったものの、バンドは実にまとまっていて、選曲もよかった。ラスト・ナンバーまできてもお客が誰も立たない武道館なんて初めてだったが、アンコールの「時代は変る」の最後の一節を歌ったときに、ディランは痙攣するように全身を震わせたのだ。

　その瞬間に、あちこちに感じていた不満が全部吹っ飛んだ。78年3月3日の武道館は、私にとっての〝66年5月26日のロイヤル・アルバート・ホール〟になった。　**和久井**

役目は「伝えること」――戦う洋楽ディレクターズ

ソニーミュージックジャパン・インターナショナル　栗原憲雄・白木哲也　インタヴュー

聞き手：和久井光司　構成：納富廉邦

和久井光司　今日は『コンプリート武道館』について存分に語っていただきたいんですが、加えておふたりに、「洋楽ディレクターは海外のミュージシャンとどう関わっているのか」もお聞きしたいんです。「現場の声」ということですね。作品は制作者の顔が見えるとグッと身近に感じられるようになるものですが、洋楽のディレクターが何をしているのかを知っているリスナーは少ないでしょう。なので、おふたりがどういう人で、どういう仕事をされてきたのかがわかる記事にしたいんです。来年60歳になる白木さんは定年、68歳になる栗原さんはソニーからは引退ということになるのかもしれないと思い、ディレクター人生をいったん振り返っていただくのもいい機会かな、と思ったんですね。

94年の来日公演にみうらじゅんと同行

和久井　栗原さんがディランを担当した最初はいつですか？

栗原憲雄　ディランは93年の『奇妙な世界に』が最初。その前が『グッド・アズ・アイ・ビーン・トゥ・ユー』でしょ。私は「なんで邦題をつけないの？」と思っていたんで、『ワールド・ゴーン・ロング』をどういう日本語にするか、すごく考えましたね。そのあとが30周年のライヴだったかなぁ。

和久井　ソニーの邦題はある種の伝統芸ですもんね。サイモンとガーファンクルの「明日に架ける橋」なんて原題を言う日本人は皆無に等しいし、ディランだと菅野ヘッケルさんがつけた『血の轍』は傑作ですね。ディラン好きはあれ、みん

栗原憲雄氏と『アナザー武道館』内ジャケ。

な『轍』って言いますもんね。『ワールド・ゴーン・ロング』より『奇妙な世界に』の方が絶対しっくりくる。

白木哲也　栗原さんが担当のころは、来日時とか、ディラン本人とそうとう近かったんじゃないですか?

栗原　いちばん密接だったのは94年。あの時はみうらじゅんさんの追っかけツアーについて行ったんです。当時の私のテーマは、「若い人にディランをどう伝えていくか」ということだった。ディランは小難しく捉えられがちなんで、「もっとストレートに、わかりやすくしたい」とみうらさんに言ったら、「〝ディランがロック〟でやりましょう」と。で、すごく協力していただいた。その時の私の役割は、みうらさんをディランに会わせること。これがなかなか難しかったんですけど、京都でウドーさんから「ディランの息子が京都見物したがっている」という話を聞いたんで、みうらさんに言ったら、「じゃあ、仏像行きましょう」ということになった。みうらさんは三十三間堂でディランの息子に「これがウィ・アー・ザ・ワールドだ」とか言っちゃって(笑)、それが伝わったのか、ディランに会えることになったんです。

白木哲也氏と『コンプリート武道館』。

和久井　ぼくと浦沢直樹が小学館の『ビッグ・コミック』で『ディランを語ろう』をやれたのも、90年代のサブカルを代表するみうらじゅんというキャラクターが、熱烈にディランを推してるって前段があってのことでした。

栗原　みうらさんでキャンペーンを始めたのは93年ぐらいですから、もう30年も経ってるわけですが、誰がどういう風にディランを若い人に紹介していくかっていうのは今も私のテーマなんです。そしたら最近、嬉しいことがあったんですよ。今年は来日記念盤を出したんで、コンサート会場の即売所に立ってたんですけど、なんと小学生の男の子がディランのLPを数枚買ってくれた。親に頼まれたかな?と思っていたら、2、3日後にまたその子が現れたんで、お父さんに話を聞いてみたら、「あの子は『ブロンド・オン・ブロンド』しか持っていないんで、ほかのを買わせてもらったんですよ」と。本人が好んで聴いているんだそうです。きっかけはストリーミングで、吉田拓郎からディランにたどりついたというんですね。ああ繋がったな、と思いました。繋いだのは私じゃなくて拓郎さんですけど（笑）、こういうのはいちばん嬉しいですね。素晴らしいものがちゃんと伝わってるっていうのが。

和久井　そういう話を聞くと、洋楽はいいな、と思いますね。ディランなんかはファースト・アルバムから今も盤が生きていて常に市場に並んでるじゃないですか。『追憶のハイウェイ61』がすぐ聴けて、そこでは20代の若くてカッコいいディランに会える。

栗原　みうらさんとキャンペーンやったあと営業に異動になったりして、洋楽部を出たり入ったりしてたんですが、洋楽に戻ったらまたディランを担当させてもらえたりして、２０１６年に定年を迎えました。そのころはソニー・ミュージック・ダイレクトで通販商品をやってましたね。瀬戸内寂聴さんのボックスとか、ユーキャンで販売したエルヴィス・プレスリーの10枚組ボックスとかをやって、最後は売り上げに関係なく好きなのをやっていいと言われたんで、白木さんに「ディランのボックスつくっていい？」と頼んで、５枚組の『ディラン・リヴィジテッド～オール・タイム・ベスト～』をつくったんです。社員として制作した最後の作品があれでした。

和久井　定年のあとの延長というのはどういう仕組みなんですか？

栗原　会社には雇用延長というのがあって、アルバイトっぽい感じで会社に残れるんです。ただその場合、どの部署に配属されるかはわからない。ブラブラしてるぐらいならそれでもいいかと思ってたら、白木さんから「業務委託という形でやってもらえませんか？」と声がかかった。この人は救いの神ですよ（笑）。

中途採用でデパートからソニーへ

和久井　白木さんがディランを担当したのはいつからですか？

白木　98年、『ロイヤル・アルバート・ホール』からですね。

栗原　白木さんがやったディランの仕事で印象的なのは、01年の来日の時に出した独自企画のライヴ盤。あれは売れた。

白木　39年間のライヴのコンピレーションですね。あれも邦題をつけたかったんですけど、向こうからタイトルが指定されてて、それが『ボブ・ディラン・ライヴ！　１９６１-２０００』でした。

栗原　画期的な企画でしたね。よくオッケーが出たな、と思いましたよ。

白木　最初のリクエストは、「88年以降のネヴァー・エンディング・ツアーにフォーカスしたライヴを来日記念盤として出せないか」というのだったんです。そしたら、「もっと長いスパンのものはどうか」と返事が来て、いっぱい音源が送られてきた。

栗原　ふつう、来日記念盤は、その瞬間だけ売れる感じなんだけど、あれはロングセラーになりましたね。

和久井　白木さんは大学から東京暮らしですか？

白木　ぼくは高校からです。出身は大島で、実家はまだ大島にあるんですけど、もう誰も住んでなくて。中学までは東京に出た時におみやげでレコードを買うという生活でした。そのころからビートルズは聴いてましたけど、実質的には高校デビューですね。埼玉県新座市の立教高校を出て、池袋の立教大学経済学部に行きました。もうむさぼるように中古レコード屋を回って、いかに安く良い状態のものを買うかという生活になったんです。大学時代はバンドもやって、ずっと音楽は好きだったんですけど、最初の就職は西武百貨店所沢店で、外商部にいたんです。そこで85年から約2年半働きました。大学時代からレコード会社に入りたかったんですけど、自分には素養がないと思ってたんです。

和久井　中途でソニーに入社というのは、どういう経緯だったんですか？

白木　新聞の募集広告です。ソニーとワーナーの中途採用の広告を見て両方受けたら、ワーナーは落ちて、ソニーに受かりました。そのころのソニーのイメージって、やっぱりブルース・スプリングスティーンで、彼のライヴを大学時代に見てノック・アウトされたのが今に繋がってます。88年に営業で採用されて、大阪営業所勤務。そのあと東京に戻って、栗原さんが担当されていたナイスプライス・シリーズとかを、洋楽担当として営業するみたいなことをやってましたね。それから93年に洋楽部です。最初は、同じチームで制作を担当していた人が倒れて、その代打という形でソウル・アサイラムを担当しました。自分で出したのは、スプリングスティーンのミニ・アルバム『ストリーツ・オブ・フィラデルフィア』だったんですが、それも前の担当者の代わりでやった仕事でしたから、ちゃんと担当になって自分で出したと言えるのは、ピンク・フロイドの『ザ・ディヴィジョン・ベル』か、ピーター・フランプトンの『ピーター・フランプトン』のどちらかですね。

邦題、そしてキャッチ・コピー

和久井　おおー、『対』ですね。その白木さんが、のちに『原子心母（箱根アフロディーテ50周年記念盤）』をつくる。

白木　ピンク・フロイドは、ほんと偶然。6年半新譜が出てなかったのに、ぼくが担当になったタイミングで『ザ・ディヴィジョン・ベル』が出たんですよ。それで邦題を考えるわけです。フロイドの場合、邦題をつけないという選択肢はなかったし、自分でもどうしてもつけたかったんですよ。でも、東芝で石坂敬一さんがつけた邦題とか、ソニーの先輩方がやってこられたことに、最初は完全に縛られてましたね。難産でした。

和久井　確かに、あれは『ディヴィジョン・ベル』じゃないですよ。やっぱり、『対』。ピッタリだと思いました。

白木　当時はパソコンもないから辞書で四文字熟語とかばっかり引いてました。邦題をつける段階では、まだ音も聴いてなければ、ジャケットも来てないんです。みんなジャケの像からの「対」を思いついたんでしょ？と言うんですけど、違うんです。手元に来てたのはヒントになるイラストと歌詞だけ。だから、最後はどうでもいいやみたいな感じで書きなぐってて、栗原さんに「いっそ『大島』にすれば？」と言われたり（笑）。

栗原　「故郷に錦を飾るのもいいじゃん」、とか無責任に言っちゃって（笑）。でも、白木さんはよく言うんですよ、「邦題は勇気だ」って。確かに決めるのには勇気がいるんですよ。

和久井　『明日に架ける橋』とか『血の轍』みたいなソニーの邦題の伝統を、おふたりはいちばん受け継いでる。

栗原　私はタイトルよりコピーに凝っちゃうんですよ。その商品を一言で表現したい、上手くまとめたいと思って仕事してました。それで、２０１０年のジミヘン再発プロジェクトの「ジミが火をつけたのはギターだけじゃなかった」というのができた。コピーで伝わるものはいっぱいあるんです。11年に、ウドーさんにサイモンとガーファンクルを頼まれて『明日に架ける橋』40周年記念盤の帯になった、「あれから40年…あなたは何処で何をしていましたか？」というのを考えたんです。そこからコピーを頼まれることが増えて、ジェフ・ベックとエリック・クラプトンが来た時に考えたのが「クラプトンになりたいと思ったが、ジェフ・ベックにはなれないと思った」。自分としたら快心のコピーでしたけど、速効ボツくらいました。

白木・和久井　いい話だー（笑）。

栗原　自分の中で気に入っているのは、17年にグレッグ・オールマンの11タイトルをナイスプライスで出した時の「俺の魂を引き取ってくれないか？」というコピー。ジョン・レノンの「イマジン」の額縁を輸入販売したときには、「今もイマジンが流れる世の中をジョンは笑うだろうか？」というのも書きました。

和久井　いや、それは立派な才能ですよ。下手なコピーライターより上手い（笑）。栗原さんは何年の入社ですか？

栗原　79年だからディランの武道館の翌年です。78年は明治大学の学生で、住んでいた練馬区の桜台から始発で池袋に行って、西武百貨店のシャッターが開くと同時に階段を駆け登って、当時入っていたプレイガイドでディランのチケットを買いました。さすがに前日から泊まりがけで並ぶ人はいなかったけど、私が着いた時には何人か待ってましたね。

和久井　ソニーでは最初、何をされてたんですか？

栗原　営業です。札幌で5年、名古屋で1年半。その間ずっと希望を出し続けて、86年に洋楽部に異動しました。なぜCBSソニーに就職したかというと、ブルース・スプリングスティーンを担当したかったからなんです。名刺の裏に「スプリングスティーン担当」と印刷するのが夢でしたけど、「そういうことはできない」と、あとで先輩に教えられました。洋楽部で最初は宣伝担当で、東京FMとかを担当してました。それから制作になって、90年ごろからナイスプライス・シリーズをやってたんです。これがバカ当たりの企画になりました。もともとアメリカのシンガー・ソングライターが大好きで、売れてるミュージシャンの復刻をしながら、ちょっとマイナーな、シティとかヴァレリー・カーターとかを出してました。

和久井　ということは、CDでの再発タイトルのいいところはみんな栗原さんの仕事ですね。あのころのナイスプライス・シリーズは、本国ではCDが出ていない作品もいっぱいありました。

栗原　ソニーはマスター・テープをきちんと残してるから世界初CD化もできて、それが仕事のモチベーションになってましたね。今では考えられないけど、当時は日本で勝手にリマスターして出してたんです。英国のトゥリーズのライナーは和久井さんに書いてもらいましたよね。

『タイム・アウト・オブ・マインド』発売時に製作された懐中時計。タイトル・ロゴは赤で印刷されている。針の形が魅力的だ。

アップルのiTunes Music Storeがディランの全アルバムの販売を開始し、CMにも起用した2006年に作られたiPod nano。「ライク・ア・ローリング・ストーン」の歌詞が刻印されている。

ディランのノーベル文学賞受賞を記念してみうらじゅんが行った鏡割りイベントで配られた枡。反対側には「祝ノーベル文学賞受賞ボブ・ディラン 2016年12月10日」という焼印がある。

マライアとエアロに寿命を縮められる

和久井　栗原さんは、結局、スプリングスティーンは担当できたんですか?

栗原　担当はしました。『ビデオアンソロジー』っていうビデオ・クリップをコンパイルした商品を出したんですけど、私が担当の時は新譜はなかったんです。でも、そのころには熱が冷めてて、気持ちはもうディランに向いてました。

和久井　白木さんは、スプリングスティーンもやってますよね。

白木　栗原さんには申し訳ないですけど、94年以来ずっとスプリングスティーンを担当してます。長い歴史の中でいちばん苦しんでるアーティストのひとりですね。ぼくがやり残したと思ってる仕事に、スプリングスティーンの来日があるんですけど、これがなかなか叶わない。

栗原　白木さんといえばマライアも…。

白木　よく冗談半分で言うんですけど、ぼくがもし早死にしたら、マライア・キャリーとエアロスミスのせいだ、と。その二組を担当したことで絶対命が縮んでますからね。マライアは97年くらいからで、シンデレラ・ストーリーが始まって、すごく羽ばたいてたころ。社長と別れて、それまでまとっていたものを脱いで自我を出していくという時期でした。だから、彼女自身のこうしたいああしたいも強烈だったし、もう思い出したくないくらい大変でした。エアロスミスは00年くらいから担当して、01年の『ジャスト・プッシュ・プレイ』というアルバムのプロモーションで来日させたんです。その時が大変で、前日までスケジュールが決まらないんです。テレビの生パフォーマンスが3発くらいあるのにどうするんだって状況で。テレビ朝日の『ミュージック・ステーション』では、スティーヴンがあれこれ演出の指示を出した。アルバムのジャケットに使った、空山基さんが描いた「セクシー・ロボット#22」を用意しろと言うんで、その通りにしたら、それは使わないってことにされたり…。寿命が縮まる思いなんてそうそうないと思うんですけど、エアロとマライアでは何度もありましたよ。

『コンプリート武道館』誕生秘話

和久井　そんな白木さんが発見したテープから『コンプリート武道館』が生まれた。どうやって見つけたんですか?

白木　サンタナの『ロータスの伝説』をやった時、マスターはきっと残っているはずだ、という話になって、通常のデータでは見つからなかったんですけど、乃木坂のスタジオにデジタル化される前の手書きのテープの台帳があるという話を聞いたんです。調べたら、そこにサンタナと書かれていて、取り寄せてみたら『ロータス』のマルチでした。その時に、ディィランの武道館もあるかもしれないと思って台帳を調べたんですが、武道館と書かれたデータはない。でもしつこく調べてると「ボブ・ディラン・ライヴ」と書かれているのを見つけて、これは臭いな、と。それで取り寄せてみたらなんと武道館のマルチでした。静岡の倉庫にあったんです。

和久井　ディランの原盤は90年代にアメリカに戻してますよね。

白木　そうなんですよ。それまでは日本でお金出してライヴ・イン・ジャパンを出したから、日本原盤みたいなイメージだったんですけど、それを80年代の終わりか90年代の頭くらいに全部アメリカに戻してたんです。だから、このマスターもその時に戻してるはずなんですよ。武道館ライヴは海外でも出てるから、我々もマスターは向こうにあるんだろうと思い込んでたんですね。

栗原　誰かが取っておいたということだよね。向こうにはコピーを送って。

白木　単にマルチが見つかったというだけではなく、いい状態で保存されてたのが驚きでした。古いマルチだとテープがくっついちゃってますからね。もちろん、このテープもそのまま使える状態というわけじゃなくて、お釜で焼いてもらったんですけど、それでも状態はかなり良かった。テープの外箱の書き込みを見ると、どうやら最初の2枚組ＬＰを作ってから開けられていない。

栗原　白木さんが眠りを覚ましたわけだ。

白木　低温でゆっくり7時間くらいかけて焼いたそうです。一度に焼けるのが3本か4本と決まっていて、だから全部焼くのにはかなり時間がかかったんですけど、そういう方法がいちばん結果がいいという話でした。乃木坂のスタジオには焼くためのスペースがあるんです。

和久井　アナログの古いテープを回す時は、必ず焼きますよね。でも、何回も焼くのはよくない。

白木　いい状態のテープだったから早速ラフ・ミックスをつくって、向こうに送ったのは２００７年でした。で、オッケーが出たのが22年の4月くらいですから、15年経ってますね。そこから本格的に制作を始めたんです。

栗原　よく15年も我慢しましたよ。

白木　ぼくがディラン担当のままだったというのも大きかったかも。

漆のお重をイメージしたボックス

和久井　音は結構つくり作り直したんですか?

白木　基本的には変えてないんですけど、メリハリが効いていると思います。当時の2枚組と聴き比べてもらうと、まったく違うのがわかりますよ。

栗原　とにかくヴォーカルの聴こえ方がすごく良くなってるんです。ポンと前に出ていて、そこにいる感じがする。

和久井　ノイズ・リダクションのシステ

ムが昔とは違うんですよね。あと、今のアナログ・シミュレーターは音のにじみみたいなのもキレイに出せるんです。デジタル処理で楽器の分離をパキッとさせといてから、自然な感じににじませるということができるようになりました。

白木　そういう意味では、アートワークも音も、2007年の時点では、きっとここまでのものにはならなかったと思うんてです。

和久井　これが出たら、絶対海外でも話題になるし、次のブートレッグ・シリーズのハードルを上げちゃいましたよ。箱の仕上げもPP加工のツヤがいいんですねー。最近のブートレッグ・シリーズのボックスはマットな感じでしょ。ぼくはあれ、あんまり好きじゃなくて。

白木　悩んだんですよ。マットのもつくってみたら、それも良かったから。

栗原　私はマット派でしたね。

白木　でも、78年の時も担当してくれたデザイナーの田島照久さんが言うには、「これは〝お重〟のイメージなんだ」と。ツヤ感は〝漆〟を表現しているんですね。彼は「和のテイストは入れた方がいいけど、あんまりわかりやすく入れるのも違う」と言ってましたね。

栗原　漆だと言われたら降参ですよ。

白木　ジャケットの桜も、田島さんが持ってきた素材です。最初は桜がディランより前にあったんですが、マネジメントからNGが出たんで、「春のライヴで桜が咲く時期だよ」と説明するところから始めた。で、首とか顔にかかっていた桜を外してうしろに回したら、「悪くないね」と言ってくれたんです。

和久井　いいですよね、この写真。ディランのジャケットって、だいたい顔のアップじゃないですか。

白木　そうそう。だから顔のアップのもつくってみたんだけど、やっぱりこっちがいいって話になりました。

栗原　ディランの場合、何が正解かわからないんですよ。こっちは善かれと思ってつくるんですけど。

和久井　それはもうジャケットに限らず、録音されたものもそうじゃないですか。本人の気分次第なんだと思う。

栗原　あと、ディランが笑ってる写真は絶対にダメなんですよ。

白木　最初の武道館の時にヘッケルさんは2種類のジャケットをつくった。ひとつは採用になったジャケ、もうひとつにはディランが笑ってる最高の写真が使われてたんです。それを今回使いたかったんですけど、やっぱりNGでしたね。

栗原　デザインでは『アナザー武道館』の表2、表3、これが凄い。田島さんがつくってくれたんですけど、最初はこれを表裏でジャケットにしてたんです。浮世絵シリーズの流れですね。海外にも出すし、いいと思ったんですよ。でもNGになって、結局『コンプリート武道館』

と同じ絵柄ということになった。

白木　良くできてるんですよ。浮世絵を使うにしても、誰もが知ってる作品じゃなくて、鳥も若冲の絵の一部から取ったり、他にも名もなき絵師の作品が20点以上コラージュされてます。

和久井　新幹線も走ってますね。

白木　70年代当時の新幹線です。ディランは京都を歩いている写真からの切り抜き。元の写真がとても良かったけど、そのままでは使えなかったんです。

白木氏の飽くなき執念が生んだ作品

栗原　そばで見てたからわかるんですけど、これは白木の想いですよ。本当に諦めないんだもん。見てください、『コンプリート武道館』と『アナザー武道館』のクレジット。日本人がボブ・ディラン作品のプロデューサーですよ。しかも海外からそうしろって言ってきたんです。

白木　ぼくが日本でつくって向こうに送ったクレジットでは、プロデューサーはジェフ・ローゼンにしてたんです。それを、向こうが戻しで変えてくれと書いてきて、本当にいいんですか？みたいな。

栗原　白木さんはテープを送った07年からずっと動き続けてたんです。

白木　そうですね。ジェフ・ローゼンだけじゃなくて、コロンビアの担当とも連絡を取り合ってました。一昨年、六本木のスタジオでブートレッグ・シリーズの説明会があって、ディランのマネージャーが日本に来た時に、「チャンス！」と思ったんですが、音は聴かせられない。でもマスター・テープそのものを見せることならできるから、マネージャーを別室に連れて行って、テーブルにドーンとテープの箱を置いたんです。で、「これを出したいんですよ」と話した。そうやって、追いつめていったという（笑）。

栗原　私はこんなことが起こるなんて、入社当時はまったく想像してませんでしたね。78年の2月28日と3月2日に武道館で夢のような二日間を過ごした自分が、よもや45年後に、その時の録音に関われるなんて、白木さん、本当にありがとうございます（笑）。

白木　いやー、ぼくも定年後どうするか決めなきゃなんですよ～（笑）。この先は？って話になると、必ず「ビートルズやって」と言われるんですけど、絶対やりたくない。ファンだったはずが、自分で担当すると嫌いになっちゃうことが少なくないですからね。機会があったとしても、ビートルズはファンでいたいんです。お手伝いなら喜んでやりますけど、責任は持ちたくないですよー。ソニーにいるかぎり、ビートルズは絶対に担当できませんから、周辺から寄っていくという形がギリギリでしょうし。だって、ポール・マッカートニーに怒られたくないじゃないですか（笑）。

（23年10月3日、中野の和久井邸にて）

JAPAN ORIGINAL COMPILATION ALBUMS (Selected)

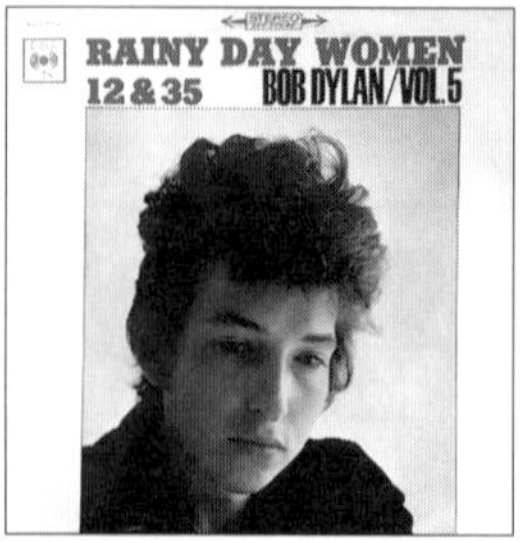

ボブ・ディラン 第5集
日本コロムビア：YS-641-C
（1966年9月）

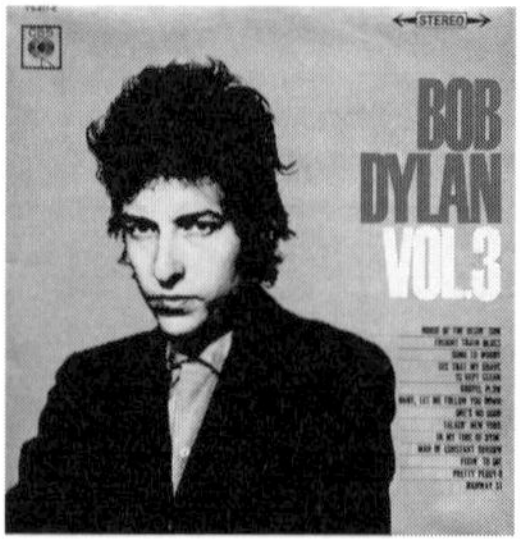

ボブ・ディラン 第3集
日本コロムビア：YS-611-C
（1966年5月）

ボブ・ディラン！
日本コロムビア：YS-537-C
（1965年12月）

ボブ・ディラン・ストーリー
日本コロムビア：YS-698〜9-C
（1966年11月）

ボブ・ディラン 第4集
日本コロムビア：YS-641-C
（1966年7月）

ボブ・ディラン 第2集
日本コロムビア：YS-537-C
（1966年3月）

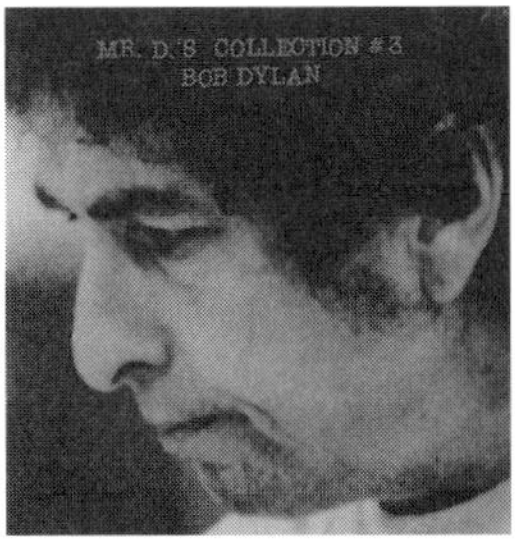

Mr.D.'s Collection #3
Sony：YBPC 2
（2010年）Promo Only

アイデン＆ティティ
Sony：MHCP 166
（2004年6月2日）CD

ボブ・ディランの歴史
CBSソニー：SOPI 11～13
（1973年）3LP

MAKE YOU FEEL MY LOVE：LOVE SONGS OF BOB DYLAN
Sony：CICP 31227
（2019年1月23日）CD

DYLAN が ROCK
Sony：SICP 2620～1
（2010年3月10日）2CD

Mr.D.'s Collection #1
CBSソニー：YBPC 2
（1973年）Promo Only

流行歌集
Sony：SICP 31361～2（2023年4月5日）CD

日本のシングル集
Sony：SICP 31361～2（2020年3月25日）2CD

[1] Live At Nippon Budokan Hall, Tokyo, Japan - 2.28,1978
1. A Hard Rain's A-Gonna Fall
2. Repossession Blues
3. Mr. Tambourine Man
4. I Threw It All Away
5. Shelter From The Storm
6. Love Minus Zero/No Limit
7. Girl From The North Country
8. Ballad Of A Thin Man
9. Maggie's Farm
10. To Ramona
11. Like A Rolling Stone
12. I Shall Be Released
13. Is Your Love In Vain?
14. Going, Going, Gone

[2]
1. One Of Us Must Know (Sooner Or Later)
2. Blowin' In The Wind
3. Just Like A Woman
4. Oh, Sister
5. Simple Twist Of Fate
6. You're A Big Girl Now
7. All Along The Watchtower
8. I Want You
9. All I Really Want To Do
10. Tomorrow Is A Long Time
11. Don't Think Twice, It's All Right
12. Band Introductions
13. It's Alright, Ma (I'm Only Bleeding)
14. Forever Young
15. The Times They Are A-Changin'

[3] Live At Nippon Budokan Hall, Tokyo, Japan - 3.1,1978
1. A Hard Rain's A-Gonna Fall
2. Love Her With A Feeling
3. Mr. Tambourine Man
4. I Threw It All Away
5. Love Minus Zero / No Limit
6. Shelter From The Storm
7. Girl From The North Country
8. Ballad Of A Thin Man
9. Maggie's Farm
10. One More Cup Of Coffee (Valley Below)
11. Like A Rolling Stone
12. I Shall Be Released
13. Is Your Love In Vain?
14. Going, Going, Gone

[4]
1. One Of Us Must Know (Sooner Or Later)
2. Blowin' In The Wind
3. Just Like A Woman
4. Oh, Sister
5. I Don't Believe You (She Acts Like We Never Have Met)
6. You're A Big Girl Now
7. All Along The Watchtower
8. I Want You
9. All I Really Want To Do
10. Knockin' On Heaven's Door
11. The Man In Me
12. Band Introductions
13. It's Alright, Ma (I'm Only Bleeding)
14. Forever Young
15. The Times They Are A-Changin'

プロデューサー：菅野ヘッケル, 白木哲也

The Complete Budokan 1978
コンプリート武道館

日・Sony：SICP6540 [CD]
録音：1978年2月28日、3月1日
発売：2023年11月15日

Another Budokan 1978
アナザー武道館

日・Sony：SIJP-1109
録音：1978年2月28日、3月1日
発売：2023年11月15日

[A] Live At Nippon Budokan Hall, Tokyo, Japan, 2.28,1978
1. A Hard Rain's A-Gonna Fall / 2. Repossession Blues / 3. Ballad Of A Thin Man / 4. To Ramona

[B] 1. Like A Rolling Stone / 2. Blowin' In The Wind / 3. All Along The Watchtower / 4. Tomorrow Is A Long Time

[C] Live At Nippon Budokan Hall, Tokyo, Japan, 3.1,1978
1. Love Her With A Feeling / 2. I Threw It All Away / 3. Girl From The North Country / 4. One Of Us Must Know (Sooner Or Later)

[D] 1. I Don't Believe You (She Acts Like We Never Have Met) / 2. You're A Big Girl Now / 3. The Man In Me / 4. Forever Young

プロデューサー：菅野ヘッケル, 白木哲也

1978年のディラン初来日公演の中から、2月28日と3月1日のライヴ音源を全曲収録した『コンプリート武道館』が先頃（2023年11月15日）リリースされた。『武道館』用に録音された音源の完全版ということになる。

この年のディランは、日本を皮切りに、オセアニア、ヨーロッパ、北米を周る、130か所に及ぶワールド・ツアーを敢行し、その合間に『ストリート・リーガル』をレコーディングするというハードなスケジュールだった。ツアーの初っ端に訪れた日本では11回のステージが組まれたが、日本武道館の3公演と、大阪の松下電器体育館（現・パナソニックアリーナ）での3公演のあとの2日間でライヴ・レコーディングが行われたことになる。つまり、長いツアーの中ではまだまだ序盤になるが、すでに新しいバンドで6回のライヴを行っている、という時期だったのだ。

基本的な流れは変わらないものの、当たり前のようにセット・リストの入れ替えは行われ、大所帯のバンドは何事もなかったかの如く対応している。ローリング・サンダー・レヴューから引き続き、ロブ・ストーナー、デイヴィッド・マンスフィールド、スティーヴン・ソールズを起用したことが功を奏したのだろう。

例えば、初日の2月20日は「ロンサム・ベッドルーム・ブルーズ」というインストゥルメンタルで始められているが、本作では2日とも「はげしい雨が降る」のインスト・ヴァージョンが1曲目だ。コーラスは入っていないものの、マンドリン、サックス、オルガン、エレクトリック・ギター、ヴァイオリンとソロが回され、時折ベースが存在感を示している。初めてディランを観る日本のファンに対して、代表曲をモチーフにしながら、今日はこんなサウンドですよ、昔ながらの弾き語りや、ザ・バンドみたいな音でもなければ、エレキギターを弾きまくる典型的な〝ロックバンド〟でもありませんよ、とわかりやすくプレゼンテイションしてから、ディランが登場する趣向だったことがよくわかる。逆にオリジナルの『武道館』は実際には3曲目だった「ミスター・タンブリン・マン」を冒頭に置いたから、有名な曲だからこそのキャッチーさは備えていたものの、アレンジが大分変わったなあ、という印象を必要以上に強めてしまったのではないかと思う。

レコードとは違うことをやる、と宣言してみせたイントロダクションから続けて2月28日に演奏されたのは、「リポゼッション・ブルース」という未発表曲。公式サイトによると、ライヴで披露されたのはこの日と24日の大阪の2回のみというレアなナンバーである。ブルーズのマナーに則ったこの曲が選ばれたのは、ほら、フォークでもフォーク・ロックでもロックでもないこともやるんですよ、と提示すると同時に、『ストリート・リーガル』に収録する候補を探る意味合いもあったのかも知れない。

　ちなみに3月1日の2曲目は、「ラヴ・ハー・ウィズ・ア・フィーリング」。この曲もシャッフル・ビートが効いたブルーズの要素が強い曲だが、やはり78年のツアーのみで演奏され、レコーディングはされていない。ライヴで聴く限りでは悪くない出来だと思うが、このバンドで録音するにはあまりにも普通過ぎるという判断だったのだろうか。

　さて、両日とも3曲目にようやく、会場を訪れた誰もが知っていたであろう「ミスター・タンブリン・マン」が披露された。28日のテイクが『武道館』に収録されているので聴き比べてみると、今回のリミックスの特徴が浮き彫りになってくる。オリジナル（私が所有しているのは米盤アナログ、そんなに初期のプレスではない）は、ヴォーカルがど真ん中に据えられている点は23年版と変わらないが、バンドの音がややモコモコとして重なり合っているために、若干歌が埋もれてしまう傾向にあった。それが『コンプリート』では（本稿執筆時点では発売前のため、見本盤のCD－Rだが）、ディランが歌っている周りに適度な距離をとってバンドのメンバーが配されているようなイメージで、それぞれの楽器がはっきりと聴き分けられながらも丁度良い塩梅で滲み合っているのだ。ハイレゾ音源でありがちな、くっきりし過ぎて書き割りが並んでいるみたいな音になっていないところがポイント。武道館のいちばんいい席（ってどの辺だ？）で、ステージ全体を見渡しながらソファに座ってコンサートを堪能しているような気分になるのだから堪らない。

　全体を通して、バンドの11人はプロフェッショナルな仕事に徹している。それは、決しておざなりに演奏をこなしている、という類いのものではなく、ディランに寄り添いながら常に最善の策を練った上での〝まとまりの良さ〟が見える、ということなのだ。しかも、どの曲も大幅にアレンジが替えられているのだから、すでに〈ネヴァー・エンディング・ツアー〉の萌芽が見られると言ってもいい。

　主役のディランと言えば、相変わらず原曲のメロディに手を加えまくった（何を原曲と呼ぶのかはさておき、レコーディング・ヴァージョンと比べて、ということ）ヴォーカルを披露しているが、非常に丁寧に歌っていることは間違いない。それはまるで、大人しい日本の観客を前に、ひとつひとつの作品を紹介する解説者のようでもある。

ところで、『ナッシュヴィル・スカイライン』からピックアップされた「アイ・スリュー・イット・オール・アウェイ」は両日とも演奏されたが、『武道館』からはオミットされている。決してクオリティが低いというわけではなく、むしろクルーナー・ヴォイスを地声に替え、サックスをフィーチャーすることでカントリーから遠ざかったように、〝常に変化するディラン〟を体感できるのだが、収録時間の関係もあったのだろうか。とくに1日のテイクは、ところどころタメたり熱が入ったりするヴォーカルが印象的だ。端正に仕上げようと思っていても、ついハミ出してしまうところが実に〝ロック〟なのだ。思えば、パンクの時代に突入していた78年に、世の流れに逆らうように（いや、わざと逆らうところがディランなのだが）白いスーツでウェルメイドなショウをワールドワイドで敢行した彼こそ〝パンク〟で〝ロック〟な存在だったことに気づいた人はどのくらいいたのだろうか?

早々に「ライク・ア・ローリング・ストーン」や「アイ・シャル・ビー・リリースト」、「風に吹かれて」といった一般的な〝代表曲〟を片づけてしまったかと思えば、後半にはクラプトンのカヴァーに倣ってすっかりレゲエ化させた「天国への扉」を披露、ご丁寧にメンバー紹介まで行ったサービス満点のディランには、45年経っても振り回されるばかりだ。

そして、両日ともアンコールは「時代は変る」で締め括られる。この曲に関してだけは、ディランも感情の赴くまま歌っているように感じられる。もしかするとこのセットリストは、最後のこの一曲に彼の想いを収斂させるために組まれたのかも知れない、と思ってしまう。

さて、こうなってくるとアナログがどんな音になっているのかが気になって仕方がない。『コンプリート』の8枚組LPは日本のみの発売ということなので、当然現時点で世界最高峰の品質に近づきつつある、ソニーミュージックグループでの一貫生産になることは間違いない。本書の別項で触れられているように、豪華なパッケージでの完全生産限定盤なので、気になる方は早目に入手しておくことをオススメします。

一方の『アナザー武道館』は、『武道館』未収録のテイクのみを集めたアナログ2枚組。16曲中、別日のテイクが5曲で、ほかはすべて未収録曲。すべて『コンプリート』で聴けるが、こちらは裏『武道館』として一度は聴いていただきたい編集になっている。全世界で発売されるが、その分は海外でのプレスになるとのこと。ご注意を。

森

Street-Legal
ストリート・リーガル

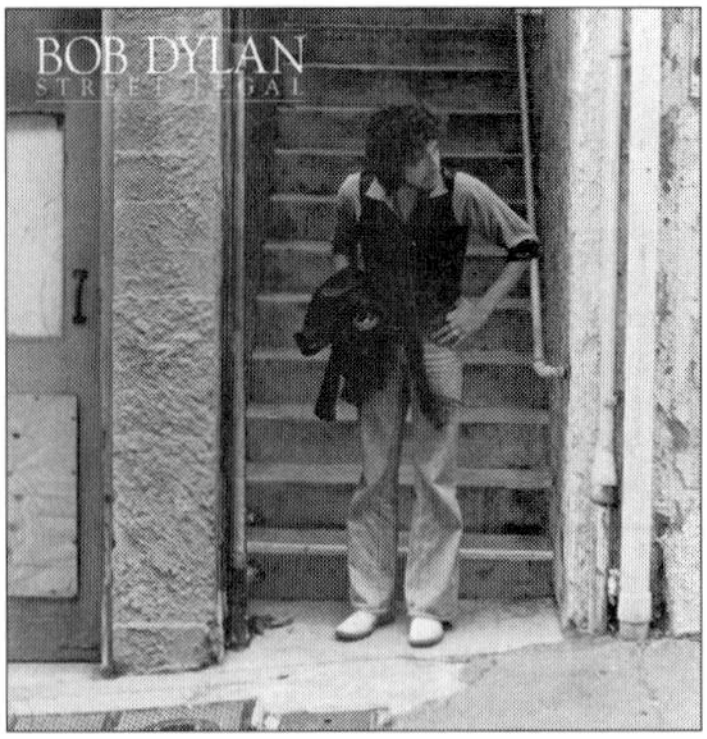

Columbia：JC 35453／35453
録音：1978年4月25日〜5月1日
発売：1978年6月15日

[A]
1. Changing Of The Guards
2. New Pony
3. No Time To Think
4. Baby Stop Crying

[B]
1. Is Your Love In Vain?
2. Señor (Tales Of Yankee Power)
3. True Love Tends To Forget
4. We Better Talk This Over
5. Where Are You Tonight? (Journey Through Dark Heat)

プロデューサー： Don DeVito

参加ミュージシャン： Billy Cross (g), Steve Douglas (sax), David Mansfield (violin, mandolin), Alan Pasqua (kbd), Steven Soles (g, cho), Ian Wallace (ds), Jerry Scheff (b), Bobbye Hall (per), Carolyn Dennis (cho), JoAnn Harris (cho), Helena Springs (cho)

　日本公演のあとオーストラリアとニュージーランドをまわり、ヨーロッパ・ツアーまでのあいだに6日間で制作したのがこのアルバムだった。バックはツアー・メンバーで、エンジニアは『欲望』からのダニー・デヴィート。サンタモニカのランダウン・スタジオでの録音だ。

　ディランが〝バンドの特性〟を摑んでいたのは収録された曲が〝普通にポップ〟なことからも明らかで、アレンジ／演奏も拍子抜けするほどストレートだった。日本で初演された「イズ・ユア・ラヴ・イン・ヴェイン」が路線を決める鍵になったのかもしれないが、「チェンジング・オブ・ザ・ガード」と「ホエア・アー・ユー・トゥナイト」のフォーク・ロック＋R&B的な風情や、「ニュー・ポニー」と「ベイビー・ストップ・クライング」におけるスワンプ・ロックのアップデイト、「ノー・タイム・トゥ・シンク」と「セニュール」のスパニッシュ風ソウルの妙や、「ウィ・ベター・トーク・ディス・オーヴァー」の（いまで言う）オルタナ・カントリー感は、〝音楽的な充実〟を目指してのことと受け取れる。

　あまりにあっさりしているから語られることが少ないのだろうが、ツアー渦中の短い期間でこんな新曲集をつくってしまったのは再評価すべき点だし、実はとてもよくできているのだ。

　ビルボードでは11位までしか上がらなかったが、全英では2位。改めて聴くと英国で受けたのがよくわかる。　**和久井**

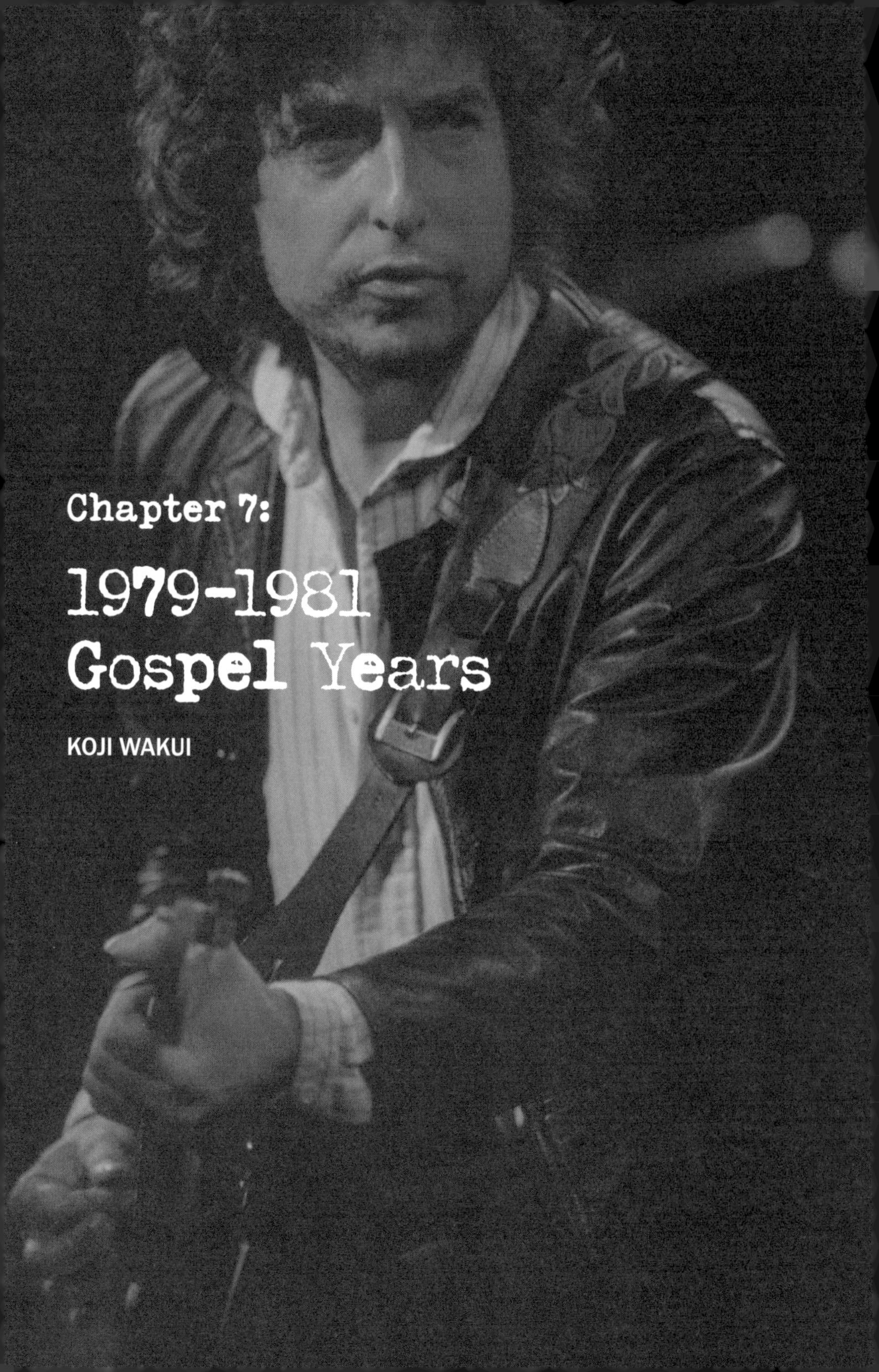

Chapter 7:

1979-1981 Gospel Years

KOJI WAKUI

キリスト教への改宗で失った〝神様〟の椅子

和久井光司

ユダヤ人家庭に育ったディランは、両親に倣って、旧約聖書にあるモーゼの律法をもとに唯一神ヤハウェを信奉するユダヤ教を受け容れていた。けれど、イエスを救世主と認めず、神の国を地上にもたらすメシアの到来を信じる点でキリスト教と対立するユダヤ教に違和感を覚えることもあったらしい。

78年11月17日、サンディエゴでのコンサートの際に、観客の一人がステージのディランの足元に投げた小さな銀の十字架がきっかけだった、とされているが、この年のツアーが北米に入って以来、ディランはしばしばキリスト教に興味を示していたという。

そしてバンドのメンバーとのつきあいから、南部のキリスト教徒に多いボーン・アゲイン（新生）という在り方を詳しく知りたくなり、当時の恋人メアリー・アリス・アーティの紹介でロサンゼルスのフェルナンド・フェアリーにある福音教会、ヴィニヤード・フェロウシップに足繁く通うようになるのだ。

ルーテル派出身の牧師、ケン・ガリクセンが74年に創設したヴィニヤード・フェロウシップは、専用の教会も持たない小さな会派で、ガリクセンは〝唄う牧師〟としてレコードを出したこともあった。

ときにはショート・パンツ姿で現れることもあったというガリクセンの気さくさと、ポピュラー・ソングを唄って礼拝を盛り上げたりするヴィニヤード・フェロウシップの会風を気に入ったディランは、74年はじめの3か月、週に4回開かれる聖書の講習会に通い、春には洗礼を受けたのだった。

ディランがキリスト教に改宗したのは、ヨハネ福音書

3章5節に「イエス・キリストは、ユダヤのラビ、指導者ニコデモに、霊的な新生が必要であると説いている」とあるのと、新生を「新しい創造」と定義しているのが性に合ったからではないだろうか。

しかしディランは、南部のキリスト教原理主義者が短絡的に新生を唱えるのを目の当たりにしたらしく（例えばテキサス出身のジョージ・ブッシュが39歳でボーン・アゲインとなったのはアメリカ社会ではあまりにも有名だ）、2年ほどでキリスト教への興味は雲散霧消するのである。のちに彼は79年の改宗には意味があったことを認めたうえで、「俺はそういう言葉（＝ボーン・アゲイン）は使わない」と言っている。

『スロー・トレイン・カミング』『セイヴド』『ショット・オブ・ラヴ』が〝キリスト教三部作〟と呼ばれているのを知らないファンはいないだろうし、次は異教徒の意味がある『インフィデルズ』だったのだから、ディラン自身も〝ゴスペル・イヤーズ〟を認めている。

けれど、崇拝を歌った『スロー・トレイン・カミング』と、救済がテーマの『セイヴド』では温度差があるし、『ショット・オブ・ラヴ』では信仰心を残しながらも現実に戻った感があるのだ。アルバム・ジャケットも、開拓時代を想わせる『スロー・トレイン・カミング』と、30〜40年代の本などに見られる古めかしい手法の絵を使った『セイヴド』、ポップ・アートの巨匠ロイ・リキテンスタインを起用した『ショット・オブ・ラヴ』では〝時代が進んでいる〟感があり、ディランの改宗はいつの間にか〝キリスト教とアメリカ〟を帰結したように格好になるのだ。

この時代も英国での人気は維持されたが、アメリカではころころ宗旨替えするのが〝胡散臭い〟と受け取られたようで、次第に賛否が分かれていってしまう。キリスト教に寄って行ったことで、かつては〝神様〟と呼ばれた男が〝人間〟に見えるようになり、神秘のヴェールに包まれた〝謎〟のイメージが崩壊していくのである。

本人は思うまま、自分の興味の向く先に歩を進めていただけだろうから、それはオーディエンスが勝手につくりあげたイメージだ。しかし〝謎の男〟だから実体を見てみたくなるわけで、「普通のおじさんロッカーにはそれほど感心が持てない」という大衆心理も理解できる。

苦しい時代が始まった。40代になったディランに待ち受けていたのは長いトンネルだったが、オーディエンスの前に立ち続け、〝いまの気持ち〟を歌に乗せたことが〝ネヴァー・エンディング〟の姿勢に繋がるのだ。

Slow Train Coming
スロー・トレイン・カミング

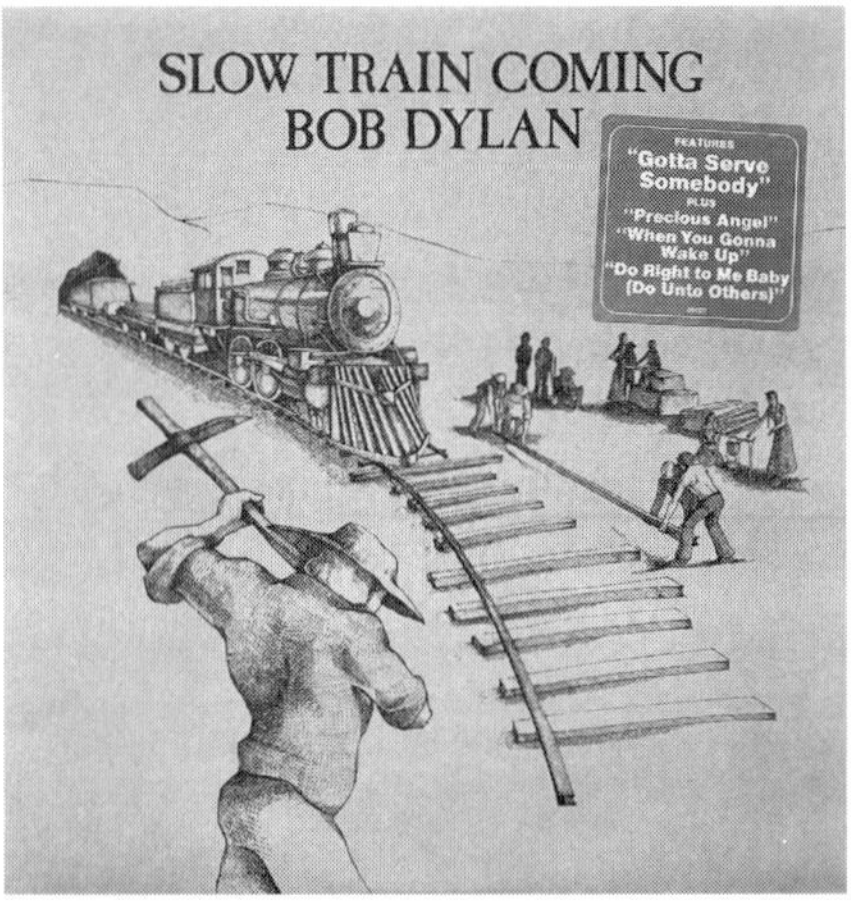

Columbia：FC 36120
録音：1979年4月30日～5月11日
発売：1979年8月20日

[A]
1. Gotta Serve Somebody
2. Precious Angel
3. I Believe In You
4. Slow Train

[B]
1. Gonna Change My Way Of Thinking
2. Do Right To Me Baby (Do Unto Others)
3. When You Gonna Wake Up
4. Man Gave Names To All The Animals
5. When He Returns

プロデューサー：Barry Beckett, Jerry Wexler

参加ミュージシャン：Mark Knopfler (g), Tim Drummond (b), Pick Withers (ds), Barry Beckett (kbd, per), Carolyn Dennis (cho), Regina Havis (cho), Helena Springs (cho), Muscle Shoals Horns (horns), Mickey Buckins (per)

本作のレコーディングは、79年4月30日〜5月11日にアラバマのマッスル・ショールズ・サウンド・スタジオで行われた。プロデュースをアトランティック・レコーズの総帥ジェリー・ウェクスラーと、サザン・ソウルの数々の名作で腕を奮ってきた鍵盤奏者バリー・ベケットに任せたのは、コロンビアの作品では異例と言えた。

その初日、改宗を熱っぽく語るディランを、ウェクスラーは「きみが相手にしているのは63歳のユダヤ人で、しかも確信的な無神論者だ。さっさと仕事に取り掛かろう」と軽くイナしたそうだが、ディランも「音楽づくりは別」と従ったようで、歌詞はともかく、音楽的には素晴らしいアルバムに仕上がった。完成した際には「いままでみたいな趣味のレコードじゃなくて、これはプロフェッショナルのレコードだ」と自信満々で語ったそうだから、確かな手応えを感じていたのだろう。

「悲しきサルタン」のヒットで一躍有名になったダイアー・

ストレイツから、マーク・ノップラーとドラムのピック・ウィザーズを招いたのは、彼らのセカンド・アルバム『コミュニケ』をプロデュースしたばかりだったウェクスターのアイディアだ。「サルタン」はディランの新曲かと錯覚するような曲だったから、ノップラーの参加を多くのファンが支持したのは言うまでもない。実際彼は歴代ギタリストの中で、トップ・クラスの働きをしたと思う。

ほかには、ライ・クーダー・バンドのベーシストとして知られたティム・ドラモンドと、マッスル・ショールズ・ホーンズ、そして、キャロリン・デニス、ヘレナ・スプリングス、ヘジナ・デイヴィスによるコーラス隊というのがレコーディング・メンバーである。

ウェクスラー監督のもと、アレンジを決めていったのはベケットだったはずだが、ノップラーの色っぽいギターと、ベケットの振幅の大きなオルガンを、ウィザーズのタイトなドラムが支え、そのあいだでドラモンドのベースがうねるのだから、ノリだけでも〝南部〟っぽい。そこに女性コーラスとホーンが拍車をかけるのだから、〝ディランのゴスペル〟が立ち上がったのも当然だ。スワンプ・ロックがブームだった70年代初頭に、そっちに行きそうで行かなかったディランが、本格的にアメリカ南部に向いたのは刺激的だった。しかもルーツ回帰という感じではなく、そういう趣向を80年代に進めようという意識が窺えたから、ちゃんと〝新しかった〟のだ。

シングル・カットされた「ガッタ・サーヴ・サムバディ」はビルボード24位のヒットとなり、ディランはこの曲で初めてグラミーの最優秀男性ロック・ヴォーカル賞を獲ったが、〝人は誰かに仕えなければならない〟という歌詞に反発する声もあがり、ジョン・レノンは皮肉を込めた返歌「サーヴ・ユアセルフ」を書いている。

全米3位、全英2位となり、当初は高く評価されたが、「歌詞に親しむうちに疑問を感じるようになった」と言う人も少ないない。そのせいで年々評価が下がっていった印象もあるが、歌詞は〝お題目〟と捉え、アメリカ音楽の歴史に迫ったアルバムであることの揺るぎなさを感じるべきだろう。南部の農園で働く黒人奴隷に〝主従関係を教えるために広まった〟という側面もあるキリスト教が、アフリカン・アメリカンの最高の文化であるブルーズ〜ゴスペル〜R&B〜ソウルという音楽にどう影響したかを、かつて「ハッティ・キャロルの寂しい死」を書いた男がリポートしている。——そう考えると、ジョンの返歌は表層に対するものに見えてしまうのだ。

和久井

Saved
セイヴド

Columbia：FC 36553
録音：1980年2月11日〜15日
発売：1980年6月23日

[A]
1. A Satisfied Mind
2. Saved
3. Covenant Woman
4. What Can I Do For You?
5. Solid Rock

[B]
1. Pressing On
2. In The Garden
3. Saving Grace
4. Are You Ready

プロデューサー：Barry Beckett, Jerry Wexler

参加ミュージシャン：Tim Drummond (b), Jim Keltner (ds), Spooner Oldham (kbd), Fred Tackett (g), Carolyn Dennis (cho), Clydie King (cho), Regina Havis (cho), Monalisa Young (cho), Terry Young (kbd, cho)

1985 Reissue
Columbia：FC 36553

79年11月1日に始まったゴスペル・ツアーでディランは古い曲を一切演奏せず、MCは〝説法〟となった。おかげでキリスト教が根強い中西部や南部ではかつてないほど受け、黒人のファンを増やしたが、学生の多い街や北西部では逆に酷評され、賛否は二極化したのである。

ツアーからのメンバーを若干入れ替えてマッスル・ショールズに赴いたディランは、再びウェクスラー／ベケットのプロデュースで本作をレコーディングした。女性コーラスとのコール&レスポンスでソウル風味を増しながらも、曲自体は本来の路線に戻った感があるので、シンガー・ソングライターがマッスル・ショールズで録った多くのアルバムと、あまり違わなくなってしまったのだ。

録音は80年2月11日から15日。イントロダクション的に置かれたゴスペル・ナンバー「ア・サティスファインド・マインド」を除く8曲は書き下ろしの新曲で、歌詞がより直接的になったのに呼応するように、演奏は前作よりアグレッシヴだ。その印象を決めたのはタイトル曲や「アー・ユー・レディ」といったロック・ナンバー。ミディアム〜スロウ・テンポの曲は詰めがあまいが、「プレッシング・オン」の明快なコーラスで方向性をはっきりさせたのが救いとなった。

ジャケットはボブ・マーリー『ナッティ・ドレッド』を手掛けた英国人画家トニー・ライトによるものだが、83年に内袋の絵に差し替えられている。

和久井

Shot Of Love
ショット・オブ・ラブ

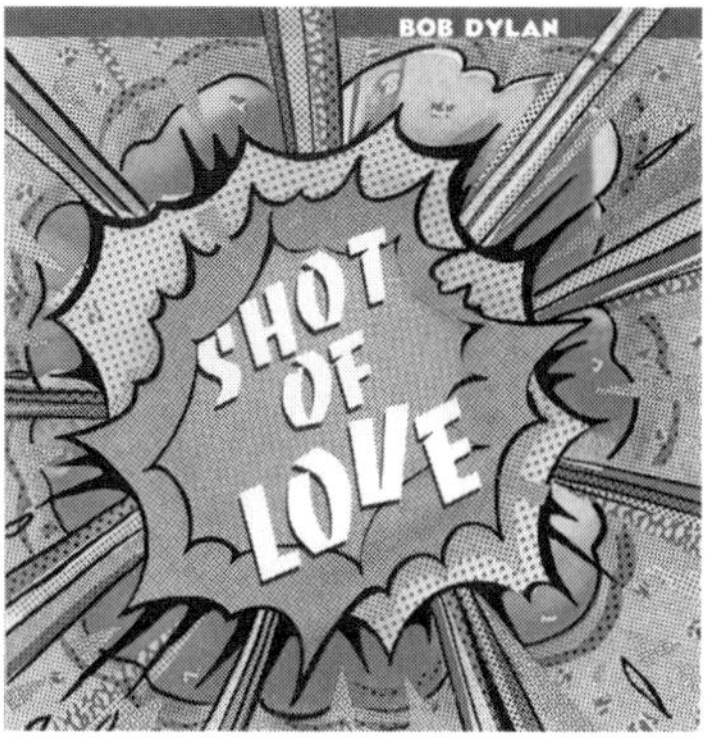

Columbia：TC 37496
録音：1981年3月～5月
発売：1981年8月12日

[A]
1. Shot Of Love
2. Heart Of Mine
3. Property Of Jesus
4. Lenny Bruce
5. Watered-Down Love

[B]
1. The Groom's Still Waiting At The Altar
2. Dead Man, Dead Man
3. In The Summertime
4. Trouble
5. Every Grain Of Sand

プロデューサー： Chuck Plotkin, Bob Dylan, Bumps Blackwell

参加ミュージシャン： Ringo Starr (ds), Ronnie Wood (g), Jim Keltner (ds), Danny Kortchmar (g), Steve Ripley (g), Fred Tackett (g), Benmont Tench (kbd), Carolyn Dennis (cho), William "Smitty" Smith (org), Steve Douglas (sax), Tim Drummond (b), Donald Dunn (b), Clydie King (cho), Monalisa Young (cho), Regina McCrory (cho), Carl Pickhardt (p), Madelyn Quebec (cho)

コーラス隊のレヴェルをクライディ・キングに合わせた布陣に変えて始まった第3期ゴスペル・ツアーは80年4月17日～5月21日。11月9日から12月4日のツアーは、この時期のメンバーで古い曲を試した〝ア・ミュージカル・レトロスペクティヴ・ツアー〟となったことからも、ゴスペル路線に飽きているのが窺える。

81年3月にサンタモニカのランダウン・スタジオで始まった本作のセッションは、ブルース・スプリングスティーンとの仕事で知られるエンジニア、チャック・プロトキンを相談役に進行し、途中、リトル・リチャードを支えたバンプス・ブラックウェルのプロデュースでタイトル曲を録音する場面もあった。

フレッド・タケットらゴスペル・ツアーからのメンバーもいたが、ダニー・コーチマー、ベンモント・テンチ、スティーヴ・ダグラスらが加わっている。また、シングル・カットされた「ハート・オブ・マインド」のみ、クライディ・キング、ジム・ケルトナー、ダック・ダン、ウム・スミス、ロン・ウッド・リンゴ・スターという布陣での録音だ。

ナナ・ムスクーリに依頼されて書いた「エヴリー・グレイン・オブ・サンド」や、自身を稀代のコメディアンにだぶらせた「レニー・ブルース」は魅力だが、アルバムとしての出来は決して褒められたものではない。

前作は米24位／英3位、これは米33位／英6位。低迷の始まりだった。**和久井**

11. You Changed My Life (Take 4 Outtake)
12. Shot Of Love (Outtake)
13. Watered-Down Love (Outtake)
14. Dead Man, Dead Man (Outtake)
15. Every Grain Of Sand (Reh.)

[5] 'Best Of' Live In Toronto 1980

1. Gotta Serve Somebody
2. I Believe In You
3. Covenant Woman
4. When You Gonna Wake Up?
5. When He Returns
6. Ain't Gonna Go To Hell For Anybody
7. Cover Down, Pray Through
8. Man Gave Names To All The Animals
9. Precious Angel

[6] Best Of Live In Toronto 1980

1. Slow Train
2. Do Right To Me Baby (Do Unto Others)
3. Solid Rock
4. Saving Grace
5. What Can I Do For You?
6. In The Garden
7. Band Introductions
8. Are You Ready?
9. Pressing On (4.18,1980)

[7] Live At Earls Court, London, 6.27,1981

1. Gotta Serve Somebody
2. I Believe In You
3. Like A Rolling Stone
4. Man Gave Names To All The Animals
5. Maggie's Farm
6. I Don't Believe You
7. Dead Man, Dead Man
8. Girl From The North Country
9. Ballad Of A Thin Man

[8] Live At Earls Court, London, 6.27,1981

1. Slow Train
2. Let's Begin
3. Lenny Bruce
4. Mr. Tambourine Man
5. Solid Rock
6. Just Like A Woman
7. Watered-Down Love
8. Forever Young
9. When You Gonna Wake Up
10. In The Garden
11. Band Introductions
12. Blowin' In The Wind
13. It's All Over Now, Baby Blue
14. Knockin' On Heaven's Door

[DVD]

1. Trouble No More - A Musical Film
2. Shot Of Love
3. Cover Down, Pray Through
4. Jesus Met The Woman At The Well (Alt.)
5. Ain't Gonna Go To Hell For Anybody
6. Precious Angel
7. Slow Train

Limited Edition Exclusive Bonus 2Disc Set

[1] Live In San Diego, 11.28,1979

1. Gotta Serve Somebody
2. I Believe In You

The Bootleg Series Vol. 13: Trouble No More [Deluxe Edition]

トラブル・ノー・モア [デラックス・エディション]

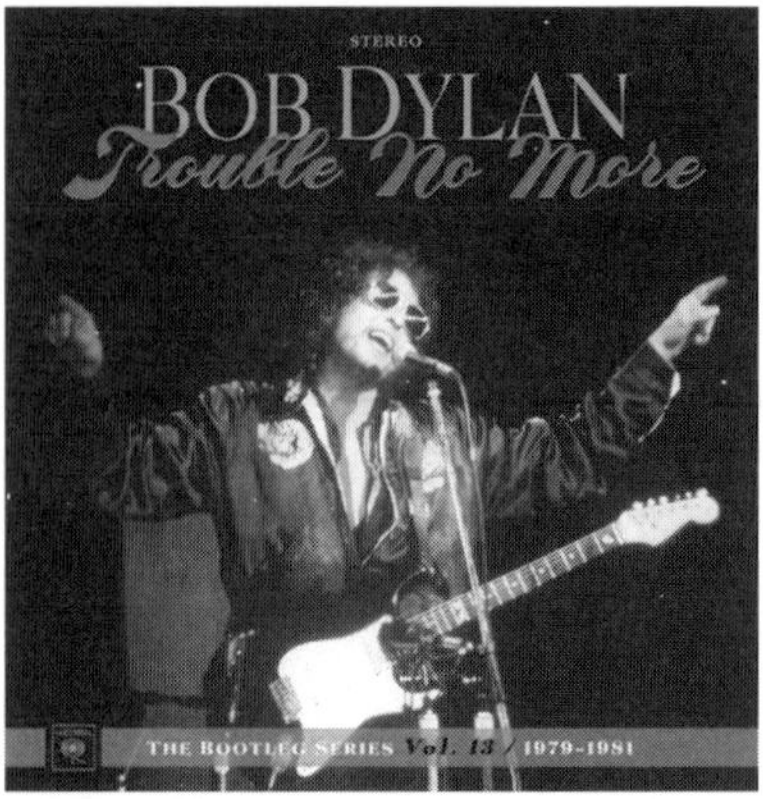

Columbia／Legacy：19075928282 [CD＋DVD]
録音：1978年～1981年
発売：2017年11月3日

3. When You Gonna Wake Up?
4. When He Returns
5. Man Gave Names To All The Animals
6. Precious Angel
7. Slow Train
8. Covenant Woman

[2] Live In San Diego, 11.28,1979

1. Gonna Change My Way Of Thinking
2. Do Right To Me Baby (Do Unto Others)
3. Solid Rock
4. Saving Grace
5. Saved
6. What Can I Do For You?
7. In The Garden
8. Band Introduction
9. Blessed Be The Name
10. Pressing On
11. In The Garden (Incomplete)

プロデューサー：Jeff Rosen, Gregg Geller, Steve Berkowitz, Ron Kantor, Jennifer LeBeau

参加ミュージシャン：Al Kooper (kbd), Ringo Starr (ds), Jim Keltner (ds), Mark Knopfler (g), Steve Ripley (g), Fred Tackett (g), Tim Drummond (b), Donald Dunn (b), Benmont Tench (kbd), Spooner Oldham (kbd), Terry Young (kbd, vo), Willie Smith (kbd), Clydie King (cho), Mary Elizabeth Bridges (cho), Helena Springs (cho) etc.

[1] Live

1. Slow Train
2. Gotta Serve Somebody
3. I Believe In You
4. When You Gonna Wake Up?
5. When He Returns
6. Man Gave Names To All The Animals
7. Precious Angel
8. Covenant Woman
9. Gonna Change My Way Of Thinking
10. Do Right To Me Baby (Do Unto Others)
11. Solid Rock
12. What Can I Do For You?
13. Saved
14. In The Garden

[2] Live

1. Slow Train
2. Ain't Gonna Go To Hell For Anybody
3. Gotta Serve Somebody
4. Ain't No Man Righteous, No Not One
5. Saving Grace
6. Blessed Is The Name
7. Solid Rock
8. Are You Ready?
9. Pressing On
10. Shot Of Love
11. Dead Man, Dead Man
12. Watered-Down Love
13. In The Summertime
14. The Groom's Still Waiting At The Altar
15. Caribbean Wind
16. Every Grain Of Sand

[3] Rare And Unreleased

1. Slow Train (Soundcheck)
2. Do Right To Me Baby (Do Unto Others) (Soundcheck)
3. Help Me Understand (Unreleased)
4. Gonna Change My Way Of Thinking (Reh.)
5. Gotta Serve Somebody (Take 1)
6. When He Returns (Take 2)
7. Ain't No Man Righteous, No Not One (Take 6)
8. Trouble In Mind (Take 1)
9. Ye Shall Be Changed (Outtake)
10. Covenant Woman (Take 3 Outtake)
11. Stand By Faith (Reh.)
12. I Will Love Him (Live)
13. Jesus Is The One (Live)
14. City Of Gold (Live)
15. Thief On The Cross (Live)
16. Pressing On (Take 1 Outtake)

[4] Rare And Unreleased

1. Slow Train (Reh.)
2. Gotta Serve Somebody (Reh.)
3. Making A Liar Out Of Me (Reh.)
4. Yonder Comes Sin (Reh.)
5. Radio Spot For January 1980, Portland, OR Show
6. Cover Down, Pray Through (Live)
7. Rise Again (Reh.)
8. Ain't Gonna Go To Hell For Anybody (Live)
9. The Groom's Still Waiting At The Altar (Take 2 Outtake)
10. Caribbean Wind (Reh.)

ザ・ブートレッグ・シリーズの第13集は、ゴスペル期のディランをライヴを中心とした未発表ヴァージョンで集大成したもので、デラックス・エディションはCD8枚に、DVDをつけた9枚組のボックス・セットだ。例によってレア・フォト満載のハード・カヴァー・ブックも魅力だし、音楽的には非常に多彩でバンドもよかったこの時期を再評価するには不可欠のアイテムとなった。

第1期ゴスペル・ツアーは79年11月1日から12月9日。メンバーは、ギターのフレッド・タケット、スプーナー・オールダムとテリー・ヤングのダブル・キーボード、ベースのティム・ドラモンド、ドラムスのジム・ケルトナーに、レジーナ・マクレイリー、ヘレナ・スプリングス、モナ・リザ・ヤングのコーラス隊だった。

第2期は80年1月11日から2月9日まで。コーラス隊が、キャロリン・デニス、レジーナ・ピープルズ、レジーナ・マクレイリー、モナ・リザ・ヤングに変わっている。

第3期は80年4月17日から5月20日。コーラス隊は、クライディ・キング、マデリン・ケベック、キャロリン・デニス、レジーナ・マクレイリーという布陣だ。

80年11月9日から12月4日の、ア・ミュージカル・レトロスペクティヴと名前を変えてのツアーは、タケット、ドラモンド、ケルトナーに、ギターのカルロス・サンタナやスティーヴ・リプリーが加わったり、キーボードがウィリー・スミスだったりアル・クーパーだったりしたことが、このセットで陽の目を見た11月12日の「カリビアン・ウィンド」、13日の「ザ・グルームズ・スティル・クエイティング・アット・ジ・オルター」、21日の「エヴリィ・グレイン・オブ・サンド」でわかる。ここでのコーラス隊は、クライディ・キング、リジーナ・マックレイリー、マデリン・ケベックか、キャロリン・デニス、クライディ・キング、レジーナ・マクレイリーの3人だったようだ。

そして81年6月10日のシカゴから始まったショット・オブ・ラヴ・ツアーは、ヨーロッパ14箇所をまわって7月25日に一旦終了。アメリカ、カナダをまわった第2期は10月16日にミルウォーキーでスタートし、11月21日にレイクランドで終わっている。このときは、ギターのタケット、リブリーに、キーボードのスミス、リズム・セクションは不動のドラモンドとケルトナーで、コーラス隊は、キャロリン、クライディ、リジーナ、マデリンの4人である。

いわゆる〝ゴスペル・ツアー〟の範疇はここまでだが、ディスク3〜4の『レア&アンリリースド』では、78年ツアーのメンバーで演奏した「スロー・トレイン」のデモや、79年にリハーサルのみで演奏されたさまざまな未発表曲、『スロー・トレイン・カミング』『セイヴド』『ショット・オブ・ラヴ』のセッションにおけるスタジオ・アウトテイク、そしてサウンドボード（ＰＡ卓から直接送られた2ミックス）音源なども蔵出しされている。

驚くべきは同じメンバーでの演奏でもアプローチを変えていたり、「ホェン・ヒー・リターンズ」をディランとスプーナー・オールダムだけで演奏した日があったりすることだ。79年11月27日にサンディエゴで収録された「ホワット・キャン・アイ・ドゥ・フォー・ユー」は『セイヴド』収録のスタジオ・ヴァージョンとは比べものにならないもので、ディランのハーモニカ・ソロは全キャリアを通じても一、二を争う名演となった。

バンドのメンバーが腕達者ということもあるが、これほど音楽的な到達点を目指す姿勢が強いディランは、ほかではあまり聴けないと思う。『ショット・オブ・ラヴ』は水準以下のアルバムだと思っていたが、同作に収録されたロック・ナンバーはステージでは映えと萌えの瞬間を生む。それがセット・リストに不可欠だったのがわかったのもよかったな。必聴、必携のセット。これは買うべし。 **和久井**

Chapter 8:

1983-1990
Dark Yet Years

JIRO MORI

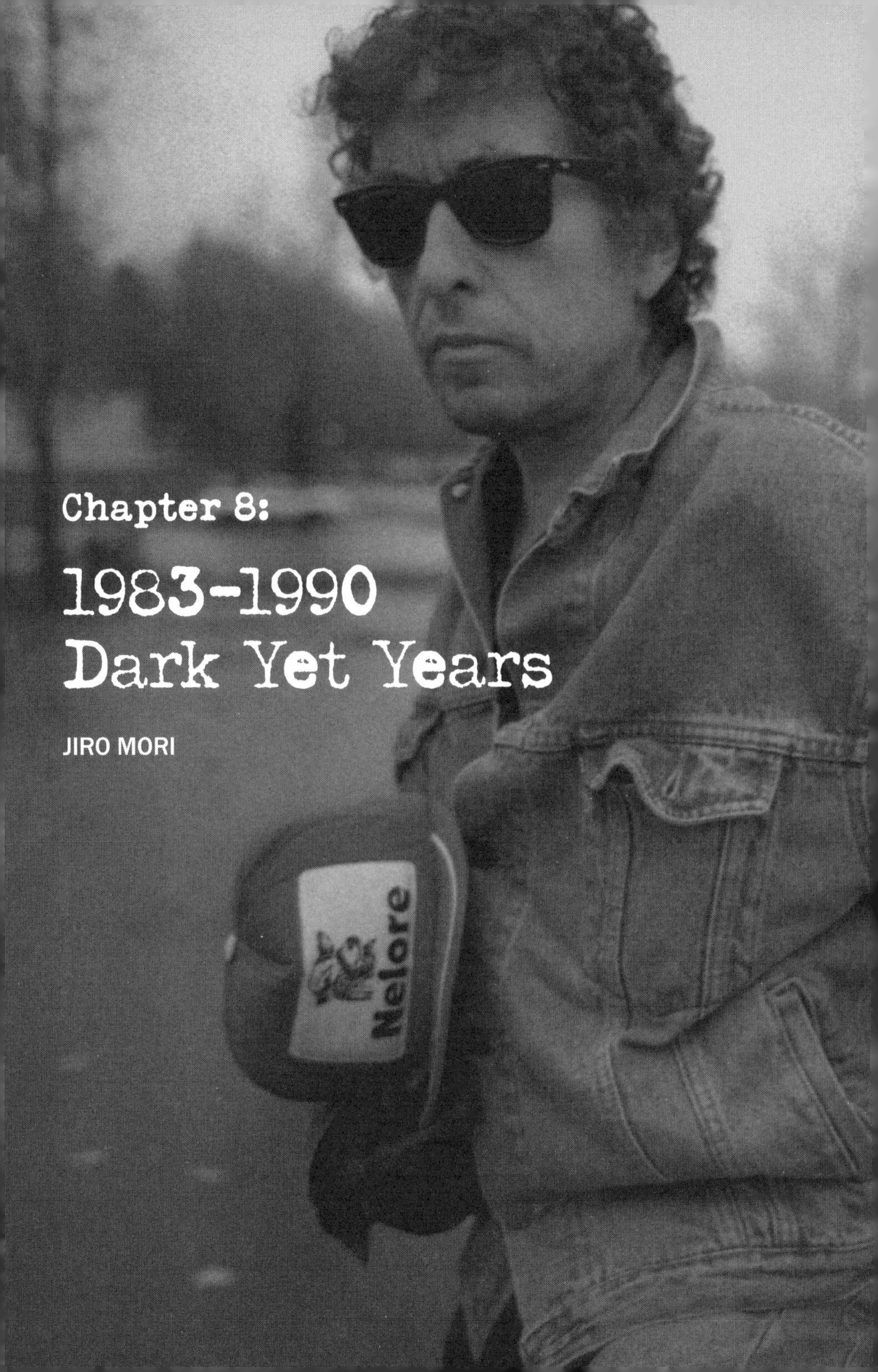

〈ネヴァー・エンディング・ツアー〉は本当に終わらないのかも知れない。

森 次郎

１９８１年に『ショット・オブ・ラヴ』をリリースし、最後になった〈ゴスペル・ツアー〉と、そのあとのアンコール的な何本かのステージを終えたディランは、しばらくワンマンでのコンサートを行うことはなかった。次に組まれたツアーは84年、サンタナとのジョイントでヨーロッパを周ったのみ。そして、その1年半後からトム・ペティ&ザ・ハートブレイカーズとの大規模なワールド・ツアーが始まったのだ。

86年にはオセアニア～日本～北米の60か所で〈トゥルー・コンフェッションズ・ツアー〉を行い、87年はザ・グレイトフル・デッドとの短いツアーを挟んで、再びハートブレイカーズと中東～ヨーロッパの30か所で〈テンプルズ・イン・フレイムズ・ツアー〉を開催した。

ちなみに、この原稿を書く直前の２０２３年9月23日、〈ファーム・エイド〉のザ・ハートブレイカーズ名義のステージにディランがサプライズ・ゲストとして登場し、テレキャスターを弾きながら「マギーズ・ファーム」など3曲を披露した。トム・ペティは17年に旅立ってしまったが、マイク・キャンベル、ベンモント・テンチと久しぶりの共演を果たしている。

話を戻そう。『ボブ・ディラン自伝』によると、恐らく86年のツアー中のことだと思われるが、彼は引退を考えていたらしい。曰く「わたしのパフォーマンスはもう、歌にこめられた魂をうまくとらえることができなくなったように思えた」「わたしはもう、やる気をなくしていた」「心のなかでうつろな声がして、引退してテントをたたむのが待ち遠しかった」のだそうだ。

それでも解決の糸口をつかみかけては遠ざけることを

繰り返しながら、ハートブレイカーズとのツアーを終えたディランは、なんとか引退を思いとどまる。そして自分の置かれた状況を物語の終わりではなく、新しいストーリーが始まるまでの期間と位置づけ、新たな表現方法を完全に自分のものにするために、長期のツアーに出ることを思いつく。これが、いわゆる〈ネヴァー・エンディング・ツアー〉が始められるきっかけとなったわけだ。

ディランは、ハートブレイカーズやデッドとのツアーを企画したエリオット・ロバーツ（ニール・ヤングのマネージャーを長く務めた。19年没）に、年間200か所のツアーを3年間、しかも同じ都市で行うように依頼した。それが新たなメソッドの定着と、若いファンの獲得になると考えたのだ。ロバーツは一度ツアーに出たら、2年間休むことが良い方法だと提案したがディランは譲らず、結局88年には北米71か所のツアー、〈インターステイト88〉が実施された。翌89年はディランの思惑とは少し違っていたが、ヨーロッパを含む99本、90年にはさらに南米を加えた93本という日程が組まれていった。1年に200ステージとまではいかないが、100か所前後のツアーが毎年行われるようになり、原型を留めないほどのアレンジや、ディランの延々と続くギター・ソロなどが定着していくのである。

ちなみに〈ネヴァー・エンディング・ツアー〉というネーミングはディラン側がつけたわけではなく、雑誌のインタヴューを担当したジャーナリストがディランに「ひとつのツアーが終わっても、次のツアーにつながっているということですか？」と尋ね、「ああ、全部が同じツアーだよ」と応じたところ、「〈ネヴァー・エンディング・ツアー〉ということですか？」（恐らく映画『ネヴァー・エンディング・ストーリー』に引っかけた、しょうもな…いや、わかりやすい例えに端を発しているそうだ。ディランはめんどくさそうに「…そうだね」と答えたらしいが。

それはさておき、コロナ禍でツアーが中断に追い込まれるまで、年間のライヴの本数が1年目を下回ることがなかったという事実は脅威的だ。それは、ディランの音楽活動がツアーに重きを置くようになったこと、もちろんビジネスでもあるし、完全に生活の一部になったことの現れだろう。さらにはレコーディングともリンクしながら、ツアー・バンドがアコースティック寄りになっていく。斯くして35年が経ったが、ディランは今日も世界のどこかの街で歌っているのだ。

Infidels
インフィデル

Columbia : QC 38819
録音 : 1983年4月〜5月
発売 : 1983年10月27日

[A]
1. Jokerman
2. Sweetheart Like You
3. Neighborhood Bully
4. License To Kill

[B]
1. Man Of Peace
2. Union Sundown
3. I And I
4. Don't Fall Apart On Me Tonight

プロデューサー : Bob Dylan, Mark Knopfler

参加ミュージシャン : Mick Taylor (g), Mark Knopfler (g), Sly Dunbar (ds, per), Robbie Shakespeare (b), Alan Clark (kbd), Benmont Tench (kbd), Clydie King (vo)

本作の発売当時、ディランが再びユダヤ教に改宗したという噂があったと言われているし、アルバム・タイトルに使われた〝インフィデル〟には、異教徒や無神論者という意味があるから、どうしてもキリスト教三部作と比べたくなってしまう。例えばディランがキリスト教に見切りをつけて、自らを〝異教徒〟と位置づけた、という設定はとても納得しやすいのだが、実際のところはそこまで聞き手に都合の良い話ではないだろう。原題は『インフィデルズ』、複数形なので、ディラン自身も含めた異端者や不信心な連中といった意味も併せ持っているとも考えられるのだ（邦題は単数形の『インフィデル』だが）。

さらに冒頭の「ジョーカーマン」の歌詞には、「ソドムとゴモラ」「レビ記と申命記」といった聖書からの引用が見られるので、余計に宗教的な意味を勘ぐりたくもなるが、これも確信犯的な言葉のチョイスなのかも知れない。いずれにせよ、結局のところ歌詞のテーマは人間そのものなのであり、ディランは世の中に対して言葉の礫を投げつける、かつてのスタンスに戻ったのだと考えている。

　共同プロデューサーに『スロウ・トレイン・カミング』に参加していたダイアー・ストレイツのマーク・ノップラーを迎え、当時多くの話題作を生み出していたスタジオ、ニューヨークのパワー・ステイションをレコーディングの場として選んだのは、ディラン自身がサウンドとテクノロジーの進化を体感してみたかったからではないか（ノップラー以外にも複数のプロデューサー候補にコンタクトをとっていたという説もある）。リズム・セクションに、すでにレゲエ界で名を馳せていたスライ＆ロビーを起用したのも、新しいエッセンスの導入という意味では同じ理由だろう。さらにディランは友人のミック・テイラーを呼び、ノップラーが自身のバンドからアラン・クラークを推薦したことで、メンバーは固定されたのだ。

　お膳立てが整えば、ディランの仕事は早い。１９８３年の4月から5月にかけて、クライディ・キングをコーラスに加えたりしながら断続的にセッションが行われ、膨大なトラックが録音された。このあとノップラーとクラークはツアーのために離脱し、ポスト・プロダクションはディランの判断に委ねられる。その結果、当初は収録される予定だった「ブラインド・ウィリー・マクテル」と「フット・オブ・プライド」という重要なナンバーがオミットされ、91年に『ブートレッグ・シリーズ第1～3集』が発売されるまで、公にされることはなかった。

　ところでスライ＆ロビーが参加したとは言え、レゲエらしいリズムが聞こえるのは件の「ジョーカーマン」のみ。ベースは細かいフレーズを繰り出し、ドラムも決めるところは決めてくるので、ディランもレゲエに身を任せきることはないものの、柔らかく突き抜けるような歌を披露する。そこに控えめに絡み合うツイン・ギターと、ツボを抑えた鍵盤が加わるのだから、きっちりと1曲目から新機軸を提示しているのだ。アウトロのディランが吹くシンプルなハーモニカだけが、過去からの一貫性を感じさせてくれる。

　ノップラーにしてみれば心残りな曲もいくつかあるようだが、キリスト教三部作とゴスペル・ツアーに抵抗感を示していたファンにとっては、やや現代的過ぎる面もあっただろうが、受け容れやすいアルバムになったことは確かだ。アルバム発売後、すぐにはツアーが組まれず、「スウィートハート・ライク・ユー」「ジョーカーマン」のミュージック・ヴィデオを制作するなどプロモーションに努めた結果、米ビルボード20位という成績が残されている。

森

Real Live
リアル・ライブ

Columbia : FC 39944
録音 : 1984年7月5日～8日
発売 : 1984年11月29日

[A]
1. Highway 61 Revisited
2. Maggie's Farm
3. I And I
4. License To Kill
5. It Ain't Me, Babe

[B]
1. Tangled Up In Blue
2. Masters Of War
3. Ballad Of A Thin Man
4. Girl From The North Country
5. Tombstone Blues

プロデューサー : Glyn Johns

参加ミュージシャン : Carlos Santana (g), Mick Taylor (g), Ian McLagan (kbd), Colin Allen (ds), Gregg Sutton (b)

『インフィデルズ』がリリースされた1983年の秋、ディランはチャーリー・セクストンら、若手のミュージシャンとの非公式なセッションに興じていた。さらに翌84年3月22日にはテレビ番組『レイト・ナイト・ウィズ・デイヴィッド・レターマン』に出演、ポスト・パンク・バンドのザ・プラグスを従えて「ジョーカーマン」など3曲を披露した。かなりラフな演奏ではあったが、ディラン自身がいかに時代に対応しながらアップデイトしていくのか、試行錯誤が続いているようだった。

5月からはヨーロッパでサンタナとのジョイント・ツアーが組まれていた。そのうち、7月初旬の3ステージが録音され、グリン・ジョンズによってまとめられたのがライヴ・アルバム『リアル・ライヴ』である。流れから行けば、ディランのさらなる進化が窺えても良さそうなものだ。しかし、データを見ていただければお分かりの通り、前作に参加したミック・テイラーを中心とする、言い方は悪いが前時代的なメンバーでバンドを固めてしまっている。

大味なアレンジで、テイラーのギターは目立っているが、さほど新しさや凄みを感じることはない。新曲を除けばファンにはお馴染みのナンバーが続くので、会場に居ればそこそこ盛り上がるのだろうが、こうして盤にまとめられると「で？」と尋ねたくなる。弾き語りの3曲は良いが、最高と言うほどではない。 **森**

Empire Burlesque
エンパイア・バーレスク

Columbia：FC 40110
録音：1984年7月、12月〜1985年3月
発売：1985年6月10日

[A]
1. Tight Connection To My Heart (Has Anybody Seen My Love)
2. Seeing The Real You At Last
3. I'll Remember You
4. Clean Cut Kid
5. Never Gonna Be The Same Again

[B]
1. Trust Yourself
2. Emotionally Yours
3. When The Night Comes Falling From The Sky
4. Something's Burning, Baby
5. Dark Eyes

プロデューサー：Bob Dylan

参加ミュージシャン：Mick Taylor (g), Ron Wood (g), Al Kooper (g), Ted Perlman (g), Mike Campbell (g), Stuart Kimball (g), Jim Keltner (ds), Sly Dunbar (ds), Don Heffington (ds), Madelyn Quebec (vo), John Paris (b), Howie Epstein (b), David Watson (sax), Richard Scher (kbd), Benmont Tench (kbd), Vince Melamed (kbd), Carol Dennis (cho), Queen Esther Marrow (cho), Debra Byrd (cho), Peggi Blu (cho), Robbie Shakespeare (b), Chops (horns), Bashiri Johnson (per), Anton Fig (ds)

サンタナとのツアーに出る前から、ディランは新曲をつくり始めていたらしい。ということは、若手ミュージシャンとのセッションも曲づくりの一貫だったのかも知れない。いずれにせよ、ヨーロッパから帰国後すぐにレコーディングに着手し、スタジオを転々としながら断続的に録音を行って完成したのがこの『エンパイア・バーレスク』だ。ディランのセルフ・プロデュースで、ミックスはヒップ・ホップの世界でキャリアを積んだアーサー・ベイカーが担当した。

1曲1曲の出来は悪くないと思うのだが、どうにも散漫な印象が拭えないアルバムだ。そもそも、発売から40年近く経った現在でも、まず話題に上るのが日本で撮影された「タイト・コネクション」のミュージック・ヴィデオ（のヒドさ）なのだから、これまでロクに評価されてこなかったことがよくわかる。

そもそもアルバム・タイトルを意訳すれば〝パロディ帝国〟とも読み取れるわけで、正に「フォーリング・フロム・ザ・スカイ」のイントロなど、ジミ・ヘンドリクス版「見張塔からずっと」そのものなのだから、初めからテーマを絞り込んでアルバムを構築する気など、ディランにはなかったのかも知れない。

それでも「エモーショナリー・ユアーズ」の聖歌の（パロディの）ようなメロディの美しさとか、最後にそっと置かれた弾き語りの「ダーク・アイズ」の無骨な繊細さなどは無視できないのだが。**森**

The Bootleg Series Vol. 16: Springtime in New York (1980-1985) [Deluxe Edition]

スプリングタイム・イン・ニューヨーク (1980-1985) [デラックス・エディション]

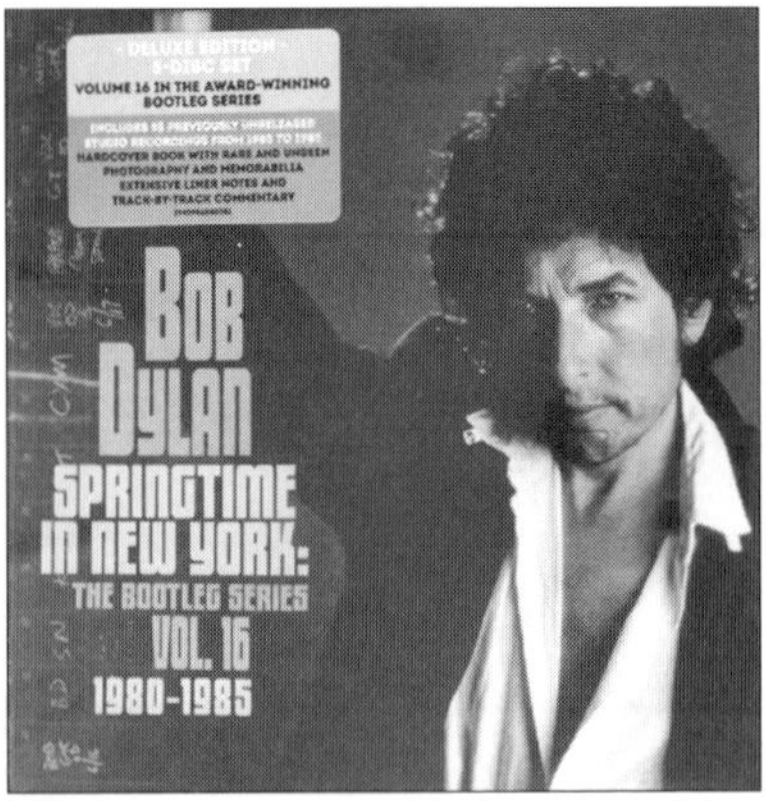

Columbia／Legacy：19439865802 [CD]
録音：1980年～1985年
発売：2021年9月17日

[1] Rehearsals
1. Señor (Tales Of Yankee Power)
2. To Ramona
3. Jesus Met The Woman At The Well
4. Mary Of The Wild Moor
5. Need A Woman
6. A Couple More Years
7. Mystery Train (outtake)
8. This Night Won't Last Forever
9. We Just Disagree
10. Let's Keep It Between Us
11. Sweet Caroline
12. Fever
13. Abraham, Martin And John

[2] "Shot Of Love" Outtakes
1. Angelina
2. Price Of Love
3. I Wish It Would Rain
4. Let It Be Me (single)
5. Cold, Cold Heart
6. Don't Ever Take Yourself Away
7. Fur Slippers
8. Borrowed Time
9. Is It Worth It?
10. Lenny Bruce (Alternate)
11. Yes Sir, No Sir

[3] "Infidels" Sessions
1. Jokerman (Alternate)
2. Blind Willie McTell (Take 5)
3. Don't Fall Apart On Me Tonight (1)
4. 同 (2)
5. Neighborhood Bully (Alternate)
6. Someone's Got A Hold Of My Heart (outtake)
7. This Was My Love (outtake)
8. Too Late (Acoustic)
9. 同 (Band)
10. Foot Of Pride (outtake)

[4] "Infidels" Sessions
1. Clean Cut Kid (outtake)
2. Sweetheart Like You (Alternate)
3. Baby What You Want Me To Do (outtake)
4. Tell Me (outtake)
5. Angel Flying Too Close To The Ground (outtake)
6. Julius And Ethel (outtake)
7. Green, Green Grass Of Home (outtake)
8. Union Sundown (Alternate)
9. Lord Protect My Child (outtake)
10. I And I (Alternate)
11. Death Is Not The End (Full)

[5] Live Appearances And "Empire Burlesque" Outtakes
1. Enough Is Enough (Live)
2. License To Kill (Live)
3. I'll Remember You (Alternate)
4. Tight Connection To My Heart (Has Anybody Seen My Love) (Alternate)
5. Seeing The Real You At Last (Alternate)
6. Emotionally Yours (Alternate)
7. Clean Cut Kid (outtake)
8. Straight A's In Love (outtake)
9. When The Night Comes Falling From The Sky (Slow)
10. 同 (Fast)
11. New Danville Girl (outtake)
12. Dark Eyes (Alternate)

プロデューサー：Jeff Rosen, Steve Berkowitz

参加ミュージシャン：Mick Taylor (g), Ron Wood (g), Jim Keltner (ds), Sly Dunbar (ds), Mark Knopfler (g), Danny Kortchmar (g), Willie Smith (kbd), Steve Douglas (sax), David Mansfield (mandolin), Madelyn Quebec (cho), Carolyn Dennis (cho), Clydie King (cho), Full Force (cho), Alan Clark (kbd), Gwen Evans (cho), Regina McCrary (cho), Tim Drummond (b, g), Robbie Shakespeare (b), Stevie Van Zandt (g), Roy Bittan (p), Fred Tackett (g, mandolin), Richard Seher (kbd), Sammy Figueroa (per), Jon Paris (b), Steve Ripley (g), Carl Pickhardt (kbd), Benmont Tench (kbd), Tony Marsico (b), Chalo Quintana (ds), J.J. Holiday (g)

『ショット・オブ・ラヴ』『インフィデルズ』『エンパイア・バーレスク』のアウトテイクを中心に、同じ時期のツアーのリハーサルやライヴ音源で構成されたブートレッグ・シリーズの第16集。２枚組ＣＤ／４枚組ＬＰのスタンダード・エディションと5枚組ＣＤのデラックス・エディションがあるが、迷わず後者をお勧めする。ディランの迷走期とも言われる時期に、これほどまでに充実したセッションが行われていたことを体感していただきたいのだ。

　リハーサル音源は１９８０年末のゴスペル・ツアーに向けたものが中心で、『トラブル・ノー・モア／ブートレッグ・シリーズ第13集』にもあまり収録されなかった『セイヴド』発売ツアーの次のレッグ用の選曲になっている。驚かされるのは、ニール・ダイアモンドの「スウィート・キャロライン」やディオンの「エイブラハム、マーティン&ジョン」など、政治的だったり宗教的だったりする一面をもったヒット曲を、かなりの完成度まで練り上げていたこと。過去の曲を封印し、キリストの教えを説きながらコンサートを続けていた従来のゴスペル・ツアーに限界を感じ、なによりディラン自身が〝飽きて〟きた証拠だろう。「風に吹かれて」や「ライク・ア・ローリング・ストーン」はまだ演りたくないが、みんなが知っているカヴァーなら聴衆は自分の説法に耳を傾けてくれるのではないか、そんな思惑も見え隠れしている。結局、『ショット・オブ・ラブ』のレコーディングでは、『セルフ・ポートレイト』にも収録していた、エヴァリー・ブラザーズで知られる「レット・イット・ビー・ミー」を再び取り上げ、シングル・カットされた「ハート・オブ・マイン」のＢ面（ヨーロッパ盤）にカップリングされることになる。

『インフィデルズ』のアウトテイク、オルタネイト・ヴァージョンは実にＣＤ２枚分、21テイクが収録されている。どうしても「ブラインド・ウィリー・マクテル」や「フット・オブ・プライド」の更なる別ヴァージョンに耳を惹かれるが、ジミー・リードの「ベイビー・ホワット・ユー・ウォント・ミー・トゥ・ドゥ」や、ウィリー・ネルソンの「エンジェル・フライング・トゥー・クローズ・トゥ・ザ・グラウンド」まで試していることに驚かされる。しかも、スライ&ロビーがきっちりと対応してみせているのだ。『エンパイア・バーレスク』の別テイク、未発表曲に至っては、こちらの10曲を正規盤として出し直したほうが良いんじゃないか、と思えるほどの輝きを放っている。余計なシンセサイザーやエコーが加わる前の、剥き出しのセッション集。素晴らしい。

森

Biograph
バイオグラフ

Columbia：C5X 38830
録音：1961年11月～1981年8月
発売：1985年11月7日

[A] 1. Lay Lady Lay / 2. Baby, Let Me Follow You Down / 3. If Not For You / 4. I'll Be Your Baby Tonight / 5. I'll Keep It With Mine
[B] 1. The Times They Are A-Changin' / 2. Blowin' In The Wind / 3. Masters Of War / 4. Lonesome Death Of Hattie Carroll / 5. Percy's Song
[C] 1. Mixed-Up Confusion / 2. Tombstone Blues / 3. Groom's Still Waiting At The Altar / 4. Most Likely You Go Your Way / 5. Like A Rolling Stone / 6. Jet Pilot
[D] 1. Lay Down Your Weary Tune / 2. Subterranean Homesick Blues / 3. I Don't Believe You (She Acts Like We Never Have Met) / 4. Visions Of Johanna / 5. Every Grain Of Sand
[E] 1. Quinn The Eskimo / 2. Mr. Tambourine Man / 3. Dear Landlord / 4. It Ain't Me Babe / 5. You Angel You / 6. Million Dollar Bash
[F] 1. To Ramona / 2. You're A Big Girl Now / 3. Abandoned Love / 4. Tangled Up In Blue / 5. It's All Over Now, Baby Blue
[G] 1. Can You Please Crawl Out Your Window? / 2. Positively 4th Street / 3. Isis / 4. Caribbean Wind / 5. Up To Me
[H] 1. Baby, I'm In The Mood For You / 2. I Wanna Be Your Lover / 3. I Want You / 4. Heart Of Mine / 5. On A Night Like This / 6. Just Like A Woman
[I] 1. Romance In Durango / 2. Señor (Tales Of Yankee Power) / 3. Gotta Serve Somebody / 4. I Believe In You / 5. Time Passes Slowly
[J] 1. I Shall Be Released / 2. Knockin' On Heaven's Door / 3. All Along The Watchtower / 4. Solid Rock / 5. Forever Young

プロデューサー：Jeff Rosen

LP5枚組、カセットやCDだと3枚組というヴォリュームでリリースされた、ディランのオール・タイム・ベスト。発売時点ではアナログが主流だったと思われるが、CDはそれぞれ70分以上収録されている。完全にCDの時代を見越した企画だろう。

しかも、53曲中18曲が未発表曲もしくは未発表テイク、さらに3曲がアルバム未収録のシングルだ。本作が市場に受け容れられれば、ブートレッグ・シリーズのような大型企画を本格的に検討できる、というテスト・ケースでもあったことは想像に難くない。その結果は米ビルボード33位。奇しくも直前のリリースだった『エンパイア・バーレスク』と最高位が同じだったのだ。

未発表曲のうち、1966年のライヴなどはのちに正式にリリースされているため、現在ではその価値が高いとは言えないが、当時のファンに与えた衝撃は大きなものだっただろう（たとえ海賊盤が出回っていたにしても、だ）。

ほかにも、例えばジュディ・コリンズがシングルで取り上げた「アイル・キープ・イット・ウィズ・マイン」は、本作に収録されたヴァージョンは提供したデモではなく、自身の『ブリンギング・イット・オール・バック・ホーム』用のレコーディングだったことが、のちのブートレッグ・シリーズでわかってくる。未だに重箱の隅を突っつきたくなる重要作であることは間違いない。　**森**

Knocked Out Loaded
ノックト・アウト・ローデッド

Columbia : OC 40439
録音 : 1986年4月〜6月
発売 : 1986年7月14日

[A]
1. You Wanna Ramble
2. They Killed Him
3. Driftin' Too Far From Shore
4. Precious Memories
5. Maybe Someday

[B]
1. Brownsville Girl
2. Got My Mind Made Up
3. Under Your Spell

プロデューサー : Bob Dylan

参加ミュージシャン : Ronnie Wood (g), Tom Petty (g), Al Kooper (kbd), T Bone Burnett (g), Peggi Blu (cho), Maia Smith (vo), Carolyn Dennis (cho), Steve Douglas (sax), Queen Esther Marrow (cho), Al Perkins (g), Mike Campbell (g), Clem Burke (ds), Anton Fig (ds), Phil Jones (org), Don Heffington (ds), Howie Epstein (b), Phil Jones (per), Benmont Tench (kbd), James Jamerson Jr. (b), John McKenzie (b), Stan Lynch (ds), Jack Sherman (g), David A. Stewart (g)

『エンパイア・バーレスク』がリリースされた頃から、ディランの動きは慌ただしくなっていった。U.S.A.フォー・アフリカ「ウィ・アー・ザ・ワールド」のレコーディングと〈ライヴ・エイド〉への参加、自身の発言がきっかけとなって実現した〈ファーム・エイド〉への出演、アーティスト・ユナイテッド・アゲインスト・アパルトヘイト「サン・シティ」の録音などなど。86年に入るとトム・ペティ&ザ・ハートブレイカーズとの〈トゥルー・コンフェッションズ・ツアー〉が始まり、2月から8月にかけてオセアニア〜日本〜北米で60回のコンサートが行われている。その合間を縫って制作が進められ、リリースまでされてしまったのが、この『ノックト・アウト・ローデッド』だ。

突貫工事と言うべきか、カヴァー、共作、過去のアウトテイクの再利用など、あらゆる手段を使って仕上げられただけに、トータル・アルバムのような統一感は望むべくもない。それでも「ブラウンズヴィル・ガール」のように、11分もの間、まったくダレることもなく、詩とも物語ともつかぬ、聴き手のイマジネイションを刺激する言葉を吐き出し続けるナンバーをモノにしているのだから火事場の馬鹿力は恐ろしい。やや大げさなアレンジもご愛嬌といったところか。ちなみに、この曲はサム・シェパードとの共作で、前作のアウトテイク、「ニュー・ダンヴィル・ガール」のリメイク。

森

Down In The Groove
ダウン・イン・ザ・グルーヴ

Columbia : CK 40957／40957［CD］
録音：1983年〜1987年
発売：1988年5月30日

1. Let's Stick Together
2. When Did You Leave Heaven?
3. Sally Sue Brown
4. Death Is Not The End
5. Had A Dream About You, Baby
6. Ugliest Girl In The World
7. Silvio
8. Ninety Miles An Hour (Down A Dead End Street)
9. Shenandoah
10. Rank Strangers To Me

プロデューサー：Bob Dylan, Mark Knopfler

参加ミュージシャン：Eric Clapton (g), Jerry Garcia (vo), Bob Weir (vo), Ron Wood (b), Steve Jordan (ds), Mark Knopfler (g), Paul Simonon (b), Steve Jones (g), Sly Dunbar (ds), Larry Klein (b), Danny Kortchmar (g), Alan Clarke (kbd), Carol Dennis (cho), Robbie Shakespeare (b), Randy Jackson (b), Henry Spinetti (ds), Stephen Shelton (ds, kbd), Randy Jackson (b), Nathan East (b), Madelyn Quebec (vo, kbd), Kevin Savigar (kbd), Bobby King (cho), Willie Green (cho), Clydie King (cho), Full Force (cho), Myron Grombacher (ds), Beau Hill (kbd), Mitchell Froom (kbd)

　前作に続いて寄せ集め感が漂っているが、無理矢理でっち上げたというわけでもない。曲が集まったからLPを出してみたよ、とでも言いたげなディランの顔が浮かぶ。まるで家族の写真が溜まってきたから〝アルバム〟一冊分にまとめて、正月に挨拶に来た親戚に見せているような、そんな雰囲気があったりして。

　ディラン自作の2曲は在りモノだったので、順次録音されていったのはグレイトフル・デッドの作詞で知られるロバート・ハンターと共作した2曲とさまざまなカヴァーだ。セッションに参加したメンバーもその時々で入れ替わっている。

　オープニングはウィルバート・ハリスンの「レッツ・スティック・トゥゲザー」で、ダニー・コーチマーやスティーヴ・ジョーダンらが参加、オリジナルの雰囲気を残しながら幕を開けるが、ディランのハーモニカが止まり、そろそろエンディング、というところでなぜかフェイド・アウトしてしまう。

　デッドのメンバーもコーラスに加わった「シルヴィオ」がいちばん盛り上がりそうな曲だが、演奏しているのはリズム・セクションとディランのみ。そこからカントリーの「ナインティ・マイルズ・アン・アワー」、トラディショナルの「シェナンドーア」、スタンレー・ブラザーズで有名な「ランク・ストレンジャーズ・トゥ・ミー」と、小編成でディランの歌を聴かせる曲が続き、しみじみと終わる。地味だが滋味。　**森**

DYLAN & THE DEAD
Dylan & The Dead
ディラン & ザ・デッド

Columbia : CK 45056 [CD]
録音 : 1987年7月
発売 : 1989年2月6日

1. Slow Train
2. I Want You
3. Gotta Serve Somebody
4. Queen Jane Approximately
5. Joey
6. All Along The Watchtower
7. Knockin' On Heaven's Door

プロデューサー : John Cutler, Jerry Garcia

Grateful Dead :
Jerry Garcia (g, vo)
Bob Weir (g, vo)
Mickey Hart (ds)
Bill Kreutzmann (ds)
Phil Lesh (b)
Brent Mydland (kbd, vo)

　ディランとトム・ペティ&ザ・ハートブレイカーズとのツアーは1986年と87年の二度行われた。しかもその間隙を縫うように、87年7月にはディランとグレイトフル・デッドのジョイント・コンサートが6公演行われている。いずれもスタジアム級の会場で、まずデッド単独のステージで始まり、後半にはディランが加わる構成だった。
『ボブ・ディラン自伝』に書かれているように、最初は軽い気持ちでリハーサルに臨んだディランだったが、デッド側が普段演らないような曲を多く持ち出してきたことで混乱し、逃げ出そうとしたらしい。しかし、ひょんなことから躊躇せずに歌えるようになったそうだ。

　さて、短いツアーから1年半が経ってリリースされた『ディラン&ザ・デッド』には、両者が共演した7曲が収録された。どれも緩いというか、もう少し熱ければ良い湯加減になりそうなところをわざと寸止めしているようにも聴こえてしまう。「クイーン・ジェーン」や「ジョーイ」といったライヴでは珍しい選曲は嬉しいが、「見張り塔からずっと」はやたらとギター・ソロが長いし、「天国への扉」ではディランがメロディを崩しまくっている。まあ「やってみたらこうなった」といったところなのだろう。とにかくこのツアーで〝何か〟を掴んだディランは、ハートブレイカーズとのツアーが再開されると「演りたい曲があるなら言ってくれ」と宣ったのである。

森

TRAVELING WILBURYS
Vol.1
トラヴェリング・ウィルベリーズ Vol.1

Wilbury：9 25796-2 [CD]
録音：1988年4月〜5月
発売：1988年10月25日

1. Handle With Care
2. Dirty World
3. Rattled
4. Last Night
5. Not Alone Any More
6. Congratulations
7. Heading For The Light
8. Margarita
9. Tweeter And The Monkey Man
10. End Of The Line

Reissue (2007)
Rhino / Wilbury：R2 255036 [CD]
1〜10. "Vol.1"
11. Maxine
12. Like A Ship

プロデューサー：Nelson Wilbury, Otis Wilbury

参加ミュージシャン：Nelson Wilbury as George Harrison (vo, g), Otis Wilbury as Jeff Lynne (vo, g, b, kbd, ds, per), Charlie T. Wilbury Jr as Tom Petty (vo, g), Lefty Wilbury as Roy Orbison (vo, g), Lucky Wilbury as Bob Dylan (vo, g, harmonica), Buster Sidebury as Jim Keltner (ds, per), Jim Horn (sax), Ian Wallace (per)

最初から顔出しオッケーの覆面バンド、ザ・トラヴェリング・ウィルベリーズが結成された経緯についてはご存知の方も多いだろう。若干眉唾な話もあるが、兎にも角にもジョージ・ハリスン、ボブ・ディラン、トム・ペティ、ジェフ・リンに加えて、ロイ・オービソンまで話に乗ったのだから、レコーディングは本人たちがいちばん楽しかったのだろう。

アルバム制作が実現に至ったのは、前年にジョージの『クラウド・ナイン』がヒットしたから、ダーク・ホースを擁していたワーナーがここがチャンスとばかりに調整を図ったのだと思われる。プロジェクトが開始されるとジェフ・リンが仕切り、ジム・ケルトナーやレイ・クーパーらが招集された。

ディランにとっては〈ネヴァー・エンディング・ツアー〉が始められる直前に当たる時期だが、「ダーティ・ワールド」「コングラチュレイションズ」「トゥイーター・アンド・ザ・モンキー・マン」を提供し、ほかの曲への貢献度も高い。

しかし、80年代に復活を遂げたロイ・オービソンの存在感がこのアルバムを支えているように聴こえてならない。「ハンドル・ウィズ・ケア」でジョージからバトンを受けて歌うヴァースや、メイン・ヴォーカルをとった「ノット・アローン・エニイ・モア」が静かなインパクトを残している。本作がヒットしている最中の１９８８年12月6日、彼は52歳でこの世を去ってしまうのだが。**森**

Chapter 9:

1989-1997 Faces of Apocalypse

SHOJI UMEMURA
JIRO MORI

ニューオーリンズ・フォレストライン

梅村昇史

Shoji Umemura

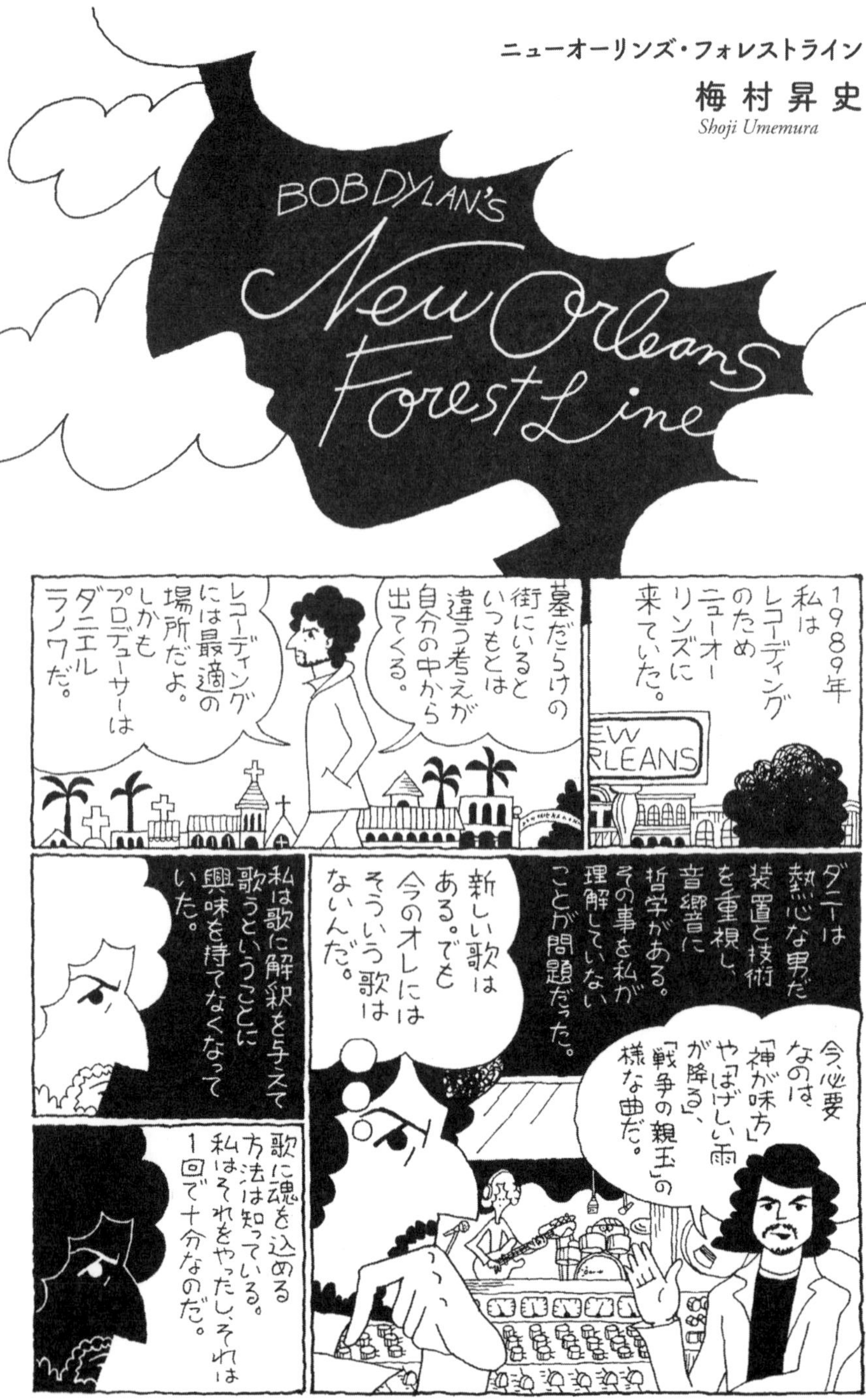

スタジオで煮詰まるたびに私はバイクで湿地帯の森に向った。

やあボブまた気分転換かい？

こいつの名前はブー・ドーイブードゥーの精霊だ。ここで友達になった。

どーも
ここは街から遠くないが、何故か誰もやってこない沼地の森だ。

私しか知らないんじゃないか？

ブー・ドーイに言わせるとこここそがブードゥー教の本当の聖地らしい。

植民地政策と奴隷制度によって命を落としたものたちの死の宇宙その中心というわけだ。

またラノワともめたのか？

おどろおどろしいがこれは私にとって最高のサイケデリックだ。

ブー・ドーイはこの森の奥でライヴ・ハウスを経営している。私はまだ行ったことはないが。

ボブ、あいかわらず引退のことは考えているのかい？

わからん、とりあえずオレの魂をこの森に彷徨わせて考えよう。

今日はオレの店に来ないか？
BOODOWIE LIVE
ボブに聴かせたい歌手が出るんだ。
彼は、グランド・ビリールイジアヌージー・サム３世だ。
ビリー、今日はボブ・ディランが客だぜ。
ボブ……何？知らんな。
う、う～む このワニのバンド、悪くないな。
uoni
ちょっと待て、なんだあのバンドは？
この湿地帯に住むワニがバックバンドだよ。
オイ!! 彼はすごいぞ オレにはわかる!!

おいボブなんとか、何か迷っているようだが考えるのはやめとけ。ことさら自分を歌に関わらせるな。オレみたいにやれ。歌は真実をのせる道具じゃない。ただの歌だ。真実もない。ただ歌うだけでいいはずだ。

お前はそのやり方を昔に教わったはずだ。忘れたなら思い出せ。

EXIT
今すぐやってみたいことが出来た。オレはスタジオにもどるよ。

もういいのか?

ボブ飛ばしすぎだぜ!!

何故かワニもいるけど。

おい!! 景色がおかしい!! 何だこの道は!!

何かこっちに向かってくる。

バイクが突っこんでくるぞ!!

何てこった。

CLASH!

うわーーっ
あれは1966年のボブじゃないか!!
89年のボブとバイク事故を起こしたぞーっ
血だらけだ!! 血の轍だわに。
この道はニューオーリンズとウッドストックがサイキックにつながったハイウェイ61なんだわに。
HIGHWAY
61
アンタ、オレじゃないか?
オレたち死んだみたいだな
魂はまだ生きているよボブ!!
みんなまだ私のレコードを欲しがっている。正直レコードを今、作るのは億劫だ。
ビートルズは私に敬意を持っているらしい、何でだ?
歌を通して言いたいことはないみんなラップを聴けばいい。
競争のような状況はやめたい
自分はもはやどこにあるのかわからない州のリーダーみたいなもんだ
80年代のやり方は私には合わない。
子どもができた人生を変えねば
自分を世代の良心と決めつけるのはやめてくれ。
歌で何かを言わないとみんな満足しないのは困りものだ。
DYLAN'66 meets DYLAN'89

物を言う歌手としてのお前は死んだ。ウッドストックのただの家庭人として生き還れ。
私は60年代の残骸としての自分を葬って、ただの歌手として生き還る。
死者復活の儀式
in New Orleans
私はスタジオに戻り、ダニーと満足のいくアルバムを完成させた。
新作はグレイトフル・デッドとのライヴ盤ほど売れなかったが、まあ、かまわない。
CASHBOX
私は前年から始めたライヴの方法に精を出していた。多くの人はこれをネヴァー・エンディング・ツアーと呼んでいるらしいが……
みんな、永遠はないと知るべきだよ。オレは仕事があるだけで幸せだ。
大工も電気技師も料理人も好きなだけ働けばいい。引退を考える必要はない。
歌手も
ボブはいつまで続ける？
友よ、その答えは風に吹かれている、としか言えんね。
END(NEVER END) Shoji Umemura 2023

Oh Mercy
オー・マーシー

Columbia：CK 45281［CD］
録音：1989年2月〜4月
発売：1989年9月12日

1. Political World
2. Where Teardrops Fall
3. Everything Is Broken
4. Ring Them Bells
5. Man In The Long Black Coat
6. Most Of The Time
7. What Good Am I？
8. Disease Of Conceit
9. What Was It You Wanted
10. Shooting Star

プロデューサー：Daniel Lanois

参加ミュージシャン：Daniel Lanois (g, dobro), Cyril Neville (per), Tony Hall (b), Paul Synegal (g), John Hart (sax), Malcolm Burn (kbd, b), Willie Green (ds), Brian Stoltz (g), Mason Ruffner (g), Rockin' Dopsie (accordion), Daryl Johnson (per), Larry Jolivet (b), Alton Rubin, Jr. (ds)

しばらくの間、歌をつくりたいという欲求を覚えていなかったディランが、再び自発的に曲を書き始めたのは、トム・ペティ&ザ・ハートブレイカーズとのツアーを終えたあとの、暫しの休暇の間のことだと思われる。何曲か書き溜めた頃、ディランはU2のボノに何かレコーディングしていない歌はあるのかと問われた。渡された詞に目を通したボノは、ブライアン・イーノと共にU2のアルバムをプロデュースしているダニエル・ラノワに電話をかけ、ふたりを引き合わせたのだ。

その頃のラノワは、拠点をニューヨークからニューオーリンズに移していたので、ディランがツアーで彼の地を訪れたときに初めて顔を合わせることになった。1時間ほどの会話でツアー・バンドは起用しないこと、ヒット狙いのレコードをつくるつもりがないことなどが確認されたという。そのあと、ネヴィル・ブラザーズのレコーディングを行っていたスタジオ（ラノワの自前の機材を運び込んだ古いアパートのこと）に招かれたディランは、アーロン・ネヴィルが歌う「ホリス・ブラウンのバラッド」と「神が味方」を聴くことになる。こんな巡り合わせもあって、ディランはラノワと組んでアルバムをつくることを決めた。

1989年の春にディランはニューオーリンズに家を借り、ラノワは機材を別の邸宅に移して準備を整えていた。まずキッチンに設えられた小さなブースでディランとラノワがギターを弾きながら曲を仕上げることが最初の作業だったと言う。いいテイクが録音できたら、ディランが帰ったあとにラノワやエンジニアのマルコム・バーンらがダビングとミックスを行い、バンドが必要だと判断されれば、ネヴィル・ブラザーズのウィリー・グリーンなどがその都度集められたそうだ。

最初のうちは、ディランとラノワの間で完成形のイメージが異なり、一曲を仕上げることすら苦労したらしい。ディランは自分のやり方を変える気はないし、声を発したその瞬間の空気がパッケージできれば良いと考えていた。ラノワはディランにとって新しい要素、すなわち自分のやり方をできる限り詰め込んで、さらに〝完成〟を目指していたのだろう。これでは話が嚙み合うわけがない。

それでも何度もトライアルを繰り返すうちに、同じジャッジになるケースも出てきた。例えば「ディジーズ・オブ・コンシート」は、ディランがピアノを弾き、バンドが必要最小限の音で寄り添っただけのようなテイクに、ラノワは「このままでいい」「いいものをとらまえている」と言って作業を終わらせたと言う。

アルバム全体を通してラノワの最大の貢献は、ディランの声を何も足さず、何も差し引くことなく拾い上げたことだろう。演奏はともかくとして、ヴォーカルのテイクについては多少の見解の相違はあれど、最終的には落ち着くところに落ち着いたのではないか。

速射砲のような「ポリティカル・ワールド」や「エヴリシング・イズ・ブロークン」のインパクトが強いが、結局のところ「リング・ゼム・ベルズ」「マン・イン・ザ・ロング・ブラック・コート」「モスト・オブ・ザ・タイム」「ホワット・グッド・アム・アイ?」「シューティング・スター」といったスローやミディアムな曲でのディランのしみじみとした歌にヤラれてしまうアルバムなのだ。

ちなみにラノワは、ネヴィル・ブラザーズの『イエロー・ムーン』、ディランの『オー・マーシー』、そして自身初のソロ・アルバム『アカディ』を、ニューオーリンズ三部作と呼んでいるそうだ。

森

Under The Red Sky
アンダー・ザ・レッド・スカイ

Columbia：CK 46794［CD］
録音：1990年1月、3月〜5月
発売：1990年9月10日

1. Wiggle Wiggle
2. Under The Red Sky
3. Unbelievable
4. Born In Time
5. T.V. Talkin' Song
6. 10,000 Men
7. 2 X 2
8. God Knows
9. Handy Dandy
10. Cat's In The Well

プロデューサー： Jack Frost (Bob Dylan), Don Was, David Was

参加ミュージシャン： George Harrison (g), Elton John (p), David Lindley (g, Bouzouki), David Crosby (cho), Stevie Ray Vaughan (g), Slash (g), Waddy Wachtel (g), Don Was (b), David Was (cho), Al Kooper (kbd), David McMurray (sax), Robben Ford (g), Randy Jackson (b), Rayse Biggs (trumpet), Kenny Aronoff (ds), Jimmie Vaughan (g), Bruce Hornsby (p), Paulinho Da Costa (per), Jamie Muhoberac (org), Donald Ray Mitchell (cho), Sir Harry Bowens (cho), Sweet Pea Atkinson (cho)

データを見ていただければおわかりの通り、ディランのアルバムにしてはやたらと参加したミュージシャンが多い。しかもゲスト扱いで1〜2曲弾いたらお終い、というプレイヤーが多く、90年代の始まりを象徴しているようでもある。プロデュースはウォズ（ノット・ウォズ）のドン・ウォズとデイヴィッド・ウォズ、そしてジャック・フロスト（ディランの変名）。どうも〝最新型のフォーク・ロック〟を目指した節があるが、曲によってはディランのセルフ・パロディに聴こえるところが、軽いどころか薄っぺらい印象を与えてしまったようだ。

「T.V.トーキン・ソング」は「サブタレニアン・ホームシック・ブルース」の二番煎じみたいだし、「ハンディ・ダンディ」のイントロはわざわざアル・クーパーのオルガンを使って「ライク・ア・ローリング・ストーン」を想起させるような手口なのだから、『オー・マーシー』のあとだけに、否定的な意見が多かったことも頷ける。

また、「ウィグル・ウィグル」では当時飛ぶ鳥を落とす勢いだったガンズ・アンド・ローゼスのスラッシュと、デイヴィッド・リンドレーというふたりのギタリストを起用、「ゴッド・ノウズ」に至ってはスティーヴィー・レイ・ヴォーンとジミー・ヴォーンの兄弟にまたもやリンドレーまで揃えたにも関わらず、さほどギターの存在感がない。タイトル曲でのジョージ・ハリスンのスライド・ギターだけは、きっちりとフィーチャーされているが。

「ボーン・イン・タイム」など、デイヴィッド・クロスビーをコーラスに従え、ラヴ・ソングとも哲学的ともとれる歌詞をぶっきらぼうに歌うディランがとても魅力的なのだが、オーソドックス過ぎる演奏が台無しにしてくれる。ツアーの合間を縫ってのレコーディングであり、トラヴェリング・ウィルベリーズの活動も再開された時期だったから、ディラン自身も集中力を欠いていたと振り返っているが、ヴォーカルはデッドとのツアー以来摑みかけていた、軽く歌おうが多少揺れようが雰囲気が良ければオッケー、という域に達しつつあるので、実に惜しいのだ。

ただ、前作から甦った曲づくりのモードが継続していることは収穫だろう。しかも、特定の宗教に帰依することなく、神の存在を歌の材料にしている点は、キリスト教三部作と『インフィデルズ』を経たあとだけに、ディランの考える世界を端的に表しているのではないか。

例えば「ゴッド・ノウズ」。ネットの翻訳機能を使うと「神のみぞ知る」などと訳してくれるが、歌っている内容は人間なら誰しも考えるような普遍的なことばかりだ。神の名を借りて、ディランが自分の考えを表明していると言ってもいい。出だしが「神はあなたが可愛くないことを知っています」というのは噺の枕としても、「神は目的があることを知っています」「神はチャンスがあることを知っています」とあのダミ声で畳み掛けられると、絶妙なバランスで胡散臭さと希望の両方のイメージが喚起されるのだ。さらに言えば、神を地上に引きずり下ろして、「ちょっとそれらしい顔して立っててくれる? オレ、歌うから」と、やりたい放題に振る舞う姿まで思い浮かんでしまう。

隠喩に富んだフレーズの羅列(ディランはいつもそうだが)の最後に、「おやすみ、オレたち全員に主がご慈悲を与えてくれますように」と締めくくる「キャッツ・イン・ザ・ウェル」など、気が向いたときだけ神仏かまわず拝みまくる日本人みたいだ。もしかすると、ゴスペルがようやく消化されてディランの身体に染み渡ったのは、この時期だったのかも知れない。

森

TRAVELING WILBURYS
Vol.3
トラヴェリング・ウィルベリーズ
Vol.3

欧・Wilbury / Warner：926324-2 [CD]
録音：1990年6月、4月～5月
発売：1990年10月29日

1. She's My Baby
2. Inside Out
3. If You Belonged To Me
4. The Devil's Been Busy
5. 7 Deadly Sins
6. Poor House
7. Where Were You Last Night?
8. Cool Dry Place
9. New Blue Moon
10. You Took My Breath Away
11. Wilbury Twist

Reissue (2007)
Rhino：R2 255100 [CD]
1～11. "Vol.3"
12. Nobody's Child
13. Runaway

プロデューサー：Spike Wilbury, Clayton Wilbury

参加ミュージシャン：Spike Wilbury as George Harrison (g, mandolin, sitar, vo), Clayton Wilbury as Jeff Lynne (g, b, kbd, vo), Boo Wilbury as Bob Dylan (g, harmonica, vo), Muddy Wilbury as Tom Petty (g, vo), Ken Wilbury as Gary Moore (g), Buster Sidebury as Jim Keltner (ds, per), Jim Horn (sax), Ray Cooper (per)

ロイ・オービソンを失ったウィルベリーズに、デル・シャノンを迎えるという噂があった。彼がジェフ・リンやトム・ペティとレコーディングを行っていたことが憶測を呼んだのかも知れない。しかし、1990年2月8日にシャノンが自ら死を選んだことで、真実は明かされぬままになってしまった。

ウィルベリーズは4人のまま活動を再開する。まずジョージの妻オリヴィアが呼びかけた、ルーマニアの孤児を支援するための〈ルーマニアン・エンジェル・プロジェクト〉のために、ハンク・スノウも歌ったカントリーの「ノーバディズ・チャイルド」を録音、90年6月にチャリティ・シングルとしてリリースされた。

レコーディングはディランのスケジュールに合わせて進められ、完成したセカンド・アルバムはジョージのアイディアで『ヴォリューム3』と名付けられた。ファーストよりもオールディーズの要素が増したのは、オービソンやシャノンへのトリビュートという意味があったのかも知れない。「シーズ・マイ・ベイビー」だけは基本はほかの曲と同じ路線だが、ゲイリー・ムーアがギターを弾き倒したおかげで別物に。ヒットしたけど。

ちなみにシャノンの「ランナウェイ」も録音され、シングルのB面になっている。07年には2枚のアルバムとアウトテイクが入ったCDと、ミュージック・ヴィデオなどを収録したDVDをセットにした『コレクション』が発売された。**森**

Good As I Been To You
グッド・アズ・アイ・ビーン・トゥ・ユー

Columbia : CK 53200 [CD]
録音 : 1992年
発売 : 1992年11月3日

1. Frankie & Albert
2. Jim Jones
3. Blackjack Davey
4. Canadee-I-O
5. Sittin' On Top Of The World
6. Little Maggie
7. Hard Times
8. Step It Up And Go
9. Tomorrow Night
10. Arthur McBride
11. You're Gonna Quit Me
12. Diamond Joe
13. Froggie Went A Courtin'

プロデューサー : Debbie Gold

デビュー30周年にあたる1992年も、ディランは3月から11月までオセアニア～ヨーロッパ～北米を回るツアーに明け暮れていた。10月には記念のイヴェントが組まれている。そんなこの年に、彼がアルバム制作のテーマに選んだのは、トラディショナルのカヴァーだった。

6月にデイヴィッド・ブロムバーグをプロデューサーに立て、バンドでレコーディングを行ったが、アルバム1枚分の楽曲が封印された。あらためて7月から8月にかけて、全て弾き語りで録音された13曲が本作にまとめられている。スーパーヴァイザーとしてクレジットされているデビー・ゴールドと話し合いながら、制作が進められていったようだ。

『オー・マーシー』で再び曲づくりに向き合うようになっていたにも関わらず、節目の年に弾き語りのカヴァー・アルバムをつくったことは、ついつい〝原点回帰〟と考えてしまいそうになるが、それよりもディランの興味が優先された結果ではないだろうか。過去にも〝地下室〟でのセッションや『セルフ・ポートレイト』で他人の曲をどのように解釈して歌うのか、トライアルを繰り返していたように、新たな表現を模索していたのだろう。〈ネヴァー・エンディング・ツアー〉の最中に、「自分の曲歌うの、飽きたな」と思ったのかも知れないが。

端正なディラン自身のアコースティック・ギターと、崩さないヴォーカルが聴ける。それだけで満足できる一枚だ。**森**

[1]

1. Like A Rolling Stone - John Cougar Mellencamp
2. Leopard-Skin Pill-Box Hat - John Cougar Mellencamp
3. Introduction - Kris Kristofferson
4. Blowin' In The Wind - Stevie Wonder
5. Foot Of Pride - Lou Reed
6. Masters Of War - Eddie Vedder, Mike McCready
7. The Times They Are A-Changin' - Tracy Chapman
8. It Ain't Me Babe - June Carter Cash, Johnny Cash
9. What Was It You Wanted - Willie Nelson
10. I'll Be Your Baby Tonight - Kris Kristofferson
11. Highway 61 Revisited - Johnny Winter
12. Seven Days - Ronnie Wood
13. Just Like a Woman - Richie Havens
14. When The Ship Comes In - The Clancy Brothers, Robbie O'Connell, Tommy Makem
15. You Ain't Going Nowhere - Mary Chapin Carpenter, Rosanne Cash, Shawn Colvin

[2]

1. Just Like Tom Thumb's Blues - Neil Young
2. All Along The Watchtower - Neil Young
3. I Shall Be Released - Chrissie Hynde
4. Don't Think Twice, It's All Right - Eric Clapton
5. Emotionally Yours - The O'Jays
6. When I Paint My Masterpiece - The Band
7. Absolutely Sweet Marie - George Harrison
8. License To Kill - Tom Petty And The Heartbreakers
9. Rainy Day Women #12 & 35 - Tom Petty And The Heartbreakers
10. Mr. Tambourine Man - Roger McGuinn with Tom Petty And The Heartbreakers
11. It's Alright, Ma (I'm Only Bleeding) - Bob Dylan
12. My Back Pages - Bob Dylan, Roger McGuinn, Tom Petty, Neil Young, Eric Clapton, George Harrison
13. Knockin' On Heaven's Door - All
14. Girl From The North Country - Bob Dylan

The 2014 Remastered Deluxe Edition : Bonus Tracks

[1]

16. Don't Think Twice, It's All Right - Eric Clapton (Reh.)

[2]

15. I Believe in You - Sinéad O'Connor (Reh.)

プロデューサー：Jeff Rosen, Jeff Kramer, Don DeVito

参加ミュージシャン：Booker T. Jones (org), Donald "Duck" Dunn (b), Steve Cropper (g), Anton Fig filling(ds), Jim Keltner (ds), Sheryl Crow (cho), Sue Medley (cho), G. E. Smith (g, mandolin)

The 30th Anniversary Concert Celebration
30～トリビュート・コンサート

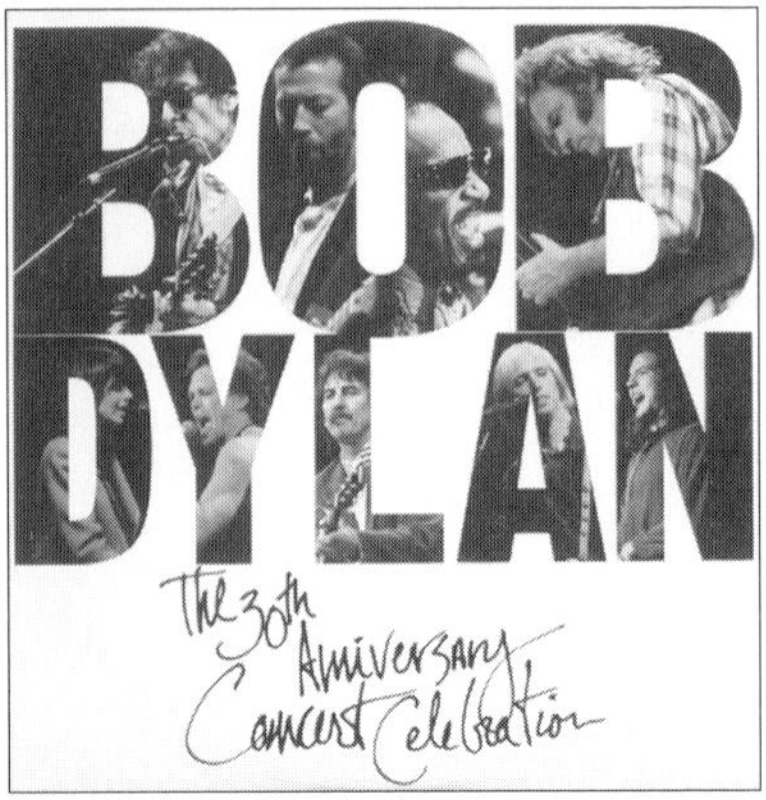

Columbia：C2K 53230／CK 57266／CK 57267 [CD]
録音：1992年10月16日
発売：1993年8月24日

The 30th Anniversary Concert Celebration

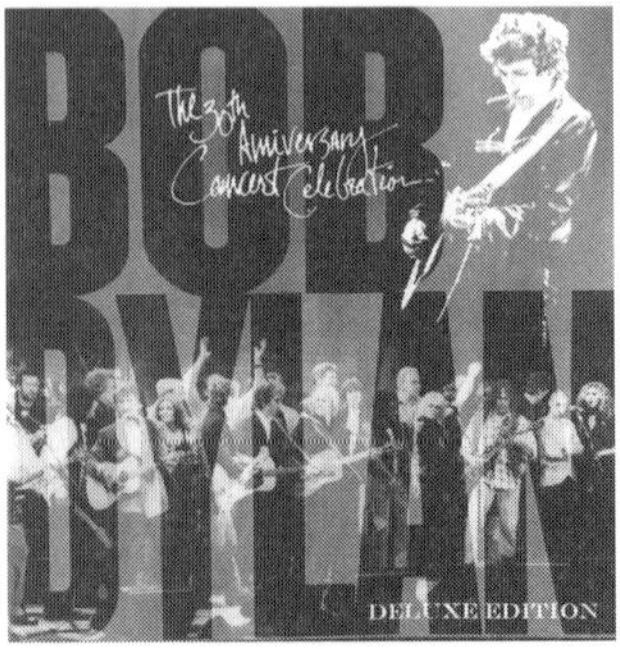

Columbia／Legacy：88843034139 [Blu-ray]
発売：2014年

プロデューサー：Jeff Kramer, Jeff Rosen

1992年10月16日、ボブ・ディランのレコード・デビュー30周年を祝うコンサートが行われた。場所はディランが頭角を表したニューヨークにある、マディスン・スクエア・ガーデン。ネヴァー・エンディング・ツアーの初期に参加していたG.E.スミスを仕切り役に、ブッカー・T&ザ・MGズとジム・ケルトナーでハウス・バンドを編成し、次々と登場するゲストをバックアップ。先輩後輩を問わず、嬉々として、そして真摯にディランの代表曲を歌うのだから、会場が盛り上がらないわけがない。

変化球を投じてきたのはルー・リード。本人もライヴで披露したことがない「フット・オブ・プライド」を選び、徐々に熱を帯びていった。どうやら奇を衒ったチョイスではなく、ルーは本当にこの曲のことが好きだったらしい。さらにウィリー・ネルソンは当時にしては比較的新しいアルバム『オー・マーシー』から、「ホワット・ワズ・イット・ユー・ウォンテッド」という攻めの選択。決して自分も歌う曲も〝懐かしの○○〟にはなるものか、という静かな闘志が感じられる。

ほかにもジョニー・キャッシュの存在感、リッチー・ヘイヴンズの変わらぬ聴衆との一体感、ニール・ヤングのヤンチャなギター・ソロ、ほとんど原型を留めないクラプトンの「くよくよするなよ」など、聴きどころが満載だ。

ゲストの演奏が終わると、ようやくジョージ・ハリスンによってこの日の主役が呼び込まれた。しかしディランはバンドを従えず、アコースティックギターとハーモニカだけで2万人近い聴衆と対峙したのだ。「ウディに捧げる歌」は本作に未収録だが、「イッツ・オールライト・マ」では『グッド・アズ・アイ・ビーン・トゥ・ユー』の成果か、非常に繊細な演奏と説得力のある歌が堪能できる。仲間とバンドが加わった2曲はどこか居心地が悪そうにも見えるが、最後にはまたひとりでステージに残り、弾き語りで「北国の少女」。フォーク期に書かれた曲を、フォーク・ロックもロックもゴスペルも通過したからこその説得力で聴かせてくれる。観客は「これでお終い？」と思ったあとに「それもディランらしい」と納得したことだろう。

現行の映像版では、『ビハインド・ザ・シーンズ』と題された、リハーサル映像と出演者へのインタヴューを中心とした40分弱のドキュメンタリーが収録された。またボーナス映像として、本編からは外されたパフォーマンスから3曲が選ばれている。イヴェントのオープニングを飾ったMGズによる「ガッタ・サーヴ・サムバディ」を見れば、会場が暖められていく様子がよくわかるはずだ。

森

World Gone Wrong
奇妙な世界に

欧・Columbia：CK 57590［CD］
録音：1993年5月
発売：1993年10月26日

1. World Gone Wrong
2. Love Henry
3. Ragged & Dirty
4. Blood In My Eyes
5. Broke Down Engine
6. Delia
7. Stack A Lee
8. Two Soldiers
9. Jack-A-Roe
10. Lone Pilgrim

プロデューサー：Bob Dylan

　前作に続いて、すべて弾き語りによるトラディショナルのカヴァー集。1993年の2月から10月まで行われたツアーの最中、ぽっかりと空いた5月の間に録音されたようだ。本作も自宅のスタジオでレコーディングされたが、ディラン自身がプロデュースを行ったせいか、よりラフで生々しい仕上がりになっている。

　ディランによるライナーノーツは、ブラインド・ウィリー・マクテルの「ブローク・ダウン・エンジン」から始められている。彼の〝マスターピース〟とまで賞賛するこの曲を、ディランは時にギターのボディを叩いてよりリズムを強調したヴァージョンにつくり変えた。タイトル曲の「奇妙な世界に」も同様で、ミシシッピ・シークスの録音と比べると、明らかに意図的にメリハリをつけたギターとヴォーカルが聴けるのだ。

　こうしたトライアルから、活動30周年を迎え、50歳を超えたディランが、この先どのように歌っていくのか、どれだけ新しい表現を獲得できるのかを考えて、弾き語りのカヴァーという逃げ道のない方法を選んだと考えてもいいだろう。

　聴いてみれば結果は明白で、「オレ、まだイケるかも」と自信を深めたことが窺える。詞曲に関しても、改めて自分のメソッドを確立した。ツアーは毎年続けている。あとは、自分が納得できるオリジナル・アルバムをつくってしまえば、〝ボブ・ディラン〟を完結できる。そんな彼の思いを想像してしまうのだ。　**森**

MTV Unplugged
MTV アンプラグド

欧・Columbia：CK 67000［CD］
録音：1994年11月17日〜18日
発売：1995年5月2日

[1]
1. Tombstone Blues
2. Shooting Star
3. All Along The Watchtower
4. The Times They Are A-Changin'
5. John Brown
6. Rainy Day Women #12 & 35
7. Desolation Row
8. Dignity
9. Knockin' On Heaven's Door
10. Like A Rolling Stone
11. With God On Our Side

プロデューサー： Jeff Rosen

参加ミュージシャン： Bucky Baxter (g, dobro, mandolin), Tony Garnier (b), Winston Watson (ds), John Jackson (g), Brendan O'Brien (org)

日・Sony：SIBP-45［DVD］
発売：2004年

　1994年のツアーが終わると、ディランはすぐに人気のテレビ番組『MTVアンプラグド』の収録に臨んだ。ツアーのメンバーに加えて、ブレンダン・オブライエンをハモンド・オルガンに据えた布陣だ。オブライエンはブラック・クロウズやパール・ジャムなどを手がけたエンジニア、プロデューサーだ。

　〝アンプラグド〟のブームはすでにピークを過ぎようとしていた。エリック・クラプトン、ニール・ヤング、ニルヴァーナなどがすでに出演し、CDはいずれもヒットするという現象は92年から93年にかけてのこと。そうなれば、満を持して登場したディランがどのようなパフォーマンスを見せるのか、ある種の賭けでもあっただろう。

　結果は、さすがのディランもあまり崩さずに歌い、オブライエンのバックアップのおかげもあって、まずまずの出来。ディランがバンドにカウンターを当てるように、アコギでリズムを刻むさまは、やはりゾクゾクさせられる。

　代表曲を散りばめつつ、オリジナル・アルバムには未収録の「ジョン・ブラウン」や、撮影の直前に発売された『グレーテスト・ヒット第3集』で初出しされた「ディグニティ」を投入するなど、選曲も練られたものだった。

　映像版はクレーンを多用した、やや落ち着きを欠いたものだから、臨場感を楽しむならDVD、音楽を噛みしめたいならCDをオススメします。

森

Time Out Of Mind
タイム・アウト・オブ・マインド

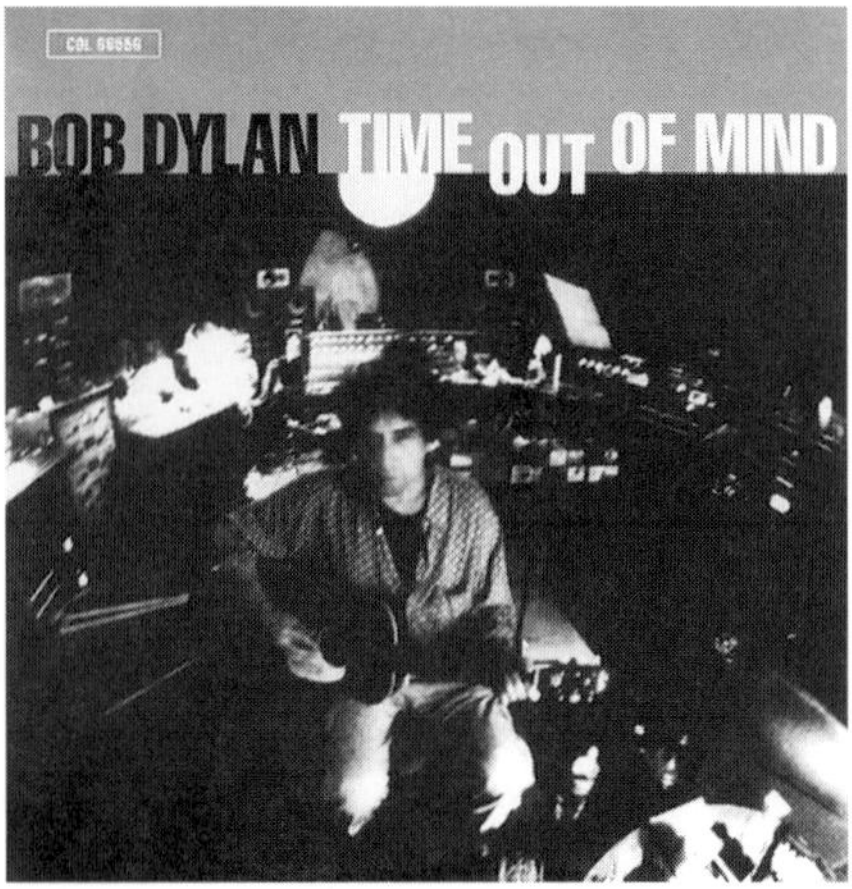

Columbia：CK 68556／COL 68556［CD］
録音：1996年〜1997年
発売：1997年9月30日

1. Love Sick
2. Dirt Road Blues
3. Standing In The Doorway
4. Million Miles
5. Tryin' To Get To Heaven
6. 'Til I Fell In Love With You
7. Not Dark Yet
8. Cold Irons Bound
9. Make You Feel My Love
10. Can't Wait
11. Highlands

プロデューサー：Daniel Lanois

参加ミュージシャン：Jim Keltner (ds), Bucky Baxter (g), Duke Robillard (g), Brian Blade (ds), Cindy Cashdollar (g), Jim Dickinson (kbd), Tony Garnier (b), David Kemper (ds), Daniel Lanois (g, mandolin), Augie Meyers (kbd), Winston Watson (ds), Robert Britt (g), Tony Mangurian (per)

ぼやけたディランが写るジャケットに似て、どこか霞がかかったような音のイントロが緊張感を醸し出している。すぐにディランのしわがれた声が聴こえてくるが、語るようなヴァースと、印象的なサビが繰り返されていく。１曲目の「ラヴ・シック」が、アルバム全体のトーンを端的に表しているようだ。

『タイム・アウト・オブ・マインド』は、『オー・マーシー』以来、8年ぶりにダニエル・ラノアをプロデューサーに迎えて制作された。１９９６年のツアーが終わったあと、曲づくりが始められ、97年の1月にマイアミのクライテリア・スタジオでレコーディングが行われている。あらかじめディランは、チャーリー・パットンやリトル・ウォルター、アーサー・アレクサンダーらのレコードが記されたリストをラノワに渡していた。30年代から50年代にかけて、まだ機材がロックンロールに対応していなかった頃のサウンドを求められていると理解したラノワは、友人の小さなスタジオでトライアルを繰り返し、ディランが望んでいるであろう音を引き受ける方法を発見したと言う。

レコーディングでは、ベースはトニー・ガーニエに任せられた。曲によってはほかのツアー・バンドのメンバーも召集され、さらにディランはジム・ディッキンソンの名前を挙げる。かつてスワンプ・ロックを支えたディキシー・フライヤーズのメンバーであり、ローリング・ストーンズの「ワイルド・ホーシズ」にも参加した鍵盤奏者だ。また、ダグ・サームの片腕としてテックス・メックスの中心人物だったオーギー・メイヤーズも呼ばれている。ラノワはジム・ケルトナーとブライアン・ブレイドという、ふたりのドラマーを召集した。斯くして大所帯のバンドが編成され、ラノアが持ち込んだ多くの機材がオーケストラ・ルームにセッティングされると、本作の録音が開始されたのだ。

ケルトナーとブレイドのツイン・ドラムが効果的な「キャント・ウェイト」は、トニー・マングリアンのパーカッションも加わり、さらにオルガンとギターが何層にも重ねられたサウンドが、解析不可能な域にまで達している。しかし、中心にあるのはあくまでディランのヴォーカルだ。ときに淡々と、ときに自在に抑揚をつけ、未知の世界へ誘ってくれる。アデル、ニール・ダイアモンド、ブライアン・フェリーなど、多くのカヴァー・ヴァージョンを生み出すことになった「メイク・ユー・フィール・マイ・ラヴ」は、打って変わってディランのピアノと、ベースとオルガンくらいのシンプルな演奏だが、ほかの曲と空気感は変わらない。

「コールド・アイアンズ・バウンド」は、デイヴィッド・ケンパーがスタジオに早く到着した日に、ちょうど聴いたばかりのキューバのレコードを真似てドラムを叩いていたのに気づいたディランが、その場で書いて録音まで済ませてしまった曲。もちろんポスト・プロダクションは入念に行われたのだろうが、スタジオ全体のクリエイティビティが高かったことが伺えるエピソードだ。

アルバムは16分を超える「ハイランズ」で幕を閉じる。テンポもテンションも一定に保ったまま、飽きさせることなくディランが物語を紡いでいくこの曲は、正に作品を締めくくるに相応しい仕上がりだ。

なお、本作は発売翌年の第40回グラミー賞で最優秀アルバムと最優秀コンテンポラリー・フォーク・アルバムに選ばれ、さらに「コールド・アイアンズ・バウンド」で最優秀男性ロック・ヴォーカル・パフォーマンスを受賞した。会場でディランは「ラヴ・シック」を披露している。**森**

The Bootleg Series Vol. 17: Fragments (1996-1997) [Deluxe Edition]

断章～タイム・アウト・オブ・マインド・セッションズ［デラックス・エディション］

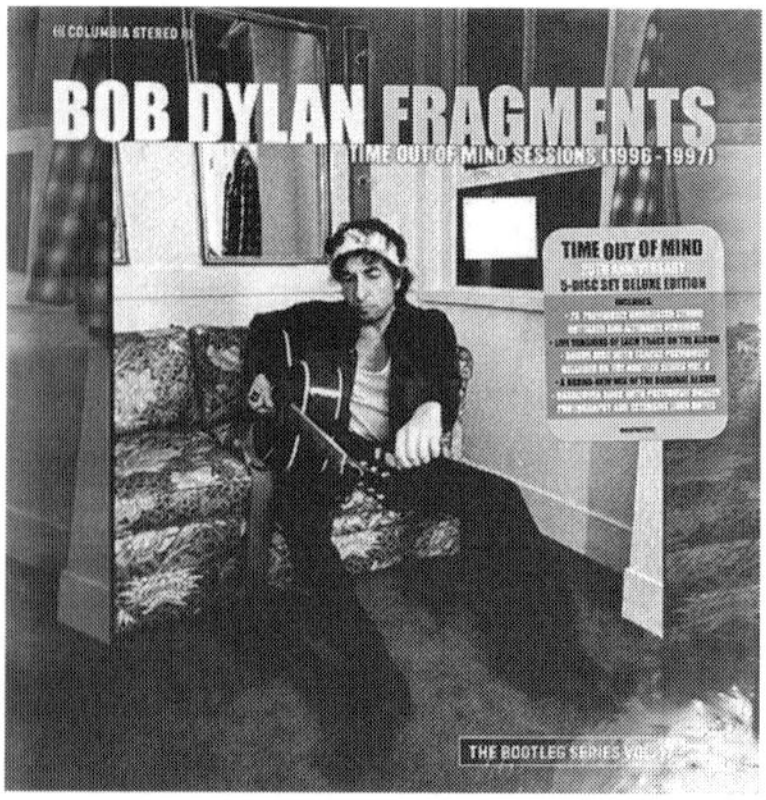

Columbia／Legacy：19658706722 [CD]
録音：1996年～1997年
発売：2023年1月27日

[1] Time Out Of Mind (2022 Remix)
1-11. "Time Out Of Mind"

[2] Outtakes And Alternates
1. The Water Is Wide
2. Dreamin' Of You
3. Red River Shore (Ver.1)
4. Love Sick (Ver.1)
5. 'Til I Fell In Love With You (Ver.1)
6. Not Dark Yet (Ver.1)
7. Can't Wait (Ver.1)
8. Dirt Road Blues (Ver.1)
9. Mississippi (Ver.1)
10. 'Til I Fell In Love With You (Ver.2)
11. Standing In The Doorway (Ver.1)
12. Tryin' To Get To Heaven (Ver.1)
13. Cold Irons Bound

[3] Outtakes And Alternates
1. Love Sick (Ver.2)
2. Dirt Road Blues (Ver.2)
3. Can't Wait (Ver.2)
4. Red River Shore (Ver.2)
5. Marchin' To The City
6. Make You Feel My Love (Take 1)
7. Mississippi (Ver.2)
8. Standing In The Doorway (Ver.2)
9. 'Til I Fell In Love With You (Ver.3)
10. Not Dark Yet (Ver.2)
11. Tryin' To Get To Heaven (Ver.2)
12. Highlands

[4] Live (1998-2001)
1. Love Sick
2. Can't Wait
3. Standing In The Doorway
4. Million Miles
5. Tryin' To Get To Heaven
6. 'Til I Fell in Love With You
7. Not Dark Yet
8. Cold Irons Bound
9. Make You Feel My Love
10. Can't Wait
11. Mississippi
12. Highlands

[5] Bonus Disc (Previously Released)
1. Dreamin' Of You
2. Red River Shore (Ver.1)
3. 同 (Ver.2)
4. Mississippi (Ver.1)
5. 同 (Ver.3)
6. 同 (Ver.2)
7. Marchin' To The City (Ver.1)
8. 同 (Ver.2)
9. Can't Wait (Ver.1)
10. 同 (Ver.2)
11. Cold Irons Bound (Live)
12. Tryin' To Get To Heaven (Live)

プロデューサー：Jeff Rosen, Steve Berkowitz

参加ミュージシャン：Jim Keltner (ds), Daniel Lanois (g, org), Charlie Sexton (g), Brian Blade (ds), Tony Garnier (b), Augie Meyers (kbd), Robert Britt (g), Duke Robillard (g), Bucky Baxter (g), Cindy Cashdollar (g), Jim Dickinson (kbd), Larry Campbell (g), Tony Mangurian (ds, per), David Kemper (ds), Winston Watson (ds)

ブートレッグ・シリーズの第17集は、『タイム・アウト・オブ・マインド』のセッション集。この項ではCD5枚組のデラックス・エディションを基に紹介していく（筆者はつい出来心でLP10枚組を取り寄せてしまったのだが）。『断章』という邦題がつけられているが、当然のことながらとても〝フラグメンツ〟＝「断片、かけら」という内容ではない。細かな情報は前ページのデータを見ていただくとして、CDでは2枚目と3枚目にあたるアウト・テイクとオルタネイティヴ・ヴァージョンを聴けば、オリジナル・アルバムがいかに巧妙にディランとラノワの手によって構築された作品だったのか、おわかりいただけると思う。

　その前に、まずは『タイム・アウト・オブ・マインド』の2022年版リミックスを体感していただきたい。音像にかなりの変化をもたらし、それぞれの楽器やディランのヴォーカルがはっきりと聴こえる仕上がり。どうやら録音された時点の音に戻そうとする意図があるようなのだ。だから、サブ・タイトルにわざわざ『セッションズ』と付けられたのかもしれない。当時のディランが目指した、モノラルの時代に録音されたロックンロールのような音を、より現代的にアップデイトさせたよう。最初は当然のことながら違和感を覚えたが、オリジナル・ミックスのサブ・テキストだと考えればとても面白くなってきた。

　例えば「ノット・ダーク・イェット」。渾然一体となった演奏の中からディランの声が立ち昇ってくるようなオリジナルに対し、こちらはジム・ケルトナーとブライアン・ブレイドのツイン・ドラムがはっきりと聴き分けられるほどだし、シンディ・キャッシュダラーのスライド・ギターもバッキー・バクスターだと思われるアコギもくっきり。

　ちなみに『タイム・アウト・オブ・マインド』には、LP2枚組に7インチ（「ラヴ・シック」のリミックスと「コールド・アイアンズ・バウンド」のライヴ）を加えた20周年記念盤（17年／Columbia/Legacy/Sony：COL68556）が存在するが、このときはリマスターだったので、ここまで分離した音ではない。オリジナルとリミックスの中間くらいのイメージなので、一度聴いてみてください。

　さて、ディランの〝宿題〟をこなしたラノワは、当時カリフォルニアにスタジオを構えていた。ウィリー・ネルソンのアルバム・タイトルにもなった『テアトロ』は、古い映画館を改造したものだ。ディランは定期的にテアトロを訪れるようになり、ラノワが導き出した手法でセッションに興じていた。本作には96年に録音された4テイクが収録されたが、すでに「ティル・アイ・フェル・イン・ラヴ・

ウィズ・ユー」が演奏されている。最終的なヴァージョンとは異なり、リズムが強調され、オルガンやギターが目立つが、これはトライアルという位置づけで、実験的な意識が強かったからだろう。テアトロでの録音はほかに、「ドリーミン・オブ・ユー」「レッド・リヴァー・ショア」というアルバム未収録のディラン作品と、トラディショナルの「ウォーター・イズ・ワイド」がディスク2の冒頭に置かれている。

　このまま本格的なレコーディングに突入することができると確信していたラノワだったが、ディラン側はクライテリア・スタジオを選択した。ディスク2の残りは主にアルバム収録曲の最初のヴァージョン、ディスク3は2番目のヴァージョンを中心に構成されている。ディスク4のライヴにもアルバム全曲が収録されたので、『テル・テイル・サインズ』から抜粋されたディスク5を除くと、あたかも『タイム・アウト・オブ・マインド』の別ヴァージョンが4種類存在するようなものなのだ。

　そして、どの曲も初期のテイクはどこか明るい。マイアミという場所がそうさせたのか、初めて顔を合わせるメンバーも多かったはずだが、まだリラックスした雰囲気が漂っているのだ。「ラヴ・シック」を例にとれば、基本的なアレンジは初めから最終形に近いのだが、ディランのヴォーカルも自由度が高いし、あの印象的なオルガンのフレーズも弾んでいる。それが次のヴァージョンになると、ぐっと緊張感が高まっているところが不思議だ。

　クライテリア・スタジオでの作業を終えると、ラノワとエンジニアのマーク・ハワードはテアトロへ戻り、ミックスなど仕上げの作業に取りかかった。そこへディランが顔を出し、書き直した歌詞でヴォーカルを取り直したり、ときにはコードを替えたがったりした。そして、「カメラを持っているか」と問いかけ、劇場の真ん中に置かれた機材に囲まれ、アコースティック・ギターを抱えた姿をラノワがモノクロのフィルムで撮影した中からディラン自身が選んだ写真がジャケットに使われることになる。残念ながら、このフィルムのアウトテイクは本作のブックレットに採用されなかったらしい。

　98年から01年にかけて録音されたライヴは、構築し尽くしたアルバムを解体していくドキュメントだ。リズムの解釈を変えた「キャント・ウェイト」など、実に面白いのだが、音があまり良くない。卓からDATに落としたものにオーディエンス録音を混ぜたみたいな。ところどころ観客の声が大きく入ってたりもしているし。実に惜しい。　**森**

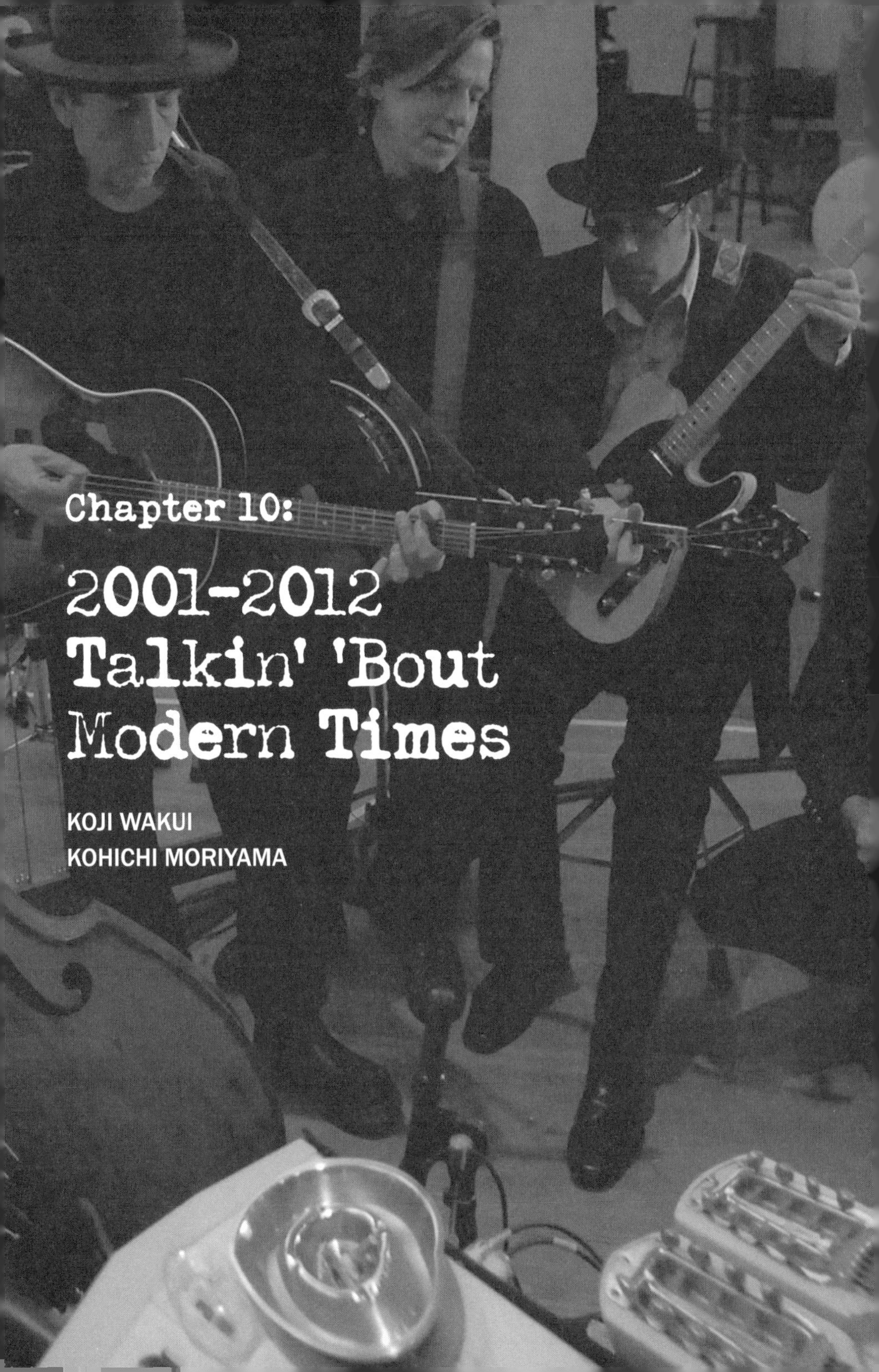

Chapter 10:

2001-2012 Talkin' 'Bout Modern Times

KOJI WAKUI
KOHICHI MORIYAMA

21世紀のボブ・ディラン

和久井光司

五島勉の『ノストラダムスの大予言』が発売されたのは1973年11月のことだ。同書は3か月で100万部を売るベストセラーとなり、翌年には映画化もされた。中3～高1だった私は感化された友だちが語る〝恐怖の大王〟に胡散臭さを感じていたが、90年代に入ってバブルがはじけ、阪神淡路大震災とオウム真理教の事件が続いたときには、99年7月には本当に人類が滅亡するような何かが起こるのではないかと想像したものだ。

20世紀もあと3年となったときにリリースされた『タイム・アウト・オブ・マインド』を〝黙示録〟と捉えた私は、ディランが久々に歌詞を〝詩〟に昇華させたのに痺れ、「この人はいつかノーベル文学賞を獲る」と確信したのである。それは、街外れの〝冷たい鋼鉄の境界線〟に鎖で繋がれているのは彼であり私であると悟ったからで、あらゆるしがらみから逃れられない近代の仕組みを詩に落とし込んだ歌手など他にいないと思った。曲を書いて歌える文学者なんて人類初じゃないか。

けれど99年7月には何も起こらず、コンピューターの2000年問題もあっけないほど簡単にクリアして、人類はフワッと21世紀に踏み込んだ。ディランは黙示録を書いて出世の本懐を遂げたと思っていたのか、古き良きアメリカに想いを馳せた音楽的なアルバムを21世紀の最初の作品にしようと、軽やかな『ラヴ・アンド・セフト』をレコーディングした。日本的に言えば〝還暦記念アルバム〟だったから、自分の音楽の原点を再現しようとしたのは真っ当な考えと言えるはずだ。

01年9月11日、それが全米発売となる日の朝、恐怖の大王はやって来た。エルサレムにも家を持っているディランは中東の情勢を常に気にしていたはずだが、予想を超えることが起こり、言葉を失ってしまう。

あれほど多くのミュージシャンがすぐに行動を起こしたのだからディランにも声がかかったはずだが、彼は沈黙を通した。同時多発テロの首謀者がウサーマ・ビン・ラディンだと判ったとき、ディランは思ったに違いない。

「名前と鼻の形が似てるのが俺には致命的だ」と。

ラディンが活動家としてデビューしたのは79年、ソ連がアフガニスタンに侵攻したときで、彼は22歳だった。87年のジャジの戦いでソ連軍を撃破して国際的に注目され、翌年アルカーイダを結成。ソ連がアフガンから撤退したあと、広い範囲でジハードを続けるためだった。彼は非イスラム教徒がアラビア半島に常駐することは預言者ムハンマドによって禁じられていると解釈していて、次第に〝異教徒〟アメリカ軍への敵意を剥き出しにしていった。これはラディンの本ではなくディランの本だから端折るが、アルカーイダはその後テロ組織化し、政治的／宗教的な信念から9・11の行動に出たのだ。

ディランはそれを〝近代の歪み〟と捉えたようで、20世紀をテーマにした次の『モダン・タイムズ』では歌詞の随所に複雑な想いを忍ばせている。音楽的な志向で言えば、『トゥゲザー・スルー・ライフ』までを本人がゼロ年代の三部作と捉えているのも納得できるが、ロバート・ハンターと歌詞を共作した『トゥゲザー・スルー・ライフ』でアメリカ音楽の深淵に迫れたことで、それを掘り下げようという意識が芽生えたようだった。

12年の『テンペスト』を、『タイム・アウト・オブ・マインド』と『モダン・タイムズ』を一緒にしたようなアルバムに仕上げたのは、70歳を越え、「あとは余生」と思ったからだろう。その証拠に次作からのスタンダード三部作は〝趣味〟と考えられるものになるのだが、フランク・シナトラに寄っていくことでアメリカを見直したのが功を奏して、第二次世界大戦直後に交叉しながらミクスチュアの沸点には至らなかったジャズとカントリーの融合を果たしたのだ。スタイルで音楽を捉えている凡百のアメリカーナ勢がこの三部作の価値を活かしていないのは残念だが、ウィリー・ネルソンが歩調を合わせて「マイ・ウェイ」まで歌ってみせたのは嬉しかった。

16年にノーベル文学賞を獲ったところで、私はディランは〝あがり〟だと思った。だが、世界は彼を休ませてはくれなかった。19年に蔓延した新型コロナ・ウイルスという敵が社会をロックダウンさせたとき、個人の力ではどうにもならないことで歴史が動いていくのを実感したのか、『ラフ&ロウディ・ウェイズ』は壮大な叙事詩でアメリカを語るアルバムになったのである。

ディランの血のルーツであるウクライナとエルサレムが戦時下にあるいま、82歳のユダヤ人は何を想うのだろう。その答えも風の中、と彼は言うのだろうか。

Love And Theft
ラヴ・アンド・セフト

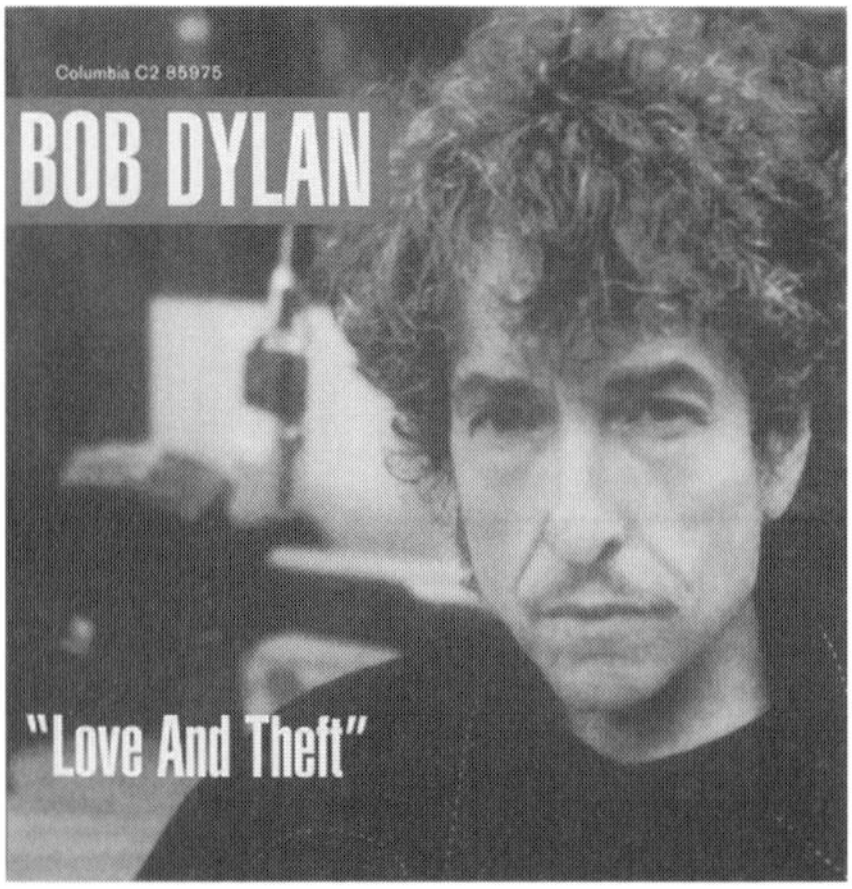

Columbia：CK 85975 [CD]
録音：2001年5月
発売：2001年9月11日

1. Tweedle Dee & Tweedle Dum
2. Mississippi
3. Summer Days
4. Bye And Bye
5. Lonesome Day Blues
6. Floater (Too Much To Ask)
7. High Water (For Charley Patton)
8. Moonlight
9. Honest With Me
10. Po' Boy
11. Cry A While
12. Sugar Baby

プロデューサー：Jack Frost (Bob Dylan)

参加ミュージシャン：Charlie Sexton (g), Larry Campbell (g, banjo, mandolin, violin), David Kemper (ds), Augie Meyers (accordion, org), Tony Garnier (b), Clay Meyers (per)

いわゆる〝アメリカン・ロック〟が好きな人たちのあいだでは評判がよかった音楽的なアルバムだが、歌詞まで軽くて曲が短いのだから、テーマにすべきことを見つけられなかったのかな?と私は思ってしまった。

入手したのはもちろん9・11のあと。ミネソタ・テープ(61年12月録音)に収録されていた「アイ・ウォズ・ヤング・ホェン・アイ・レフト・ホーム」と、「時代は変る」のオルタネイト・テイク(63年10月録音)が収録されたボーナス・ディスクがついた米国盤CDと、2枚組のアナログ盤を購入したけれど、繰り返し聴いた記憶はなく、こういうときにしか引っぱり出さないのだ。

録音は01年5月9日から21日の間にニューヨークのクリントン・スタジオで行われ、ツアー・バンドのメンバーとオルガンのオーギー・メイオーズだけが参加。メイヤーズはダグ・サームの相棒として知られるテックス・メックスの巨人である。そっち系が大好きな私は、彼のソロ・アルバムもほとんど揃えているのだが、ここでのプレイはそれほどでもなかった。ディランは久しぶりに会いたくなったから呼んだのかもしれないし、メイヤーズもそれを断るような人ではない。バンドのメンバーもいつものプレイをしているから、演奏はとてもフラットで手堅いし、ディランも丁寧に歌っている。

50年代の〝ラジオ・デイズ〟に想いをはせて、「フォークもカントリーもＲ＆Ｂも一緒くただったことが、実は文化的だったんだ」と言っているような曲が並ぶ。ロックンロール以前、大半のミュージシャンが日銭で食っていた時代の飄々とした風情を再現できているのは素晴らしいのだが、これならライ・クーダーあたりでもつくれそうじゃん、という気にもなったのだ。

いや、それほどディランに期待しているわけでもないし、ライ・クーダーを下に見ているなんてこともない。けれど、いいときのディランが〝音楽以上〟の何かをアルバムに刻むのを何度も見てきたから、本作にはあんまり感心しなかったのだ。こういう路線なら09年の『トゥゲザー・スルー・ライフ』の〝徹底して音楽〟の方が、私には納得できるのである。60歳にして全米5位、全英3位は立派だと思ったが、私と同じように感じた人が少なくなかったゆえの成績という気もした。

むかしの『ＬＩＦＥ』の表紙を模したジャケットは、ニューヨークで活躍しているカメラマン、ケヴィン・メイザーによるポートレイトがとってもいいけどさ。

ところが03年夏になって、思わぬことが起こる。7月8日付の『ウォール・ストリート・ジャーナル』に「ボブ・ディランはドクター佐賀の文章を借用したのか？」という記事が載り、盗作問題が噴出したのである。

ことの発端は、熱心なディラン・ファンだという九州在住のアメリカ人英語教師が、佐賀純一が95年に書いた『浅草博徒一代』の英訳版〝Confessions of a Yakuza〟を読んだところ、『ラヴ・アンド・セフト』収録曲の歌詞の随所に、佐賀の著書と同じ表現を発見したというのだ。佐賀が「ディランに引用されるならむしろ喜ばしい」とコメントしたため事態はあっさり収束したが、欧米のディラン・ファンの中にも「がっかりした」と言う人たちがいたのには驚いた。フォーク／トラディショナルの世界では古くからあった言葉やメロディの引用を「盗作」とする輩は、どういうつもりでディランを聴いているんだろう？と思った。自分の知識だけで音楽を聴き、スターを神格化するダサいヤツはどこにでもいるんだね。

和久井

Modern Times
モダン・タイムズ

Columbia：82876 87606 2［CD］
録音：2006年2月
発売：2006年8月29日

1. Thunder On The Mountain
2. Spirit On The Water
3. Rollin' And Tumblin'
4. When The Deal Goes Down
5. Someday Baby
6. Workingman's Blues #2
7. Beyond The Horizon
8. Nettie Moore
9. The Levee's Gonna Break
10. Ain't Talkin'

プロデューサー：Jack Frost (Bob Dylan)

参加ミュージシャン：Denny Freeman (g), Tony Garnier (b, cello), Donnie Herron (g, violin, viola, mandolin), Stu Kimball (g), George G. Receli (ds, per)

5年ぶりのアルバムは音楽的には前作の延長線上にあったが、9・11後の想いが歌詞に乗ったことで、軽やかなサウンドの奥にヘヴィなムードを漂わせるものになった。

ディランは、モダン・タイムズ（現代）をニュー・ダーク・エイジ（新暗黒時代）と考え、それに相応しい歌詞を書いていったようだ。古いブルーズを下敷きにするどころではなく、マディ・ウォーターズやエリック・クラプトンでおなじみの「ローリン・アンド・タンブリン」や、ロック・ファンにはレッド・ツェッペリンのヴァージョンで知られた「ザ・レヴィーズ・ゴナ・ブレイク」の歌詞まで書き替えて〝オリジナル〟としてしまっている。まぁパブリック・ドメインとなっている曲だから、ディランが新しい歌詞をつけたことの方が意味は重いし、メロディに引っぱられると歌詞の自由度が失せていくものだから、曲より歌詞を採ったのだろう。原曲の要素が残ればタイトルも原曲のままにする、という意識だったのかもしれない。

ジャケットは１９４７年にテッド・クローナーが発表したシリーズ写真"Taxi, New York Night 1947"からの一葉だが、現代＝新暗黒時代のイメージによく合っていた。

ネヴァー・エンディング・ツアーを相変わらずのペースで続けながら、02〜03年には映画『ボブ・ディランの頭の中』をつくり（サントラ盤は03年7月にリリース）、『ゴッズ・アンド・ジェネラルズ』で「クロス・ザ・グリーン・マウンテン」、『スタンドアップ（ノース・カントリー）』では「テル・オール・ビル」と、映画のサントラ盤に新曲を提供したりもした。また、04年に出版された『ボブ・ディラン自伝』がベストセラーとなったり、05年にはマーティン・スコセッシが監督した『ノー・ディレクション・ホーム』が公開されたりもしたから話題にはこと欠かなかったのだ。しかし5年ぶりのアルバムとなれば話は別で、本作は〝65歳にしてビルボード1位〟という新記録でも世間を騒がせることになった。

「サンダー・オン・ア・マウンテン」の冒頭で〝山の上では雷が轟き、月は燃えあがっている／裏通りでは何やらゴタゴタが起こり、すぐにも朝日が顔を出すはずだ〟と歌って同時多発テロの惨状を想起させたのが効いて、歌詞が非常に厳しく受け止められる。〝人を集めて自分軍隊を作ろう、とんでもなく強いやつを／軍隊の新兵は孤児院で集める〟とか、〝ワシントンの淑女たちは我先に街を出ようとして大騒ぎ／どうやら何かよからぬことが起こりそうな気配、あなたの飛行機は着陸させるに越したことはないよ〟とか。この曲の〝わたし〟は「コールド・アイアンズ・バウンド」と同じ人物らしく、視線は街外れから送られているようだが、起こったことを羅列していくだけで、誰かを救うようなメッセージは発しない。

甘いワルツの「ホェン・ザ・ディール・ゴーズ・ダウン」は、自分の半生を断片的に語りながら愛を約束する歌だが、〝わたしの脳裏から去っていかないのは、本気でするつもりもなければ言いたくもなかったいろんなこと〟なんて言われると、どこがラヴ・ソング⁉という気にもなり、〝概念〟がガラガラと崩れていくのだ。

9分近いラスト・ナンバー「エイント・トーキン」にいたっては言葉がとめどなく溢れ出し、〝富と権力でやつらはあなたを木端微塵にしてしまうだろう／起きていれば何時やられてもおかしくない／わたしはいちばん最後にできた余分な時間を／最大限うまく利用することにしよう／わたしは父の死の復讐をし、それから後退して行くことだろう〟なんて軽々と歌っているのだから、どうよ。

和久井

The Bootleg Series Vol. 8: Tell Tale Signs: Rare And Unreleased 1989-2006 [Deluxe Edition]
テル・テイル・サインズ[デラックス・エディション]

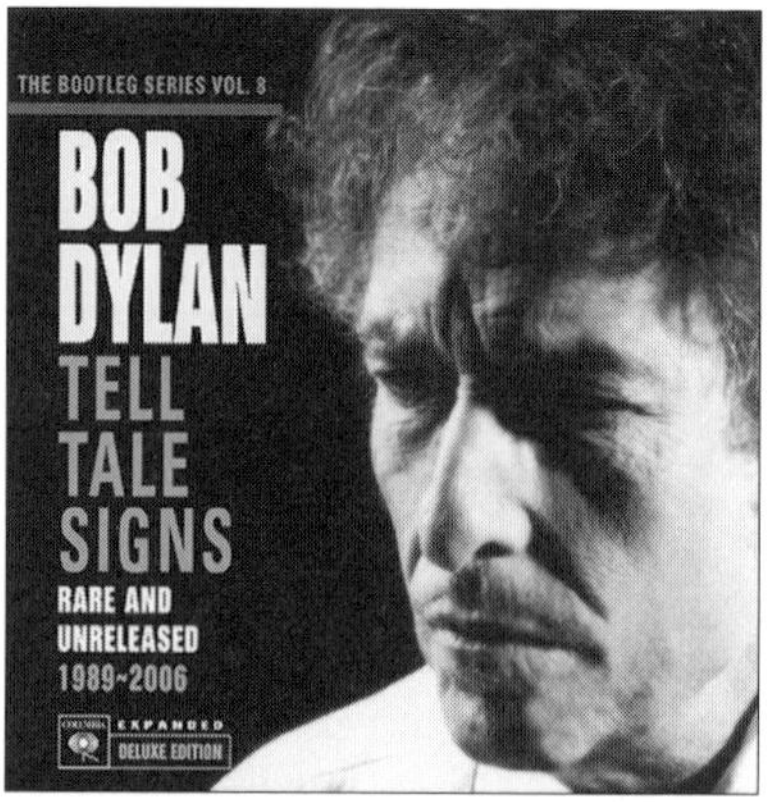

Columbia／Legacy：88697 35797 2 [CD+7″]
録音：2001年5月
発売：2001年9月11日

[1] Tell Tale Signs (Rare And Unreleased 1989-2006)
1. Mississippi (Unreleased) / 2. Most Of The Time (Alt.) / 3. Dignity (Piano Ver.) / 4. Someday Baby (Alt.) / 5. Red River Shore (Unreleased) / 6. Tell Ol' Bill (Alt.) / 7. Born In Time (Unreleased) / 8. Can't Wait (Alt.) / 9. Everything Is Broken (Alt.) / 10. Dreamin' Of You (Unreleased) / 11. Huck's Tune (Soundtrack) / 12. Marchin' To The City (Unreleased) / 13. High Water (For Charley Patton) (Live)
[2] Tell Tale Signs (Rare And Unreleased 1989-2006)
1. Mississippi (Unreleased 2) / 2. 32-20 Blues (Unreleased) / 3. Series Of Dreams (Unreleased) / 4. God Knows (Unreleased) / 5. Can't Escape From You (Unreleased) / 6. Dignity (Unreleased) / 7. Ring Them Bells (Live) / 8. Cocaine Blues (Live) / 9. Ain't Talkin' (Alt.) / 10. The Girl On The Greenbriar Shore (Live) / 11. Lonesome Day Blues (Live) / 12. Miss The Mississippi (Unreleased) / 13. The Lonesome River (With Ralph Stanley) / 14. 'Cross The Green Mountain (Soundtrack)
[3] Bonus disc
1. Duncan And Brady (Unreleased) / 2. Cold Irons Bound (Live) / 3. Mississippi (Unreleased 3) / 4. Most Of The Time (Alt. 2) / 5. Ring Them Bells (Alt.) / 6. Things Have Changed (Live) / 7. Red River Shore (Unreleased 2) / 8. Born In Time (Unreleased 2) / 9. Tryin' To Get To Heaven (Live) / 10. Marchin' To The City (Unreleased 2) / 11. Can't Wait (Alt. 2) / 12. Mary And The Soldier (Unreleased)
[7″] Dreamin' Of You
A. Dreamin' Of You (Unreleased)
B. Ring Them Bells (Alt.)

プロデューサー：Bob Dylan, Daniel Lanois

参加ミュージシャン：Charlie Sexton (g), Jim Keltner (ds), Daniel Lanois (g, dobro, org), Tony Garnier (b), Tony Hall (b), David Kemper (ds, per), George Recile (ds), Duke Robillard (g), Robert Britt (g), Benmont Tench (org), Denny Freeman (g), Jim Dickinson (org) etc.

１９８９年～２００６年までのスタジオ・アウトテイクやライヴ音源をコンパイルしたブートレッグ・シリーズの第８集。スタジオ盤で言えば『オー・マーシー』から『モダン・タイムス』の時期にあたるが、ダニエル・ラノワがプロデュースを担当した『オー・マーシー』と『タイム・アウト・オブ・マインド』からの音源が大半を占めており、ディランとラノワ、音楽にその身を捧げた二人の伝道師による、飽くなき探究心と、完成までの紆余曲折を追体験できる恰好のアイテムとなっている。ラノワの功績はいろいろあるが、80年代の作品に欠けていたディランの声の迫力を取り戻したこともそのひとつだ。『ボブ・ディラン自伝』の中で本人も《シンガーはマイクとアンプが適合していないと死んだも同然であり、ラノワは最善を尽くして適合する組み合わせを探してくれた》と評価している。更に、声を古いヴォックス・アンプに通してプレイバックするという周到ぶりで、録音時に演者を機嫌よくする努力は惜しまない。自伝にわざわざ〝オー・マーシー〟と題したチャプターを設けたディランは、ニューオーリンズでのレコーディング過程を詳細に語っており、リズムやアレンジに厳格なラノワと、シンプルな方法を好む自分とで、意見の衝突が見られたものの、《いつもわたしのほうが彼よりも、レコードの音を派手に感じていたようであるが、それでも彼とは波長が合った》として、信頼を寄せている。『テル・テイル・サインズ』にはラノワ独特の空間処理が生まれる前の「シリーズ・オブ・ドリームズ」（ディスク2）や「モスト・オブ・タイム」（ディスク3）が収録されているが、こちらの方がディランの指向に近いのだろう。ラノワには自身の生い立ちや、著名人との仕事を振り返った『ソウル・マイニング』という書籍がある。僕もプロデュースの指南書として何度か読み返している名著だが、そこにはお返しのように〝タイム・アウト・オブ・マインド〟の章があり、ディラン自伝の続きとも言える内容が楽しめる。本作ともリンクするので、少しだけ内容を紹介しよう。セッションが始まる前にまず、ディランから推薦された〝インスピレイションの素〟となるレコード、チャーリー・パットンやリンク・レイの楽曲をスタジオで流して、それに合わせてラノアとトニー・マングリアンが乱暴に演奏、最後に元のレコード音源を消してループをいくつも作成したという。それを本番のレコーディングで、〝テンポとヴァイヴの案内信号として〟ドラマーのブライアン・ブレイドとジム・ケルトナーのモニターに送ったという。素晴らしいアイデアだ。未発表の「ドリーミング・オブ・ユー」（ディスク1）などで聞かれるミニマルなピアノはその時の名残だろうか。ほかにも魅力的なトラックが目白押しだ。「ディグニティ」（ディスク1）、「リング・ゼム・ベルズ」（ディスク3）で聞かせるディランによるピアノ弾き語りも秀逸で、《ボブは唸るようなピアノを弾く。特に左手がいい。ピアノを弾きながら彼が歌った歌は、フルボディでディープだった》とラノワも絶賛している。ランダムに8曲収められたライヴ音源は、いずれも生気に溢れており、特に04年の「コールド・アイアンズ・バウンド」（ディスク3）は迫力満点、キメの多いバンド・ヴァージョンで、ディランのリズムの良さが際立つ出色の出来栄えだ。いまだ全貌が摑めない92年のデイヴィッド・ブロムバーグとのシカゴ・セッションからも「ミス・ザ・ミシシッピ」（ディスク2）と「ダンカン・アンド・ブレイディ」（ディスク3）の2曲がしれっと入っており、手堅いプレイが心地よく、この辺りの音源が発表されるのも待たれるところだ。

森山

Together Through Life
[Deluxe Edition]
トゥゲザー・スルー・ライフ［デラックス・エディション］

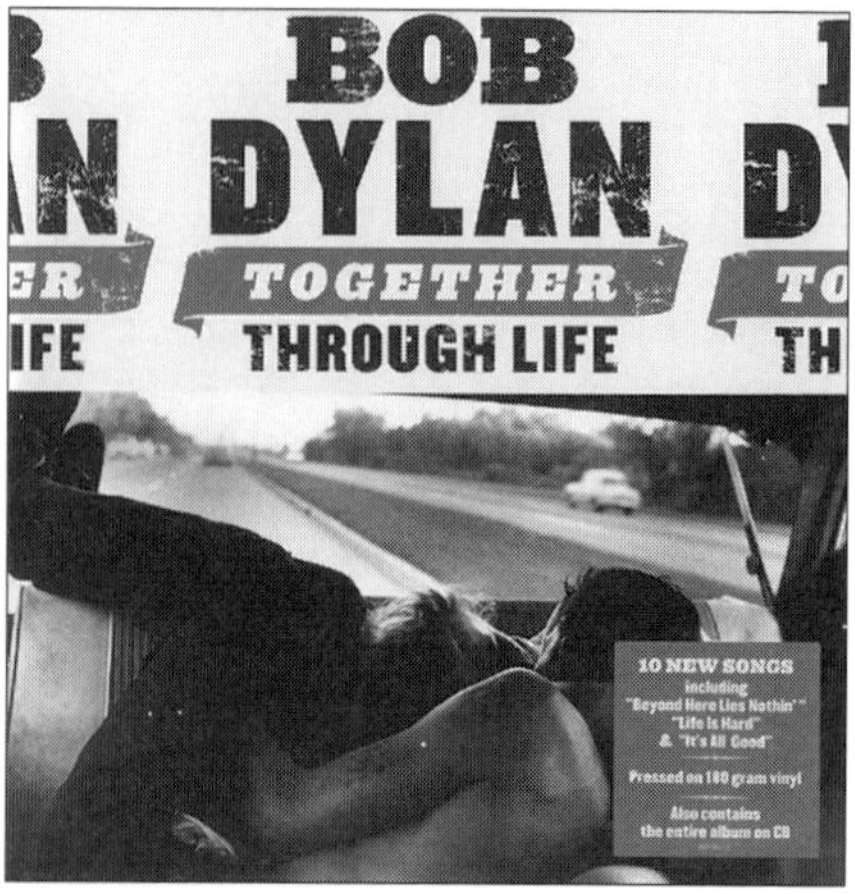

Columbia／Legacy：88697 35797 2［CD＋DVD］
録音：2008年12月
発売：2009年4月28日

[1] Together Through Life
1. Beyond Here Lies Nothin'／2. Life Is Hard／3. My Wife's Home Town／4. If You Ever Go To Houston／5. Forgetful Heart／6. Jolene／7. This Dream Of You／8. Shake Shake Mama／9. Feel A Change Comin' On／10. It's All Good

[2] Theme Time Radio Hour: Friends & Neighbors
1. Howdy Neighbor - Porter Wagoner & The Wagonmasters／2. Don't Take Everybody To Be Your Friend - Sister Rosetta Tharpe／3. Diamonds Are A Girl's Best Friend - T-Bone Burnett／4. La Valse De Amitie - Doc Guidry／5. Make Friends - Moon Mulligan／6. My Next Door Neighbor - Jerry McCain／7. Let's Invite Them Over - George Jones & Melba Montgomery／8. My Friends - Howlin' Wolf／9. Last Night - Little Walter／10. You've Got A Friend - Carole King／11. Bad Neighborhood - Ronnie & The Delinquents／12. Neighbours - The Rolling Stones／13. Too Many Parties And Too Many Pals - Luke The Drifter／14. Why Can't We Be Friends - War

[DVD]
1. The Lost Interview - Roy Silver

プロデューサー：Jack Frost (Bob Dylan)

参加ミュージシャン：David Hidalgo (accordion, g), Mike Campbell (g, mandolin), Tony Garnier (b), Donnie Herron (g, mandolin, trumpet), George Receli (ds)

ディラン本人が『ラヴ・アンド・セフト』からの三部作と語った2009年発表、通算33枚目のオリジナル・アルバム。制作の直接的なキッカケはフランスの映画監督、オリヴィエ・ダアンからの楽曲提供依頼だった。アメリカ南部をテーマにした新作に使用するために、10～12曲を書き下ろして欲しい、という何とも無謀な相談。怖いもの知らずとはこのことだが、07年に公開され、ダアンがアカデミー賞を獲得した『エディット・ピアフ～愛の讃歌』を気に入っていたディランは、この頼みを承諾。結局、全曲請け負うことは断念したものの、映画のクライマックスで使用された美しいバラード、「ライフ・イズ・ハード」をグレイトフル・デッドでお馴染みの作詞家、ロバート・ハンターと共に書き上げた。

これで勢いづいた二人は、メキシコとの国境付近、テキサスの架空の街をイメージして作品を量産していく。タッグを組むのは『ダウン・イン・ザ・グルーヴ』の「シルヴィオ」「アグリエスト・ガール・イン・ザ・ワールド」以来となるが、前作『モダン・タイムズ』で《絞り出して、カラカラになるまで出し切った》とディラン自身が告白していたので、アイディア出しやシェイプアップに、南部事情にも明るいハンターの貢献は欠かせなかったのだろう。いつもより簡潔にまとまった詞も本作の特徴だ。リリースの数週間前に行われた、作家で大学教授のダグラス・ブリンクリーとの対話の中で《今回の新しい十曲は、古い西部劇から影響されている》と語ったように、舞台設定やコンセプトは73年のサウンドトラック盤『ビリー・ザ・キッド』と通底している。ただ当時の粗野で稚拙な作りとは打って変わって、今回はプロデューサー、ジャック・フロスト（＝ボブ・ディラン）の狙いは的確である。考え抜かれた楽器編成と奥行きのある音像は、チェスやサン・レコードといった50年代のサウンドに敬意を表しつつ、またしても未開の地を切り拓いたと言えよう。

参加ミュージシャンには安定のリズム隊トニー・ガーニエ（b）、ジョージ・ガブリエル・リセリ（ds）に、スティール・ギター／バンジョー／マンドリンのほか、冒頭の「ビヨンド・ヒア・ライズ・ナッシン」ではトランペットも吹きこなすドニー・ヘロンらツアー・メンバーに加え、ギタリストとして、トム・ペティ&ザ・ハートブレイカーズのマイク・キャンベル、そして全編に渡って極上のアコーディオンを披露してくれた、ロス・ロボスのデイヴィッド・イダルゴが招かれた。得意のテックス・メックスなプレイはもちろん、ブルーズ寄りの曲では10ホールズ・ハーモニカ顔負けの合いの手まで入れてくる芸達者ぶり。ディランも大好きな楽器らしく《過去のアルバムでも、もっと使いたかった》と語っているほど。嘘か実か本作の影響で米国でアコーディオンの売り上げが伸びたとの話も？

かなり小さくミックスされているので、一聴すると気づかないが、ディランのキーボード・プレイも格段に上達している。絶妙なシャッフル感で下支えするオルガン・ワークは、パッド的に包み込むだけではなく、ベーシックを固める複雑なリズムの要にもなっている。前述のブリンクリーによるインタヴューの中で本人も《俺そっくりに、でももっと上手く弾ける奏者を探している。そんな人がいたら性別に関係なく雇うだろう》と宣うほどに自信満々だ。

比較的ストレートなラヴ・ソングを中心とした内容が、ネイティヴ・スピーカー達の共感を呼んだか、本作は全米・全英チャートで1位を記録。イギリスでは『新しい夜明け』以来の快挙となった。

森山

Christmas In The Heart
クリスマス・イン・ザ・ハート

Columbia：88697 57323 2 [CD]
録音：2009年5月
発売：2009年10月13日

1. Here Comes Santa Claus
2. Do You Hear What I Hear?
3. Winter Wonderland
4. Hark The Herald Angels Sing
5. I'll Be Home For Christmas
6. Little Drummer Boy
7. The Christmas Blues
8. O' Come All Ye Faithful (Adeste Fideles)
9. Have Yourself A Merry Little Christmas
10. Must Be Santa
11. Silver Bells
12. The First Noel
13. Christmas Island
14. The Christmas Song
15. O' Little Town Of Bethlehem

プロデューサー：Jack Frost (Bob Dylan)

参加ミュージシャン：David Hidalgo (accordion, g, mandolin, violin), Phil Upchurch (g), Tony Garnier (b), George Receli (ds, per), Donnie Herron (g, mandolin, trumpet, violin), Patrick Warren (kbd), Abby DeWald (cho), Amanda Barrett (cho), Bill Cantos (cho), Robert Joyce (cho), Nicole Eva Emery (cho), Randy Crenshaw (cho), Walt Harrah (cho)

『トゥゲザー・スルー・ライフ』の発表からわずか半年足らずで届けられた驚愕のクリスマス・アルバム。これまで多くの音楽家が歌い継いできたスタンダード曲を、ディラン節で聞く喜びは格別だ。気心知れたツアー・メンバーのリラックスした演奏に、男女混合7人のコーラス勢が彩りを添える。ゲスト参加のフィル・アップチャーチのギターが冴える名曲「クリスマス・ソング」や、ホンキートンク・カントリーとハワイアンが折衷したような「クリスマス・アイランド」など、比較的真面目に取り組んだレパートリーもあるかと思えば、「リトル・ドラマー・ボーイ」のラパパンパン感に代表される、「これ俺がダミ声で歌ったら皆んな笑うよなぁ」みたいな悪戯心が随所に垣間見える曲もあり、聞くたびにちょっと吹き出してしまう。とくに「神の御子は今宵しも」なんかは教会のセットで、気持ちよく歌ってる所を聖歌隊の女子に途中で止められて、「このおじさん変なんです」、「そうです、私が変なボブ・ディランです」みたいなシーンしか浮かばないのだが、不謹慎でしょうか？　ブレイヴ・コンボによるポルカ・ヴァージョンを下敷きにした「マスト・ビー・サンタ」のMVでは、御大もズラで笑かす気マンマンだったような。なお、本作は飢餓に苦しむ人々やホームレスを救済すべく、ディラン自身がチャリティとして企画した。印税収入は国際的な支援団体に永久に寄付されるという。

森山

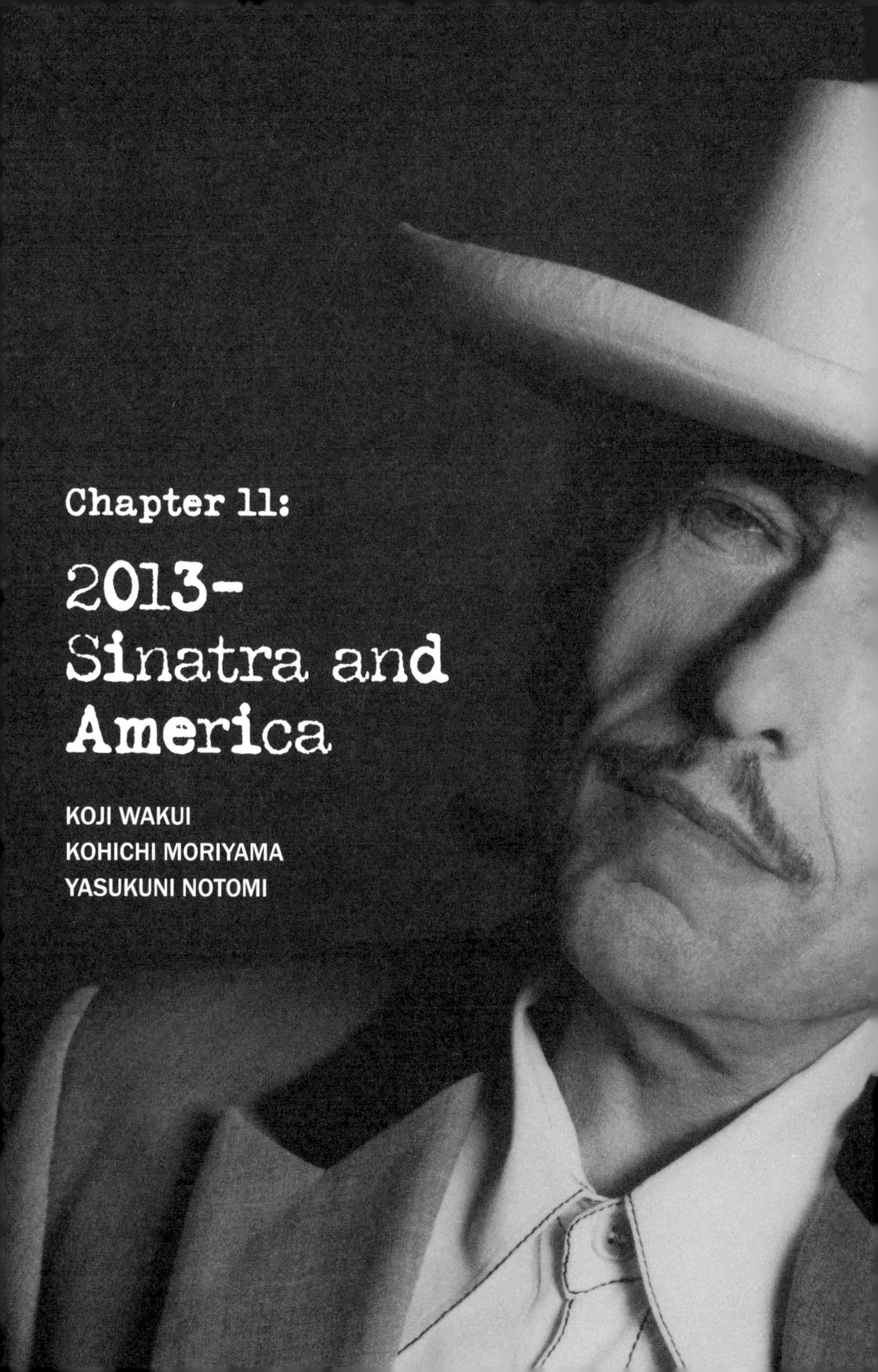

Chapter 11:

2013-
Sinatra and America

KOJI WAKUI
KOHICHI MORIYAMA
YASUKUNI NOTOMI

Tempest
テンペスト

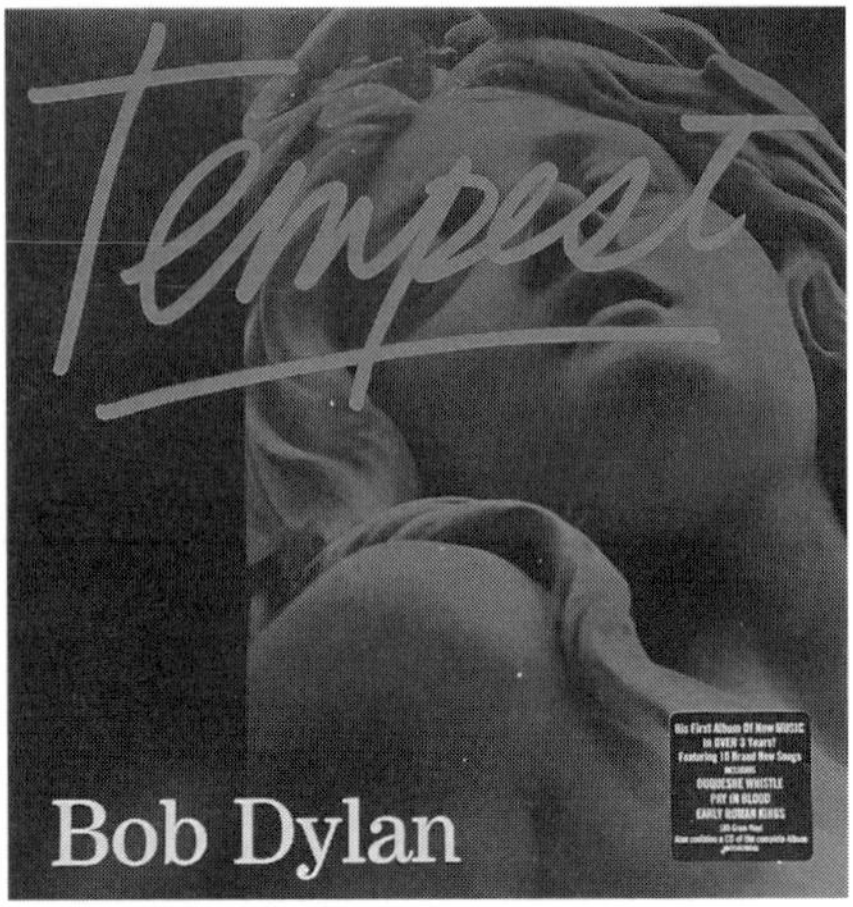

Columbia：88725457602［CD］
録音：2012年1月〜3月
発売：2012年9月10日

1. Duquesne Whistle
2. Soon After Midnight
3. Narrow Way
4. Long And Wasted Years
5. Pay In Blood
6. Scarlet Town
7. Early Roman Kings
8. Tin Angel
9. Tempest
10. Roll On John

プロデューサー：Bob Dylan

参加ミュージシャン：David Hidalgo (g, accordion, violin), Charlie Sexton (g), Tony Garnier (b), Donnie Herron (g, banjo, violin, mandolin), Stu Kimball (g), George G. Receli (ds)

『トゥゲザー・スルー・ライフ』が全米、全英をはじめ、世界の多くのチャートで1位となったとき、ディランは何を考えたんだろう。『ラヴ&セフト』『モダン・タイムズ』『トゥゲザー・スルー・ライフ』という連作は、バンドのメンバーが変わらなかったために、音楽の形態としてはほとんど同じように聴こえる。しかし歌詞の長さが曲の尺に大きく影響した『モダン・タイムズ』と、歌詞の端的さを受けて曲が短くなった『トゥゲザー・スルー・ライフ』では、ずいぶん味わいが違う。『モダン・タイムズ』の際に初めて導入されたプロトゥールスに慣れたからだろう、『トゥゲザー・スルー・ライフ』ではせーので演奏したスピード感を残しながら、編集によってより整合性を高くする作業が行われ、それが新鮮さを引き出したのだ。

　そういう進化があったときに、次でどこかを〝戻す〟のはディランのやり方（というか、クセ？）で、それが作品に振幅をもたらしてきたのを古くからのファンはよく知っている。テニスの5セット・マッチや、何日間にも及ぶクリケットの試合のように、ここぞというときにギアを上げたり、逆に緩めたりして流れを変えて見せるのが〝ディラン流〟と言ってもいい。前作でロバート・ハンターと共作したのは、音楽的なテーマに歌詞を合わせるためだったと思う。自分で書くと逡巡が歌詞を長くすることをディランは自覚しているはずで、つまり『モダン・タイムズ』のようなアルバムが二作続くのを好まなかったのだろう。

だから私は、ディランが50周年を意識しようがしまいが、次はまたギアを上げて、歌詞に重きを置いたアルバムになるだろうと予想し、それは的中したのである。

ディランがツアー・バンドのメンバーを連れてロサンゼルスのスタジオに入ったのは２０１２年1月下旬。エンジニアにスコット・リットを起用したのは、彼がR.E.M.との仕事で非常に上手く収めた〝マイケル・スタイプのヴォーカルとバンド・サウンドの関係〟を評価してのことか。

シェイクスピア単独の執筆としては最後の戯曲となった『テンペスト（あらし）』を引用しようと思ったのは間違いないから、そのストーリーを記しておこう。

《ナポリ王アロンゾー、ミラノ大公アントーニオらを乗せた船が大嵐に遭って難破、一行は絶海の孤島に漂着する。その島では12年前にアントーニオによって大公の地位を剝奪され追放されたプロスペローとその娘ミランダが魔法を研究しながら暮らしていた。船を襲った嵐はプロスペローが手下の妖精エアリエルに命じて魔法の歌によって起こしたものだったのだ。王の一行からはぐれてしまったナポリ王子ファーディナンドは、プロスペローの計画通りにミランダに出会い、ふたりは恋に落ちる。プロスペローに課せられた試練をクリアしたファーディナンドはミランダとの結婚を許されるのだ。一方、アントーニオはナポリ王の弟を騙して王の暗殺を謀り、また島に棲む怪物キャリヴァンはナポリ王の執事と道化師を味方につけてプロスペローを殺そうとするのだが、いずれもエアリアルの力によって未遂に終わる。アロンジーには魔法によって錯乱状態となり、プロスペローもさらなる復讐を思いとどまるのだ》

そして魔法の力を捨てエアリエルを自由の身にしたプロスペローは、最後に観客に語りかける。《自分を島にとどめるのもナポリに帰すのも観客の気持ち次第。どうか拍手によって戒めを解き、私を自由にしてください》と。

そういう物語を低く鳴り続ける通奏音のように敷いたのはディランの作家性の証となっているが、最後にレノンへの想いを置いて大衆的にしたのはさすがだった。

和久井

Shadows In The Night
シャドウズ・イン・ザ・ナイト

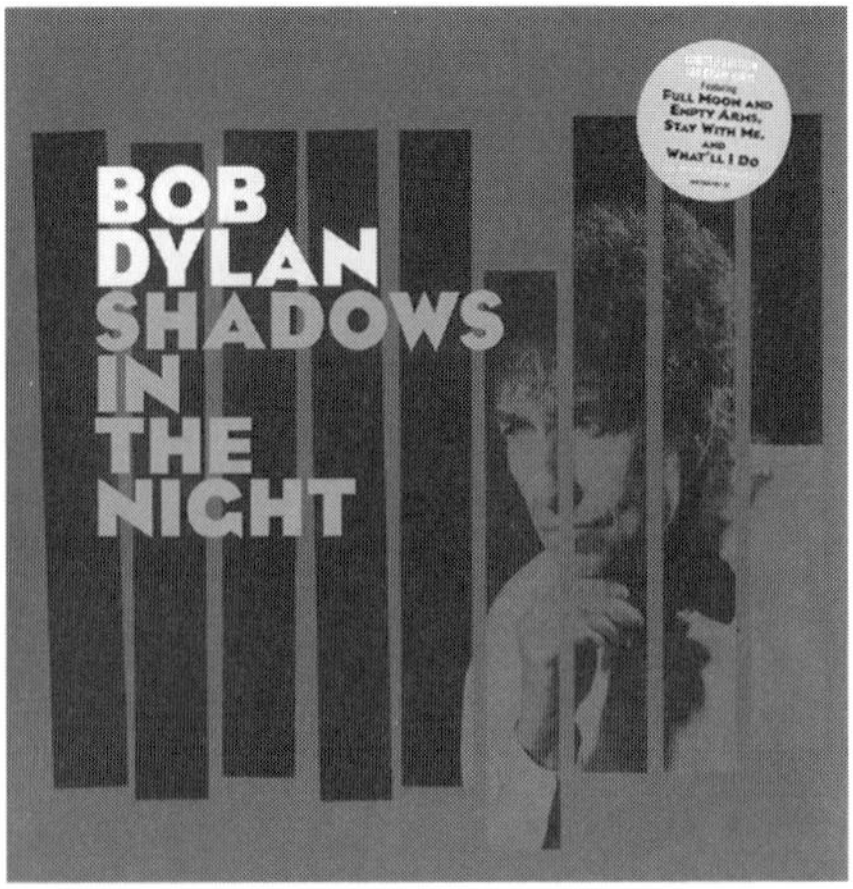

Columbia：88875057962／88875051242［CD］
録音：2014年
発売：2015年2月3日

1. I'm A Fool To Want You
2. The Night We Called It A Day
3. Stay With Me
4. Autumn Leaves
5. Why Try To Change Me Now
6. Some Enchanted Evening
7. Full Moon And Empty Arms
8. Where Are You?
9. What'll I Do
10. That Lucky Old Sun

プロデューサー：Jack Frost (Bob Dylan)

参加ミュージシャン：Charlie Sexton (g), Daniel Fornero (trumpet), Tony Garnier (b), Larry G. Hall (trumpet), Dylan Hart (horn), Donnie Herron (g), Alan Kaplan (trombone), Stu Kimball (g), Andrew Martin (trombone), Joseph Meyer (horn), George Receli (per), Francisco Torres (trombone)

今年（2023年）90歳の誕生日を迎えたカントリー界の巨人、ウィリー・ネルソンは現在も年に一枚のペースで作品を発表し続ける恐るべき音楽家、まさにリヴィング・レジェンドだ。先日もジャンルの境界を横断する選曲と解釈の『ブルーグラス』というアルバムを発表したばかり。聞いたらカテゴライズなんかバカらしくなる大名盤だったけれど、頭の固い日本のブルーグラッサーは一体どう受け止めたのだろうか？

8歳年下のディランがその背中を追いかけ続けるウィリーが、78年にリリースしたのが、ホーギー・カーマイケルやガーシュイン、クルト・ワイルらの作品を取り上げたアメリカン・グレイト・ソング・ブック集『スターダスト』だった。それを聞いたディランは「いつか自分もこんなアルバムを作りたい」と考えていたそうで、37年越しに夢を叶えたのが本作『シャドウズ・イン・ザ・ナイト』だ。やると決めたら、いつかはやる人なんである。

これまでもカヴァー・アルバムは何度か発表してきているが、今回はスタンダード、しかもウィリーの一歩先をいくアイデアの〝フランク・シナトラが歌った曲しばり〟だ。対象が狭まれば狭まるほど燃えてくる体質だろうから、選曲には余念がなかったはずで、ライヴでは以前から披露していた「ザット・ラッキー・オールド・サン」(ウィリーも歌ってたっけ)や、永遠のスタンダード「枯葉」のディラン解釈もじんわり染みてくる。

録音を担当したアル・シュミットによると、セッション中、シナトラ・ヴァージョンを何度も聞いて、その構造を理解していったという。その結果導き出した、ゴージャスなオーケストラ・パートをペダル・スティール・ギターとアコースティック・ベース(＝コントラバス)の弓引きで代用するアイデアは世界中を驚嘆させた。先達に対する敬意からか、レコーディングでのこだわり方も執拗で、録音場所はシナトラのお気に入り、ロサンゼルスのキャピトル・Bスタジオ、ツアー・メンバーの5人が常に同室で演奏、ヘッドフォン無しのモニター・スピーカー返し、しかもヴォーカル以外のマイクを見えないようにして欲しいという、ディランの要望があったため、ベースやアコギのマイク位置は楽器から2メートル以上離れていたという。ディランの弟子筋にあたるT・ボーン・バーネットはレコーディング・ブース内にプラケースなどの反射する物を一切置かせない、という話を聞いた事があるが(僕も真似してみて現場でスタッフに嫌われた経験あり)、それ以上の無茶振りだ。エンジニア・チームの苦労も並大抵ではないが、各プレイヤーの音量調節も大変だったろう。それでいて抜群のサウンドに仕上げるのだから本当に恐れ入る。プロ同志のプライド対決といったところか。

この原稿を書くために久々に聞き返したら、バーボンの助けもあって5曲目の「ホワイ・トライ・トゥ・チェンジ・ミー・ナウ」辺りで不覚にも泣いてしまった。周りからはよく「英語も分からんくせに、よう外人ばっかり聞くなぁ」と言われるけど、「オレはまず音楽を聞いてるんであって、それで感動して何が悪いねん」と言い返す準備はいつでも出来ている(黙ってるけど)。ディラン本人も94年に山本昭彦さんとの会話の中で言っている。《アルバムに歌詞カードを付けると聞く喜びを奪うことになる。歌詞を読みながら聞くと音楽の勢いのようなものを削ぐことになるんだ》《言葉の隅々まで歌詞を聴く必要はない。歌詞が翻訳されて、そこに封じ込められているものが伝わるかどうかは大した問題じゃない》。

森山

Fallen Angels
フォールン・エンジェルズ

Columbia：88985308022 [CD]
録音：2014年
発売：2016年5月20日

1. Young At Heart
2. Maybe You'll Be There
3. Polka Dots And Moonbeams
4. All The Way
5. Skylark
6. Nevertheless
7. All Or Nothing At All
8. On A Little Street In Singapore
9. It Had To Be You
10. Melancholy Mood
11. That Old Black Magic
12. Come Rain Or Come Shine

プロデューサー：Jack Frost (Bob Dylan)

参加ミュージシャン：Charlie Sexton (g), Stu Kimball (g), Dean Parks (g), Donnie Herron (g, viola), Tony Garnier (b), George Receli (ds)

『シャドウズ・イン・ザ・ナイト』と同時期に録音されたスタンダード・カヴァー集第二弾。前作とは曲調、ムードが違っており、アチラが夜ならコチラは夜明け～夕方？　陽気で朗らかなレパートリーが多く収録されている。レコーディング・セッションの段階で二枚に分けてリリースするのが決まっていたのかは不明だが、曲のピックアップに確固たる意志を感じるので、単なるアウトテイクの寄せ集めでないことは明らかだ。

ボブ・ディランを未だに「風に吹かれて」や「ライク・ア・ローリング・ストーン」の頃の、ニヒルな皮肉屋さんだと思っている方には、是非とも本作の「メイビー・ユール・ビー・ゼア」や「スカイラーク」を聞いていただきたい。その自然で優しい歌声は〝ひょっとしたら世界で一番イイ人なんじゃないの？〟と勘違いさせてしまうほど温かいんだから。僕が孫なら大好きなお爺ちゃんです。

前作同様オーケストラを小編成コンボに置き換えるため、大胆なアレンジが主体となる中、ジーン・クルーパ風ドラムスが炸裂する「ザット・オールド・ブラック・マジック」だけは、意外にもルイ・プリマのスウィング・ヴァージョンを忠実に再現している。お気に入りなのかライヴでも度々取り上げており、今年の来日公演でも早口で披露していた。途中でグレイトフル・デッドの「トラッキン」に差し替えられる事件もあり、でしたが、大阪の僕は聞いたよ。

森山

Triplicate
トリプリケート

Columbia：88985 41349 2 [CD]
録音：2014年〜2016年
発売：2017年3月31日

'Til The Sun Goes Down
[1]
1. I Guess I'll Have To Change My Plans / 2. September Of My Years / 3. I Could Have Told You / 4. Once Upon A Time / 5. Stormy Weather / 6. This Nearly Was Mine / 7. That Old Feeling / 8. It Gets Lonely Early / 9. My One And Only Love / 10. Trade Winds

Devil Dolls
[2]
1. Braggin' / 2. As Time Goes By / 3. Imagination / 4. How Deep Is The Ocean / 5. P.S. I Love You / 6. The Best Is Yet To Come / 7. But Beautiful / 8. Here's That Rainy Day / 9. Where Is The One / 10. There's A Flaw In My Flue

Comin' Home Late
[3]
1. Day In, Day Out / 2. I Couldn't Sleep A Wink Last Night / 3. Sentimental Journey / 4. Somewhere Along The Way / 5. When The World Was Young / 6. These Foolish Things / 7. You Go To My Head / 8. Stardust / 9. It's Funny To Everyone But Me / 10. Why Was I Born

プロデューサー：Jack Frost (Bob Dylan)

参加ミュージシャン：Charlie Sexton (g), Dean Parks (g), Donnie Herron (g), Tony Garnier (b), George Receli (ds)

　アナログで購入してから数年間、本作はウチのオーディオ機器／DAW作業時のリファレンス・ディスクになっていた。な〜んでか？　そりゃもちろん、持ってるレコードで音が一番良い（と僕が思っていた）からです。残念ながらジェイムズ・テイラーの『アメリカン・スタンダード』にその座を奪われたけれども、音像の立体感、低音のふくよかさ、歌の存在感の確認で、今も度々ターンテーブルに乗っかるお気に入りの一枚だ。全30曲入り、三作連続で続いてきたスタンダード・カヴァー群の集大成といえる。

　奏者や使用スタジオも同じ、エンジニアはアル・シュミット、マスタリングはグレッグ・カルビというコンビも『フォールン・エンジェルズ』と変わらないのに、この音の違いは何だろう。数々の修羅場を乗り越えてきた名匠アル・シュミットの意地とプライドの賜物ではないかと僕は推測する。『シャドウズ・イン・ザ・ナイト』の項にも書いたが、ディランの希望で、前回のセッション時には楽器から離さざるを得なかったマイク位置の問題を解決するために、シュミット以下技師チームは事前の準備を怠らなかったに違いない。とりわけアコースティック・ベースの拾い方にマジックを感じる。本体に何かを放り込んだか、デジタル技術で精巧に抜き出して処理したのか、その粒立ちの良さはショボいサブスクで聞いても分かるはずなので、今すぐ利き音源をお楽しみください。

森山

Rough And Rowdy Ways
ラフ&ロウディ・ウェイズ

Columbia：19439780982［CD］
録音：2020年1月～3月
発売：2020年6月19日

[1]
1. I Contain Multitudes
2. False Prophet
3. My Own Version Of You
4. I've Made Up My Mind To Give Myself To You
5. Black Rider
6. Goodbye Jimmy Reed
7. Mother Of Muses
8. Crossing The Rubicon
9. Key West (Philosopher Pirate)

[2]
1. Murder Most Foul

プロデューサー：クレジットなし

参加ミュージシャン：Fiona Apple (p), Blake Mills (g, harmonium), Charlie Sexton (g), Bob Britt (g), Donnie Herron (g, violin, accordion, mandolin), Benmont Tench (kbd), Tony Garnier (b), Matt Chamberlain (ds), Alan Pasqua (p), Tommy Rhodes (cho)

〝アメリカン・ソングブック三部作〟と呼ばれることになったスタンダード集をリリースする渦中の2016年、ディランにノーベル文学賞が授与されることになった。ところがディランは行方をくらまし、世界のメディアを煙に巻いたのだ。授賞式で代役のパティ・スミスが行った素晴らしく感動的なパフォーマンスは記憶に新しいが、欠席したディランが寄せたコメントも〝らしい〟ものだ。中盤から後半のいいところを引用しておこう。

《受賞のお知らせをいただいたのは、私がツアーをしているときでしたが、事態を把握するのにしばらく時間がかかりました。それから、文学界の巨匠ウィリアム・シェイクスピアについて思いを巡らし始めました。シェイクスピアは自分のことを劇作家だと思っていたと思うのです。文学作品を書いているという考えは彼の頭の中には微塵もなかったはずです。彼の言葉は舞台のために書かれたものでした。話されるために書かれたものであって、読まれるために書かれたものではありません。（中略）シェイクスピアの気持ちの真ん中には、作品に対するクリエイティヴな想いや野心といったものがあったはずです。でも同じように、いろいろと解決しなければならないことがそれ以上にあったはずです。例えば、「資金繰りはうまくいってるだろうか」「お得意さんのためにいい席が確保されているだろうか」「どこで骸骨を手に入れようか」といったものです。ただ、これだけは断言できるのですが、シェイクスピアの心の中には「自分が書いているものは文学作品だろうか」という疑念はこれっぽっちもなかっただろうということです。（中略）私はこれまで5万人の前で演奏したこともあれば、50人の前で演奏したこともありますが、50人の前で演奏する方が難しいということです。5万人の聴衆は一つの人格として扱えますが、50人のお客ではそうはいきません。個々人が一人一人独立したアイデンティティ、すなわち自分の世界を持っているからです。》

ディランはこのあと、小規模なアカデミー選考委員会によって賞が与えられたことを素直に喜び、《シェイクスピアと同じように、私もまた、己の創造性の探究に勤しむと共に、音楽に関わる諸々のことに追われる日々を送っています。（中略）物事には変わらないものがあるんです。たとえ400年経っても。》と書いている。

そんな想いが乗っかったのが、このアルバムだった。新型コロナによるロックダウンでツアーの中止が続いたということも影響したのだろうが、ディランはシェイクスピアに迫る勢いで〝叙事詩〟に向かったのだ。

20年3月27日に突然SNSで配信リリースを発表した16分54秒に及ぶ「マーダー・マスト・ファウル（最も卑劣な殺人）」をビルボード1位にし、4月17日には第二弾「アイ・コンテイン・マルチチュード」、5月8日午前0時には第三弾「ファルス・プロフェット（偽預言者）」をネットにアップした。「最も卑劣な殺人」ではJ．F．ケネディの写真をキャッチに使っているが、タイトルはシェイクスピアの『ハムレット』からの引用だ。〝自由よ、ああ、自由よ、私のもとへ／こんなことは言いたくないけど、ねえ、死んだ者だけが自由になれるんだよ〟と歌い、多くの史実を引用しながら、自由と民主主義という理想を失いかけているアメリカを嘆いてみせた。2年後にウクライナで、3年後にエルサレムで戦争が起こるなんて予想はしていなかったはずだが、ディランが歴史から引き出した〝近代国家のシステム〟や〝人間の業〟は、世界に警鐘を鳴らすものにもなっている。まさに〝覚悟の傑作〟だ。

和久井

Shadow Kingdom
(Soundtrack For “Shadow Kingdom: The Early Songs of Bob Dylan”)

Columbia／Legacy：19658767492［CD］
録音：2021年
発売：2023年6月2日

1. When I Paint My Masterpiece
2. Most Likely You Go Your Way (And I'll Go Mine)
3. Queen Jane Approximately
4. I'll Be Your Baby Tonight
5. Just Like Tom Thumb's Blues
6. Tombstone Blues
7. To Be Alone With You
8. What Was It You Wanted
9. Forever Young
10. Pledging My Time
11. The Wicked Messenger
12. Watching The River Flow
13. It's All Over Now, Baby Blue
14. Sierra's Theme

プロデューサー：クレジットなし

参加ミュージシャン：T-Bone Burnett (g), Don Was (b), Ira Ingber (g), Jeff Taylor (accordion), Doug Lacy (accordion), Greg Leisz (g, mandolin), Tim Pierce (g), John Avila (b), Steve Bartek (g)

２０２３年４月の来日公演は、私には納得できるのもではなかった。どこまでも前進しようとする姿勢や、吟遊詩人のような佇まいに打たれる瞬間はあったが、グレイトフル・デッドの曲を徐々に増やしていったのがどういうつもりかは見えなかった。私が観た日には下ろしたデッド・カヴァーがうまくいかず、途中でやめてしまったりしたのだから、いくらなんでも（トホホ）と、思ったのだ。

まあ、噺家が芸を極めていく姿だと思えば、出来が悪かったときは〝過程〟と受けとめ、酷評などしないのがタニマチの在り方としては正しいだろう。けれど、「どうでした？」と問われれば、厳しいことも言わなければならない。ディランは叩かれて大きくなった人ではないか。

東ボブじゃないが、ピアノで通されるのはつらいし、前に出てきてハーモニカを吹くシーンもないんじゃ、こっちはどこで盛り上がればいいんだ？　２万いくらも取ったコース料理でメインの肉が出てこなかったら、「は？」となるだろう。相手がボブ・ディランだからって黙って受け容れていたら、「軍部が起こした侵略戦争で繰り返された〝卑劣な殺人〟にいまだに〝ＮＯ〟と言えない国だから」と言われてしまっても仕方ない、と私は思うのだ。

　そんな気持ちでいたところに届いたこの最新作は、21年7月18日にアメリカのインターネット・サイトVeepsで有料配信されたライヴ（チケットは25ドル）をフィジカル化したもので、18の古いナンバーを〝最新〟にアップデイトした素晴らしいものだった。

　〝アメリカン・ソングブック三部作〟のころのツアーでは、オリジナル曲はごく限られたものしか演奏されなかったし、23年春のツアーでもこれほど大量に代表曲がセット・リストに載ることはなかった。だから、ここでの選曲は極めて特別に思えたのである。

　しかも、バンドのメンバーにはTボーン・バーネットやドン・ウォズまでいる。リハーサルをやってきちんと練り上げられた演奏に乗って、ディランは円熟のヴォーカルを聴かせ、ハーモニカも魅力にしているのだ。

　このときディランは80歳。Veeps側は〝ＭＴＶアンプラグド〟の老年版のようなものになれば御の字、と思っていたはずだが、翁は「小僧、舐めんなよ」と言わんばかりの勢いで極上のパフォーマンスを見せたのである。「傑作を書くとき」「我が道を行く」と続く冒頭から気迫がこもっているし、どの曲も新曲のように聴こえるほどのアップデイト感なのだ。「トゥームストーン・ブルース」「フォーエヴァー・ヤング」や「イッツ・オーバー・ナウ、ベイビー・ブルー」が２０２３年に〝新しく聴こえる〟ことなど、読者の皆さんは想像していただろうか？　私はこんな80歳のディランを考えていなかったよ。

　時間があったら本誌の筆者でクロス・レヴューして最後に載せたいぐらいだが、進行／校正の森くんと組版の坂本さんに「この段階でまだ変えますか？」と怒られそうなのでやめておく。しかしこれは、ちょっと凄いライヴ・アルバムなので、未聴の人は真っ先に入手してほしい。

　ボブ・ディランは行く。どこまでも行く。20世紀はシンガー・ソングライターの歌が、文学以上の価値と影響力を持った時代だったことを伝えるために、世界のミュージシャンの想いを背負って向かっていっている。

　こういうアルバムを聴くと、ディランの背中を見て生きてきた自分を褒めてやりたくなる。そう。ディランはみんなに言っているのだ。「きみは間違っていないよ。そのまま行くんだ。いつまでも若く」と。

和久井

立見伸一郎氏のアパレル・コレクション

取材：和久井光司・納富廉邦（撮影・本文も）

世界でも有数のディラン・コレクションを蔵する立見伸一郎氏のコレクター・ルームに足を踏み入れた我々を迎えたのは、みごとに分類・整理された宝の山だった。「ぼくはレコード・コレクターじゃなくて、ディランのコレクターだから」と立見さんは笑う。だから、シャツとかも出たら全色買うのだそうだ。そして、「整理整頓が大好きだから」と必要なものをすぐに取り出して見せてくれる。これこそ筋の通ったコレクターの姿だ。

「和久井さん、喜んでくれるかなあと思って選んだんですよ」と用意してくださった、オフィシャル、またはブランドとコラボのファッション・アイテムは、すべて普段、立見さんが着ているもの。「モッズ・コートなんか奥さんと食事に行くのにも着ていくよ」と仰る。

レコードだけではない、多様なディランの楽しみ方の一端を、これらの写真から感じ取っていただきたい。

“Can You Please Crawl Out Your Window?” Long T Shirt (official)
和久井「日本語をあしらったシリーズはカッコいいね」

The 30th Anniversary Concert Sweatshirt (official)
マディソン・スクエア・ガーデンの会場限定販売品。日付が入ってるのが嬉しい。

向こうで作ってるオフィシャルのシャツに敢えて日本語を使ってるのが面白い。下のポロシャツは、『コンサート・フォー・ジョージ』でジム・ケルトナーが着てた気がするって立見さんが言ってたね。（和久井）

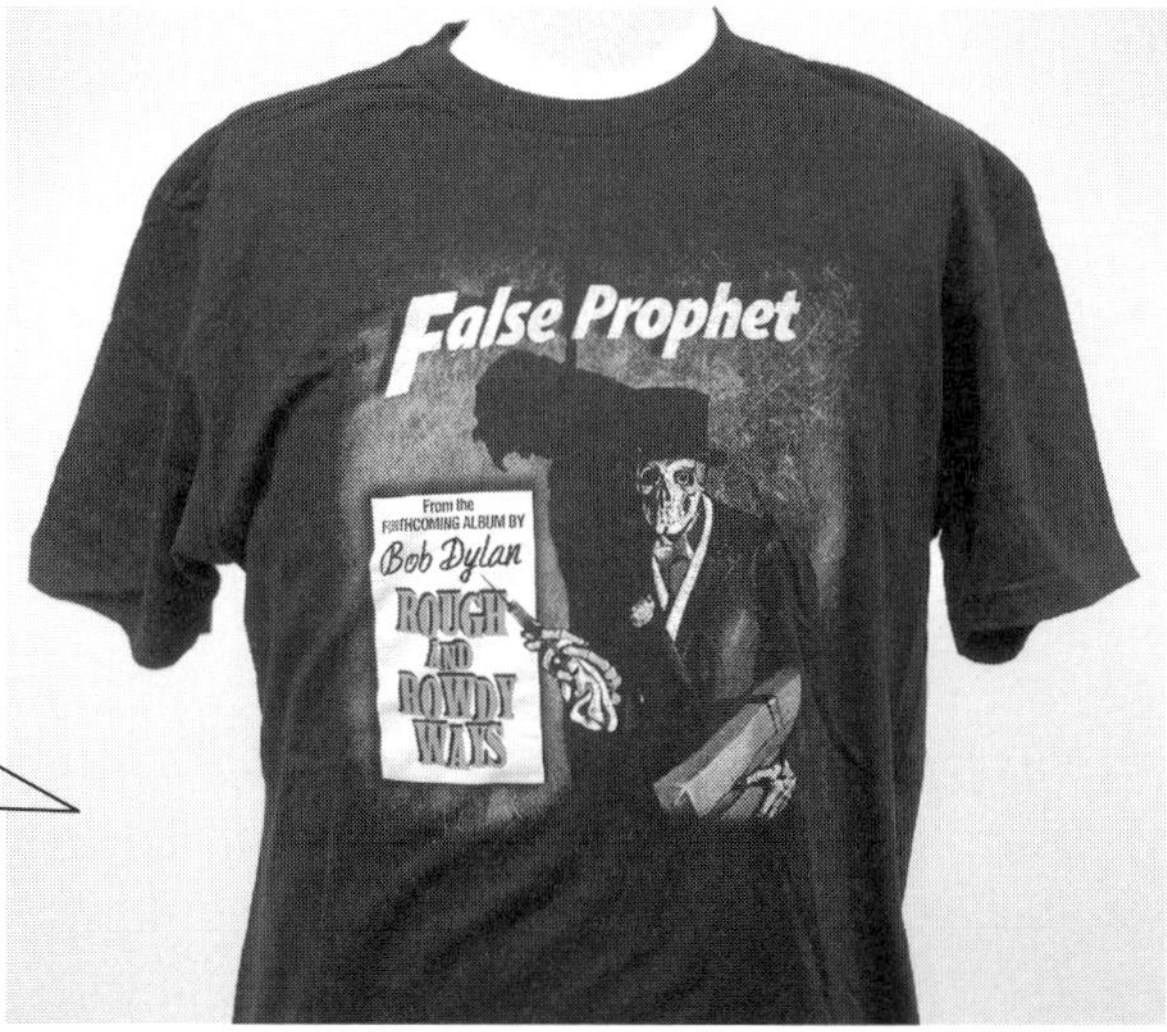

"False Prophet" T Shirt (official)
和久井「これ、こんなに色がキレイだったんだ」

Eye Logo Polo Shirt (official)
胸のアイ・ロゴがおしゃれのポイント。

"Knockin' On Heaven's Door" Hoodie (official)
袖にもロゴが入っているフーディ。フード付きは珍しいのだ。

Eye Logo Open Collar Shirt (official)
サテンっぽい変った生地の開襟シャツ。

ぼくは昔、洋服屋にいたんで生地とか分かるんですよ。この暖かそうなジャケットとか左ページのGジャンとか作ってるバーキング・アイロンズ、いい仕事するね。普通に着たいと思わせる。（和久井）

Village Corduroy Bomber
(Barking Irons)
このジャケット、どこかで見たことはないか？

内側にはディランの写真、襟の裏のタグにもディランの顔が入っている。
和久井「これ生地もいいよ、これ欲しいな」

Hawaiian Shirt Pink (Wacko Maria)
和久井「テレビでとろサーモン久保田がこれの白を着てた」

"Dylan's Rolling Thunder Tour" Jacket
(Barking Irons)
あちこちに「ローリング・サンダー・レヴュー」の意匠がちりばめられたGジャン。

内側には、ツアーで回った場所がプリントされている。さらに、前身ごろの裏にはセット・リストまで！

このGジャンは欲しいよ。サイズも向こうのだから大丈夫そうだし。前のところ、リーヴァイスのファーストの切り替えなんですよ、タックが入ってるの。Gジャン分かってる奴が作ってる。ディランのことが好きなのも伝わるなあ。（和久井）

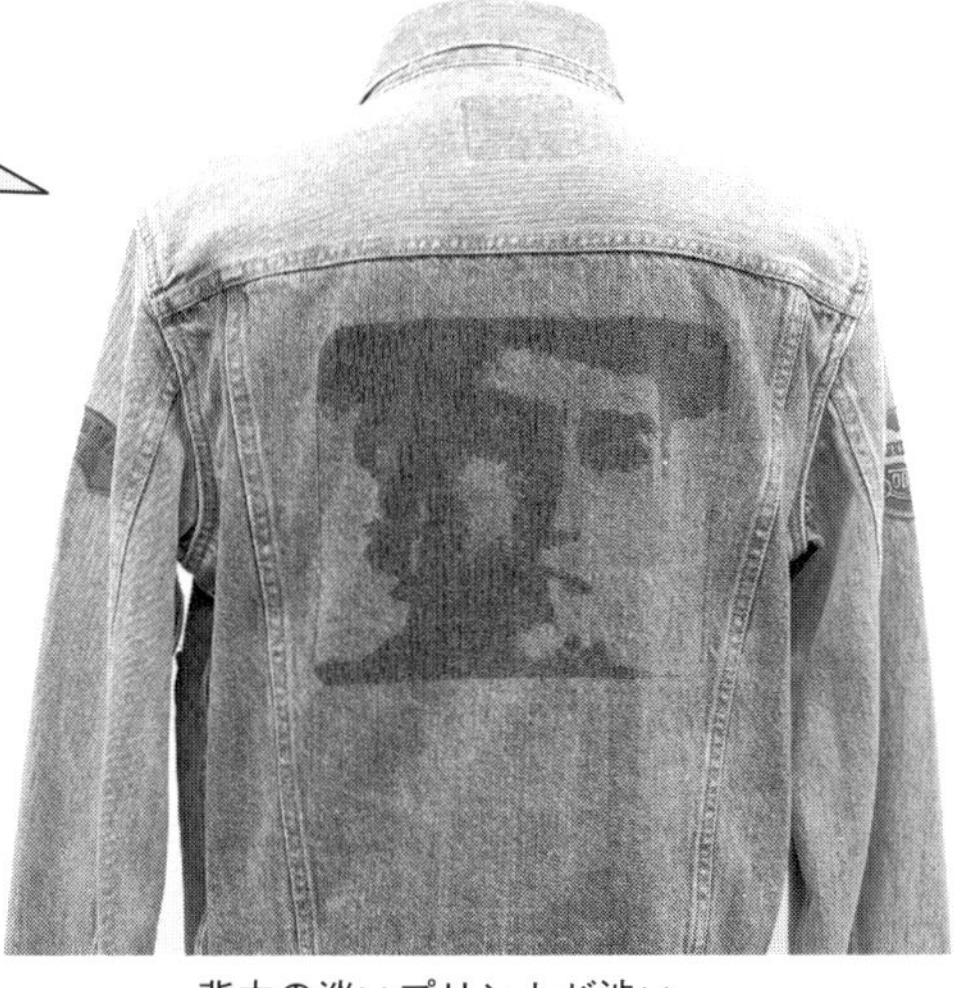

背中の淡いプリントが渋い。

Mods Coat Khaki (Wacko Maria)
写真のカーキの他にブラックもある。
当然、立見さんは両方持っている。

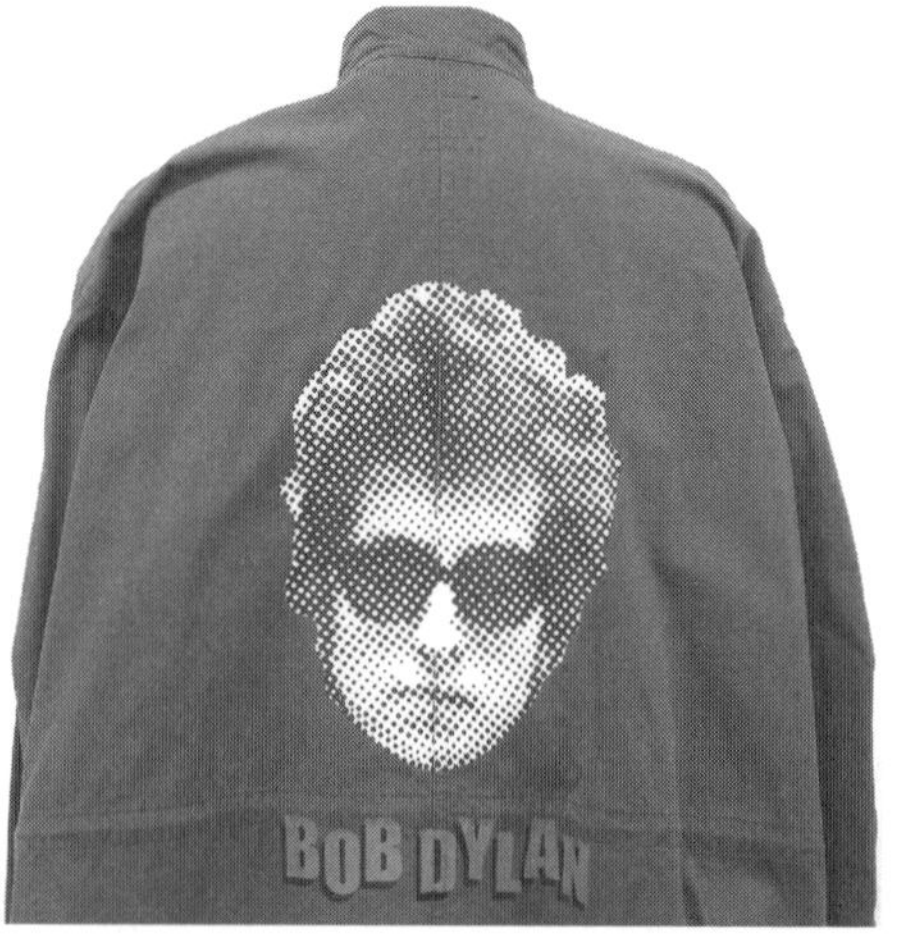

Don't Look Backなディランを背負った
モッズ・コートは立見さんの愛用品。

バック・プリントのディランの顔は
小さくタグにも付いてる。

"Dylan's Rolling Thunder Tour" Hat Maid By Baron Hats
(Barking Irons)
東京ボブ氏が熱望したが買い逃したハット。Lと書かれている が、実はサイズを伝えて作ってもらう完全ハンドメイド品。

Chapter 12:

Singles/Tour Date

ISAO INUBUSHI

稀代の〝アルバム・アーティスト〟によるシングル・リリースの軌跡

犬伏 功

ボブ・ディランの60年を超えるキャリアのなかで、シングルが振り返られる機会は決して多くない。ファースト・シングルとなった「ミックスド・アップ・コンフュージョン（ゴチャマゼの混乱）」がアルバム未収録曲であるにもかかわらず、だ。ディランの音楽を相当聴き込んでいても、彼の初めてのシングルの曲名が浮かばないというリスナーは多いのではないだろうか。

65年に〝電化〟したことで、ディランをそれまでフォーク・シンガーとして愛していたオーディエンスが彼を〝裏切り者〟扱いしたことはさておき、ディランは62年のデビュー・アルバムから「ライク・ア・ローリング・ストーン」を収めた65年の『追憶のハイウェイ61』まで、計6枚のアルバムをリリースする一方で、この〝フォーク期〟にリリースされたシングルはたった4枚しかない。

さらにいえば、先の「ミックスド・アップ・コンフュージョン」もアルバム『フリーホイーリン』のセッションで録音されたもの。デビューの時点でシングルの発売はまったく想定されていなかったのだ。これは、ディランが真の〝アルバム・アーティスト〟であったことを証明するエピソードに他ならない。しかし、面白いことに〝電化〟の象徴となった「ライク・ア・ローリング・ストーン」がディランのシングル初のチャート・イン（2位）を果たして以降、彼のシングル発売頻度は一気に上がり、74年の「イット・エイント・ミー・ベイブ」が〝外す〟まで、上下のブレこそあるものの、いずれもしっかりチャート・インするという結果も残しているのだ（再発盤は除く）。フォーク期にはまったく重要視されていなかったシングルが、〝電化〟を経て一気に意味のあるリリース形態となったというわけだ。このように、ディランがシングルで聴かれていた時代も確実にあったわけだが、ディランがシングルで語られることは今も〝稀〟だと言わざるを得ない。

　本章に掲載したものが、そんなディランが米本国に残したシングルの全貌だ。もちろん80年代のカセット・シングルや90年代以降のCDシングルも、可能な限り拾い上げた。プロモーション盤については基本的に除外したが、78年に公開されながらもお蔵入りとなり、今も公式な発売が叶わない映画、『レナルド&クララ』のサウンドトラック盤から4曲を抜粋したプロモーション用12インチEPのような〝重要盤〟は例外として含めるように努めた（この12インチ盤は当時、日本でもソニーが米国プレス盤に日本語のステッカーを貼り配給している）。余談だが、このプロモ盤は公式未発売の貴重なライヴ録音が聴けるとあって、米国では大量のブートレッグが流通したが、その中には本物とまったく同じスタンパーを用いて製造されたものがあり、本物の製造を行った工場が密造に関与したといわれている。

　再発盤についてはコロンビアやアサイラムなど、メジャー・レーベルが関わったものについては網羅した。米国盤を基本としたが、67年にオランダのみでリリースされた「イフ・ユー・ガッタ・ゴー、ゴー・ナウ」のような米国未発売の重要盤もあることから、それらについても極力取り上げ、リリースに抜けがないようにした。

　本書ではディランと日本の関わりについて重点を置いていることから、ディランの日本盤シングル／EPのリストも新たに加えた。本来は曲名などは英語で統一すべきところだが、当時の邦題を知ることが重要と考え、すべて当時の日本語表記で記載した。日本では一部のコンピレイションへ収録されたものを除き、65年までディラン作品はアルバム、シングルともにリリースされず、「ホームシック・ブルース」がこの国におけるデビュー・シングルとなる。当時の日本コロムビア盤は、デザインに一貫性と独特なセンスが光っており、世界的に人気が高い。また、日本では4曲入りの〝コンパクト盤〟と呼ばれるEPが60年代のみならず、70年代になっても大量にリリースされていた。中でもソニーが74年に一斉発売したアルバムの〝ミニチュア版〟的なコンパクト盤は海外での人気が高く、中でも『ビリー・ザ・キッド』のサントラから4曲をチョイスしたEPはかなりの入手困難盤として有名だ。

US singles & EPs

米国盤シングル＆EP

Like A Rolling Stone

A：Like A Rolling Stone
B：Gates Of Eden
Columbia 4-43346
1965.6.28／2位

Positively 4th Street

A：Positively 4th Street
B：From A Buick 6
Columbia 4-43389
1965.9.7／7位

Can You Please Crawl Out Your Window?

A：Can You Please Crawl Out Your Window?
B：Highway 61 Revisited
Columbia 4-43477
1965.12.8／58位

One Of Us Must Know (Sooner Or Later)

A：One Of Us Must Know (Sooner Or Later)
B：Queen Jane Approximately
Columbia 4-43541
1966.2.14／119位

Rainy Day Women #12 & 35

A：Rainy Day Women #12 & 35
B：Pledging My Time
Columbia 4-43592
1966.3.24／2位

Mixed Up Confusion

A：Mixed Up Confusion
B：Corrina Corrina
Columbia 4-42656
1962.12.14／ -

Blowin' In The Wind

A：Blowin' In The Wind
B：Don't Think Twice, It's All Right
Columbia 4-42856
1963.8.13／ -

Bringing It All Back Home

Bringing It All Back Home
A1：On The Road Again
A2：Bob Dylan's 115th Dream
B1：Gates Of Eden
B2：She Belongs To Me
Columbia Stereo Seven 7-9128
1965.5／ -

Subterranean Homesick Blues

A：Subterranean Homesick Blues
B：She Belongs To Me
Columbia 4-43242
1965.3.8／ -

Leopard-Skin Pill-Box Hat

A : Leopard-Skin Pill-Box Hat
B : Most Likely You Go Your Way And I'll Go Mine
Columbia 4-44069
1967.4.24／81位

I Threw It All Away

A : I Threw It All Away
B : Drifter's Escape
Columbia 4-44826
1969.4.22／85位

Lay Lady Lay

A : Lay Lady Lay
B : Peggy Day
Columbia 4-44926
1969.7.1／7位

Tonight I'll Be Staying Here With You

A : Tonight I'll Be Staying Here With You
B : Country Pie
Columbia 4-45004
1969.10.7／50位

Lay Lady Lay

A : Lay Lady Lay
B : I Threw It All Away
Columbia Hall Of Fame
4-33178
1970／ -

I Want You

A : I Want You
B : Just Like Tom Thumb's Blues
Columbia 4-43683
1966.6.10／20位

Just Like A Woman

A : Just Like A Woman
B : Obviously 5 Believers
Columbia 4-43792
1966.8.18／33位

Like A Rolling Stone

A : Like A Rolling Stone
B : Rainy Day Women #12 & 35
Columbia Hall Of Fame
4-33100
1966.12／ -

I Want You

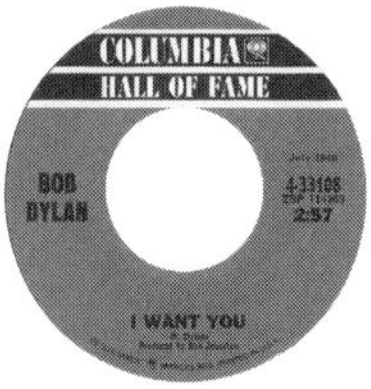

A : I Want You
B : Just Like A Woman
Columbia Hall Of Fame
4-33108
1967／ -

If You Gotta Go, Go Now

A : If You Gotta Go, Go Now
B : To Ramona
CBS 2921 (Netherlands)
1967.8.18／ -

A Fool Such As I

A : A Fool Such As I
B : Lily Of The West
Columbia 4-45982
1973.11.19／55位

On A Night Like This

A : On A Night Like This
B : You Angel You
Asylum AS-11033
1974.2／44位

Something There Is About You

A : Something There Is About You
B : Tough Mama
Asylum AS-11035
1974.4／107位

Most Likely You Go Your Way (And I'll Go Mine)

Bob Dylan / The Band
A : Most Likely You Go Your Way (And I'll Go Mine)
The Band
B : Stage Fright
Asylum AS-11043
1974.8／66位

It Ain't Me, Babe

A : It Ain't Me, Babe
B : All Along The Watchtower
Asylum E-45212
1974.11／ -

Wigwam

A : Wigwam
B : Copper Kettle (The Pale Moonlight)
Columbia 4-45199
1970.7.1／41位

Watching The River Flow

A : Watching The River Flow
B : Spanish Is The Loving Tongue
Columbia 4-45409
1971.7.3／41位

George Jackson

A : George Jackson (Big Band Version)
B : George Jackson (Acoustic Version)
Columbia 4-45516
1971.11.12／33位

Subterranean Home Sick Blues

A : Subterranean Home Sick Blues
B : Positively 4th Street
Columbia Hall Of Fame
4-33221
1973／ -

Knockin' On Heaven's Door

A : Knockin' On Heaven's Door
B : Turkey Chase
Columbia 4-45913
1973.8.8／12位

Mozambique

A : Mozambique
B : Oh, Sister
Columbia 3-10298
1976.2.17／54位

Knockin' On Heaven's Door

A : Knockin' On Heaven's Door
B : A Fool Such As I
Columbia Hall Of Fame
13-33259
1975／ -

Hurricane (Part 1)

A : Hurricane (Part 1)
B : Mozambique
Columbia Hall Of Fame
13-33324
1976.11／ -

Tangled Up In Blue

A : Tangled Up In Blue
B : If You See Her, Say Hello
Columbia 3-10106
1975.2.25／31位

Stuck Inside Of Mobile With The Memphis Blues Again

A : Stuck Inside Of Mobile With The Memphis Blues Again
B : Rita May
Columbia 3-10454
1976.11.26／110位

Million Dollar Bash

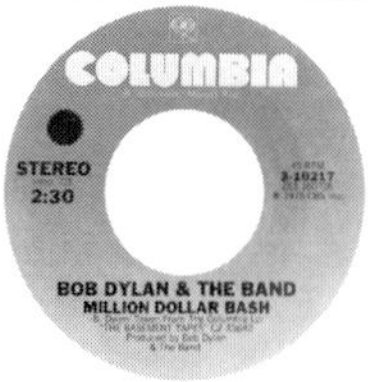

Bob Dylan And The Band
A : Million Dollar Bash
B : Tears Of Rage
Columbia 3-10217
1975.9／ -

4 Songs From "Renaldo And Clara" (A Film By Bob Dylan)

[12]
4 Songs From "Renaldo And Clara" (A Film By Bob Dylan)
A1 : People Get Ready
A2 : Never Let Me Go
B1 : Isis
B2 : It Ain't Me Babe
Columbia AS 422
1978.1／ -

Hurricane

A : Hurricane (Part I)
B : Hurricane (Part II)
Columbia 3-10245
1975.11／33位

Baby Stop Crying

A : Baby Stop Crying
B : New Pony
Columbia 3-10805
1978.7.31／ -

Tangled Up In Blue

A : Tangled Up In Blue
B : If You See Her, Say Hello
Columbia Hall Of Fame
13-33280
1975.12／ -

Saved

A：Saved
B：Are You Ready
Columbia 1-11370
1980.8／ -

Changing Of The Guards

A：Changing Of The Guards
B：Señor (Tales Of Yankee Power)
Columbia 3-10851
1978.10.24／ -

Heart Of Mine

A：Heart Of Mine
B：The Groom's Still Waiting At The Altar
Columbia 18-02510
1981.9.11／ -

Gotta Serve Somebody

A：Gotta Serve Somebody
B：Trouble In Mind
Columbia 1-11072
1979.8.15／24位

Union Sundown

A：Union Sundown
B：Angels Flying Too Close To The Ground
CBS A3916
1983.10.21 (UK)／90位

Man Gave Names To All The Animals

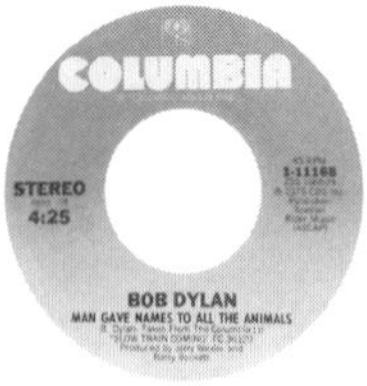

A：Man Gave Names To All The Animals
B：When You Gonna Wake Up
Columbia 1-11168
1979.11／ -

Sweetheart Like You

A：Sweetheart Like You
B：Union Sundown
Columbia 38-04301
1983.12／55位

Slow Train

A：Slow Train
B：Do Right To Me Baby (Do Unto Others)
Columbia 1-11235
1980.3／ -

Jokerman

A：Jokerman
B：Isis (Live From The Film "Renaldo & Clara")
Columbia 38-04425
1984.4／ -

Solid Rock

A：Solid Rock
B：Covenant Woman
Columbia 1-11318
1980.7／ -

Like A Rolling Stone

A : Like A Rolling Stone
B : Rainy Day Women #12 & 35
Collectables 13-33100
1989／ -

Lay Lady Lay

A : Lay Lady Lay
B : I Threw It All Away
Collectables 13-33178
1989／ -

Subterranean Home Sick Blues

A : Subterranean Home Sick Blues
B : Positively 4th Street
Collectables 13-33221
1989／ -

Knockin' On Heaven's Door

A : Knockin' On Heaven's Door
B : A Fool Such As I
Collectables 13-33259
1989／ -

Hurricane (Part I)

A : Hurricane (Part I)
B : Mozambique
Collectables 13-33324
1989／ -

Tight Connection To My Heart (Has Anybody Seen My Love)

A : Tight Connection To My Heart (Has Anybody Seen My Love)
B : We Better Talk This Over
Columbia 38-04933
1985.5.24／103位

Emotionally Yours

A : Emotionally Yours
B : When The Night Comes Falling From The Sky
Columbia 38-05697
1985.10／ -

Band Of The Hand

Bob Dylan With The Heartbreakers
A : Band Of The Hand
Michel Rubini
B : Theme From Joe's Death
MCA MCA-52811
1986.4／ -

Silvio

A : Silvio
B : Driftin' Too Far From Shore
Columbia 38-07970
1988.7／ -

Everything Is Broken

[Cassette]
A1 : Everything Is Broken
A2 : Dead Man, Dead Man
A1 : Everything Is Broken
A2 : Dead Man, Dead Man
Columbia 38T 73062
1989.10／ -

Love Sick (CD2)

[CD]
1 : Lovesick (Album Version)
2 : Can't Wait (Live Version) 6:04
3 : Roving Gambler (Live Version) 3:53
4 : Blind Willie McTell (Live Version)
Columbia COL 665997 5 (EU)
1998.6／ -

Things Have Changed

1 : Things Have Changed (Radio Edit)
2 : To Make You Feel My Love (Live Version)
3 : Hurricane
4 : Song To Woody (Live Version)
Columbia COL 669333 2 (EU)
2000.5.20／ -

Tweedle Dee And Tweedle Dum

A : Tweedle Dee And Tweedle Dum
B : Bye And Bye
Columbia CS7 32660 (Bonus single with "Love And Theft")
2001.9／ -

Tangled Up In Blue (Alternate Live Version)

A : Tangled Up In Blue (Alternate Live Version)
B : Isis (Alternate Live Version)
Columbia (No Number)(from "The Bootleg Series Vol. 5" Box Set)
2003.11.7／ -

Rollin' And Tumblin'

[CD]
1 : Rollin' And Tumblin'
2 : Not Dark Yet
3 : High Water (For Charley Patton)
Columbia 82876 89628 2
2006.8.15／ -

Most Of The Time

[CD]
1 : Most Of The Time (Edit) 3:55
2 : Most Of The Time (Live) 4:55
3 : Most Of The Time (LP Version)
Columbia CSK 73326 (Promo Only Release)
1990／ -

Dignity

[CD]
1 : Dignity (Edit)
2 : Dignity (Album Version)
3 : A Hard Rain's A-Gonna Fall (live at The Great Music Experience with the Tokyo New Philharmonic Orchestra)
Columbia COL 660942 2 (EU)
1994／ -

Not Dark Yet

[CD]
1 : Not Dark Yet (Album Version) 6:30
2 : Tombstone Blues (Live Version) 6:27
3:Ballad Of A Thin Man (Live Version) 8:47
4 : Boots Of Spanish Leather (Live Version)
Columbia COL 665443 2 (EU)
1997／ -

Live '96

[CD]
1 : My Back Pages
2 : Tombstone Blues
3 : Ballad Of A Thin Man
4 : Boots Of Spanish Leather (Recorded live at the House of Blues, Atlanta, GA, 1996.8.3 & 8.4)
Columbia CSK 3818 (Store giveaway)
1997／ -

Love Sick (CD1)

[CD]
1 : Love Sick (Live "Grammy" Version)
2 : Cold Irons Bound (Live Version) 6:50
3 : Cocaine Blues (Live Version) 5:43
4 : Born In Time (Live Version)
Columbia COL 665997 2 (EU)
1998.6／ -

Subterranean Homesick Blues (The Ting Tings Remix)

A：Subterranean Homesick Blues (The Ting Tings Remix)
B：-
Columbia 886979002277 (EU)
2011.4.16／ -

Can You Please Crawl Out Your Window?

[7(Box Set)]
Can You Please Crawl Out Your Window?
A：Subterranean Homesick Blues
B：She Belongs To Me
C：Like A Rolling Stone
D：Gates Of Eden
E：Positively 4th Street
F：From A Buick 6
G：Can You Please Crawl Out Your Window?
H：Highway 61
Columbia 88697 97711 7
2011.11.25／ -

Like A Rolling Stone

A：Like A Rolling Stone
B：Gates Of Eden
Columbia 4-43346
2012／ -

Duquesne Whistle

A：Duquesne Whistle
B：Meet Me In The Morning (Alternate Take)
Columbia 38-540533
2012.11.23／ -

Most Likely You Go Your Way (And I'll Go Mine) Mark Ronson Re-Version

Bob Dylan / Mark Ronson
A：Most Likely You Go Your Way (And I'll Go Mine) Mark Ronson Re-Version
B：Most Likely You Go Your Way (And I'll Go Mine) Original Version
Columbia 88697163787
2007.9／ -

In Session At The Columbia Records 30th Street Studio

Bob Dylan / Tony Bennett
A：Like A Rolling Stone
Tony Bennett
B：Smile
(Promo Only Release)
Columbia 4-43348
2008.7／ -

Dreamin' Of You

A：Dreamin' Of You
B：Down Along The Cove (Live At Bonnaroo, 2004)
Columbia 38-750225
2009.4.18／ -

Christmas In The Heart

A：Must Be Santa
B：'Twas The Night Before Christmas
Columbia CS7-762438
(independent stores only release)
Nov 2009.11／ -

The Times They Are A-Changin'

A：The Times They Are A-Changin'
B：Like A Rolling Stone
Columbia 38-780873
2010.11.26／ -

Highway 61 Revisited

A5 : Highway 61 Revisited
B1 : Can You Please Crawl Out Your Window?
Columbia 88875124402-4
(from "The Bootleg Series Volume 12" Box Set)
2015.11／ -

Wigwam (Unreleased Demo)

A : Wigwam (Unreleased Demo)
B : Thirsty Boots (Previously Unreleased)
Columbia 38-549235
2013.4.20／ -

One Of Us Must Know (Sooner Or Later)

A : One Of Us Must Know (Sooner Or Later)
B : Queen Jane Approximately
Columbia 88875124402-5
(from "The Bootleg Series Volume 12" Box Set)
2015.11／ -

The Night We Called It A Day

A : The Night We Called It A Day
B : Stay With Me
Columbia 38-123280
2015.4.18／ -

Rainy Day Women #12 & 35

A : Rainy Day Women #12 & 35
B : Pledging My Time
Columbia 88875124402-6
(from "The Bootleg Series Volume 12" Box Set)
2015.11／ -

Subterranean Homesick Blues

A : Subterranean Homesick Blues
B : She Belongs To Me
Columbia 88875124402-1
(from "The Bootleg Series Volume 12" Box Set)
2015.11／ -

I Want You

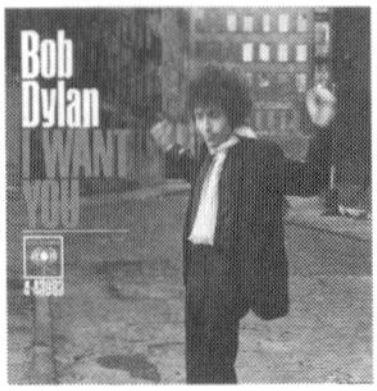

A : I Want You
B : Just Like Tom Thumb's Blues
Columbia 88875124402-7
(from "The Bootleg Series Volume 12" Box Set)
2015.11／ -

Like A Rolling Stone

A : Like A Rolling Stone
B : Gates Of Eden
Columbia 88875124402-2
(from "The Bootleg Series Volume 12" Box Set)
2015.11／ -

Just Like A Woman

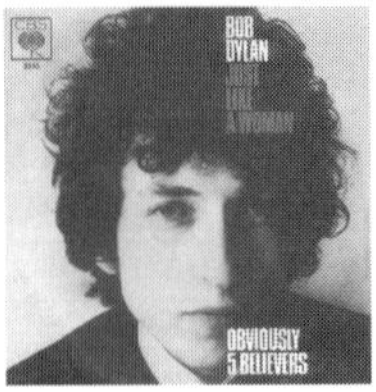

A : Just Like A Woman
B : Obviously 5 Believers
Columbia 88875124402-8
(from "The Bootleg Series Volume 12" Box Set)
2015.11／ -

Positively 4th Street

A : Positively 4th Street
B : From A Buick 6
Columbia 88875124402-3
(from "The Bootleg Series Volume 12" Box Set)
2015.11／ -

Jokerman (Reggae Remix EP)

[12]
Jokerman (The Reggae Remix EP)
A1 : Jokerman (Reggae Remix)
A2 : Jokerman (Dub Mix)
B1 : I And I (Reggae Remix)
B2 : I And I (Dub Mix)
Columbia 19439868941
2021.7.17／ -

Leopard Skin Pillbox Hat

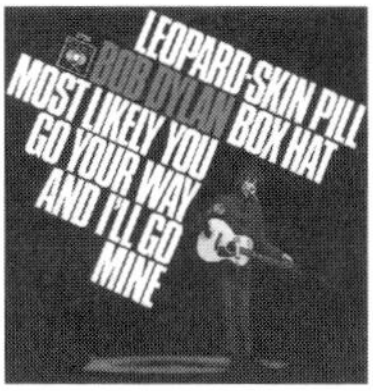

A : Leopard Skin Pillbox Hat
B : Most Likely You'll Go Your Way And I'll Go Mine
Columbia 88875124402-9
(from "The Bootleg Series Volume 12" Box Set)
2015.11／ -

Blind Willie McTell

A : Blind Willie McTell (Take 1)
B : Blind Willie McTell (Take 5)
Third Man TMR-740
2021.8／ -

Melancholy Mood

A1 : Melancholy Mood
A2 : All Or Nothing At All
B1 : Come Rain Or Come Shine
B2 : That Old Black Magic
Columbia 38-530677
2016.4.16／ -

Love Sick (Version 1) 5:12

A : Love Sick (Version 1)
B : Cold Irons Bound (Live)

Masters Of War (The Avener Rework)

A : Masters Of War (The Avener Rework)
B : Masters Of War (The Avener Rework - Extended Version)
Sony Music 19075843297 (EU)
2018.4.21／ -

JAPANESE singles & EPs
日本盤シングル＆EP

窓からはいだせ

A：窓からはいだせ
B：ハイウェイ61
日本コロムビア LL-882-C
1966.3

風に吹かれて

A：風に吹かれて
B：今日も冷い雨が
日本コロムビア 45S-211-C
1966.4

ホームシック・ブルース

A：ホームシック・ブルース
B：彼女は僕のもの
日本コロムビア LL-764-C
1965.6

モダン・フォーク・ベスト：ボブ・ディラン (EP)

A1：風に吹かれて
A2：今日も冷い雨が
B1：戦争の親玉
B2：時代は変る
日本コロムビア LSS-434-C
1966.5

ライク・ア・ローリング・ストーン

A：ライク・ア・ローリング・ストーン
B：風に吹かれて
日本コロムビア LL-821-C
1965.10

スーナー・オア・レイター

A：スーナー・オア・レイター
B：クイーン・ジェーン
日本コロムビア LL-919-C
1966.6

淋しき街角

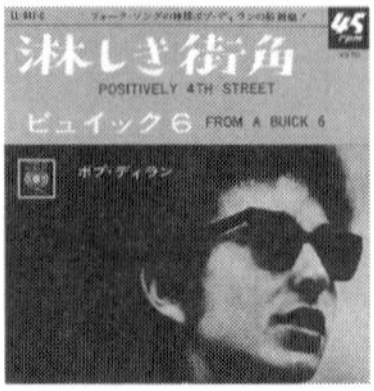

A：淋しき街角
B：ビュイック6
日本コロムビア LL-847-C
1965.12

雨の日の女

A：雨の日の女
B：プレジング・マイ・タイム
日本コロムビア LL-928-C
1966.6

ボブ・ディラン! (EP)

A1：ライク・ア・ローリング・ストーン
A2：ビュイック6
B1：ハイウェイ61
B2：ミスター・タンブリン・マン
日本コロムビア LSS-380-C
1966.1

ナッシュビル・スカイライン (EP)

A1：レイ・レディ・レイ
A2：ペギー・デイ
B1：北国の少女（ボブ・ディラン・ウィズ・ジョニー・キャッシュ）
B2：ナッシュビル・スカイライン・ラグ
ソニー SONE 70076
1970.1

風に吹かれて

A：風に吹かれて
B：ライク・ア・ローリング・ストーン
ソニー SONG 80132
1970.2

時代は変る

A：時代は変る
B：はげしい雨が降る
ソニー SONG 80156
1970.5

窓からはい出せ

A：窓からはい出せ
B：追憶のハイウェイ61
ソニー CBSA 82059
1970.7

マリーへのメッセージ

A：マリーへのメッセージ
B：ライク・ア・ローリング・ストーン
ソニー CBSA 82070
1970.9

ボブ・ディラン! 第2集 (EP)

A1：雨の日の女
A2：窓からはいだせ
B1：スーナー・オア・レイター
B2：淋しき街角
日本コロムビア LSS-485-C
1966.8

アイ・ウォント・ユー

A：アイ・ウォント・ユー
B：トム・サムズ・ブルース
日本コロムビア LL-956-C
1966.8

ジャスト・ライク・ウーマン

A：ジャスト・ライク・ウーマン
B：5人の信者達
日本コロムビア LL-987-C
1966.11

風に吹かれて (EP)

A1：風に吹かれて
A2：ライク・ア・ローリング・ストーン
B1：ミスター・タンブリン・マン
B2：時代は変る
ソニー SONE 70025
1969.3

レイ・レディ・レイ

A：レイ・レディ・レイ
B：ペギー・デイ
ソニー CBSA 82001
1969.8

天国への扉

A：天国への扉
B：ビリー・ザ・キッドのテーマ
ソニー SOPB 257
1973.9

フール・サッチ・アズ・アイ

A：フール・サッチ・アズ・アイ
B：西部のゆり
ソニー SOPB 269
1974.3

A：こんな夜に

A：こんな夜に
B：天使のようなきみ
アサイラム（ワーナー）
P-1293Y
1974.3

君の何かが

A：君の何かが
B：タフ・ママ
アサイラム（ワーナー）
P-1315Y
1974.6

我が道を行く

A：我が道を行く（ボブ・ディラン／ザ・バンド）
B：ステージ・フライト（ザ・バンド）
アサイラム（ワーナー）
P-1330Y
1974.8

雨の日の女

A：雨の日の女
B：アイ・ウォント・ユー
ソニー SONG 80165
1970.10

ワイト島のボブ・ディラン（EP）

A1：ライク・ア・ローリング・ストーン（ライヴ）
A2：ミンストレル・ボーイ（ライヴ）
B1：シー・ビロングス・トゥー・ミー（ライヴ）
B2：マイティ・クィン（ライヴ）
ソニー SONE 70119
1971.1

川の流れを見つめて

A：川の流れを見つめて
B：スペイン語は愛の言葉
ソニー SBSA 82116
1971.9

マスターピース

A：マスターピース
B：アイ・シャル・ビー・リリースト
ソニー CBSA 82132
1972.2

ジョージ・ジャクソン

A：ジョージ・ジャクソン（ビッグ・バンド・バージョン）
B：ジョージ・ジャクソン（アコースティック・バージョン）
ソニー SOPA 1
1972.2

アナザー・サイド・オブ・ボブ・ディラン (EP)

A1：オール・アイ・リアリー・ウォント
A2：マイ・バック・ページズ
B1：悲しきベイブ
B2：アイ・ドント・ビリーヴ・ユウ
ソニー SOPD-54
1974

風に吹かれて

A：風に吹かれて
B：ライク・ア・ローリング・ストーン
ソニー SOPB 232
1974

ブリンギング・イット・オール・バック・ホーム (EP)

A1：ミスター・タンブリン・マン
A2：イッツ・オール・オーバー・ナウ,ベイビー・ブルー
B1：サブタニアン・ホームシック・ブルース
B2：イッツ・オールライト・マ
ソニー SOPD-55
1974

ボブ・ディラン 第1集 (EP)

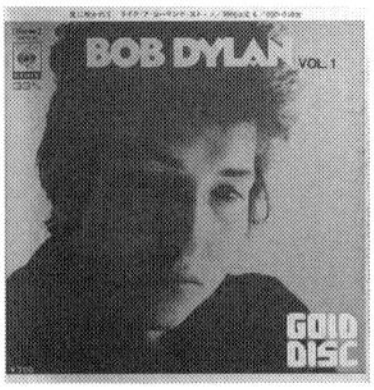

A1：風に吹かれて
A2：ライク・ア・ローリング・ストーン
B1：時代は変る
B2：雨の日の女
ソニー SOPD-11
1974

追憶のハイウェイ61 (EP)

A1：ライク・ア・ローリング・ストーン
A2：親指トムのブルースのように
B1：追憶のハイウェイ61
B2：やせっぽちのバラッド
ソニー SOPD-56
1974

ボブ・ディラン (EP)

A1：ニューヨークを語る
A2：貨物列車のブルース
B1：ウディに捧げる歌
B2：朝日のあたる家
ソニー SOPD-51
1974

ブロンド・オン・ブロンド (EP)

A1：雨の日の女
A2：アイ・ウォント・ユー
B1：女の如く
B2：我が道を行く
ソニー SOPD-57
1974

フリーホイーリン (EP)

A1：風に吹かれて
A2：はげしい雨が降る
B1：くよくよするなよ
B2：戦争の親玉
ソニー SOPD-52
1974

ジョン・ウェズリー・ハーディング (EP)

A1：ジョン・ウェズリー・ハーディング
A2：アイル・ビー・ユア・ベイビー・トゥナイト
B1：見張塔からずっと
B2：拝啓地主様
ソニー SOPD-58
1974

時代は変る (EP)

A1：時代は変る
A2：神が味方
B1：船が入ってくるとき
B2：ハッティ・キャロルの寂しい死
ソニー SOPD-53
1974

ブルーにこんがらがって

A：ブルーにこんがらがって
B：彼女にあったら、よろしくと
ソニー SOPB 307
1975.4

ミスター・タンブリン・マン

A：ミスター・タンブリン・マン
B：時代は変る
ソニー SOPB 321
1975.9

ハリケーン

A：ハリケーン (パートⅠ)
B：ハリケーン (パートⅡ)
ソニー SOPB 349
1976.1

モザンビーク

A：モザンビーク
B：オー・シスター
ソニー SOPB-360
1976.4

コーヒーもう一杯

A：コーヒーもう一杯
B：ドゥランゴのロマンス
ソニー 06SP 1
1976.4

ナッシュヴィル・スカイライン (EP)

A1：レイ・レディ・レイ
A2：ア・スリュー・イット・オール・アウェイ
B1：北国の女
B2：今宵はきみと
ソニー SOPD-59
1974

セルフ・ポートレイト (EP)

A1：ブルー・ムーン
A2：朝日の雨
B1：ボクサー
B2：マリーのメッセージ
ソニー SOPD-60
1974

新しい夜明け (EP)

A1：イフ・ナット・フォー・ユー
A2：せみの鳴く日
B1：新しい夜明け
B2：ザ・マン・イン・ミー
ソニー SOPD-61
1974

ビリー・ザ・キッド (EP)

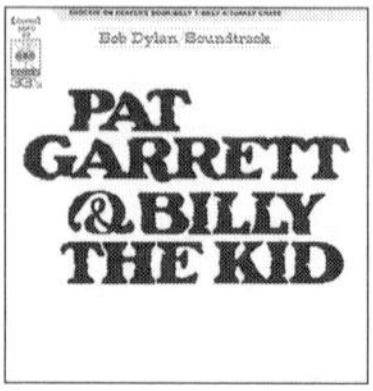

A1：天国への扉
A2：ビリー・ザ・キッド7
B1：ビリー・ザ・キッド4
B2：七面鳥狩り
ソニー SOPD-62
1974

ディラン (EP)

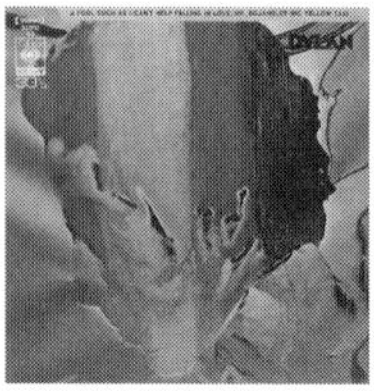

A1：フール・サッチ・アズ・アイ
A2：好きにならずにいられない
B1：ミスター・ボージャングル
B2：ビッグ・イエロー・タクシー
ソニー SOPD-63
1974

見張り塔からずっと (ライヴ)

A：見張り塔からずっと (ライヴ)
B：イッツ・オールライト・マ (ライヴ)
ソニー YAPA 26 (Promo Only release)
1978

風に吹かれて

A：風に吹かれて
B：ライク・ア・ローリング・ストーン
ソニー 06SP 50
1976

ベビー・ストップ・クライング

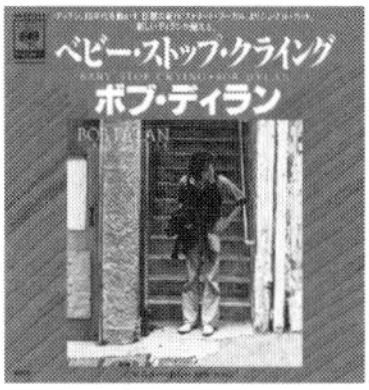

A：ベビー・ストップ・クライング
B：ニュー・ポニー
ソニー 06SP 241
1978.7

ボブ・ディラン (EP)

A1：風に吹かれて
A2：コーヒーもう一杯
B1：ライク・ア・ローリング・ストーン
B2：ミスター・タンブリン・マン
ソニー 08EP 17
1976

ガッタ・サーヴ・サムバディ

A：ガッタ・サーヴ・サムバディ
B：トラブル・イン・マインド
ソニー 06SP 410
1979.9

MR. D.'S COLLECTION #2 (EP)

A1：ゴチャマゼの混乱
A2：親指トムのブルースのように
B1：窓からはい出せ
B2：ジョージ・ジャクソン (ビッグ・バンド・ヴァージョン)
ソニー YBPB3 (Promo Only Release)
1976

世界のはじめに

A：世界のはじめに
B：ウェン・ビー・リターンズ
ソニー 06SP 433
1979.11

メンフィス・ブルース・アゲイン

A：メンフィス・ブルース・アゲイン
B：リタ・メイ
ソニー 06SP 126
1977.11

スウィート・ハート

A：スウィート・ハート
B：エンジェル・フライング・トゥ・クロース・トゥ・ザ・グラウンド
ソニー 07SP 765
1983.12

『レナルド＆クララ』サウンド・トラックより

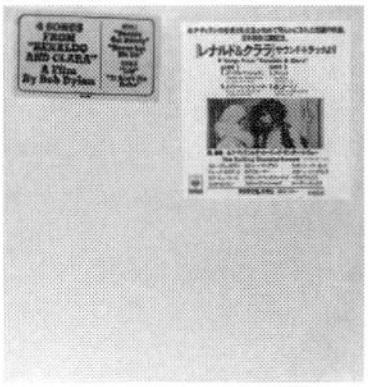

[12]
A1：ピープル・ゲット・レディ
A2：ネヴァー・レット・ミー・ゴー
B1：アイシス
B2：悲しきベイブ
ソニー AS 422 (Promo Only Release)
1978.1

Things Have Changed〜Dylan Alive ! Vol.3

1. シングス・ハヴ・チェンジド
2. ハイランズ (ライヴ)
3. 風に吹かれて (ライヴ)
4. 心のままに (ライヴ)

ソニー SRCS 2306
2000.6.21

タイト・コネクション

A：タイト・コネクション
B：ウィ・ベター・トーク・ディス・オーバー
ソニー 07SP 901
1985.7.21

メランコリー・ムード (EP)

A1：メランコリー・ムード
A2：オール・オア・ナッシング・アット・オール
B1：カム・レイン・オア・カム・シャイン
B2：ザット・オールド・ブラック・マジック
ソニー SIKP 1
2016.3.23

バンド・オブ・ザ・ハンド (ボブ・ディラン・ウィズ・ザ・ハートブレイカーズ)

A：バンド・オブ・ザ・ハンド (ボブ・ディラン・ウィズ・ザ・ハートブレイカーズ)
B：ジョーズ・デスのテーマ (ミッシェル・ルビーニ)
MCA (ワーナー) P-2132
1986.7.25

メイク・ユー・フィール・マイ・ラヴ (EP)

A1：メイク・ユー・フィール・マイ・ラヴ
A2：メイク・ユー・フィール・マイ・ラヴ (ライヴ)
B1：おれはさびしくなるよ
B2：ロング・アンド・ウェイステッド・イヤーズ
ソニー SIKP 6
2019.2.27

Love Sick〜Dylan Alive ! Vol.1

[CD1]

1. ラヴ・シック
2. キャント・ウェイト (ライヴ)
3. ロウヴィング・ギャンブラー (ライヴ)
4. ブラインド・ウィリー・マクテル (ライヴ)

[CD2]

1. ラヴ・シック (ライヴ)
2. コールド・アイアンズ・バウンド (ライヴ)
3. コカイン・ブルース (ライヴ)
4. ボーン・イン・タイム (ライヴ)

ソニー SRCS 8760〜1
1999.1.20

ホームシック・ブルース

A：ホームシック・ブルース
B：彼女は僕のもの
ソニー SIKP-1002
2020.4.10

Not Dark Yet〜Dylan Alive ! Vol.2

1. ノット・ダーク・イェット
2. スペイン革のブーツ
3. 怒りの涙
4. セニョール (センキー・パワーの話)

ソニー SRCS 8914
1999.4.21

このコーナーは246ページから順に虫メガネを使ってご覧ください。

2017.6.18	Wallingford	Toyota Oakdale Theatre
2017.6.20	Shelburne	The Green at the Shelburne Museum
2017.6.21	Providence	Providence Performing Arts Center
2017.6.23	Kingston	The Hutton Brickyards
2017.6.25	Syracuse	Lakeview Amphitheater
2017.6.27	Kingston	Rogers K-Rock Centre
2017.6.29	Ottawa	Canadian Tire Centre
2017.6.30	Montreal	Bell Centre
2017.7.2	Barrie	Barrie Molson Centre
2017.7.4	Oshawa	Tribute Communities Centre
2017.7.5	Toronto	Air Canada Centre
2017.7.6	London	Budweiser Gardens
2017.7.8	Detroit	Joe Louis Arena
2017.7.9	Milwaukee	American Family Insurance Amphitheater
2017.7.12	Winnipeg	Bell MTS Place
2017.7.14	Saskatoon	SaskTel Centre
2017.7.15	Moose Jaw	Mosaic Place
2017.7.16	Calgary	Southern Alberta Jubilee Auditorium
2017.7.19	Edmonton	Rogers Place
2017.7.21	Dawson Creek	EnCana Events Centre
2017.7.22	Prince George	CN Centre
2017.7.24	Kelowna	Prospera Place
2017.7.25	Vancouver	Rogers Arena

Never Ending Tour 2017 (North America : Fall)

2017.10.13	Valley Center	Harrah's Resort SoCal Events Center
2017.10.14	Las Vegas	The Chelsea at the Cosmopolitan
2017.10.17, 18	Salt Lake City	Delta Performance Hall
2017.10.21	Broomfield	1stBank Center
2017.10.23	Omaha	CenturyLink Center Omaha
2017.10.24	Ames	Stephens Auditorium
2017.10.25	St. Paul	Xcel Energy Center
2017.10.27	Chicago	Wintrust Arena
2017.10.28	Grand Rapids	Van Andel Arena
2017.10.29	Bloomington	IU Auditorium
2017.11.1	Detroit	Fox Theatre
2017.11.3	Akron	E.J. Thomas Hall
2017.11.5	Columbus	Palace Theatre
2017.11.6	Pittsburgh	Heinz Hall
2017.11.8	Uniondale	Nassau Veterans Memorial Coliseum
2017.11.10	Richmond	Richmond Coliseum
2017.11.11, 12	Upper Darby	Tower Theater
2017.11.14	Washington, D.C.	The Anthem
2017.11.16	Boston	Agganis Arena
2017.11.17	Albany	Palace Theatre
2017.11.18	Buffalo	Shea's Performing Arts Center
2017.11.20~25	New York City	Beacon Theatre

Never Ending Tour 2018 (Europe)

2018.3.22	Lisbon	Altice Arena
2018.3.24	Salamanca	Pabellón Multiusos Sánchez Paraíso
2018.3.26~28	Madrid	Sala Sinfónica
2018.3.30, 31	Barcelona	Gran Teatre del Liceu
2018.4.3~5	Rome	Auditorium Parco della Musica
2018.4.7	Florence	Nelson Mandela Forum
2018.4.8	Mantua	PalaBam
2018.4.9	Milan	Teatro degli Arcimboldi
2018.4.11	Zürich	Hallenstadion
2018.4.12	Neu-Ulm	Ratiopharm Arena
2018.4.13	Salzburg	Salzburgarena
2018.4.15	Brno	Hala Vodova
2018.4.16	Vienna	Wiener Stadthalle
2018.4.18	Leipzig	Arena Leipzig
2018.4.19	Krefeld	König Palast
2018.4.21	Bielefeld	Seidensticker Halle
2018.4.22	Nuremberg	Frankenhalle
2018.4.23	Baden-Baden	Festspielhaus Baden-Baden
2018.4.25	Genoa	RDS Stadium
2018.4.26	Lido di Jesolo	Pala Arrex
2018.4.27	Verona	Verona Arena

Never Ending Tour 2018 (Asis)

2018.7.27	Seoul	Olympic Gymnastics Arena
2018.7.29	Yuzawa	Naeba Ski Resort
2018.8.2	Taipei	Taipei International Convention Center
2018.8.4	Wan Chai	HKCEC Hall 5BC
2018.8.6	Dover	Star Theatre

Never Ending Tour 2018 (Oeania)

2018.8.8	Perth	Perth Arena
2018.8.11	Adelaide	Bonython Park
2018.8.13, 14	Melbourne	Margaret Court Arena
2018.8.18	Sydney	ICC Sydney Theatre
2018.8.19	Sydney	Enmore Theatre
2018.8.20	Wollongong	WIN Entertainment Centre
2018.8.22	Newcastle	Newcastle Entertainment Centre
2018.8.24	Brisbane	Brisbane Entertainment Centre
2018.8.26	Auckland	Spark Arena
2018.8.28	Christchurch	Horncastle Arena

Never Ending Tour 2018 (North America)

2018.10.4	Phoenix	Comerica Theatre
2018.10.5	Tucson	Tucson Music Hall
2018.10.7	Albuquerque	Kiva Auditorium
2018.10.9	Midland	Wagner Noël Performing Arts Center
2018.10.10	Irving	Toyota Music Factory
2018.10.12	Tulsa	River Spirit Casino
2018.10.13	Thackerville	Global Event Center
2018.10.14	Sugar Land	Smart Financial Centre
2018.10.16	Lafayette	Heymann Performing Arts Center
2018.10.17	Mobile	Saenger Theatre
2018.10.19	St. Augustine	St. Augustine Amphitheatre
2018.10.20	Clearwater	Ruth Eckerd Hall
2018.10.21	Sarasota	Van Wezel Performing Arts Hall
2018.10.23	Fort Myers	Barbara B. Mann Performing Arts Hall
2018.10.24	Fort Lauderdale	Au-Rene Theater
2018.10.26	Orlando	Walt Disney Theater
2018.10.27	Macon	Macon City Auditorium
2018.10.28	Chattanooga	Tivoli Theatre
2018.10.30	Huntsville	Mark C. Smith Concert Hall
2018.10.31	Knoxville	Tennessee Theatre
2018.11.2	Asheville	Thomas Wolfe Auditorium
2018.11.3	Durham	Durham Performing Arts Center
2018.11.4	North Charleston	North Charleston Performing Arts Center
2018.11.6	Savannah	Johnny Mercer Theater
2018.11.7	Augusta	The Bell Auditorium
2018.11.9	Charlotte	Ovens Auditorium
2018.11.10	Roanoke	Berglund Performing Arts Theatre
2018.11.11	Richmond	EKU Center for the Arts
2018.11.13	Youngstown	Covelli Centre
2018.11.14	Rochester	Auditorium Theatre
2018.11.15	Utica	Stanley Theater
2018.11.17	Atlantic City	Etess Arena
2018.11.18	Springfield	Symphony Hall
2018.11.20	Waterbury	Palace Theatre
2018.11.23~12.1	New York City	Beacon Theatre
2018.12.3	Philadelphia	Metropolitan Opera House

Never Ending Tour 2019 (Europe)

2019.3.31	Düsseldorf	Mitsubishi Electric Halle
2019.4.2	Würzburg	s.Oliver Arena
2019.4.4	Berlin	Mercedes-Benz Arena
2019.4.5	Magdeburg	GETEC Arena
2019.4.7~9	Prague	Lucerna Great Hall
2019.4.11~13	Paris	Grand Rex
2019.4.16, 17	Vienna	Konzerthaus
2019.4.19	Innsbruck	Olympiahalle
2019.4.20	Augsburg	Schwabenhalle
2019.4.22	Locarno	Palexpo Locarno
2019.4.25	Pamplona	Navarra Arena
2019.4.26	Bilbao	Bizkaia Arena
2019.4.28	Gijón	Palacio de Deportes de Gijon
2019.4.29	Santiago	Pavillón Multiusos Fontes do Sar
2019.5.1	Porto	Coliseu do Porto
2019.5.3	Seville	Fibes Sevilla Auditorio
2019.5.4	Málaga	Marenostrum Castle Park
2019.5.5	Murcia	Plaza de Toros de Murcia
2019.5.7	Valencia	Plaza de Toros de Valencia
2019.6.21	Bergen	Koengen
2019.6.24	Helsinki	Hartwall Arena
2019.6.26	Stockholm	Ericsson Globe
2019.6.28	Gothenburg	Scandinavium
2019.6.29	Oslo	Oslo Spektrum
2019.6.30	Karlstad	Karlstad CCC
2019.7.3	Roskilde	Darupvej
2019.7.5	Hamburg	Barclaycard Arena
2019.7.6	Braunschweig	Volkswagen Halle
2019.7.7	Mainz	Volkspark
2019.7.9	Erfurt	Messe Erfurt
2019.7.10	Stuttgart	Schlossplatz
2019.7.12	London	Hyde Park
2019.7.14	Kilkenny	Nowlan Park

Never Ending Tour 2019 (North America)

2019.10.11	Irvine	Bren Events Center
2019.10.12	Santa Barbara	Santa Barbara Bowl
2019.10.14	Palo Alto	Frost Amphitheater
2019.10.17	Denver	Mission Ballroom
2019.10.19	Lincoln	Pinnacle Bank Arena
2019.10.20	Kansas City	Arvest Bank Theatre at the Midland
2019.10.22	St. Louis	Stifel Theatre
2019.10.23	Ames	Stephens Auditorium
2019.10.24	Mankato	Mankato Civic Center
2019.10.26	Milwaukee	Eagles Ballroom
2019.10.27	Bloomington	Indiana University Auditorium
2019.10.29	Normal	Braden Auditorium
2019.10.30	Chicago	Credit Union 1 Arena
2019.11.1	South Bend	Morris Performing Arts Center
2019.11.2	Muncie	Emens Auditorium
2019.11.4	Columbus	Mershon Auditorium
2019.11.5	East Lansing	Wharton Center for the Performing Arts
2019.11.6	Ann Arbor	Hill Auditorium
2019.11.8	Highland Heights	BB&T Arena
2019.11.9	Akron	E. J. Thomas Hall
2019.11.10	Moon	UPMC Events Center
2019.11.12	Baltimore	UMBC Event Center
2019.11.13	Petersburg	VSU Multipurpose Center
2019.11.15	University Park	Eisenhower Auditorium
2019.11.17	Ithaca	IC Athletics and Events Center
2019.11.19	Lowell	Tsongas Center
2019.11.20	Providence	Providence Performing Arts Center
2019.11.21	Philadelphia	The Met Philadelphia
2019.11.23~12.6	New York City	Beacon Theatre
2019.12.8	Washington, D.C.	The Anthem

Rough and Rowdy Ways World Wide Tour (North America)

2021.11.2	Milwaukee	Riverside Theater
2021.11.3	Chicago	Auditorium Theatre
2021.11.5	Cleveland	KeyBank State Theatre
2021.11.6	Columbus	Palace Theatre
2021.11.7	Bloomington	Indiana University Auditorium
2021.11.9	Cincinnati	Procter & Gamble Hall
2021.11.10	Knoxville	Knoxville Civic Auditorium
2021.11.12	Louisville	Palace Theatre
2021.11.13	Charleston	Charleston Municipal Auditorium
2021.11.15	Moon Township	UPMC Events Center
2021.11.16	Hershey	Hershey Theatre
2021.11.19~21	New York City	Beacon Theatre
2021.11.23, 24	Port Chester	Capitol Theatre
2021.11.26	Providence	Providence Performing Arts Center
2021.11.27	Boston	Wang Theatre
2021.11.29, 30	Philadelphia	The Met Philadelphia
2021.12.2	Washington, D.C.	The Anthem

Rough and Rowdy Ways World Wide Tour (North America)

2022.3.3	Phoenix	Arizona Federal Theatre
2022.3.4	Tucson	Tucson Music Hall
2022.3.6	Albuquerque	Kiva Auditorium
2022.3.8	Lubbock	Helen DeVitt Jones Theater
2022.3.10	Irving	Toyota Music Factory
2022.3.11	Sugar Land	Smart Financial Centre
2022.3.13, 14	San Antonio	Majestic Theatre
2022.3.16	Austin	Bass Concert Hall
2022.3.18	Shreveport	Shreveport Municipal Memorial Auditorium
2022.3.19	New Orleans	Saenger Theatre
2022.3.21	Montgomery	Montgomery Performing Arts Center
2022.3.23	Nashville	Ryman Auditorium
2022.3.24	Atlanta	Fox Theatre
2022.3.26	Savannah	Johnny Mercer Theatre
2022.3.27	North Charleston	North Charleston Performing Arts Center
2022.3.29	Columbia	Columbia Township Auditorium
2022.3.30	Charlotte	Ovens Auditorium
2022.4.1	Greensboro	Steven Tanger Center
2022.4.2	Asheville	Thomas Wolfe Auditorium
2022.4.4	Chattanooga	Tivoli Theatre
2022.4.5	Birmingham	BJCC Concert Hall
2022.4.7	Mobile	Saenger Theatre
2022.4.8	Meridian	Riley Center
2022.4.9	Memphis	Orpheum Theatre
2022.4.11	Little Rock	Robinson Center
2022.4.13	Tulsa	Tulsa Theater
2022.4.14	Oklahoma City	Thelma Gaylord Performing Arts Theater

Rough and Rowdy Ways World Wide Tour (North America)

2022.5.28	Spokane	First Interstate Center for the Arts
2022.5.29	Kennewick	Toyota Center
2022.5.31	Portland	Arlene Schnitzer Concert Hall
2022.6.1, 2	Seattle	Paramount Theatre
2022.6.5	Eugene	Silva Concert Hall
2022.6.7	Redding	Redding Civic Auditorium
2022.6.9~11	Oakland	Fox Oakland Theatre
2022.6.14~16	Los Angeles	Pantages Theatre
2022.6.18	San Diego	San Diego Civic Theatre
2022.6.20	Long Beach	Terrace Theater
2022.6.22	Santa Barbara	Santa Barbara Bowl
2022.6.23	Santa Cruz	Santa Cruz Civic Auditorium
2022.6.25	Sacramento	Sacramento Memorial Auditorium
2022.6.27	Bend	Hayden Homes Amphitheater
2022.6.28	Boise	Morrison Center
2022.6.30	Salt Lake City	Eccles Theater
2022.7.1	Grand Junction	Amphitheater at Las Colonias Park
2022.7.3	Dillon	Dillon Amphitheater
2022.7.5, 6	Denver	Buell Theater

Rough and Rowdy Ways World Wide Tour (Northern Europe)

2022.9.25	Oslo	Oslo Spektrum
2022.9.27	Stockholm	Avicii Arena
2022.9.29	Gothenburg	Scandinavium
2022.9.30	Copenhagen	Royal Arena
2022.10.2	Flensburg	Flens-Arena
2022.10.3	Magdeburg	GETEC Arena
2022.10.5~7	Berlin	Verti Music Hall
2022.10.9	Krefeld	Yayla Arena
2022.10.11~13	Paris	Grand Rex
2022.10.15	Brussels	Forest National
2022.10.16, 17	Amsterdam	AFAS Live
2022.10.19~24	London	London Palladium
2022.10.26	Cardiff	Cardiff International Arena
2022.10.27	Hull	Bonus Arena
2022.10.28	Nottingham	Motorpoint Arena Nottingham
2022.10.30, 31	Glasgow	SEC Armadillo
2022.11.2	Manchester	O2 Apollo Manchester
2022.11.4	Oxford	New Theatre Oxford
2022.11.5	Bournemouth	Bournemouth International Centre
2022.11.7	Dublin	3Arena

Rough and Rowdy Ways World Wide Tour (Asia)

2023.4.6~8	Osaka	Osaka Festival Hall
2023.4.11~16	Tokyo	Tokyo Garden Theater
2023.4.18~20	Nagoya	Aichi Arts Center

Rough and Rowdy Ways World Wide Tour (Europe)

2023.6.2	Porto	Coliseu do Porto
2023.6.4, 5	Lisbon	Campo Pequeno Bullring
2023.6.7, 8	Madrid	Real Jardín Botánico Alfonso XIII
2023.6.10, 11	Seville	Auditorio Fibes
2023.6.13	Granada	Teatro del Generalife
2023.6.15	Alicante	Plaza de Toros Alicante
2023.6.19, 20	San Sebastián	Auditorio Kursaal
2023.6.21	Logroño	Palacio de los Deportes de La Rioja
2023.6.23, 24	Barcelona	Gran Teatre del Liceu
2023.6.26	Carcassonne	Théâtre Jean-Deschamps
2023.6.27	Aix-en-Provence	Aréna du Pays d'Aix
2023.6.29, 30	Lyon	L'Amphithéâtre Lyon
2023.7.1	Montreux	Auditorium Stravinski
2023.7.3, 4	Milan	Teatro degli Arcimboldi
2023.7.6	Lucca	Piazza Napoleone
2023.7.7	Perugia	Arena Santa Giuliana
2023.7.9	Rome	Sala Santa Cecilia

Rough and Rowdy Ways World Wide Tour (North America)

2023.10.1, 2	Kansas City	Midland Theatre
2023.10.4	St. Louis	Stifel Theatre
2023.10.6~8	Chicago	Cadillac Palace Theatre
2023.10.11, 12	Milwaukee	Riverside Theater
2023.10.14	Grand Rapids	DeVos Performance Hall
2023.10.16, 17	Indianapolis	Murat Theatre
2023.10.20	Cincinnati	Andrew J. Brady Music Center
2023.10.21	Akron	Akron Civic Theatre
2023.10.23	Erie	Warner Theatre
2023.10.24	Rochester	Auditorium Theatre
2023.10.26, 27	Toronto	Massey Hall
2023.10.29	Montreal	Salle Wilfrid-Pelletier
2023.10.30	Schenectady	Proctor's Theatre
2023.11.1	Springfield	Symphony Hall Springfield
2023.11.3~5	Boston	Orpheum Theatre
2023.11.7, 8	Port Chester	Capitol Theatre
2023.11.10	Providence	Providence Performing Arts Center
2023.11.11	Waterbury	Palace Theater
2023.11.14, 15	New York City	Kings Theatre Brooklyn
2023.11.19	Philadelphia	Fillmore Philadelphia
2023.11.20, 21	Newark	Prudential Hall
2023.11.24, 25	Baltimore	Joseph Meyerhoff Symphony Hall
2023.11.27	Richmond	Altria Theater
2023.11.29	Roanoke	Berglund Performing Arts Center
2023.11.30	Huntington	Keith-Albee Theatre
2023.12.2	Richmond	EKU Center for the Arts
2023.12.3	Evansville	Old National Events Plaza

2012.10.9	Edmonton	Rexall Place
2012.10.10	Calgary	Scotiabank Saddledome
2012.10.12	Vancouver	Rogers Arena
2012.10.13	Seattle	KeyArena
2012.10.15	Portland	Rose Garden Arena
2012.10.17, 18	San Francisco	Bill Graham Civic Auditorium
2012.10.19	Berkeley	Hearst Greek Theatre
2012.10.20	Sacramento	Power Balance Pavilion
2012.10.22	Santa Barbara	Santa Barbara Bowl
2012.10.24	San Diego	Valley View Casino Center
2012.10.26	Los Angeles	Hollywood Bowl
2012.10.27	Las Vegas	Mandalay Bay Events Center
2012.10.29, 30	Broomfield	1stBank Center
2012.11.1	Grand Prairie	Verizon Theatre at Grand Prairie
2012.11.2	Tulsa	BOK Center
2012.11.3	Omaha	CenturyLink Center Omaha
2012.11.5	Madison	Alliant Energy Center
2012.11.7	Saint Paul	Xcel Energy Center
2012.11.8	Milwaukee	BMO Harris Bradley Center
2012.11.9	Chicago	United Center
2012.11.12	Grand Rapids	Van Andel Arena
2012.11.13	Detroit	Fox Theatre
2012.11.14	Toronto	Air Canada Centre
2012.11.16	Montreal	Bell Centre
2012.11.18	Boston	TD Garden
2012.11.19	Philadelphia	Wells Fargo Center
2012.11.20	Washington, D.C.	Verizon Center
2012.11.21	Brooklyn	Barclays Center

Never Ending Tour 2013 (North America)

2013.4.5	Buffalo	SUNY Alumni Arena
2013.4.6	Amherst	William D. Mullins Memorial Center
2013.4.8	Kingston	Thomas M. Ryan Center
2013.4.9	Lowell	Paul E. Tsongas Center at UMass Lowell
2013.4.10	Lewiston	Androscoggin Bank Colisée
2013.4.12	Newark	Bob Carpenter Center
2013.4.13	California	CUP Convocation Center
2013.4.14	Ithaca	Barton Hall
2013.4.16	Richmond	Landmark Theater
2013.4.18	Bethlehem	Stabler Arena
2013.4.19	Akron	E. J. Thomas Hall
2013.4.20	Kalamazoo	Wings Stadium
2013.4.21	Bowling Green	Stroh Center
2013.4.23	St. Louis	Peabody Opera House
2013.4.24	Springfield	JQH Arena
2013.4.25	Champaign	Champaign Assembly Hall
2013.4.27	Murray	CFSB Center
2013.4.28	Louisville	The Louisville Palace
2013.4.30	Asheville	U.S. Cellular Center
2013.5.1	Charlotte	Time Warner Cable Uptown Amphitheatre
2013.5.2	Raleigh	Red Hat Amphitheater
2013.5.4	Charleston	Family Circle Magazine Stadium
2013.5.5	Saint Augustine	St. Augustine Amphitheatre

Never Ending Tour 2013 (North America)

2013.6.26	West Palm Beach	Cruzan Amphitheatre
2013.6.27	Tampa	MidFlorida Credit Union Amphitheatre
2013.6.29	Atlanta	Aaron's Amphitheatre at Lakewood
2013.6.30	Nashville	The Lawn at Riverfront Park
2013.7.2	Memphis	AutoZone Park
2013.7.3	Tuscaloosa	Tuscaloosa Amphitheater
2013.7.5	Noblesville	Klipsch Music Center
2013.7.6	Cincinnati	Riverbend Music Center
2013.7.9	Duluth	Bayfront Park
2013.7.10	Saint Paul	Midway Stadium
2013.7.11	Peoria	Peoria Civic Center
2013.7.12	Bridgeview	Toyota Park
2013.7.14	Clarkston	DTE Energy Music Theatre
2013.7.15	Toronto	Molson Canadian Amphitheatre
2013.7.18	Corfu	Darien Lake Performing Arts Center
2013.7.19	Bridgeport	Webster Bank Arena
2013.7.20	Mansfield	Comcast Center
2013.7.21	Saratoga Springs	Saratoga Performing Arts Center
2013.7.23	Columbia	Merriweather Post Pavilion
2013.7.24	Virginia Beach	Farm Bureau Live at Virginia Beach
2013.7.26	Hoboken	Pier A Park
2013.7.27	Wantagh	Nikon at Jones Beach Theater
2013.7.28	Camden	Susquehanna Bank Center
2013.7.31	Greenwood Village	Comfort Dental Amphitheatre
2013.8.1	West Valley City	USANA Amphitheatre
2013.8.3	Irvine	Verizon Wireless Amphitheatre
2013.8.4	Mountain View	Shoreline Amphitheatre

Never Ending Tour 2013 (Europe)

2013.10.10	Oslo	Oslo Spektrum
2013.10.12, 13	Stockholm	Waterfront Congress Centre
2013.10.15, 16	Copenhagen	Falconer Salen
2013.10.18	Hanover	Swiss Life Hall
2013.10.19, 20	Hamburg	Congress Center Hamburg
2013.10.22	Düsseldorf	Mitsubishi Electric Halle
2013.10.24~26	Berlin	Tempodrom
2013.10.28	Geneva	SEG Geneva Arena
2013.10.30, 31	Amsterdam	Heineken Music Hall
2013.11.2~4	Milan	Teatro degli Arcimboldi
2013.11.6, 7	Rome	Atlántico Live
2013.11.8	Padova	Gran Teatro Geox
2013.11.10	Brussels	Forest National
2013.11.12~14	Paris	Le Grand Rex
2013.11.16	Esch-sur-Alzette	Rockhal
2013.11.18~20	Glasgow	Clyde Auditorium
2013.11.22~24	Blackpool	Opera House Theatre, Blackpool
2013.11.26~28	London	Royal Albert Hall

Never Ending Tour 2014 (Asia)

2014.3.31~4.10	Tokyo	Zepp Diver City
2014.4.13, 14	Sapporo	Zepp Sapporo
2014.4.17, 18	Nagoya	Zepp Nagoya
2014.4.19	Fukuoka	Zepp Fukuoka
2014.4.21~23	Osaka	Zepp Namba

Never Ending Tour 2014 (North America)

2014.4.26	Kahului	Maui Arts & Cultural Center
2014.4.29	Honolulu	Neal S. Blaisdell Center

Never Ending Tour 2014 (Europe)

2014.6.16	Cork	The Docklands
2014.6.17	Dublin	The O2
2014.6.20	Istanbul	Black Box Istanbul
2014.6.22	Thessaloniki	Thessaloniki Harbor
2014.6.23	Athens	Terra Vibe Park
2014.6.25	Bucharest	Sala Palatului
2014.6.27	Košice	Steel Aréna
2014.6.28	Vienna	Wiener Stadthalle 2
2014.6.29	Upper Austria	Burg Clam
2014.7.1	Munich	Munich Olympiapark
2014.7.2	Prague	O2 Arena
2014.7.3	Zwickau	Stadthalle Zwickau
2014.7.5	Słupsk	Dolina Charlotty Amphitheatre
2014.7.7	Rostock	Stadthalle Rostock
2014.7.8	Flensburg	Flens-Arena
2014.7.9	Aarhus	Musikhuset Aarhus
2014.7.11	Stavern	Skråvika Stavern
2014.7.12	Kristiansand	Bendiktsbukta
2014.7.14	Helsingborg	Sofiero Castle
2014.7.15	Gothenburg	Trädgårdsföreningen
2014.7.17	Pori	Kirjurinluoto Arena

Never Ending Tour 2014 (Oseania)

2014.8.9, 10	Hamilton	Claudelands Arena
2014.8.13~15	Perth	Riverside Theatre
2014.8.18~21	Melbourne	Palais Theatre
2014.8.25	Brisbane	Brisbane Convention & Exhibition Centre
2014.8.27	Brisbane	The Tivoli
2014.8.29	Canberra	Canberra Royal Theatre
2014.8.31	Adelaide	Adelaide Entertainment Centre
2014.9.3~5	Sydney	Sydney State Theatre
2014.9.7, 8	Sydney	Sydney Opera House
2014.9.10	Christchurch	Horncastle Arena

Never Ending Tour 2014 (North America)

2014.10.17~19	Seattle	Paramount Theatre
2014.10.21	Portland	Keller Auditorium
2014.10.24~26	Los Angeles	Dolby Theatre
2014.10.28~30	Oakland	Paramount Theatre
2014.11.1	Denver	Bellco Theatre
2014.11.4~6	Minneapolis	Orpheum Theatre
2014.11.8~10	Chicago	Cadillac Palace Theatre
2014.11.12	Cleveland	Cleveland State Theatre
2014.11.14	Boston	Orpheum Theatre
2014.11.15	Providence	Providence Performing Arts Center
2014.11.17, 18	Toronto	Sony Centre for the Performing Arts
2014.11.20	Pittsburgh	Heinz Hall for the Performing Arts
2014.11.21~23	Philadelphia	Academy of Music
2014.11.25	Washington, D.C.	DAR Constitution Hall
2014.11.26	Newark	Prudential Hall
2014.11.28~12.3	New York City	Beacon Theatre

Never Ending Tour 2015 (North America)

2015.4.10	Atlantic City	Borgata Events Center
2015.4.11	Baltimore	Lyric Opera House
2015.4.12	Richmond	Altria Theater
2015.4.14	Savannah	Johnny Mercer Theater
2015.4.15	Montgomery	Montgomery Performing Arts Center
2015.4.17	North Charleston	North Charleston Performing Arts Center
2015.4.18	St. Augustine	St. Augustine Amphitheatre
2015.4.19	Orlando	Walt Disney Theater
2015.4.21	Clearwater	Ruth Eckerd Hall
2015.4.22	Fort Lauderdale	Au-Rene Theater
2015.4.24	Atlanta	Fox Theatre
2015.4.25	Durham	Durham Performing Arts Center
2015.4.26	Greenville	Peace Center
2015.4.27	Nashville	Andrew Jackson Hall
2015.4.29	New Orleans	Saenger Theatre
2015.4.30	Memphis	Orpheum Theatre
2015.5.2	Thackerville	WinStar World Casino
2015.5.3	Oklahoma City	Civic Center Music Hall
2015.5.5	Houston	Bayou Music Center
2015.5.6	Austin	Bass Concert Hall
2015.5.7	San Antonio	Majestic Theatre
2015.5.9	Tulsa	The Joint
2015.5.10	Kansas City	Municipal Auditorium Music Hall
2015.5.11	St. Louis	Fox Theatre
2015.5.13	Milwaukee	Riverside Theater
2015.5.15	Detroit	Fox Theatre
2015.5.16	Columbus	Ohio Theatre
2015.5.17	South Bend	Morris Performing Arts Center

Never Ending Tour 2015 (Europe : Summer)

2015.6.20	Mainz	Zollhafen Mainz
2015.6.21	Tübingen	Kreissparkasse Sparkassen Carré
2015.6.23	Bamberg	Brose Arena Bamberg
2015.6.25	Ljubljana	Arena Stožice
2015.6.26	Wiesen	Ottakringer Arena Wiesen
2015.6.27	San Daniele	Stadio Zanussi San Daniele
2015.6.29	Rome	Terme di Caracalla
2015.7.1	Lucca	Piazza Napoleone Lucca
2015.7.2	Turin	Pala Alpitour
2015.7.4	Barcelona	Palau Reial de Pedralbes
2015.7.5	Zaragoza	Pabellón Príncipe Felipe
2015.7.6	Madrid	Barclaycard Center
2015.7.8	Granada	Palacio Municipal de Deportes
2015.7.9	Córdoba	Teatro de la Axerquía
2015.7.11	San Sebastián	Donostia Arena 2016
2015.7.12	Albi	Albi Cathedral
2015.7.13	Saint Malô	Théâtre de Verdure
2015.7.15	Locarno	Piazza Grande Locarno
2015.7.16	Lörrach	Marktplatz Lörrach

Never Ending Tour 2015 (Europe : Fall)

2015.10.1~3	Oslo	Oslo Konserthus
2015.10.5, 6	Stockholm	Waterfront Auditorium
2015.10.8, 9	Copenhagen	Falkonersalen
2015.10.10	Malmö	Malmö Live
2015.10.12	Leipzig	Gewandhaus
2015.10.13, 14	Berlin	Tempodrom
2015.10.15	Braunschweig	Volkswagen Halle
2015.10.17	Saarbrücken	Saarlandhalle
2015.10.18, 19	Paris	Palais des Sports
2015.10.21~25	London	Royal Albert Hall
2015.10.27, 28	Manchester	O2 Apollo Manchester
2015.10.29	Cardiff	Motorpoint Arena Cardiff
2015.10.30	Southampton	Southampton Guildhall
2015.11.1	Brussels	Forest National
2015.11.2	Eindhoven	Muziekgebouw Frits Philips
2015.11.5~7	Amsterdam	Carré Theatre
2015.11.9	Hamburg	Alsterdorfer Sporthalle
2015.11.10	Düsseldorf	Mitsubishi Electric Halle
2015.11.11	Regensburg	Donau Arena
2015.11.13, 14	Basel	Musical Theater Basel
2015.11.15, 16	Bregenz	Festspielhaus Bregenz
2015.11.18, 19	Bologna	Teatro Auditorium Manzoni
2015.11.21, 22	Milan	Teatro degli Arcimboldi

Never Ending Tour 2016 (Asia)

2016.4.4~6	Tokyo	Orchard Hall
2016.4.9	Sendai	Tokyo Electron Hall Miyagi
2016.4.11~13	Osaka	Festival Hall, Osaka
2016.4.15	Nagoya	Century Hall
2016.4.18~22	Tokyo	Orchard Hall
2016.4.23	Tokyo	Tokyo Dome City Hall
2016.4.25, 26	Tokyo	Orchard Hall
2016.4.28	Yokohama	Pacifico Yokohama
2016.6.4, 5	Woodinville	Chateau Ste. Michelle
2016.6.7	Eugene	Cuthbert Amphitheater
2016.6.9, 10	Berkeley	Hearst Greek Theatre
2016.6.11	Santa Barbara	Santa Barbara Bowl
2016.6.13, 14	San Diego	Humphreys Concerts By the Bay
2016.6.16	Los Angeles	Shrine Auditorium
2016.6.19	Morrison	Red Rocks Amphitheatre
2016.6.21	Kansas City	Starlight Theatre
2016.6.22	Lincoln	Pinewood Bowl Theater
2016.6.24	Highland Park	Ravinia Park
2016.6.25	Indianapolis	Farm Bureau Insurance Lawn
2016.6.26	Nashville	Carl Black Chevy Woods Amphitheater
2016.6.28	Kettering	Fraze Pavilion
2016.6.29	Toledo	Toledo Zoo Amphitheater
2016.6.30	Lewiston	Lewiston Artpark
2016.7.2	Lenox	Koussevitzky Music Shed
2016.7.3	Ledyard	The Grand Theater
2016.7.5, 6	Vienna	Filene Center
2016.7.8	New York City	Forest Hills Stadium
2016.7.9	Bethlehem	Sands Bethlehem Events Center
2016.7.10	Atlantic City	The Borgata Events Center
2016.7.12	Hopewell	Constellation Brands Marvin Sands PAC
2016.7.13	Philadelphia	Mann Center for the Performing Arts
2016.7.14	Boston	Leader Bank Pavilion
2016.7.16	Portland	Thompson's Point
2016.7.17	Gilford	Bank of New Hampshire Pavilion

Never Ending Tour 2016 (North America)

2016.10.7	Indio	Empire Polo Club
2016.10.13	Las Vegas	The Chelsea at the Cosmopolitan
2016.10.14	Indio	Empire Polo Club
2016.10.16	Phoenix	Comerica Theatre
2016.10.18	Albuquerque	Kiva Auditorium
2016.10.19	El Paso	Abraham Chavez Theatre
2016.10.22	Thackerville	Global Events Centre
2016.10.23	Tulsa	Brady Theater
2016.10.25	Shreveport	Shreveport Municipal Memorial Auditorium
2016.10.26	Baton Rouge	River Center Theater for Performing Arts
2016.10.27	Jackson	Thalia Mara Hall
2016.10.29	Huntsville	Von Braun Center Concert Hall
2016.10.30	Paducah	The Carson Center
2016.11.1	Louisville	Robert S. Whitney Hall
2016.11.2	Charleston	Maier Foundation Performance Hall
2016.11.4	Durham	Durham Performing Arts Center
2016.11.5	Roanoke	Berglund Performing Arts Theatre
2016.11.6	Charlotte	Belk Theater
2016.11.9	Knoxville	Tennessee Theatre
2016.11.10	Columbia	Columbia Township Auditorium
2016.11.12	Asheville	Thomas Wolfe Auditorium
2016.11.13	Chattanooga	Tivoli Theatre
2016.11.15	Birmingham	BJCC Concert Hall
2016.11.16	Mobile	Saenger Theatre
2016.11.18	Jacksonville	Moran Theater
2016.11.19	Clearwater	Ruth Eckerd Hall
2016.11.20	Fort Myers	Barbara B. Mann Performing Arts Hall
2016.11.22	Orlando	Walt Disney Theater
2016.11.23	Fort Lauderdale	Au-Rene Theater

Never Ending Tour 2017 (Europe)

2017.4.1, 2	Stockholm	Waterfront Congress Centre
2017.4.4	Oslo	Oslo Spektrum
2017.4.6, 7	Copenhagen	Copenhagen Opera House
2017.4.9	Lund	Sparbanken Skåne Arena
2017.4.11	Hamburg	Barclaycard Arena
2017.4.12	Lingen	EmslandArena
2017.4.13	Düsseldorf	Mitsubishi Electric Halle
2017.4.16~18	Amsterdam	AFAS Live
2017.4.20	Paris	Zénith Paris
2017.4.21	Esch-sur-Alzette	Rockhal
2017.4.24	Antwerp	Lotto Arena
2017.4.25	Antwerp	Lotto Arena
2017.4.25	Frankfurt	Festhalle Frankfurt
2017.4.26	Hanover	Swiss Life Hall
2017.4.28~30	London	London Palladium
2017.5.3	Cardiff	Motorpoint Arena Cardiff
2017.5.4	Bournemouth	Windsor Hall
2017.5.5	Nottingham	Motorpoint Arena Nottingham
2017.5.7	Glasgow	SEC Armadillo
2017.5.8	Liverpool	Echo Arena Liverpool
2017.5.9	London	SSE Arena Wembley
2017.5.11	Dublin	3Arena

Never Ending Tour 2017 (North America : Summer)

2017.6.13~15	Port Chester	Capitol Theatre
2017.6.17	Dover	The Woodlands of D.I.S.

2008.11.21	New York City	United Palace

Never Ending Tour 2009 (Europe)

2009.3.22	Stockholm	Berns Salonger
2009.3.23	Stockholm	Globe Arena
2009.3.25	Oslo	Oslo Spektrum
2009.3.27	Jönköping	Kinnarps Arena
2009.3.28	Malmö	Malmö Arena
2009.3.29	Copenhagen	Forum Copenhagen
2009.3.31	Hanover	AWD Hall
2009.4,.1	Berlin	Max-Schmeling-Halle
2009.4,.2	Erfurt	Messehalle
2009.4,.4	Munich	Zenith
2009.4,.5	Saarbrücken	Saarlandhalle
2009.4,.7, 8	Paris	Palais des congrès de Paris
2009.4,.10~12	Amsterdam	Heineken Music Hall
2009.4,.14	Basel	St. Jakobshalle
2009.4,.15	Milan	Mediolanum Forum
2009.4,.17	Rome	PalaLottomatica
2009.4,.18	Florence	Nelson Mandela Forum
2009.4,.20	Geneva	SEG Geneva Arena
2009.4,.21	Strasbourg	Zénith de Strasbourg
2009.4,.22	Brussels	Forest National
2009.4,.24	Sheffield	Sheffield Arena
2009.4,.25	London	The O2 Arena
2009.4,.26	London	The Roundhouse
2009.4,.28	Cardiff	International Arena
2009.4,.29	Birmingham	National Indoor Arena
2009.5.1	Liverpool	Echo Arena Liverpool
2009.5.2	Glasgow	Scottish Exhibition and Conference Centre
2009.5.3	Edinburgh	Edinburgh Playhouse
2009.5.5, 6	Dublin	Ireland

Never Ending Tour 2009 (North America)

2009.7.1	Milwaukee	Marcus Amphitheater
2009.7.2	Sauget	GCS Ballpark
2009.7.4	South Bend	Coveleski Stadium
2009.7.5	Rothbury	Double JJ Resort
2009.7.8	Louisville	Louisville Slugger Field
2009.7.10	Dayton	Fifth Third Field
2009.7.11	Eastlake	Classic Park
2009.7.13	Washington	Consol Energy Park
2009.7.14	Allentown	Coca-Cola Park
2009.7.15	New Britain	New Britain Stadium
2009.7.17	Essex Junction	The Champlain Valley Expo
2009.7.18	Bethel	Bethel Woods Center for the Arts
2009.7.19	Syracuse	Alliance Bank Stadium
2009.7.21	Pawtucket	McCoy Stadium
2009.7.23	Lakewood	FirstEnergy Park
2009.7.24	Aberdeen	Ripken Stadium
2009.7.25	Norfolk	Harbor Park
2009.7.27	Durham	Durham Bulls Athletic Park
2009.7.28	Simpsonville	Heritage Park Amphitheater
2009.7.30	Alpharetta	Verizon Wireless Amphitheatre
2009.7.31	Orange Beach	The Amphitheater at the Wharf
2009.8.2	The Woodlands	Cynthia Woods Mitchell Pavilion
2009.8.4	Round Rock	Dell Diamond
2009.8.5	Corpus Christi	Whataburger Field
2009.8.7	Grand Prairie	QuikTrip Park
2009.8.8	Lubbock	Jones AT&T Stadium
2009.8.9	Albuquerque	Journal Pavilion
2009.8.12	Lake Elsinore	Lake Elsinore Diamond
2009.8.14	Fresno	Chukchansi Park
2009.8.15	Stockton	Banner Island Ballpark
2009.8.16	Stateline	Harveys Outdoor Arena

Never Ending Tour 2009 (North America)

2009.10.4	Seattle	Moore Theatre
2009.10.5	Seattle	WaMu Theater
2009.10.7	Portland	Memorial Coliseum
2009.10.8	Eugene	McArthur Court
2009.10.10, 11	Berkeley	Greek Theatre
2009.10.13~15	Los Angeles	Hollywood Palladium
2009.10.17	Phoenix	Arizona Veterans Memorial Coliseum
2009.10.18	Paradise	The Joint
2009.10.19	Salt Lake City	Saltair
2009.10.21	Denver	Magness Arena
2009.10.23	Salina	Bicentennial Center
2009.10.24	Tulsa	Brady Theater
2009.10.25	Springfield	Shrine Mosque
2009.10.27	Rockford	Rockford Metrocentre
2009.10.29~31	Chicago	Aragon Ballroom
2009.11.2	Bloomington	IU Auditorium
2009.11.3	Columbus	Lifestyle Communities Pavilion
2009.11.5	Canton	Canton Memorial Civic Center
2009.11.6	Detroit	Fox Theatre
2009.11.7	Kitchener	Kitchener Memorial Auditorium
2009.11.9	Philadelphia	Liacouras Center
2009.11.11	Fairfax	Patriot Center
2009.11.13~15	Boston	Wang Theatre
2009.11.17~19	New York City	United Palace Theater

Never Ending Tour 2010 (Leg One : Asia)

2010.3.11~16	Osaka	Zepp Osaka
2010.3.18, 19	Nagoya	Zepp Nagoya
2010.3.21~29	Tokyo	Zepp Tokyo
2010.3.31	Seoul	Olympic Gymnastics Arena

Never Ending Tour 2010 (Leg Two : Europe)

2010.5.29	Athens	Terra Vibe Park
2010.5.31	Istanbul	Cemil Topuzlu Open-Air Theatre
2010.6.2	Bucharest	Zone Arena
2010.6.3	Sofia	National Palace of Culture
2010.6.4	Skopje	Metropolis Arena
2010.6.6	Belgrade	Belgrade Arena
2010.6.7	Zagreb	Šalata
2010.6.9	Bratislava	Incheba Expo
2010.6.11	Prague	O2 Arena
2010.6.12	Linz	TipsArena Linz
2010.6.13	Ljubljana	Hala Tivoli
2010.6.15	Padua	PalaFabris
2010.6.16	Viareggio	Cittadella del Carnevale
2010.6.18	Parma	Parco Ducale
2010.6.19	Dornbirn	Messe-Stadion Dornbirn
2010.6.20	Lyon	Halle Tony Garnier
2010.6.22	Nice	Palais Nikaïa
2010.6.23	Marseille	Le Dôme de Marseille
2010.6.24	Barcelona	Poble Espanyol
2010.6.26	Vitoria-Gasteiz	Mendizabala
2010.6.28	Carcassonne	Théâtre Jean-Deschamps
2010.6.29	Bordeaux	Patinoire de Mériadeck
2010.7.1	Nantes	Zénith de Nantes Métropole
2010.7.3	Kent	The Hop Farm Country Park
2010.7.4	Limerick	Thomond Park

Never Ending Tour 2010 (Leg Two : Europe)

2010.8.4	Austin	The Backyard
2010.8.6	Oklahoma City	Zoo Amphitheater
2010.8.7	Kansas City	Starlight Theatre
2010.8.8	Lincoln	Haymarket Park
2010.8.10	Sturgis	Buffalo Chip Campground
2010.8.11	Billings	Dehler Park
2010.8.12	Casper	Mike Lansing Field
2010.8.14	Jackson	Snow King Resort
2010.8.15	Boise	Idaho Botanical Garden
2010.8.17	Park City	Deer Valley
2010.8.18	Las Vegas	The Colosseum at Caesars Palace
2010.8.19	Ontario	Citizens Business Bank Arena
2010.8.21	Monterey	Monterey County Fairgrounds
2010.8.22	Stateline	Harveys Outdoor Arena
2010.8.24	Oakland	Fox Oakland Theatre
2010.8.25	San Francisco	The Warfield Theatre
2010.8.27	Bend	Les Schwab Amphitheater
2010.8.28, 29	Troutdale	McMenamins Edgefield Amphitheater
2010.8.31	Missoula	Ogren Park at Allegiance Field
2010.9.1	Post Falls	Greyhound Park & Event Center
2010.9.3	Yakima	Yakima County Stadium
2010.9.4	Seattle	Seattle Center Main Stage

Never Ending Tour 2010 (Leg Four : North America)

2010.10.6	Fort Lauderdale	Don Taft University Center
2010.10.7	Tampa	USF Sun Dome
2010.10.8	Gainesville	O'Connell Center
2010.10.10	Orlando	UCF Arena
2010.10.11	Tallahassee	Tallahassee-Leon County Civic Center
2010.10.13	Birmingham	BJCC Concert Hall
2010.10.14	Charlotte	Dale F. Halton Arena
2010.10.16	Winston-Salem	LJVM Coliseum
2010.10.17	Clemson	Littlejohn Coliseum
2010.10.19	Nashville	Nashville Municipal Auditorium
2010.10.21	St. Louis	Chaifetz Arena
2010.10.22	Champaign	Assembly Hall
2010.10.24	Cedar Falls	McLeod Center
2010.10.25	Madison	Overture Center
2010.10.26	East Lansing	MSU Auditorium
2010.10.28	Ann Arbor	Hill Auditorium
2010.10.29	Kalamazoo	Miller Auditorium
2010.10.30	Chicago	Riviera Theatre
2010.10.31	Indianapolis	Murat Theater
2010.11.2	Akron	E. J. Thomas Hall
2010.11.3	Highland Heights	The Bank of Kentucky Center
2010.11.4	Columbus	Value City Arena
2010.11.6	Rochester	Gordon Field House
2010.11.7	Pittsburgh	Petersen Events Center
2010.11.9	University Park	Bryce Jordan Center
2010.11.10	Charlottesville	John Paul Jones Arena
2010.11.12	Bethlehem	Stabler Arena
2010.11.13	Washington, D.C.	Charles E. Smith Center
2010.11.14	West Long Branch	Multipurpose Activity Center
2010.11.16	Poughkeepsie	Mid-Hudson Civic Center
2010.11.17	Binghamton	Binghamton University Events Center
2010.11.19	Amherst	William D. Mullins Memorial Center
2010.11.20	Lowell	Tsongas Center
2010.11.22~24	New York City	Terminal 5
2010.11.26	Atlantic City	Borgata Events Center
2010.11.27	Ledyard	MGM Grand at Foxwoods Theater

Never Ending Tour 2011 (Asia)

2011.4.3	Taipei	Taipei Arena
2011.4.6	Beijing	Workers Indoor Arena
2011.4.8	Shanghai	Shanghai Grand Stage
2011.4.10	Ho Chi Minh City	RMIT Sports Grounds
2011.4.12, 13	Hong Kong	KITEC Star Hall
2011.4.15	Singapore	Marina Promenade

Never Ending Tour 2011 (Oseania)

2011.4.17	Fremantle	Fremantle Park
2011.4.19	Adelaide	Adelaide Entertainment Centre
2011.4.20, 21	Melbourne	Rod Laver Arena
2011.4.23	Wollongong	WIN Entertainment Centre
2011.4.25, 26	Byron Bay	Tyagarah Park
2011.4.27, 28	Sydney	Sydney Entertainment Centre
2011.4.30	Auckland	Vector Arena

Never Ending Tour 2011 (Europe / Middle East)

2011.6.16	Cork	The Docklands
2011.6.18	London	Finsbury Park
2011.6.20	Tel Aviv	Ramat Gan Stadium
2011.6.22	Milan	Alcatraz
2011.6.24	Sursee	Zirkusplatz
2011.6.25	Mainz	Volkspark
2011.6.26	Hamburg	Hamburg Stadtpark
2011.6.27	Odense	The Funen Village
2011.6.29	Bergen	Koengen
2011.6.30	Oslo	Oslo Spektrum
2011.7.2	Borlänge	Borganäsvägen

Never Ending Tour 2011 (North America)

2011.7.14	Santa Barbara	Santa Barbara Bowl
2011.7.15	Costa Mesa	Pacific Amphitheatre
2011.7.16	Las Vegas	Pearl Concert Theater
2011.7.18	Phoenix	Comerica Theatre
2011.7.19	Tucson	Anselmo Valencia Tori Amphitheater
2011.7.21	Albuquerque	Hard Rock Pavilion
2011.7.23	Thackerville	WinStar World Casino
2011.7.24	New Braunfels	Whitewater Amphitheater
2011.7.26	New Orleans	Lakefront Arena
2011.7.27	Pensacola	Pensacola Civic Center
2011.7.28	Atlanta	Delta Classic Chastain Park Amphitheater
2011.7.30	Memphis	Mud Island Amphitheater
2011.8.1	Nashville	Ryman Auditorium
2011.8.2	Evansville	Roberts Municipal Stadium
2011.8.3	Toledo	Toledo Zoo Amphitheater
2011.8.5	Kettering	Fraze Pavilion
2011.8.6	Cleveland	Nautica Pavilion
2011.8.7	Rochester Hills	Meadow Brook Hall
2011.8.9	Hopewell	Constellation Brands Performing Arts Center
2011.8.10	Scranton	Toyota Pavilion
2011.8.12	Bethel	Bethel Woods Center for the Arts
2011.8.13	Wantagh	Nikon at Jones Beach Theater
2011.8.14	Asbury Park	Asbury Park Convention Hall
2011.8.16	Columbia	Merriweather Post Pavilion
2011.8.17	Philadelphia	Mann Center for the Performing Arts
2011.8.19	Gilford	Meadowbrook U.S. Cellular Pavilion
2011.8.20	Bangor	Bangor Waterfront Pavilion
2011.8.21	Boston	House of Blues

Never Ending Tour 2011 (Europe)

2011.10.6	Dublin	The O2
2011.10.8, 9	Glasgow	Braehead Arena
2011.10.10	Manchester	Manchester Evening News Arena
2011.10.11	Nottingham	Capital FM Arena
2011.10.13	Cardiff	Cardiff International Arena
2011.10.14	Bournemouth	Bournemouth International Centre
2011.10.16	Lille	Zénith de Lille
2011.10.17	Paris	Palais Omnisports de Paris-Bercy
2011.10.19	Antwerp	Sportpaleis
2011.10.20	Rotterdam	Rotterdam Ahoy
2011.10.21	Esch-sur-Alzette	Rockhal
2011.10.23	Oberhausen	König Pilsener Arena
2011.10.25	Mannheim	SAP Arena
2011.10.26	Munich	Olympiahalle
2011.10.27	Leipzig	Arena Leipzig
2011.10.29	Berlin	O2 World Berlin
2011.10.31	Hamburg	O2 World Hamburg
2011.11.2	Herning	Jyske Bank Boxen
2011.11.3	Malmö	Malmö Arena
2011.11.4	Stockholm	Ericsson Globe
2011.11.6	Hanover	TUI Arena
2011.11.7	Nuremberg	Arena Nürnberger Versicherung
2011.11.8	Innsbruck	Olympiahalle
2011.11.9	Padua	PalaFabris
2011.11.11	Florence	Nelson Mandela Forum
2011.11.12	Rome	PalaLottomatica
2011.11.14	Milan	Mediolanum Forum
2011.11.15	Geneva	SEG Geneva Arena
2011.11.16	Zürich	Hallenstadion
2011.11.19~21	London	HMV Hammersmith Apollo

Never Ending Tour 2012 (Latin America)

2012.4.15	Rio de Janeiro	Citibank Hall
2012.4.17	Brasília	Nilson Nelson Gymnasium
2012.4.19	Belo Horizonte	Chevrolet Hall
2012.4.21, 22	São Paulo	Credicard Hall
2012.4.24	Porto Alegre	Pepsi on Stage
2012.4.26~30	Buenos Aires	Teatro Gran Rex
2012.5.2	Santiago	Movistar Arena
2012.5.5	Heredia	Heredia Palacio de los Deportes
2012.5.7	Monterrey	Auditorio Banamex
2012.5.9	Guadalajara	Telmex Auditorium
2012.5.11, 12	Mexico City	Pepsi Centre WTC

Never Ending Tour 2012 (Europe)

2012.6.30	Kent	The Hop Farm Country Park
2012.7.2	Berlin	Zitadelle Spandau
2012.7.3	Dresden	Freilichtbühne Junge Garde
2012.7.4	Bonn	Bonn Rheinaue
2012.7.6	Bad Mergentheim	Schloss Mergentheim
2012.7.7	Salzburg	Salzburgarena
2012.7.8	Montreux	Auditorium Stravinski
2012.7.11	Bilbao	Guggenheim Museum Bilbao
2012.7.13	Benicàssim	Benicàssim Festival Grounds
2012.7.14	Calella	Jardín Botánico del Cap Roig Auditorium
2012.7.15	Nîmes	Arènes de Nîmes
2012.7.16	Barolo	Piazza Colbert
2012.7.18	Lyon	Théâtres Romains de Fourvière
2012.7.20	Bayonne	Arènes de Bayonne
2012.7.22	Carhaix	La Prairie de Kerampuilh

Never Ending Tour 2012 (North America)

2012.8.10	Lloydminster	Lloydminster Exhibition Grounds
2012.8.11	Lethbridge	ENMAX Centre
2012.8.12	Cranbrook	Cranbrook Recreational Complex
2012.8.14	Missoula	Big Sky Brewery
2012.8.17	Rapid City	Barnett Arena
2012.8.18	Sioux Falls	Sioux Falls Arena
2012.8.19	Fargo	Fargo Civic Center
2012.8.21	Rochester	Taylor Arena
2012.8.22	Des Moines	Wells Fargo Arena
2012.8.24	Fort Wayne	Parkview Field
2012.8.25	Indianapolis	The Farm Bureau Insurance Lawn
2012.8.26	Cincinnati	PNC Pavilion at Riverbend
2012.8.28	Youngstown	Covelli Centre
2012.8.29	Johnstown	Cambria County War Memorial Arena
2012.8.30	Salisbury	Wicomico Youth and Civic Center
2012.9.1	Big Flats	Tag's Budweiser Summer Stage
2012.9.2	Bethel	Bethel Woods Center for the Arts
2012.9.4	Port Chester	Capitol Theater
2012.9.6	Lewiston	Lewiston Artpark Mainstage Theater
2012.9.7	Holyoke	Holyoke Mountain Park
2012.9.8	Uncasville	Mohegan Sun Arena
2012.9.9	Hershey	Star Pavilion

Never Ending Tour 2012 (North America)

2012.10.5	Winnipeg	MTS Centre
2012.10.6	Regina	Brandt Centre
2012.10.8	Saskatoon	Credit Union Centre

2005.7.9	Cedar Rapids	Veterans Memorial Stadium
2005.7.10	Schaumburg	Alexian Field
2005.7.12	Saint Paul	Midway Stadium
2005.7.16	Seattle	Benaroya Hall

Never Ending Tour 2005 (North America : Third Leg)

2005.7.17	Victoria	Save-On-Foods Memorial Centre
2005.7.19~21	Vancouver	Orpheum
2005.7.22	Kelowna	Prospera Place
2005.7.24	Calgary	Pengrowth Saddledome
2005.7.26	Great Falls	Four Seasons Arena
2005.7.27	Bozeman	Worthington Arena
2005.7.28	Missoula	Adams Center
2005.7.30	Goldendale	Goldendale Amphitheatre
2005.7.31	Bend	Les Schwab Amphitheater
2005.10.17	Stockholm	Globe Arena
2005.10.18	Oslo	Spektrum
2005.10.20	Karlstad	Lofbergs Lila Arena
2005.10.21	Gothenburg	Scandinavium
2005.10.22	Aalborg	Gigantium
2005.10.24	Hamburg	Saal 1
2005.10.25	Berlin	Treptow Arena
2005.10.26	Hanover	AWD Hall
2005.10.28	Rotterdam	Rotterdam Ahoy
2005.10.29	Oberhausen	König Pilsener Arena
2005.10.30	Wetzlar	Rittal Arena Wetzlar
2005.11.1	Brussels	Forest National
2005.11.3	Paris	Le Zénith
2005.11.4	Amnéville	Arènes de Metz
2005.11.6	Erfurt	Messehalle
2005.11.7	Prague	Sazka Arena
2005.11.8	Munich	Zenith
2005.11.10	Bologne	Palamalaguti
2005.11.12	Assago	Filaforum
2005.11.13	Zürich	Hallenstadion
2005.11.15	Nottingham	Trent FM Arena
2005.11.16	Manchester	Manchester Evening News Arena
2005.11.17	Glasgow	SECC
2005.11.18	Birmingham	LG Arena
2005.11.20~24	London	Brixton Academy
2005.11.26, 27	Dublin	Point Theatre

Never Ending Tour 2006 (North America : First Leg)

2006.4.1	Reno	Reno Events Center
2006.4.3	Stockton	Stockton Arena
2006.4.4	Santa Rosa	J. T. Grace Pavilion
2006.4.5	Bakersfield	Rabobank Arena
2006.4.7	Paradise	Theatre for the Performing Arts
2006.4.8	Sun City West	Maricopa County Events Center
2006.4.10	Tucson	Tucson Convention Center
2006.4.11	Albuquerque	Tingley Coliseum
2006.4.12	El Paso	Don Haskins Center
2006.4.14	San Antonio	Municipal Auditorium
2006.4.15	Grand Prairie	Verizon Theater
2006.4.17, 18	Kansas City	Midland Theatre
2006.4.20	St. Louis	Fox Theatre
2006.4.21	Des Moines	Val Air Ballroom
2006.4.22	Springfield	Shrine Auditorium
2006.4.24, 25	Memphis	Orpheum Theater
2006.4.28	New Orleans	Fair Grounds Race Course
2006.4.29	Jackson	Mississippi Coliseum
2006.4.30	Birmingham	Birmingham–Jefferson Arena
2006.5.2	Davidson	John M. Belk Arena
2006.5.4	Knoxville	Tennessee Theatre
2006.5.5	Atlanta	Chastain Park Amphitheater
2006.5.6	Asheville	Asheville Civic Center
2006.5.7	Savannah	Savannah Civic Center
2006.5.9	Orlando	TD Waterhouse Centre
2006.5.10	Tampa	USF Sun Dome
2006.5.11	Hollywood	Hard Rock Live

Never Ending Tour 2006 (Europe)

2006.6.24	Kilkenny	Nowlan Park
2006.6.25	Cork	The Docklands
2006.6.27	Cardiff	Cardiff International Arena
2006.6.28	Bournemouth	Bournemouth International Centre
2006.6.30	Roskilde	Roskilde Dyrskueplads
2006.7.2	Gelsenkirchen	Amphitheatre
2006.7.3	Lille	Zénith de Lille
2006.7.4	Clermont-Ferrand	Zénith d'Auvergne
2006.7.6	Palafrugell	Jardins De Cap Roig
2006.7.7	Valencia	Jardines De Viveros
2006.7.8	Vilalba	Campo De Futbol Municipal
2006.7.9	Valladolid	Pabellón Polideportivo Pisuerga
2006.7.10	San Sebastián	Playa De La Zurriola
2006.7.12	Perpignan	Campo Santo
2006.7.13	Le Cannet	La Palestre
2006.7.15	Pistoia	Piazza Duomo
2006.7.16	Rome	Auditorium Parco della Musica
2006.7.17	Paestum	Teatro dei Templi
2006.7.19	Foggia	Teatro Mediterraneo
2006.7.20	Cosenza	Stadio San Vito

Never Ending Tour 2006 (North America : Second Leg)

2006.8.12	Comstock Park	Fifth Third Ballpark
2006.8.13	Columbus	Cooper Stadium
2006.8.15	Lexington	Applebee's Park
2006.8.17	Augusta	Lake Olmstead Stadium
2006.8.18	Winston-Salem	Ernie Shore Field
2006.8.19	Frederick	Harry Grove Stadium
2006.8.20	Washington	Falconi Field
2006.8.23	Reading	FirstEnergy Stadium
2006.8.24	Pawtucket	McCoy Stadium
2006.8.26	Pittsfield	Wahconah Park
2006.8.27	Manchester	Northeast Delta Dental Stadium
2006.8.29	New Britain	New Britain Stadium
2006.8.30	Rochester	Frontier Field
2006.9.1	Fishkill	Dutchess Stadium
2006.9.2	Cooperstown	Doubleday Field
2006.9.3	University Park	Bryce Jordan Center
2006.9.5	Fort Wayne	Memorial Stadium
2006.9.7	Rochester	Mayo Field
2006.9.8	Sioux Falls	Howard Wood Field
2006.9.9	Fargo	Newman Outdoor Field
2006.9.18	San Francisco	Genentech Campus

Never Ending Tour 2006 (North America : Third Leg)

2006.10.11	Vancouver	Pacific Coliseum
2006.10.13	Seattle	KeyArena
2006.10.14	Portland	Portland Memorial Coliseum
2006.10.16, 17	San Francisco	San Francisco Civic Auditorium
2006.10.18	Sacramento	ARCO Arena
2006.10.20	Inglewood	The Forum
2006.10.21	Long Beach	Long Beach Arena
2006.10.22	San Diego	Cox Arena
2006.10.24	Denver	Fillmore Auditorium
2006.10.25	Lincoln	Pershing Auditorium
2006.10.27, 28	Hoffman Estates	Sears Centre
2006.10.29	Saint Paul	Xcel Energy Center
2006.10.31	Madison	Kohl Center
2006.11.2	Auburn Hills	The Palace of Auburn Hills
2006.11.3	London	John Labatt Centre
2006.11.5	Ottawa	Scotiabank Place
2006.11.7	Toronto	Air Canada Centre
2006.11.8	Montreal	Bell Centre
2006.11.9	Portland	Cumberland County Civic Center
2006.11.11, 12	Boston	Agganis Arena
2006.11.13	Uniondale	Nassau Coliseum
2006.11.15	Amherst	Mullins Center
2006.11.16	East Rutherford	Continental Airlines Arena
2006.11.17	Fairfax	Patriot Center
2006.11.18	Philadelphia	Wachovia Spectrum
2006.11.20	New York City	New York City Center

Never Ending Tour 2007 (Europe)

2007.3.27	Stockholm	Debaser Medis
2007.3.28	Stockholm	Stockholm Globe Arena
2007.3.30	Oslo	Oslo Spektrum
2007.4.1	Gothenburg	Scandinavium
2007.4.2	Copenhagen	Forum Copenhagen
2007.4.4	Hamburg	Color Line Arena
2007.4.5	Münster	Halle Münsterland
2007.4.6	Brussels	Forest National
2007.4.8, 9	Amsterdam	Heineken Music Hall
2007.4.11	Glasgow	Scottish Exhibition and Conference Centre
2007.4.12	Newcastle	Metro Radio Arena
2007.4.14	Sheffield	Motorpoint Arena
2007.4.15, 16	London	Wembley Arena
2007.4.17	Birmingham	National Indoor Arena
2007.4.19	Düsseldorf	Philipshalle
2007.4.20	Stuttgart	Porsche Arena
2007.4.21	Frankfurt	Jahrhunderthalle
2007.4.23	Paris	Palais Omnisports de Paris-Bercy
2007.4.25	Geneva	SEG Geneva Arena
2007.4.26	Turin	Torino Palasport Olimpico
2007.4.27	Milan	Mediolanum Forum
2007.4.29	Zürich	Hallenstadion
2007.4.30	Mannheim	SAP Arena
2007.5.2	Leipzig	Leipzig Arena
2007.5.3	Berlin	Max Schmeling Halle
2007.5.5	Herning	Messecenter Herning

Never Ending Tour 2007 (North America : First Leg)

2007.6.22, 23	Atlantic City	Borgata Events Center
2007.6.24	Hershey	Star Pavilion
2007.6.26	Florence	Pines Theatre
2007.6.27	Uncasville	Mohegan Sun Arena
2007.6.29	Wantagh	Jones Beach Theatre
2007.6.30	Bethel	Bethel Woods Center for the Arts
2007.7.1	Essex Junction	Coca-Cola Grandstand
2007.7.3	Quebec City	Colisée Pepsi
2007.7.4	Montreal	Salle Wilfrid-Pelletier
2007.7.5	Ottawa	LeBreton Flats Park
2007.7.7, 8	Orillia	Entertainment Centre
2007.7.10	Interlochen	Kresge Auditorium
2007.7.11	Sterling Heights	Freedom Hill Amphitheater
2007.7.12	Toleda	Toledo Zoo Amphitheater
2007.7.14	Cleveland	Plain Dealer Pavilion
2007.7.15	Indianapolis	The Lawn
2007.7.16	Kansas City	Starlight Theatre
2007.7.19, 20	Morrison	Red Rocks Amphitheatre
2007.7.21	Telluride	Town Park
2007.7.22	Albuquerque	The Pavilion
2007.7.24	Tucson	Anselmo Valencia Tori Amphitheater
2007.7.26	Costa Mesa	Pacific Amphitheatre
2007.7.27	Paso Robles	Grandstand
2007.7.28	Kelseyville	Konocti Harbor

Never Ending Tour 2007 (Oseania)

2007.8.8	Christchurch	Westpac Arena
2007.8.10	Wellington	TSB Bank Arena
2007.8.11	Auckland	Vector Arena
2007.8.13	Brisbane	Brisbane Entertainment Centre
2007.8.15, 16	Sydney	Sydney Entertainment Centre
2007.8.17, 19	Melbourne	Rod Laver Arena
2007.8.21	Adelaide	Adelaide Entertainment Centre
2007.8.23	Perth	Burswood Dome
2007.8.26, 27	Auckland	Auckland Civic Theatre

Never Ending Tour 2007 (North America : Second Leg)

2007.9.15	Austin	Waller Creek Outdoor Amphitheater
2007.9.16	Austin	AT&T Blue Room Stage
2007.9.19, 20	Nashville	Ryman Auditorium
2007.9.22	Duluth	Arena at Gwinnett Center
2007.9.23	Clemson	Littlejohn Coliseum
2007.9.25	Norfolk	Ted Constant Convocation Center
2007.9.27	Charlottesville	John Paul Jones Arena
2007.9.28	Columbia	Merriweather Post Pavilion
2007.9.29	Kingston	Ryan Center
2007.9.30	Bridgeport	Webster Bank Arena
2007.10.2	Worcester	DCU Center
2007.10.4	Portland	Cumberland County Civic Center
2007.10.5	Manchester	Verizon Wireless Arena
2007.10.6	Albany	Times Union Center
2007.10.8	Syracuse	Oncenter War Memorial Arena
2007.10.9	Rochester	RIT Gordon Field House
2007.10.11	Pittsburgh	Petersen Events Center
2007.10.12	Ypsilanti	Convocation Center
2007.10.13	Columbus	Jerome Schottenstein Center
2007.10.15	Cincinnati	Taft Theatre
2007.10.16	Fairborn	Nutter Center
2007.10.17	Louisville	Freedom Hall
2007.10.19	Bloomington	Assembly Hall
2007.10.20	Bloomington	U.S. Cellular Coliseum
2007.10.22	St. Louis	Fox Theatre
2007.10.24	Iowa City	Carver–Hawkeye Arena
2007.10.26	Omaha	Qwest Center Omaha
2007.10.27~29	Chicago	Chicago Theatre

Never Ending Tour 2008 (South of the South)

2008.2.21~23	Dallas	House of Blues
2008.2.26, 27	Mexico City	Mexico
2008.2.29	Monterrey	Arena Monterrey
2008.3.2	Guadalajara	Telmex Auditorium
2008.3.5, 6	São Paulo	Via Funchal
2008.3.8	Rio de Janeiro	HSBC Arena
2008.3.11	Santiago	Arena Santiago
2008.3.13	Córdoba	Orfeo Superdomo
2008.3.15	Buenos Aires	José Amalfitani Stadium
2008.3.18	Rosario	Hipódromo Rosario
2008.3.20	Punta del Este	Punta del Este Resort y Casino
2008.3.25	Zacatecas	Plaza De Armas En Zacatecas

Never Ending Tour 2008 (North America)

2008.5.16	Worcester	Worcester Palladium
2008.5.17	Lewiston	Androscoggin Bank Colisée
2008.5.19	Saint John	Harbour Station
2008.5.20	Moncton	Moncton Coliseum
2008.5.21	Halifax	Halifax Metro Centre
2008.5.23, 24	St. John's	Mile One Centre

Never Ending Tour 2008 (Europe)

2008.5.26	Reykjavik	Laugardalshöll
2008.5.28	Odense	Arena Fyn
2008.5.30	Stavanger	Viking Stadion
2008.6.1	Helsinki	Hartwall Areena
2008.6.3	Saint Petersburg	Ice Palace
2008.6.4	Tallinn	Saku Suurhall
2008.6.5	Vilnius	Siemens Arena
2008.6.7	Warsaw	Klub Stodoła
2008.6.9	Ostrava	ČEZ Aréna
2008.6.10	Vienna	Wiener Stadthalle
2008.6.11	Salzburg	Eisarena Salzburg
2008.6.13	Varaždin	Stadion Varteks
2008.6.15	Trento	Palazzo delle Albere
2008.6.16	Bergamo	Lazaretto
2008.6.18	Aosta	Parco Castello Baron Gamba
2008.6.19	Grenoble	Palais des Sports
2008.6.20	Toulouse	Zénith de Toulouse
2008.6.22	Encamp	Campo de Fútbol Municipal d'Encamp
2008.6.23	Zaragoza	Feria de Zaragoza
2008.6.24	Pamplona	Pabellón Anaitasuna
2008.6.27	Vigo	Recinto Ferial de Vigo
2008.6.28	Hoyos del Espino	Finca de Mesegosillo
2008.7.1	Cuenca	Complejo Deportivo La Fuensanta
2008.7.2	Alicante	Pabellón Pedro Ferrándiz
2008.7.4	Lorca	Plaza de Toros de Lorca
2008.7.5	Jaén	Recinto Ferial de Jaén
2008.7.6	Madrid	Ciudad del Rock
2008.7.8	Jerez	Estadio Municipal de Chapín
2008.7.10	Mérida	Plaza de Toros de Mérida
2008.7.11	Oeiras	Passeio Marítimo de Algés

Never Ending Tour 2008 (North America)

2008.8.8	Philadelphia	Electric Factory
2008.8.9	Pittsburgh	SouthSide Works
2008.8.10	Baltimore	Pimlico Race Course
2008.8.12	Brooklyn	Prospect Park Bandshell
2008.8.13	Asbury Park	Asbury Park Convention Hall
2008.8.15	Ledyard	MGM Grand at Foxwoods
2008.8.16	Atlantic City	Borgata Events Center
2008.8.17	Saratoga Springs	Saratoga Performing Arts Center
2008.8.19	Hopewell	CMAC Performing Arts Center
2008.8.20	Hamilton	Copps Coliseum
2008.8.22	Cincinnati	National City Pavilion
2008.8.23	Elizabeth	Horseshoe Indiana Outdoor Stage
2008.8.24	Evansville	Mesker Amphitheatre
2008.8.26	Little Rock	Riverfest Amphitheatre
2008.8.27	Tulsa	Brady Theater
2008.8.28	Kansas City	Uptown Theatre
2008.8.30	Snowmass Village	Snowmass Town Park
2008.8.31	Park City	Snow Park Outdoor Amphitheater
2008.9.1	Paradise	The Joint
2008.9.3	Santa Monica	Santa Monica Civic Auditorium
2008.9.4	Temecula	Pechanga Theatre
2008.9.6	San Diego	Qualcomm Stadium
2008.9.7	Santa Barbara	Santa Barbara Bowl
2008.10.23	Victoria	Save-On-Foods Memorial Centre
2008.10.24	Vancouver	General Motors Place
2008.10.25	Kamloops	Interior Savings Centre
2008.10.27	Calgary	Pengrowth Saddledome
2008.10.29	Edmonton	Rexall Place
2008.10.30	Lethbridge	ENMAX Centre
2008.11.1	Regina	Brandt Centre
2008.11.2	Winnipeg	MTS Centre
2008.11.4	Minneapolis	Northrop Auditorium
2008.11.5	La Crosse	La Crosse Center
2008.11.6	Milwaukee	Riverside Theater
2008.11.8	Kalamazoo	Wings Stadium
2008.11.9	Sault Ste. Marie	Essar Centre
2008.11.11	London	John Labatt Centre
2008.11.12	Oshawa	General Motors Centre
2008.11.13	Sudbury	Sudbury Community Arena
2008.11.15	Kingston	K-Rock Centre
2008.11.16	Ottawa	Scotiabank Place
2008.11.18	Montreal	Bell Centre
2008.11.19	Oneonta	Alumni Field House at SUNY Oneonta

2002.4.13	Hanover	TUI Arena
2002.4.15	Frankfurt	Jahrhunderthalle
2002.4.16	Stuttgart	Schleyerhalle
2002.4.17	Munich	Olympiahalle
2002.4.19	Ravenna	Palazzo Mauro de André
2002.4.20	Milan	Mediolanum Forum
2002.4.21	Zürich	Hallenstadion
2002.4.23	Innsbruck	Messehalle
2002.4.24	Nuremberg	Frankenhalle
2002.4.25	Strasbourg	Rhénus Sport
2002.4.27	Oberhausen	König Pilsener Arena
2002.4.28	Brussels	Forest National
2002.4.29, 30	Paris	Zénith de Paris
2002.5.2	Rotterdam	Rotterdam Ahoy
2002.5.4	Brighton	Brighton Centre
2002.5.5	Bournemouth	Bournemouth International Centre
2002.5.6	Cardiff	Cardiff International Arena
2002.5.8	Newcastle	Metro Radio Arena
2002.5.9	Manchester	Manchester Evening News Arena
2002.5.10	Birmingham	NEC LG Arena
2002.5.11, 12	London	London Arena

Never Ending Tour 2002 (North America : Second Leg)

2002.8.2	Worcester	Worcester Palladium
2002.8.3	Newport	Fort Adams State Park
2002.8.4	Augusta	Augusta Civic Center
2002.8.6	Halifax	Halifax Metro Centre
2002.8.8	Moncton	Moncton Coliseum
2002.8.9	Saint John	Harbour Station
2002.8.10	Quebec City	L'Agora du Vieux Port
2002.8.12	Montreal	Molson Centre
2002.8.13	Ottawa	Corel Centre
2002.8.15	Hamburg	Grand Stand
2002.8.16	Toronto	Molson Amphitheatre
2002.8.18	Baltimore	Pimlico Race Course
2002.8.19	Southampton	Southampton College
2002.8.21	Omaha	Omaha Civic Auditorium
2002.8.22	Sioux Falls	Sioux Falls Stadium
2002.8.23	Fargo	Newman Outdoor Field
2002.8.24	Winnipeg	Winnipeg Arena
2002.8.26	Saskatoon	Saskatchewan Place
2002.8.27	Edmonton	Skyreach Centre
2002.8.28	Calgary	Pengrowth Saddledome
2002.8.30	Park City	Deer Valley Outdoor Amphitheatre
2002.8.31	Grand Junction	Mesa County Fairgrounds
2002.9.1	Aspen	Buttermilk Mountain

Never Ending Tour 2002 (North America : Third Leg)

2002.10.4	Seattle	KeyArena
2002.10.5	Eugene	McArthur Court
2002.10.7	Red Bluff	Pauline Davis Pavilion
2002.10.8, 9	Sacramento	Sacramento Convention Center Complex
2002.10.11, 12	Berkeley	Hearst Greek Theatre
2002.10.13	Stateline	Harrah's Lake Tahoe
2002.10.15~17	Los Angeles	Wiltern Theatre
2002.10.19	San Diego	San Diego State University
2002.10.20	Paradise	The Joint
2002.10.21	Phoenix	Arizona Veterans Memorial Coliseum
2002.10.23	Tucson	Valencia Tori Amphitheater
2002.10.25	Bernalillo	Santa Ana Events Center
2002.10.26	Denver	Pepsi Center
2002.10.28	Kansas City	Uptown Theatre
2002.10.29	Ames	Hilton Coliseum
2002.10.30	Saint Paul	Xcel Energy Center
2002.11.1	Rosemont	Allstate Arena
2002.11.2	Trotwood	Hara Arena
2002.11.3	Kent	Memorial Athletic and Convocation Center
2002.11.5	Indianapolis	Murat Theater
2002.11.7	Ann Arbor	Crisler Arena
2002.11.8	Pittsburgh	AJ Palumbo Center
2002.11.9	Elmira	First Arena
2002.11.11, 13	New York City	Madison Square Garden
2002.11.15	Philadelphia	First Union Center
2002.11.16	Boston	FleetCenter
2002.11.17	Hartford	XL Center
2002.11.20	Kingston	Ryan Center
2002.11.21	Wilkes-Barre	First Union Arena
2002.11.22	Fairfax	Patriot Center

Never Ending Tour 2003 (Oceania)

2003.2.6	Canberra	AIS Arena
2003.2.8	Melbourne	Melbourne Exhibition Centre Blue Stage
2003.2.11	Brisbane	Brisbane Entertainment Centre
2003.2.13	Adelaide	Adelaide Entertainment Centre
2003.2.15	Perth	Claremont Showground
2003.2.17	Sydney	Sydney Entertainment Centre
2003.2.18	Newcastle	Newcastle Entertainment Centre
2003.2.21, 22	Auckland	North Shore Events Centre
2003.2.24	Wellington	Queens Wharf Events Centre Arena
2003.2.26	Christchurch	WestpacTrust Centre

Never Ending Tour 2003 (North America)

2003.4.18	Dallas	Granada Theater
2003.4.19, 20	Austin	The Backyard
2003.4.22, 23	Houston	Verizon Wireless Theater
2003.4.25	New Orleans	Fair Grounds Race Course
2003.4.26	New Orleans	Municipal Auditorium
2003.4.27	Tunica	Harrah's Grand Event Centre
2003.4.29	Nashville	The Trap
2003.4.30	Louisville	Jillian's Parking Lot
2003.5.2	Atlanta	Piedmont Park
2003.5.4	West Palm Beach	West Palm Beach Waterfront
2003.5.5	Orlando	Hard Rock Live
2003.5.6	North Charleston	North Charleston Coliseum
2003.5.8	Portsmouth	NTELOS Pavilion Harbor Center
2003.5.9, 10	Atlantic City	Hilton Hotel Grand Theatre
2003.5.11	Solomons	Washington Gas Pavilion
2003.5.13	Cary	The Amphitheatre at Regency Park
2003.5.14	Asheville	Asheville Civic Center
2003.5.16	Birmingham	Linn Park
2003.5.17	Jackson	Capitol Street Downtown Jackson
2003.5.18	Little Rock	Nitelife Rocks
2003.7.12	Winter Park	Winter Park Resort
2003.7.13	Casper	Casper Events Center
2003.7.15	Jackson	Snow King Mountain Resort
2003.7.16	Big Sky	Meadow Village Pavilion
2003.7.17	West Valley City	USANA Amphitheatre
2003.7.19	Lake Tahoe	Harveys Outdoor Amphitheater
2003.7.21	Ketchum	Ketchum Park & Ride Lot
2003.7.22	Nampa	Idaho Center Amphitheater
2003.7.23	Bend	Les Schwab Amphitheater
2003.7.25	Kelseyville	Konocti Harbor Resort & Spa Amphitheatre
2003.7.26	Paso Robles	Paso Robles Event Center Grandstand
2003.7.27	Costa Mesa	Pacific Amphitheatre
2003.7.29	Sunrise	Office Depot Center
2003.7.30	Tampa	St. Pete Times Forum
2003.7.31	Atlanta	HiFi Buys Amphitheatre
2003.8.2	Joliet	Route 66 Raceway
2003.8.3	Somerset	Float Rite Amphitheater
2003.8.5	Noblesville	Verizon Wireless Music Center
2003.8.6	Columbus	Germain Amphitheater
2003.8.8	Darien	Darien Lake Performing Arts Center
2003.8.9, 10	Holmdel	PNC Bank Arts Center
2003.8.12, 13	New York City	Hammerstein Ballroom
2003.8.16	Bushkill	Tom Ridge Pavilion
2003.8.17	Wallingford	careerbuilder.com Oakdale Theatre
2003.8.19	Northhampton	Pines Theater
2003.8.20	New York City	Hammerstein Ballroom
2003.8.21	Gilford	Meadowbrook Music Arts Center Pavilion
2003.8.22	Syracuse	New York State Fair Grandstand
2003.8.23	Niagara Falls	Oakes Garden Theatre

Never Ending Tour 2003 (Europe)

2003.10.9	Helsinki	Hartwall Areena
2003.10.11	Stockholm	Globe Arena
2003.10.12	Karlstad	Löfbergs Lila Arena
2003.10.13	Oslo	Oslo Spektrum
2003.10.15	Gothenburg	Scandinavium
2003.10.16	Copenhagen	Forum Copenhagen
2003.10.17, 18	Hamburg	Docks
2003.10.20	Berlin	Berlin Arena
2003.10.22	Leipzig	Arena Leipzig
2003.10.23	Prague	T-Mobile Arena
2003.10.24	Budapest	László Papp Budapest Sports Arena
2003.10.26	Graz	Eisstadion Liebenau
2003.10.27	Vienna	Wiener Stadthalle Halle D
2003.10.29	Munich	Olympiahalle
2003.10.30	Bolzano	PalaOnda
2003.9.1	Rome	Palazzo dello Sport
2003.9.2	Milan	FilaForum
2003.9.3	Zürich	Hallenstadion
2003.9.5	Freiburg	Stadthalle Freiburg
2003.9.6	Frankfurt	Jahrhunderthalle
2003.9.8	Düsseldorf	Philips Halle
2003.9.10, 11	Amsterdam	Netherlands
2003.9.12	Brussels	Forest National
2003.9.13	Paris	Zénith de Paris
2003.9.15	London	Wembley Arena
2003.9.17	Dublin	Point Theatre
2003.9.20	Sheffield	Hallam FM Arena
2003.9.21	Birmingham	National Exhibition Centre Arena
2003.9.23	London	Shepherd's Bush Empire
2003.9.24	London	Carling Apollo Hammersmith
2003.9.25	London	Brixton Academy

Never Ending Tour 2004 (North America : First Leg)

2004.2.28	Tulsa	Cain's Ballroom
2004.3.1~3	St. Louis	The Pageant
2004.3.5	Chicago	Aragon Ballroom
2004.3.6	Chicago	Riviera Theatre
2004.3.7	Chicago	The Vic Theatre
2004.3.8	Chicago	Park West
2004.3.10	Saint Paul	Roy Wilkins Auditorium
2004.3.12, 13	Milwaukee	Eagles Ballroom
2004.3.15~17	Detroit	State Theatre
2004.3.19	Toronto	Ricoh Coliseum
2004.3.20	Toronto	Phoenix Concert Theatre
2004.3.21	Toronto	The Guvernment
2004.3.24~26	Boston	Avalon Ballroom
2004.3.29	Upper Darby	Tower Theatre
2004.3.30	Philadelphia	Electric Factory
2004.3.31	Philadelphia	Trocadero Theatre
2004.4.2	Washington, D.C.	9:30 Club
2004.4.3	Washington, D.C.	Bender Arena
2004.4.4	Washington, D.C.	Warner Theatre
2004.4.6	Norfolk	Norva Theatre
2004.4.7	Boone	Holmes Center
2004.4.9	Asheville	The Orange Peel
2004.4.10	Columbia	Township Auditorium
2004.4.12~14	Atlanta	The Tabernacle

Never Ending Tour 2004 (North America : Second Leg)

2004.6.4	Gilford	Meadowbrook U.S. Cellular Pavilion
2004.6.5	Uncasville	Mohegan Sun Arena
2004.6.6	Atlantic City	Borgata Events Center
2004.6.8	Wilmington	Kahuna Summer Stage
2004.6.9	Salem	Salem Civic Center
2004.6.11	Manchester	Great Stage Park

Never Ending Tour 2004 (Europe)

2004.6.18	Cardiff	Cardiff International Arena
2004.6.20	London	Finsbury Park
2004.6.22	Newcastle	Metro Radio Arena
2004.6.23	Glasgow	Scottish Exhibition & Conference Centre
2004.6.24	Glasgow	Barrowland Ballroom
2004.6.26	Belfast	Odyssey Arena
2004.6.27	Galway	Pearse Stadium
2004.6.29	Bonn	Museumsplatz
2004.6.30	Worms	Platz der Partnerschaft
2004.7.2	Stra	Villa Pisani
2004.7.3	Cernobbio	Villa Ebra
2004.7.5	St. Etienne	Palais Des Spectacles
2004.7.6	Montauban	Jardin des Plantes
2004.7.7	Barcelona	Poble Espanyol
2004.7.9	Benidorm	Plaza De Toros
2004.7.10	Motril	Estadio Escribano Castilla
2004.7.11	Córdoba	El Fontanar Sports Hall
2004.7.14	Madrid	Huerta del Palacio Arzobispo
2004.7.15	Leon	Leon Arena
2004.7.17	Galicia	Auditorio Monte do Gozo
2004.7.18	Vilar de Mouros	Caminha

Never Ending Tour 2004 (North America : Third Leg)

2004.8.4	Poughkeepsie	The Chance
2004.8.6	Cooperstown	Doubleday Field
2004.8.7	West Haven	Yale Field
2004.8.8	Brockton	Campanelli Stadium
2004.8.10	Fishkill	Dutchess Stadium
2004.8.11	Altoona	Blair County Ballpark
2004.8.12	Aberdeen	Ripken Stadium
2004.8.15	Richmond	The Diamond
2004.8.17	Charleston	Joseph P. Riley Jr. Park
2004.8.18	Kodak	Smokies Park
2004.8.20	Jackson	Pringles Park
2004.8.21	Lexington	Applebee's Park
2004.8.22	South Bend	Stanley Coveleski Regional Stadium
2004.8.24	Comstock Park	Fifth Third Ballpark
2004.8.25	Peoria	O'Brien Field
2004.8.27	Madison	Warner Park
2004.8.28	Des Moines	Principal Park
2004.8.29	Rochester	Mayo Field
2004.8.31	Lincoln	Haymarket Park
2004.9.1	Wichita	Lawrence–Dumont Stadium
2004.9.3	Oklahoma City	RedHawks Ballpark
2004.9.4	Kansas City	CommunityAmerica Ballpark

Never Ending Tour 2004 (North America : Forth Leg)

2004.10.13	San Francisco	Regency Center Grand Ballroom
2004.10.14	Santa Clara	Leavey Center
2004.10.16	Fresno	Save Mart
2004.10.17	Berkeley	Haas Pavilion
2004.10.18	Davis	The Pavilion
2004.10.20	Irvine	Bren Events Center
2004.10.21	Santa Barbara	Santa Barbara Events Center
2004.10.22	San Diego	Cox Arena
2004.10.24	Boulder	Cools Events Centre
2004.10.26	Manhattan	Bramlage Coliseum
2004.10.27	Columbia	Hearnes Centre
2004.10.29	Iowa City	Carver–Hawkeye Arena
2004.10.30	Kenosha	Recreation Center
2004.10.31	DeKalb	DeKalb Convocation Center
2004.11.3	West Lafayette	Edward C. Elliott Hall of Music
2004.11.4	Columbus	Jerome Schottenstein Center
2004.11.6	Grantham	Brubaker Auditorium
2004.11.7	Pittsburgh	Petersen Events Center
2004.11.9	East Lansing	Breslin Student Events Center
2004.11.10	Toledo	Savage Arena
2004.11.11	St. Bonaventure	Reilly Center
2004.11.13	Rochester	Student Centre
2004.11.14	Binghamton	Binghamton University Events Center
2004.11.16	Bethlehem	Stabler Arena
2004.11.17	Kingston	Ryan Center
2004.11.18	Durham	Whittemore Center
2004.11.20	Amherst	Mullins Center
2004.11.21	Boston	Lavietes Pavilion

Never Ending Tour 2005 (North America : First Leg)

2005.3.7~9	Seattle	Paramount Northwest Theatre
2005.3.11, 12	Portland	Earle Chiles Center
2005.3.14~16	Oakland	Paramount Theatre
2005.3.18	Reno	Reno Events Center
2005.3.19	Paradise	Theatre for the Performing Arts
2005.3.21~26	Los Angeles	Pantages Theatre
2005.3.28, 29	Denver	Fillmore Auditorium
2005.4.1~6	Chicago	Auditorium Theatre
2005.4.8, 9	Milwaukee	Eagles Ballroom
2005.4.11	Mount Pleasant	Soaring Eagle Entertainment Hall
2005.4.12	Detroit	Detroit Masonic Temple
2005.4.13	Buffalo	Shea's Performing Arts Center
2005.4.15~17	Boston	Orpheum Theatre
2005.4.19	Newark	New Jersey Performing Arts Center
2005.4.20	Verona	Verona Events Centre
2005.4.22	Mashantucket	MGM Grand at Foxwoods
2005.4.24	Atlantic City	Borgata Events Center
2005.4.25~30	New York City	Beacon Theatre

Never Ending Tour 2005 (North America : Second Leg)

2005.5.25	South Fort Myers	Hammond Stadium
2005.5.26	Fort Lauderdale	Fort Lauderdale Stadium
2005.5.28	Kissimmee	Osceola County Stadium
2005.5.29	Clearwater	Bright House Field
2005.5.30	Jacksonville	Sam W. Wolfson Baseball Park
2005.6.1	Chattanooga	AT&T Field
2005.6.3	Myrtle Beach	Coastal Federal Field
2005.6.4	Savannah	Grayson Stadium
2005.6.5	Birmingham	Regions Park
2005.6.7	Greenville	Greenville Municipal Stadium
2005.6.10	Salem	Salem Memorial Baseball Stadium
2005.6.11	Greensboro	First Horizon Park
2005.6.12	Zebulon	Five County Stadium
2005.6.14	Bowie	Prince George's Stadium
2005.6.15	Lakewood	FirstEnergy Park
2005.6.16	Camden	Campbell's Field
2005.6.19	Lancaster	Clipper Magazine Stadium
2005.6.21	Norwich	Senator Thomas J. Dodd Memorial Stadium
2005.6.23	Pittsfield	Wahconah Park
2005.6.24	Montclair	Yogi Berra Stadium
2005.6.26	Eastlake	Classic Park
2005.6.28	Nashville	Herschel Greer Stadium
2005.6.29	Louisville	Freedom Hall
2005.7.1	Memphis	AutoZone Park
2005.7.2	Little Rock	Ray Winder Field
2005.7.4	Fort Worth	40 Acre North Forty Field
2005.7.6	Tulsa	Drillers Stadium
2005.7.8	Sauget	GCS Ballpark

1999.4.23	Marseilles	Le Dôme de Marseille
1999.4.25	Zürich	Hallenstadion
1999.4.27	Linz	Linzer Sporthalle
1999.4.28	Ljubljana	Tivoli Hall
1999.4.29	Graz	Eisstadion Liebenau
1999.4.30	Vienna	Wiener Stadthalle
1999.5.1	Ischgl	Silvretta Ski And Funsport Arena
1999.5.2	Munich	Olympiahalle

Never Ending Tour 1999 (North America)

1999.6.5	Denver	Fillmore Auditorium
1999.6.6	Colorado Springs	World Arena
1999.6.7	Denver	McNichols Sports Arena
1999.6.9	Salt Lake City	Delta Center
1999.6.11	Vancouver	General Motors Arena
1999.6.12	Portland	Rose Garden
1999.6.13	George	The Gorge Amphitheatre
1999.6.14	Eugene	Erb Memorial Union Ballroom
1999.6.16	Sacramento	ARCO Arena
1999.6.18	Concord	Concord Pavilion
1999.6.19	Mountain View	Shoreline Amphitheatre
1999.6.20	Anaheim	Arrowhead Pond
1999.6.22	Los Angeles	Hollywood Bowl
1999.6.25	Chula Vista	Cricket Wireless Amphitheatre
1999.6.26	Paradise	MGM Grand Garden Arena
1999.6.27	Phoenix	Desert Sky Pavilion
1999.7.2	Shakopee	Canterbury Park
1999.7.3	Duluth	Bayfront Festival Park
1999.7.4	Milwaukee	Marcus Amphitheater
1999.7.6	Detroit	Saint Andrew's Hall
1999.7.7	Clarkston	Pine Knob Music Theatre
1999.7.9	Tinley Park	World Music Theatre
1999.7.10	Maryland Heights	Riverport Amphitheatre
1999.7.11	Cincinnati	Bogart's
1999.7.13	Virginia Beach	GTE Virginia Beach Amphitheater
1999.7.14	Raleigh	Alltel Pavilion
1999.7.16	Bristow	Nissan Pavilion at Stone Ridge
1999.7.17	Camden	Blockbuster-Sony Music Centre
1999.7.18	Burgettstown	First Niagara Pavilion
1999.7.20	Albany	Pepsi Arena
1999.7.22, 23	Mansfield	Comcast Center
1999.7.24	Hartford	Meadows Music Theater
1999.7.26	New York City	Tramps Nightclub
1999.7.27	New York City	Madison Square Garden
1999.7.28	Holmdel	PNC Bank Arts Center
1999.7.30, 31	Wantagh	Jones Beach Amphitheater
1999.9.2	West Palm Beach	Coral Sky Amphitheatre
1999.9.4	Atlanta	Chastain Park Amphitheater
1999.9.5	Charlotte	Blockbuster Pavilion
1999.9.8	Antioch	First American Music Center
1999.9.9	Noblesville	Deer Creek Music Center
1999.9.11	Memphis	Memphis Pyramid
1999.9.12	Lafayette	Cajundome
1999.9.15	Austin	Frank Erwin Center
1999.9.17	The Woodlands	Cynthia Woods Mitchell Pavilion
1999.9.18	Dallas	Starplex Amphitheater

Never Ending Tour 1999 (North America)

1999.10.26	Chicago	Park West
1999.10.27	Champaign	Assembly Hall
1999.10.29	Oxford	Millett Hall
1999.10.30	Milwaukee	Milwaukee Arena
1999.10.31	Chicago	UIC Pavilion
1999.11.2	East Lansing	Breslin Student Events Center
1999.11.3	Columbus	Value City Arena
1999.11.5	Pittsburgh	Civic Arena
1999.11.6	University Park	Bryce Jordan Center
1999.11.8	Baltimore	Baltimore Arena
1999.11.9	Philadelphia	The Apollo of Temple
1999.11.10	New Haven	New Haven Coliseum
1999.11.11	Augusta	Augusta Civic Center
1999.11.13	East Rutherford	Continental Airlines Arena
1999.11.14	Worcester	Worcester's Centrum Centre
1999.11.15	Ithaca	Barton Hall
1999.11.17	Durham	Whittemore Center
1999.11.18	Amherst	Mullins Center
1999.11.19	Atlantic City	Copa Room
1999.11.20	Newark	Bob Carpenter Center

Never Ending Tour 2000 (North America : First Leg)

2000.3.10	Anaheim	The Sun Theatre
2000.3.11	San Luis Obispo	California Polytechnic State University
2000.3.12	Bakersfield	Bakersfield Centennial Garden
2000.3.14	Tulare	Convention Center
2000.3.15, 16	Santa Cruz	Civic Auditorium
2000.3.17	Las Vegas	Reno Hilton Theater
2000.3.19	Pocatello	Holt Arena
2000.3.20	Nampa	Idaho Center
2000.3.21	Pullman	Beasley Coliseum
2000.3.22	Missoula	Harry Adams Event Center
2000.3.24	Bozeman	Brick Breeden Fieldhouse
2000.3.25	Billings	Shrine Auditorium
2000.3.26	Casper	Casper Events Center
2000.3.27	Rapid City	Rushmore Plaza Civic Center
2000.3.29	Bismarck	Bismarck Civic Center
2000.3.30	Fargo	Civic Memorial Auditorium
2000.3.31	Rochester	Taylor Arena
2000.4.1	Sioux Falls	Sioux Falls Arena
2000.4.3	Cedar Rapids	Five Seasons Center
2000.4.4	Omaha	Omaha Civic Auditorium
2000.4.5	Salina	Bicentennial Center
2000.4.6	Denver	Fillmore Auditorium

Never Ending Tour 2000 (Europe : First Leg)

2000.5.6	Zürich	Hallenstadion
2000.5.8	Stuttgart	Hanns-Martin-Schleyer-Halle
2000.5.9	Oberhausen	König Pilsener Arena
2000.5.11	Cologne	Kölnarena
2000.5.12	Hanover	Stadionsporthalle
2000.5.13	Lund	Olympen
2000.5.14	Gothenburg	Scandinavium
2000.5.16	Helsinki	Hartwall Areena
2000.5.18	Stockholm	Globe Arena
2000.5.19	Oslo	Oslo Spektrum
2000.5.21	Horsens	NYA Theatre
2000.5.23	Berlin	Treptow Arena
2000.5.24	Dresden	Freilichtbühne Junge Garde
2000.5.25	Regensburg	Donau Arena
2000.5.27	Modena	Piazza Grande
2000.5.28	Milan	PalaVobis
2000.5.30	Florence	Palasport
2000.5.31	Ancona	Palarossini
2000.6.2	Cagliari	Molo Ichnusa

Never Ending Tour 2000 (North America : Second Leg)

2000.6.15	Portland	Roseland Theater
2000.6.16	Portland	Portland Meadows
2000.6.17, 18	George	The Gorge Amphitheatre
2000.6.20	Medford	Jackson County Expo Hall
2000.6.21	Wheatland	Sacramento Valley Amphitheater
2000.6.23	Concord	Chronicle Pavilion
2000.6.24	Mountain View	Shoreline Amphitheatre
2000.6.25	Las Vegas	Reno Hilton Theater
2000.6.27	Las Vegas	House of Blues
2000.6.29	Irvine	Verizon Wireless Amphitheater
2000.6.30	Ventura	Ventura Arena
2000.7.1	Del Mar	Grandstand
2000.7.3	Albuquerque	Mesa del Sol Amphitheater
2000.7.6	Oklahoma City	Zoo Amphitheater
2000.7.7	Bonner Springs	Sandstone Amphitheater
2000.7.8	Maryland Heights	Riverport Amphitheater
2000.7.9	Noblesville	Deer Creek Music Theater
2000.7.11	Cincinnati	Riverbend Music Center
2000.7.12	Moline	MARK of the Quad Cities
2000.7.14	Minneapolis	Target Center
2000.7.15	East Troy	Alpine Valley Music Theatre
2000.7.16	Clarkston	Pine Knob Music Theater
2000.7.18	Toronto	Molson Amphitheatre
2000.7.19	Hopewell	Marvin Sands Performing Arts Center
2000.7.21	Hartford	Meadows Music Theater
2000.7.22	Mansfield	Center for the Performing Arts
2000.7.23	Saratoga Springs	Saratoga Performing Arts Center
2000.7.25	Scranton	Coors Light Amphitheater
2000.7.26	Wantagh	Jones Beach Theater
2000.7.28	Baltimore	E-Center
2000.7.29	Columbia	Merriweather Post Pavilion
2000.7.30	Stanhope	Waterloo Village

Never Ending Tour 2000 (Europe : Second Leg)

2000.9.13	Dublin	Vicar Street
2000.9.14	Dublin	Point Depot
2000.9.16	Aberdeen	Aberdeen Exhibition and Conference Centre
2000.9.17	Glasgow	Scottish Exhibition and Conference Centre
2000.9.19	Newcastle	Metro Radio Arena
2000.9.20	Birmingham	NEC LG Arena
2000.9.22	Sheffield	Sheffield Arena
2000.9.23	Cardiff	Cardiff International Arena
2000.9.24, 25	Portsmouth	Portsmouth Guildhall
2000.9.27	Rotterdam	Rotterdam Ahoy
2000.9.28	Hamburg	Alsterdorfer Sporthalle
2000.9.29	Frankfurt	Menuhin Saal
2000.10.1	Münster	Halle Münsterland
2000.10.2	Brussels	Forest National
2000.10.3	Paris	Zénith de Paris
2000.10.5, 6	London	Wembley Arena

Never Ending Tour 2000 (North America : Third Leg)

2000.10.29	Madison	Kohl Center
2000.10.31	Evanston	Welsh Ryan McGraw Hall
2000.11.1	Bloomington	Indiana University Auditorium
2000.11.2	West Lafayette	Edward C. Elliott Hall of Music
2000.11.4	Oxford	John D. Millett Hall
2000.11.5	Ann Arbor	Hill Auditorium
2000.11.6	Pittsburgh	A. J. Palumbo Center
2000.11.8	Bethlehem	Stabler Arena
2000.11.10	Boston	Commonwealth Armory
2000.11.11	Lowell	Tsongas Center
2000.11.12	Kingston	Keaney Gymnasium
2000.11.13	Lewiston	Androscoggin Bank Colisée
2000.11.15	Salisbury	Youth and Civic Center
2000.11.17	Princeton	Dillon Gymnasium
2000.11.18	Atlantic City	Convention Center
2000.11.19	Towson	Towson Center

Never Ending Tour 2001 (Asia)

2001.2.25	Omiya	Sonic City Main Hall
2001.2.27	Sendai	Sun Plaza
2001.2.28	Akita	Akita Prefectural Hall
2001.3.2	Yokohama	Pacifico Yokohama
2001.3.3, 4	Tokyo	Tokyo International Forum
2001.3.6, 7	Osaka	Kosei-Nenkin Hall
2001.3.9	Fukuoka	Sun Palace
2001.3.10	Hiroshima	Kosei-Nenkin Hall
2001.3.12	Nagoya	Nagoya Civic Assembly Hall
2001.3.13	Hamamatsu	Act City Hamamatsu
2001.3.14	Tokyo	Nippon Budokan

Never Ending Tour 2001 (Australia)

2001.3.18	Perth	Perth Entertainment Centre
2001.3.20	Adelaide	Adelaide Entertainment Centre
2001.3.21	Melbourne	Rod Laver Arena
2001.3.23	Tamworth	Tamworth Regional Entertainment Centre
2001.3.24	Newcastle	Newcastle Entertainment Centre
2001.3.25	Sydney	Centennial Park
2001.3.28	Cairns	Cairns Convention Centre
2001.3.30	Brisbane	Brisbane Entertainment Centre
2001.3.31	Ballina	Kingsford Smith Park

Never Ending Tour 2001 (North America : First Leg)

2001.4.18	Boulder	Coors Events Center
2001.4.20	Kearney	Viaero Event Center
2001.4.21	Topeka	Landon Arena
2001.4.23	Lincoln	Pershing Auditorium
2001.4.24	Columbia	Hearnes Center
2001.4.25	Cape Girardeau	Show Me Center
2001.4.27	Knoxville	Chilhowee Park
2001.4.28	Charlotte	Budweiser WEND/WRFX Stage
2001.4.29	Blacksburg	Burruss Auditorium
2001.5.1	Asheville	Asheville Civic Center
2001.5.2	Dalton	Trade & Convention Center
2001.5.4	Atlanta	Jose Cuervo 96 Rock Stage
2001.5.5	Nashville	Riverfront Park
2001.5.6	Memphis	AutoZone Stage

Never Ending Tour 2001 (Europe)

2001.6.24	Trondheim	Sentrum/Torget
2001.6.26	Bergen	Nygårdsparken
2001.6.28	Langesund	Korshavn
2001.6.29	Gothenburg	Trädgårdsföreningen
2001.6.30	Roskilde	Dyrskuepladsen
2001.7.1	Helsingborg	Sofiero Castle
2001.7.3	Borgholm	Borgholm Castle
2001.7.5	Braunschweig	Stadthalle
2001.7.7	Schwäbisch Gmünd	Universitätspark
2001.7.8	Montreux	Stravinsky Hall
2001.7.10	Brescia	Piazza del Duomo
2001.7.12	Liverpool	King's Dock
2001.7.13	Stirling	Stirling Castle
2001.7.15	Kilkenny	Nowlan Park
2001.7.17	Loerrach	Rötteln Castle
2001.7.18	Bad Reichenhall	Alte Saline
2001.7.20	La Spezia	Stadio Alberto Picco
2001.7.22	Pescara	Teatro D'Annunzio
2001.7.24	Anzio	Stadio Comunale
2001.7.25	Perugia	Parco Arena D. San Giuliana
2001.7.26	Naples	Arena Flegrea
2001.7.28	Taormina	Teatro Greco

Never Ending Tour 2001 (North America : Second Leg)

2001.8.10	Des Moines	Iowa State Fair Grandstand
2001.8.11	Sedalia	Missouri State Fairgrounds
2001.8.12	Springfield	Illinois State Fairgrounds
2001.8.14	Little Rock	Riverfest Amphitheater
2001.8.15	Oklahoma City	Zoo Amphitheater
2001.8.16	Wichita	Century II Convention Hall
2001.8.18	Pueblo	Colorado State Fair Events Center
2001.8.19	Vail	Gerald Ford Amphitheater
2001.8.20, 21	Telluride	Town Park
2001.8.23	Sun City West	Sundome for the Performing Arts
2001.8.24	Paradise	The Joint
2001.8.25	Lancaster	Apollo Park

Never Ending Tour 2001 (North America : Third Leg)

2001.10.5	Spokane	Veterans Memorial Arena
2001.10.6	Seattle	KeyArena
2001.10.7	Corvallis	Gill Coliseum
2001.10.9	Medford	Compton Arena
2001.10.10	Sacramento	Sacramento Convention Center Complex
2001.10.12	San Jose	HP Pavilion at San Jose
2001.10.13	San Francisco	Bill Graham Civic Auditorium
2001.10.14	Santa Barbara	UC Santa Barbara Events Center
2001.10.17	San Diego	RIMAC Arena
2001.10.19	Los Angeles	Staples Center
2001.10.21	Denver	Denver Coliseum
2001.10.23	Sioux City	Orpheum Theatre
2001.10.24	La Crosse	La Crosse Center
2001.10.25	Saint Paul	Xcel Energy Center
2001.10.27	Chicago	United Center
2001.10.28	Milwaukee	U.S. Cellular Arena
2001.10.30	Ashwaubenon	Brown County Veterans Memorial Arena
2001.10.31	Madison	Kohl Center
2001.11.2	Terre Haute	Hulman Center
2001.11.3	Nashville	Municipal Auditorium
2001.11.4	Cincinnati	Cintas Center
2001.11.6	Grand Rapids	Van Andel Arena
2001.11.8	Toronto	Air Canada Centre
2001.11.9	Detroit	Cobo Arena
2001.11.10	Columbus	Nationwide Arena
2001.11.11	University Park	Bryce Jordan Center
2001.11.13	Syracuse	Onondaga County War Memorial
2001.11.14	Morgantown	WVU Coliseum
2001.11.15	Washington, D.C.	MCI Center
2001.11.17	Philadelphia	Wachovia Spectrum
2001.11.19	New York City	Madison Square Garden
2001.11.20	Uncasville	Mohegan Sun Arena
2001.11.21	Manchester	Verizon Wireless Arena
2001.11.23	Portland	Cumberland County Civic Center
2001.11.24	Boston	TD Garden

Never Ending Tour 2002 (North America : First Leg)

2002.1.31	Orlando	TD Waterhouse Centre
2002.2.1	Sunrise	National Car Rental Center
2002.2.2	Tampa	St. Pete Times Forum
2002.2.5	Jacksonville	Jacksonville Memorial Coliseum
2002.2.6	North Charleston	North Charleston Coliseum
2002.2.8	Winston-Salem	Lawrence Joel Veterans Memorial Coliseum
2002.2.9	Atlanta	Philips Arena
2002.2.10	Charlotte	Cricket Arena
2002.2.11	Charleston	Charleston Civic Center
2002.2.13	Greenville	BI-LO Center
2002.2.15	Augusta	James Brown Arena
2002.2.16	Birmingham	Birmingham–Jefferson Convention Complex
2002.2.17	New Orleans	Lakefront Arena
2002.2.18	Tupelo	BancorpSouth Center
2002.2.20	Houston	Reliant Astrodome
2002.2.22	Dallas	Reunion Arena
2002.2.23	Bossier City	CenturyTel Center
2002.2.24	Austin	Frank Erwin Center

Never Ending Tour 2002 (Europe)

2002.4.5	Stockholm	Globe Arena
2002.4.7	Oslo	Oslo Spektrum
2002.4.8	Copenhagen	Forum Copenhagen
2002.4.9	Hamburg	Alsterdorfer Sporthalle
2002.4.11	Berlin	Treptow Arena
2002.4.12	Leipzig	Gewandhaus

1995.7.16	Bilbao	Plaza de Toros de Vista Alegre
1995.7.19	Madrid	Campo Municipal Deportes
1995.7.20	Cartagena	Puerto Deportivo de Cartagena
1995.7.21	Valencia	Luis Puig Palace
1995.7.24	Barcelona	Poble Espanyol
1995.7.25	Zaragoza	Pabellón Principe Felipe
1995.7.27	Montpellier	Espace Grammont
1995.7.28	Vienne	Théatre Romain Antique
1995.7.30	Nyon	L'Asse

Never Ending Tour 1995 (North America)

1995.9.27	North Fort Myers	Lee County Civic Center
1995.9.28, 29	Sunrise	Sunrise Musical Theater
1995.9.30	Tampa	USF Sun Dome
1995.10.2	Fort Pierce	St. Lucie County Civic Center
1995.10.5	Orlando	UCF Arena
1995.10.6	Jacksonville	Riverview Music Shed
1995.10.7	Charleston	King Street Palace
1995.10.9	Savannah	Johnny Mercer Theater
1995.10.10	Augusta	Bell Auditorium
1995.10.11	Atlanta	Fox Theatre
1995.10.12	Dothan	Dothan Civic Center
1995.10.14	Biloxi	Mississippi Coast Coliseum
1995.10.15	Thibodaux	Warren J. Harang Jr. Municipal Auditorium
1995.10.16	New Orleans	McAlister Auditorium
1995.10.18	Birmingham	Alabama Theatre
1995.10.19	Memphis	Mud Island Amphitheatre
1995.10.24	Minneapolis	Target Center
1995.10.25	Rockford	Coronado Theatre
1995.10.26	Bloomington	Indiana University Auditorium
1995.10.27	St. Louis	American Theater
1995.10.29	Springfield	Juanita K. Hammons Hall
1995.10.30	Little Rock	Robinson Auditorium
1995.11.1	Houston	Houston Music Hall
1995.11.3	San Antonio	Majestic Theatre
1995.11.4, 5	Austin	Austin Music Hall
1995.11.7	Dallas	Dallas Music Complex
1995.11.9	Phoenix	Phoenix Symphony Hall
1995.11.10, 11	Las Vegas	The Joint
1995.12.7	Danbury	O'Neill Center
1995.12.8	Worcester	Worcester Memorial Auditorium
1995.12.9, 10	Boston	The Orpheum
1995.12.11	New York City	Beacon Theatre
1995.12.13	Bethlehem	Stabler Arena
1995.12.14	New York City	Beacon Theatre
1995.12.15~17	Philadelphia	Electric Factory

Never Ending Tour 1996 (North America)

1996.4.13	Madison	Simon Forum and Athletic Center
1996.4.14	New Haven	Palace Performing Arts Center
1996.4.16	Springfield	Symphony Hall
1996.4.17	Burlington	Patrick Gym
1996.4.18	Providence	The Strand
1996.4.19~21	Portland	State Theatre
1996.4.22, 23	Orono	Hutchins Concert Hall
1996.4.26	Montreal	Verdun Auditorium
1996.4.27, 28	Toronto	The Concert Hall
1996.4.30	Syracuse	Landmark Theater
1996.5.1	Poughkeepsie	Mid-Hudson Civic Center
1996.5.3	Lewisburg	University Fieldhouse
1996.5.4	Richmond	Richmond International Raceway
1996.5.7	Louisville	The Louisville Palace
1996.5.8	Columbus	Palace Theatre
1996.5.10	Erie	Erie Civic Center
1996.5.11	Buffalo	Houston Gym
1996.5.12	London	Alumni Hall
1996.5.14	Ann Arbor	Michigan Theater
1996.5.16	Clarkston	Pine Knob Music Theatre
1996.5.17	Cleveland	Nautica Stage
1996.5.18	Burgettstown	Coca-Cola Star Lake Amphitheater

Never Ending Tour 1996 (Europe)

1996.6.15	Aarhus	Tangkrogen
1996.6.17	Berlin	Tempodrom
1996.6.19	Frankfurt	Alte Oper
1996.6.20, 21	Utrecht	Muziekcentrum Vredenburg
1996.6.22	Brussels	Forest National
1996.6.24	Kirchberg	d'Coque
1996.6.26, 27	Liverpool	Liverpool Empire Theatre
1996.6.29	London	Hyde Park
1996.7.1	Münster	Halle Münsterland
1996.7.2	Mannheim	Mannheimer Rosengarten
1996.7.3	Konstanz	Bodenseestadion
1996.7.5	Ferrara	Piazza del Municipio
1996.7.7	Pistoia	Piazza del Duomo
1996.7.8	Codroipo	Villa Manin
1996.7.9	Salzburg	Sporthalle Alpenstrasse
1996.7.10	Tambach	Schloss Tambach
1996.7.12	Magdeburg	Stadthalle Magdeburg
1996.7.13	Hamburg	Trabrennbahn Bahrenfeld
1996.7.14	Cottbus	Stadthalle Cottbus
1996.7.16	Bydgoszcz	Zdzisław Krzyszkowiak Stadium
1996.7.18	Oslo	Oslo Spektrum
1996.7.19	Molde	Romsdalsmuseet
1996.7.21	Pori	Kirjurinluoto Arena
1996.7.23, 24	Copenhagen	Den Grå Hal
1996.7.25	Malmö	Slottsmollan
1996.7.27	Stockholm	Lida Friluftsgård

Never Ending Tour 1996 (North Americs)

1996.8.3, 4	Atlanta	House of Blues
1996.10.17	San Luis Obispo	California Polytechnic State University Rec Center
1996.10.19	Primm	Star of the Desert Arena
1996.10.20	Mesa	Mesa Amphitheatre
1996.10.21	Tucson	Tucson Centennial Hall
1996.10.23	Albuquerque	Kiva Auditorium
1996.10.25	Dallas	Bronco Bowl
1996.10.26, 27	Austin	Austin Music Hall
1996.10.29	Oklahoma City	Civic Center Music Hall
1996.10.30	Shreveport	Shreveport Municipal Memorial Auditorium
1996.11.1	Tupelo	Tupelo Coliseum
1996.11.2	Birmingham	Alabama Theatre
1996.11.3	Chattanooga	Soldiers and Sailors Memorial Auditorium
1996.11.4	Spartanburg	Spartanburg Memorial Auditorium
1996.11.6	Charleston	Charleston Municipal Auditorium
1996.11.7	Dayton	Dayton Memorial Hall
1996.11.9	Milwaukee	Eagles Ballroom
1996.11.10	Mankato	Civic Center Arena
1996.11.12	Dubuque	Five Flags Center
1996.11.13	Madison	Memorial Coliseum
1996.11.15	Ames	Stephens Auditorium
1996.11.16	Davenport	Adler Theater
1996.11.17	Bloomington	Indiana University Auditorium
1996.11.19	Kalamazoo	Wings Stadium
1996.11.20	East Lansing	MSU Auditorium
1996.11.21	Ann Arbor	Hill Auditorium
1996.11.22	South Bend	Morris Performing Arts Center
1996.11.23	Akron	E. J. Thomas Hall

Never Ending Tour 1997 (Asia)

1997.2.9~11	Tokyo	Tokyo International Forum
1997.2.13	Kurashiki	Kurashiki Shimin Hakata
1997.2.14	Fukuoka	Fukuoka Sunpalace
1997.2.16	Nagoya	Nagoya Congress Center
1997.2.17, 18	Osaka	Festival Hall
1997.2.20	Sendai	Sendai Sun Plaza
1997.2.22	Akita	Akita Prefectural Hall
1997.2.24	Sapporo	Kōsei Nenkin Kaikan

Never Ending Tour 1997 (North America)

1997.3.31, 4.1	St. John's	St. Johns Memorial Stadium
1997.4.5	Moncton	Moncton Coliseum
1997.4.6	Halifax	Halifax Metro Centre
1997.4.7	Fredericton	Aitken Centre
1997.4.8	Saint John	Harbour Station
1997.4.9	Bangor	Bangor Auditorium
1997.4.10	Portland	Sullivan Gym
1997.4.11	Durham	Whittemore Center
1997.4.12	Waltham	Charles A. Dana Center
1997.4.13	Wayne	Recreation Center
1997.4.15	Northampton	John M. Greene Hall
1997.4.17	Providence	Meehan Auditorium
1997.4.18	Guilderland	Recreation and Convocation Center
1997.4.19	West Hartford	Sports Center, University of Hartford
1997.4.20	West Long Branch	William T. Boylan Gymnasium
1997.4.22	Indiana	Fisher Auditorium
1997.4.24	Utica	Stanley Performing Arts Center
1997.4.25	St. Bonaventure	Reilly Center
1997.4.27	Boalsburg	Tussey Mountain Amphitheatre
1997.4.28	Wheeling	Capitol Music Hall
1997.4.29	Muncie	Emens Auditorium
1997.5.1	Evansville	Vanderburgh Auditorium
1997.5.2	Memphis	Tom Lee Park
1997.5.3	Huntsville	Von Braun Center
1997.8.3	Lincoln	Loon Mountain
1997.8.4	Lenox	Music Shed
1997.8.5	Montreal	Du Maurier Stadium
1997.8.7	Toronto	Molson Amphitheatre
1997.8.8	Corfu	Darien Lake Performing Arts Center
1997.8.9	Burgettstown	Coca-Cola Star Lake Amphitheatre
1997.8.10	Clarkston	Pine Knob Music Theatre
1997.8.12	Scranton	Montage Performing Arts Center
1997.8.13	Hershey	Star Pavilion
1997.8.15	Holmdel Township	PNC Bank Arts Center
1997.8.16	Mansfield	Mansfield Center for the Performing Arts
1997.8.17	Wantagh	Jones Beach Amphitheater
1997.8.18	Wallingford	Oakdale Theatre
1997.8.20	Philadelphia	Mann Center for the Performing Arts
1997.8.22	Virginia Beach	GTE Amphitheater
1997.8.23, 24	Vienna	Wolf Trap Park for the Performing Arts
1997.8.26	Cuyahoga Falls	Blossom Music Center
1997.8.27	Noblesville	Deer Creek Music Center
1997.8.28	Tinley Park	World Amphitheater
1997.8.29	Saint Paul	Midway Stadium
1997.8.31	Kansas City	Liberty Park

Never Ending Tour 1997 (Europe)

1997.10.1, 2	Bournemouth	Bournemouth International Centre
1997.10.3	Cardiff	Cardiff International Arena
1997.10.5	London	Wembley Arena

Never Ending Tour 1997 (North America)

1997.10.24	Starkville	Humphrey Coliseum
1997.10.25	Jackson	Thalía Mara Hall
1997.10.26	Mobile	Mobile Civic Center
1997.10.28, 29	Athens	Classic Center
1997.10.30	Columbus	Columbus Civic Center
1997.10.31	Tuscaloosa	Coleman Coliseum
1997.11.1	Asheville	Thomas Wolfe Auditorium
1997.11.2	Columbia	Township Auditorium
1997.11.4	Knoxville	James White Civic Coliseum
1997.11.5	Huntington	Huntington Civic Center
1997.11.7	Columbus	Columbus Veterans Memorial Auditorium
1997.11.8	Dayton	Hara Arena
1997.11.9	Bloomington	Indiana University Auditorium
1997.11.11	Lisle	Rice Athletic Center
1997.11.12	Milwaukee	Eagles Ballroom
1997.12.1, 2	Atlanta	Roxy Theatre
1997.12.4, 5	Washington, D.C.	9:30 Club
1997.12.8	New York City	Irving Plaza
1997.12.9	Boston	Avalon Ballroom
1997.12.10, 11	Philadelphia	Trocadero Theatre
1997.12.13, 14	Chicago	Metro Chicago
1997.12.16~20	Los Angeles	El Rey Theatre

Never Ending Tour 1998 (North America)

1998.1.13, 14	New London	Garde Arts Center
1998.1.16~21	New York City	Madison Square Garden Theater
1998.1.23, 24	Boston	Fleet Center
1998.1.27	Poughkeepsie	Mid-Hudson Civic Center
1998.1.28	Syracuse	Landmark Theatre
1998.1.30	Brookville	Tilles Center for the Performing Arts
1998.1.31	Atlantic City	Etess Arena
1998.2.1	Newark	Prudential Hall
1998.2.2	Springfield	Symphony Hall
1998.2.14	Cleveland	Public Auditorium
1998.2.15	Toledo	John F. Savage Hall
1998.2.17	St. Louis	Fox Theatre
1998.2.19	Cincinnati	Cincinnati Gardens
1998.2.20	Bristol	Viking Hall
1998.2.22	Fairfax	Patriot Center
1998.2.30, 31	Miami Beach	Cameo Theater

Never Ending Tour 1998 (South America)

1998.4.4, 5	Buenos Aires	River Plate Stadium
1998.4.7	Porto Alegre	Bar Opinião
1998.4.11	Rio de Janeiro	Praça da Apoteose
1998.4.13	São Paulo	Ibirapuera Sporting Complex
1998.4.15	Santiago	Teatro Monumental

Never Ending Tour 1998 (North America)

1998.5.14	Vancouver	General Motors Arena
1998.5.16, 17	George	The Gorge Amphitheatre
1998.5.19	San Jose	San Jose Arena
1998.5.21, 22	Los Angeles	Pauley Pavilion
1998.5.23	Anaheim	Arrowhead Pond Arena

Never Ending Tour 1998 (Europe)

1998.5.30	Nürburg	Nürburgring
1998.5.31	Nuremberg	Frankenstadion
1998.6.2	Leipzig	Messehalle Leipzig
1998.6.3	Berlin	Waldbühne
1998.6.4	Rostock	Stadthalle Rostock
1998.6.6	Malmö	Sibbarps Strand
1998.6.7	Oslo	Frognerbadet
1998.6.9	Stockholm	Globe Arena
1998.6.10	Gothenburg	Scandinavium
1998.6.11	Copenhagen	Forum Copenhagen
1998.6.12	Hamburg	Hamburg Stadtpark
1998.6.14	Bremen	Stadthalle
1998.6.15	Rotterdam	Rotterdam Ahoy
1998.6.16	Essen	Grugahalle
1998.6.17	Brussels	Forest National
1998.6.19	Belfast	Belfast Botanic Gardens
1998.6.20	Newcastle	Telewest Arena
1998.6.21	Glasgow	Scottish Exhibition and Conference Centre
1998.6.23	Sheffield	Sheffield Arena
1998.6.24	Birmingham	NEC LG Arena
1998.6.25	Manchester	NYNEX Arena
1998.6.26	Roskilde	Roskilde Dyrskueplads
1998.6.27	London	Wembley Arena
1998.6.28	Pilton	Worthy Farm
1998.6.30	Paris	Zénith de Paris
1998.7.1	Dijon	Palais des Sports de Dijon
1998.7.3	Montreux	Stravinsky Hall
1998.7.4	Villafranca	Castello Scaligero
1998.7.5	Rome	Piazza di Spagna
1998.7.6	Lucca	Piazza Napoleone
1998.7.9	Turin	Collegno Torino
1998.7.11	Escalante	La Guingueta d'Àneu
1998.7.12	Frauenfeld	Openair Frauenfeld

Never Ending Tour 1998 (Oceania)

1998.8.19~22	Melbourne	Mercury Lounge
1998.8.21, 22	Melbourne	Rod Laver Arena
1998.8.24	Adelaide	Adelaide Entertainment Centre
1998.8.26	Perth	Burswood Dome
1998.8.28	Darwin	Darwin Amphitheatre
1998.8.30	Townsville	Townsville Entertainment Centre
1998.9.1	Brisbane	Brisbane Entertainment Centre
1998.9.3, 4	Sydney	Sydney Entertainment Centre
1998.9.5	Wollongong	WIN Entertainment Centre
1998.9.7, 8	Auckland	North Shore Events Centre
1998.9.10	Wellington	Queens Wharf Events Centre
1998.9.12	Christchurch	Christchurch Entertainment Centre

Never Ending Tour 1999 (North America)

1999.1.26	Estero	Everblades Arena
1999.1.28	Sunrise	National Car Rental Center
1999.1.29	Daytona Beach	Ocean Center
1999.1.30	Tampa	Ice Palace
1999.2.1	Tallahassee	Tallahassee-Leon County Civic Center
1999.2.2	Pensacola	Pensacola Civic Center
1999.2.3	New Orleans	Lakefront Arena
1999.2.5	Memphis	New Daisy Theater
1999.2.6	Nashville	Nashville Municipal Auditorium
1999.2.7	Birmingham	Boutwell Memorial Auditorium
1999.2.9	Dayton	Nutter Center
1999.2.10	Columbus	Value City Arena
1999.2.12	Carbondale	SIU Arena
1999.2.13	Normal	Redbird Arena
1999.2.14	Notre Dame	Edmund P. Joyce Center
1999.2.15	Grand Rapids	Van Andel Arena
1999.2.17	Cleveland	CSU Convocation Center
1999.2.18	Bethlehem	Stabler Arena
1999.2.19	Binghamton	Broome County Veterans Memorial Arena
1999.2.20	Lake Placid	Lake Placid Olympic Sports Complex
1999.2.22	Troy	Houston Field House
1999.2.23	Buffalo	Marine Midland Arena
1999.2.24	Amherst	Mullins Center
1999.2.25	Portland	Cumberland County Civic Center
1999.2.27	Atlantic City	Copa Room
1999.3.2	Paradise	House of Blues

Never Ending Tour 1999 (Europe)

1999.4.7	Lisbon	Pavilhão Atlântico
1999.4.8	Oporto	Coliseu do Porto
1999.4.9	Compostela	Pavillón Multiusos Fontes do Sar
1999.4.10	Gijón	Teatro Jovellanos
1999.4.11	San Sebastián	Velódromo de Anoeta
1999.4.13	Santander	Sala Ataulfo Argenta
1999.4.14	Madrid	Palacio de Deportes de la Comunidad
1999.4.15	Valencia	Luis Puig Palace
1999.4.17	Málaga	Plaza de toros de La Malagueta
1999.4.18	Granada	Palacio Municipal de Deportes de Granada
1999.4.19	Murcia	Auditorio y Victor Villegas
1999.4.21	Zaragoza	Principe Felipe Arena
1999.4.22	Barcelona	Palau dels Esports de Barcelona

1991.7.16	Pittsburgh	IC Light Amphitheater
1991.7.17	Cleveland	Nautica Pavilion
1991.7.19, 20	Vienna	Filene Center
1991.7.21	Doswell	Kings Dominion
1991.7.24	Groton	Thames River Pavilion
1991.7.26	Vaughan	Kingswood Music Theatre
1991.7.27	Corfu	Lakeside Amphitheater

Never Ending Tour 1991 (South America)

1991.8.8~10	Buenos Aires	Estadio Obras Sanitarias
1991.8.12	Montevideo	Cilindro Municipal
1991.8.14	Porto Alegre	Gigantinho
1991.8.16, 17	São Paulo	Theatro Municipal
1991.8.20	Belo Horizonte	Mineirinho
1991.8.21	Rio de Janeiro	Imperator

Never Ending Tour 1991 (North America)

1991.10.24	Corpus Christi	Bayfront Auditorium
1991.10.25	Austin	Austin City Coliseum
1991.10.26	San Antonio	Sunken Garden Amphitheater
1991.10.27	Lubbock	Lubbock Memorial Civic Center
1991.10.30	Tulsa	Brady Theater
1991.10.31	Wichita	Wichita Civic Center
1991.11.1	Kansas City	Midland Theatre
1991.11.2	Ames	Stevens Auditorium
1991.11.4	Evanston	Welsh-Ryan Arena
1991.11.5	Madison	Dane County Coliseum
1991.11.6	South Bend	Morris Performing Arts Center
1991.11.8	Louisville	Whitney Hall
1991.11.9	Dayton	Memorial Hall
1991.11.10	Indianapolis	Murat Temple
1991.11.12	Detroit	Fox Theatre
1991.11.13	Akron	E. J. Thomas Hall
1991.11.15	Easton	F.M. Kirby Center
1991.11.16	New Haven	Woolsey Hall
1991.11.18	Utica	Stanley Theater
1991.11.19	Erie	Warner Theatre
1991.11.20	Charlottesville	Virginia University Hall

Never Ending Tour 1992 (Oceania)

1992.3.18	Perth	Perth Entertainment Centre
1992.3.21	Adelaide	Adelaide Entertainment Centre
1992.3.23~25	Sydney	The State Theatre
1992.3.28	Brisbane	Brisbane Entertainment Centre
1992.3.29	Canberra	Royal Theatre
1992.4.1~7	Melbourne	Palais Theatre
1992.4.10	Launceston	Silverdome
1992.4.11	Hobart	Derwent Entertainment Centre
1992.4.13~16	Sydney	The State Theatre
1992.4.18	Auckland	Mount Smart Supertop

Never Ending Tour 1992 (The One Sad Cry of Pity Tour II)

1992.4.22	Maui	Wailea Tennis Club
1992.4.24	Honolulu	Waikiki Shell
1992.4.27, 28	Seattle	Paramount Theatre
1992.4.30	Eugene	Silva Concert Hall
1992.5.1	Red Bluff	Davis Pavilion
1992.5.2	Santa Rosa	Grace Pavilion
1992.5.4, 5	San Francisco	The Warfield Theatre
1992.5.7, 8	Berkeley	Berkeley Community Theatre
1992.5.9	San Jose	Event Center Arena
1992.5.11	Santa Barbara	Arlington Theater
1992.5.13~21	Los Angeles	Pantages Theatre
1992.5.23	Las Vegas	Bally's Goldwin Events Center

Never Ending Tour 1992 (Why Do You Look at Me So Strangely? Tour)

1992.6.26	Luleå	Sjöslaget Lulea
1992.6.28	Gothenburg	Trädgårdsföreningen
1992.6.30	Dunkirk	Côte d'Opale
1992.7.1	Reims	Reims Exhibition Centre
1992.7.2	Belfort	Lac de Malsaucy
1992.7.4	Genoa	Porta Siberia
1992.7.5	Correggio	Festa Communale Unita
1992.7.7	Merano	Ippodromo di Maia
1992.7.8	Aosta	Arena della Croix-Noire
1992.7.10	Leysin	Centre Sportif de la Patinoire
1992.7.12	Juan-les-Pins	La Pinède Gould

Never Ending Tour 1992 (Southern Sympathiser Tour)

1992.8.17~18	Toronto	Massey Hall
1992.8.20	Conneaut Lake	Conneaut Lake Park
1992.8.21	Hamilton	Copps Coliseum
1992.8.22	Ottawa	Landsdowne Park
1992.8.23	Sudbury	Sudbury Community Arena
1992.8.25	Sault Ste. Marie	Sault Memorial Gardens
1992.8.27	Thunder Bay	Fort William Gardens
1992.8.29~9.3	Minneapolis	Orpheum Theatre
1992.9.5	Omaha	Orpheum Theatre
1992.9.6	Kansas City	Liberty Memorial Park
1992.9.8	Little Rock	Municipal Auditorium
1992.9.9	Jackson	Thalia Mara Hall
1992.9.11	Birmingham	Red Mountain Amphitheater
1992.9.12	Pensacola	Bayfront Auditorium
1992.9.13	Lafayette	Heymann Performing Arts Center

Never Ending Tour 1992 (Outburst of Consciousness Tour)

1992.10.9	Pittsburgh	Palumbo Center
1992.10.10	Lock Haven	Thomas Fieldhouse
1992.10.11	Rochester	Eastman Theatre
1992.10.12	Binghamton	Broome County Forum Theatre
1992.10.23	Newark	Bob Carpenter Center
1992.10.24	Storrs	Harry A. Gampel Pavilion
1992.10.25	Providence	Providence Performing Arts Center
1992.10.27	Burlington	Burlington Memorial Auditorium
1992.10.28	Springfield	Paramount Theater
1992.10.30	Beverly	Endicott College
1992.11.1	Wilkes-Barre	F.M. Kirby Center
1992.11.2	Youngstown	Stambaugh Auditorium
1992.11.3	Cincinnati	Cincinnati Music Hall
1992.11.6	Gainesville	Stephen C. O'Connell Center
1992.11.8	Coral Gables	Whitten University Center
1992.11.9	Sarasota	Van Wezel Performing Arts Hall
1992.11.11	Clearwater	Ruth Eckerd Hall
1992.11.12	Orlando	UCF Arena
1992.11.13	Sunrise	Sunrise Musical Theater
1992.11.14	West Palm Beach	South Florida Fairgrounds

Never Ending Tour 1993 (Europe)

1993.2.5	Dublin	Point Theatre
1993.2.7~13	London	Labatt's Apollo
1993.2.15, 16	Utrecht	Muziekcentrum Vredenburg
1993.2.17	Eindhoven	Muziekgebouw Frits Philips
1993.2.18	Hanover	Music Hall
1993.2.20	Wiesbaden	Rhein-Main-Hallen
1993.2.21	Pétange	Centre Sportif
1993.2.23	Paris	Zénith de Paris
1993.2.25	Belfast	Maysfield Leisure Centre

Never Ending Tour 1993 (North America)

1993.4.12	Louisville	Robert S. Whitney Hall
1993.4.13, 14	Nashville	Andrew Jackson Hall
1993.4.16	Radford	Dedmon Center
1993.4.17	Knoxville	Knoxville Civic Coliseum
1993.4.18	Asheville	Thomas Wolfe Auditorium
1993.4.19	Huntsville	Huntsville Convention Center
1993.4.21	Monroe	Monroe Civic Center Theater
1993.4.23	New Orleans	Fair Grounds Race Course

Never Ending Tour 1993 (Europe/Middle East)

1993.6.12	London	Finsbury Park
1993.6.17	Tel Aviv	Fredric R. Mann Auditorium
1993.6.19	Beersheba	Amphitheatre Dimoi
1993.6.20	Haifa	Port of Haifa
1993.6.22, 23	Athens	Theatron Lykavitou
1993.6.25	Naples	Teatro di San Carlo
1993.6.26	Pisa	Campo Sportivo Bellaria
1993.6.27	Milan	Palatrussardi
1993.6.29	Marseille	Palais des Sports de Marseille
1993.6.30	Toulouse	Palais des sports André-Brouat
1993.7.1	Barcelona	Poble Espanyol
1993.7.2	Vitoria-Gasteiz	El Pabellón Araba de Vitoria
1993.7.4	Waterford	Tramore Racecourse
1993.7.6	Huesca	Spain
1993.7.8	Gijón	Plaza de Toros de El Bibio
1993.7.9	A Coruña	Estadio Riazor
1993.7.10	Porto	Coliseu do Porto
1993.7.12	Mérida	Teatro Romano de Mérida
1993.7.13	Cascais	Pavilhão Guilherme Pinto Basto
1993.7.17	Bern	Gurten

Never Ending Tour 1993 (North America) with Santana

1993.8.20	Portland	Portland Memorial Coliseum
1993.8.22	Seattle	Seattle Memorial Stadium
1993.8.25	Vancouver	Pacific Coliseum
1993.8.27	Greenwood Village	Fiddler's Green Amphitheatre
1993.8.28	Falcon Heights	Minnesota State Fairgrounds
1993.8.29	Milwaukee	Marcus Amphitheater
1993.8.31	Tinley Park	World Music Theatre
1993.9.2	Clarkston	Pine Knob Music Theatre
1993.9.4	Toronto	Exhibition Stadium
1993.9.5	Syracuse	New York State Fairgrounds
1993.9.8	Saratoga Springs	Saratoga Performing Arts Center
1993.9.9	Scranton	Montage Mountain Amphitheater
1993.9.10	Vienna	Filene Center
1993.9.11	Wantagh	Jones Beach Marine Theater
1993.9.12	Mansfield	Great Woods Center
1993.9.14	Holmdel Township	Garden State Arts Center
1993.9.17	Charlotte	Blockbuster Pavilion
1993.9.18	Atlanta	Chastain Park Amphitheater
1993.9.19	Raleigh	Walnut Creek Amphitheatre
1993.9.21	Tampa	USF Sun Dome
1993.9.22	Miami	James L. Knight Center
1993.9.23	West Palm Beach	West Palm Beach Auditorium
1993.10.1	Costa Mesa	Pacific Amphitheatre
1993.10.2	Los Angeles	Hollywood Bowl
1993.10.3	San Diego	San Diego Sports Arena
1993.10.5	San Bernardino	Blockbuster Pavilion
1993.10.7	Concord	Concord Pavilion
1993.10.8	Sacramento	Cal Expo Amphitheatre
1993.10.9	Mountain View	Shoreline Amphitheatre

Never Ending Tour 1994 (Asia)

1994.2.5	Sendai	Sendai Sun Plaza
1994.2.7	Yokohama	Yokohama Cultural Gymnasium
1994.2.8, 9	Tokyo	Nippon Budokan
1994.2.11	Nagoya	Century Hall
1994.2.12	Osaka	Osaka-jō Hall
1994.2.14, 15	Kokura	Kyushu Koseinenkin Kaikan
1994.2.16	Hiroshima	Hiroshima Prefectural Sports Center
1994.2.18	Urawa	Urawa-Shi Bunka Center
1994.2.20	Tokyo	NHK Hall
1994.2.22	Kuala Lumpur	Merdeka Hall
1994.2.24	Singapore	Singapore Indoor Stadium
1994.2.25	Hong Kong	Hong Kong Coliseum

Never Ending Tour 1994 (North America)

1994.4.5	Springfield	Sangamon Auditorium
1994.4.6	Davenport	Adler Theater
1994.4.7	Ames	C.Y. Stephens Auditorium
1994.4.9	Lawrence	Lied Center of Kansas
1994.4.10	St. Louis	Fox Theatre
1994.4.12	Rockford	Coronado Theatre
1994.4.13	Peoria	Peoria Civic Center Theater
1994.4.15	Ashwaubenon	Brown County Veterans Memorial Arena
1994.4.16	Valparaiso	Athletics–Recreation Center
1994.4.17, 18	Chicago	Riviera Theatre
1994.4.20	Champaign	Assembly Hall
1994.4.22	Fort Wayne	Allen County War Memorial Coliseum
1994.4.23	Milwaukee	Riverside Theater
1994.4.24	Rochester	Mayo Civic Center
1994.4.26	Sioux City	Sioux City Municipal Auditorium
1994.4.27	Lincoln	Lied Center for Performing Arts
1994.4.28	Topeka	Topeka Performing Arts Center
1994.4.30	Springfield	Hammons Hall for the Performing Arts
1994.5.1	Columbia	Jesse Auditorium
1994.5.3	Evansville	Roberts Municipal Stadium
1994.5.5	Bristol	Viking Hall
1994.5.6	Spartanburg	Spartanburg Memorial Auditorium
1994.5.7	Chattanooga	Soldiers and Sailors Memorial Auditorium
1994.5.8	Memphis	Tom Lee Park

Never Ending Tour 1994 (Europe)

1994.7.3	Paris	Parc Departemental du Bourget
1994.7.4	Besançon	Palais Des Sports de Besançon
1994.7.5	Lyon	Ancient Theatre of Fourvière
1994.7.7	Sanremo	Stadio Comunale di Sanremo
1994.7.8	Milan	Parco Acquatico Milano
1994.7.9	Balingen	Messegelände Balingen
1994.7.10	Cologne	Tanzbrunnen
1994.7.12	Montreux	Stravinsky Hall
1994.7.14	Graz	Schwarzl Freizeit Zentrum
1994.7.15	Vienna	Hohe Warte
1994.7.16	Prague	Sportovni Hala
1994.7.17	Kraków	Stadion Miejski Cracovii
1994.7.19	Warsaw	Congress Hall
1994.7.21	Dresden	Großer Garten
1994.7.23	Halle	Freilichtbühne Peißnitz
1994.7.24	Gotha	Friedenstein Palace
1994.7.25	Kiel	Ostseehalle

Never Ending Tour 1994 (North America)

1994.8.10	Portland	State Theatre
1994.8.11	Patterson	Big Birch Concert Pavilion
1994.8.12	Stratton	Mountain Ski Resort
1994.8.14	Saugerties	Saugerties Field
1994.8.16	Lewiston	Earl W. Brydges Artpark State Park
1994.8.17	Hershey	Hersheypark Stadium
1994.8.19	Pittsburgh	Station Square
1994.8.20	Cleveland	Nautica Stage
1994.8.21	Columbus	Celeste Center
1994.8.23	Louisville	Palace Theatre
1994.8.24	South Bend	Morris Performing Arts Center
1994.8.26	Merrillville	Star Plaza Theatre
1994.8.27, 28	Kalamazoo	State Theatre
1994.8.29	Detroit	Michigan State Fairgrounds Coliseum
1994.10.1	Ithaca	Ben Light Gymnasium
1994.10.2	Amherst	LeFrak Gymnasium
1994.10.4, 5	Portland	State Theatre
1994.10.7~9	Boston	The Orpheum
1994.10.11	Burlington	Flynn Center for the Performing Arts
1994.10.12	Providence	Providence Performing Arts Center
1994.10.14	Albany	Palace Theatre
1994.10.15	West Point	Eisenhower Hall Theatre
1994.10.16	New Haven	Palace Theatre
1994.10.18~20	New York City	Roseland Ballroom
1994.10.22	Rochester	Auditorium Theatre
1994.10.23	Syracuse	Landmark Theatre
1994.10.25	Wilkes-Barre	F.M. Kirby Center
1994.10.26	Salisbury	Wicomico Youth and Civic Center
1994.10.27, 28	Upper Darby	The Tower Theater
1994.10.30, 31	Washington, D.C.	Warner Theatre
1994.11.1	Norfolk	Chrysler Hall
1994.11.2	Roanoke	Roanoke Civic Center Auditorium
1994.11.4	Gainesville	Georgia Mountains Center
1994.11.5	Knoxville	Tennessee Theatre
1994.11.6	Asheville	Thomas Wolfe Auditorium
1994.11.8, 9	Nashville	Ryman Auditorium
1994.11.10	Jackson	Oman Arena
1994.11.12, 13	New Orleans	House of Blues

Never Ending Tour 1995 (Europe)

1995.3.11~13	Prague	Prague Congress Centre
1995.3.14	Fürth	Stadthalle Fürth
1995.3.15	Aschaffenburg	Unterfrankenhalle
1995.3.16	Bielefeld	Stadthalle Bielefeld
1995.3.18	Groningen	Martinihal Groningen
1995.3.19	Kerkrade	Rodahal
1995.3.20	Utrecht	Muziekcentrum Vredenburg
1995.3.22	Lille	Zénith de Lille
1995.3.23	Brussels	Forest National
1995.3.24	Paris	Zénith de Paris
1995.3.26	Brighton	Brighton Centre
1995.3.27	Cardiff	Cardiff International Arena
1995.3.29~31	London	Brixton Academy
1995.4.2	Birmingham	Aston Villa Leisure Centre
1995.4.3~5	Manchester	Manchester Apollo
1995.4.6, 7	Edinburgh	Edinburgh Playhouse
1995.4.9	Glasgow	Scottish Exhibition and Conference Centre
1995.4.10	Belfast	King's Hall
1995.4.11	Dublin	Point Theatre

Never Ending Tour 1995 (North America)

1995.5.10	San Diego	Embarcadero Marina Park South
1995.5.12, 13	Las Vegas	The Joint
1995.5.15	Palm Desert	McCallum Theatre
1995.5.17~19	Los Angeles	Hollywood Palladium
1995.5.20	Santa Barbara	Santa Barbara Bowl
1995.5.22, 23	San Francisco	The Warfield
1995.5.25, 26	Berkeley	Berkeley Community Theatre
1995.5.27	Monterey	Laguna Seca Raceway
1995.5.28	Reno	Reno Hilton Amphitheater
1995.5.30, 31	Eugene	Hult Center for the Performing Arts
1995.6.2~4	Seattle	Paramount Theatre
1995.6.6	Portland	Arlene Schnitzer Concert Hall
1995.6.7	Spokane	Riverfront Park
1995.6.15	Highgate	Franklin County State Airport
1995.6.16	Boston	Harborlights Pavilion
1995.6.18, 19	East Rutherford	Giants Stadium
1995.6.21, 22	Philadelphia	Theatre of Living Arts
1995.6.24, 25	Washington, D.C.	Robert F. Kennedy Memorial Stadium

Never Ending Tour 1995 (Europe)

1995.6.29	Oslo	Oslo Spektrum
1995.7.1	Roskilde	Dyrskuepladsen
1995.7.2	Hamburg	Hamburg Stadtpark
1995.7.3	Hanover	Music Hall
1995.7.4	Berlin	Tempodrom
1995.7.7	Glauchau	Freilichtbühne
1995.7.8	Munich	Terminal 1
1995.7.10	Stuttgart	Kongresszentrum
1995.7.12	Dortmund	Westfalenhallen
1995.7.14	Stratford-upon-Avon	Long Marston Airfield

1986.7.29	Portland	Civic Stadium
1986.7.31	Tacoma	Tacoma Dome
1986.8.1	Vancouver	BC Place Stadium
1986.8.3	Inglewood	The Forum
1986.8.5	Mountain View	Shoreline Amphitheatre
1986.8.6	Paso Robles	Paso Robles Mid-State Fairground

Bob Dylan and the Grateful Dead 1987 Tour

1987.7.4	Foxborough	Sullivan Stadium
1987.7.10	Philadelphia	John F. Kennedy Stadium
1987.7.12	East Rutherford	Giants Stadium
1987.7.19	Eugene	Autzen Stadium
1987.7.24	Oakland	Oakland–Alameda County Coliseum
1987.7.26	Anaheim	Anaheim Stadium

Temples in Flames Tour (Asia)

1987.9.5	Tel Aviv	Yarkon Park
1987.9.7	Jerusalem	Sultan's Pool

Temples in Flames Tour (Europe)

1987.9.10	Basel	St. Jakobshalle
1987.9.12	Modena	Area Ex Autodromo
1987.9.13	Turin	Turin Palasport
1987.9.15	Dortmund	Westfalenhallen
1987.9.16	Nuremberg	Frankenhalle
1987.9.17	East Berlin	Treptower Park
1987.9.19	Rotterdam	Rotterdam Ahoy Sportpaleis
1987.9.20	Hanover	Hannover Messehalle
1987.9.21	Copenhagen	Valby-Hallen
1987.9.23	Helsinki	Helsinki Jäähalli
1987.9.25	Gothenburg	Scandinavium
1987.9.26	Stockholm	Johanneshovs Isstadion
1987.9.28	Frankfurt	Festhalle Frankfurt
1987.9.29	Stuttgart	Hanns-Martin-Schleyer-Halle
1987.9.30	Munich	Olympiahalle
1987.10.1	Verona	Verona Arena
1987.10.3	Rome	Roma Palaeur
1987.10.4	Milan	Arena Civica di Milano
1987.10.5	Locarno	Piazza Grande
1987.10.7	Paris	Palais Omnisports de Paris-Bercy
1987.10.8	Brussels	Forest National
1987.10.10~12	Birmingham	NEC LG Arena
1987.10.14~17	London	Wembley Arena

Never Ending Tour 1988

1988.6.7	Concord	Concord Pavilion
1988.6.9	Sacramento	Cal Expo Amphitheatre
1988.6.10	Berkeley	Hearst Greek Theatre
1988.6.11	Mountain View	Shoreline Amphitheatre
1988.6.13	Salt Lake City	Park West
1988.6.15	Greenwood Village	Fiddler's Green Amphitheatre
1988.6.17	St. Louis	The Muny
1988.6.18	East Troy	Alpine Valley Music Theatre
1988.6.21	Cuyahoga Falls	Blossom Music Center
1988.6.22	Cincinnati	Riverbend Music Center
1988.6.24~25	Holmdel	Garden State Arts Center
1988.6.26	Saratoga Springs	Saratoga Performing Arts Center
1988.6.28	Hopewell	Finger Lakes Performing Arts Center
1988.6.30, 7.1	Wantagh	Jones Beach Marine Theater
1988.7.2	Mansfield	Great Woods Performing Arts Center
1988.7.3	Old Orchard Beach	The Ballpark
1988.7.6	Philadelphia	Mann Music Center
1988.7.8	Montreal	Montreal Forum
1988.7.9	Ottawa	Ottawa Civic Centre
1988.7.11	Hamilton	Copps Coliseum
1988.7.13	Charlevoix	Castle Farms Music Theatre
1988.7.14	Hoffman Estates	Poplar Creek Music Theater
1988.7.15	Indianapolis	Indiana State Fairground Grandstand
1988.7.17, 18	Rochester	Meadow Brook Music Theatre
1988.7.20	Columbia	Merriweather Post Pavilion
1988.7.22	Nashville	Starwood Amphitheatre
1988.7.24, 25	Atlanta	Chastain Park Amphitheatre
1988.7.26	Memphis	Mud Island Amphitheatre
1988.7.28	Dallas	Coca-Cola Starplex Amphitheatre
1988.7.30	Mesa	Mesa Amphitheatre
1988.7.31	Costa Mesa	Pacific Amphitheatre
1988.8.2~4	Los Angeles	Greek Theatre
1988.8.6	Carlsbad	Sammis Pavilion
1988.8.7	Santa Barbara	Santa Barbara Bowl
1988.8.19	Portland	Portland Civic Auditorium
1988.8.20	George	Champs de Brionne Music Theatre
1988.8.21	Vancouver	Pacific Coliseum
1988.8.23	Calgary	Olympic Saddledome
1988.8.24	Edmonton	Northlands Coliseum
1988.8.26	Winnipeg	Winnipeg Arena
1988.8.29	Toronto	CNE Grandstand
1988.8.31	Syracuse	New York State Fairground Grandstand
1988.9.2	Middletown	Orange County Fairgrounds
1988.9.3	Manchester	Riverfront Park
1988.9.4	Bristol	Lake Compounce
1988.9.7	Essex Junction	The Champlain Valley Expo
1988.9.8	Binghamton	Broome County Veterans Memorial Arena
1988.9.11	Stanhope	Waterloo Village
1988.9.13	Fairfax	Patriot Center
1988.9.15	Pittsburgh	Pittsburgh Civic Arena
1988.9.16	Chapel Hill	Dean Smith Center
1988.9.17	Columbia	Carolina Coliseum
1988.9.18	Charlotte	Charlotte Coliseum
1988.9.19	Knoxville	Thompson–Boling Arena
1988.9.22	Charlottesville	University Hall
1988.9.23	Tampa	USF Sun Dome
1988.9.24	Miami	Miami Arena
1988.9.25	Gainesville	O'Connell Center
1988.10.13, 14	New Orleans	Hibernia Pavilion
1988.10.16	Upper Darby	Tower Theater
1988.10.17~19	New York City	Radio City Music Hall

Never Ending Tour 1989 (Europe)

1989.5.27	Tomelilla	Christinehof Castle
1989.5.28	Stockholm	Globen Arena
1989.5.30	Helsinki	Helsinki Ice Hall
1989.6.3, 4	Dublin	RDS Arena
1989.6.6	Glasgow	Scottish Exhibition and Conference Centre
1989.6.7	Birmingham	National Exhibition Centre
1989.6.8	London	Wembley Arena
1989.6.10	The Hague	Statenhale
1989.6.11	Brussels	Forest National
1989.6.13	Fréjus	Amphithéâtre de Fréjus
1989.6.15	Madrid	Palacio de Deportes de la Comunidad
1989.6.16	Barcelona	Palau dels Esports de Barcelona
1989.6.17	San Sebastián	Velódromo de Anoeta
1989.6.19	Milan	Palatrussardi
1989.6.20	Rome	Palazzo della Civiltà Italiana
1989.6.21	Cava de' Tirreni	Stadio Simonetta Lamberti
1989.6.22	Livorno	Stadio Armando Picchi
1989.6.24	Istanbul	Cemil Topuzlu Open-Air Theatre
1989.6.26	Patras	Papacharalambeio National Stadium
1989.6.28	Athens	Panathen

Never Ending Tour 1989 (North America)

1989.7.1	Peoria	Peoria Civic Center
1989.7.2	Hoffman Estates	Poplar Creek Music Theater
1989.7.3	Milwaukee	Marcus Amphitheater
1989.7.5, 6	Rochester	Howard C. Baldwin Memorial Pavilion
1989.7.8	Noblesville	Deer Creek Music Center
1989.7.9	Cuyahoga Falls	Blossom Music Center
1989.7.11	Harrisburg	Skyline Sports Complex
1989.7.12	Allentown	Allentown Fairgrounds
1989.7.13	Mansfield	Great Woods Performing Arts Center
1989.7.15	Old Orchard Beach	The Ball Park
1989.7.16	Bristol	Lake Compounce
1989.7.17	Stanhope	Waterloo Village
1989.7.19	Columbia	Merriweather Post Pavilion
1989.7.20	Atlantic City	Bally's Atlantic City
1989.7.21	Holmdel	Garden State Arts Center
1989.7.23	Wantagh	Jones Beach Marine Theater
1989.7.25	Canandaigua	Finger Lakes Performing Arts Center
1989.7.26	Saratoga Springs	Saratoga Performing Arts Center
1989.7.28	Pittsburgh	Pittsburgh Civic Arena
1989.7.29	Vaughan	Kingswood Music Theatre
1989.7.30	Ottawa	Ottawa Civic Centre
1989.7.31	Joliette	Amphitheatre Joliette
1989.8.3	Saint Paul	Harriet Island Pavilion
1989.8.4	Madison	Dane County Coliseum
1989.8.5	Grand Rapids	Welsh Auditorium
1989.8.6	Columbus	Cooper Stadium
1989.8.8	Toledo	John F. Savage Hall
1989.8.9	St. Louis	The Muny
1989.8.10	Cincinnati	Riverbend Music Center
1989.8.12	Doswell	Kings Dominion
1989.8.13	Charlotte	Carowinds Paladium
1989.8.15, 16	Atlanta	Chastain Park Amphitheatre
1989.8.18	Louisville	Freedom Hall
1989.8.19	Springfield	Illinois State Fair Grandstand
1989.8.20	Nashville	Starwood Amphitheatre
1989.8.22	Bonner Springs	Sandstone Amphitheater
1989.8.23	Oklahoma City	Zoo Amphitheater
1989.8.25	New Orleans	Lakefront Arena
1989.8.26	Houston	The Summit
1989.8.27	Dallas	Coca-Cola Starplex Amphitheatre
1989.8.29	Las Cruces	Pan American Center
1989.8.30	Greenwood Village	Fiddler's Green Amphitheatre
1989.9.1	Park City	Park West Amphitheater
1989.9.3	Berkeley	Hearst Greek Theatre
1989.9.5	Santa Barbara	Santa Barbara Bowl
1989.9.6	San Diego	Starlight Bowl
1989.9.8	Costa Mesa	Pacific Amphitheatre
1989.9.9, 10	Los Angeles	Greek Theatre
1989.10.10~13	New York City	Beacon Theatre
1989.10.15, 16	Upper Darby	Tower Theater
1989.10.17, 18	Washington, D.C.	DAR Constitution Hall
1989.10.20	Poughkeepsie	Mid-Hudson Civic Center
1989.10.22	Kingston	Keaney Gymnasium
1989.10.23~25	Boston	Opera House
1989.10.27	Troy	Houston Field House
1989.10.29	Ithaca	Park Auditorium
1989.10.31	Chicago	Arie Crown Theater
1989.11.1	Ann Arbor	Hill Auditorium
1989.11.2	Cleveland	State Theatre
1989.11.4	Indian	Fisher Auditorium
1989.11.6	Blacksburg	Cassell Coliseum
1989.11.7	Norfolk	Chrysler Hall
1989.11.8	Durham	Cameron Indoor Stadium
1989.11.10	Atlanta	Fox Theatre
1989.11.12, 13	Sunrise	Sunrise Musical Theater
1989.11.14, 15	Tampa	Tampa Festival Hall

Never Ending Tour 1990 (The Fastbreak Tour)

1990.1.12	New Haven	Toad's Place
1990.1.14	University Park	Rec Hall
1990.1.15	Princeton	McCarter Theatre
1990.1.18	São Paulo	Estádio do Morumbi
1990.1.25	Rio de Janeiro	Praça da Apoteose
1990.1.29~2.1	Paris	Grand Rex
1990.2.3~8	London	Hammersmith Odeon

Never Ending Tour 1990 (North America)

1990.5.29	Montreal	Université de Montréal Centre Sportif
1990.5.30	Kingston	Kingston Memorial Centre
1990.6.1, 2	Ottawa	National Arts Centre
1990.6.4	London	Alumni Hall
1990.6.5~7	Toronto	O'Keefe Centre
1990.6.9	East Troy	Alpine Valley Music Theatre
1990.6.10	Davenport	Adler Theater
1990.6.12	La Crosse	La Crosse Center
1990.6.13	Sioux Falls	Sioux Falls Arena
1990.6.14	Fargo	Fargo Civic Center
1990.6.15	Bismarck	Bismarck Civic Center
1990.6.17, 18	Winnipeg	Centennial Concert Hall

Never Ending Tour (Europe)

1990.6.27	Reykjavík	Laugardalshöll
1990.6.29	Roskilde	Roskilde Dyrskueplads
1990.6.30	Kalvøya	Kalvøya
1990.7.1	Turku	Ruissalon Kansanpuisto
1990.7.3	Hamburg	Hamburg Stadtpark
1990.7.5	West Berlin	ICC Berlin
1990.7.7	Torhout	Festivalpark Torhout
1990.7.8	Werchter	Werchter Festival Grounds
1990.7.9	Montreux	Montreux Casino

Never Ending Tour 1990 (North America)

1990.8.12, 13	Edmonton	Northern Alberta Jubilee Auditorium
1990.8.15, 16	Calgary	Southern Alberta Jubilee Auditorium
1990.8.18	George	Champs de Brionne Music Theater
1990.8.19	Victoria	Victoria Memorial Arena
1990.8.20	Vancouver	Pacific Coliseum
1990.8.21	Portland	Arlene Schnitzer Concert Hall
1990.8.24	Pueblo	Colorado State Fair Events Center
1990.8.26	Des Moines	Iowa State Fairgrounds
1990.8.27, 28	Merrillville	Holiday Star Theatre
1990.8.29	Falcon Heights	Minnesota State Fairgrounds
1990.8.31	Lincoln	Bob Devaney Sports Center
1990.9.1	Lampe	Swiss Villa Amphitheater
1990.9.2	Hannibal	Riverfront Theater
1990.9.4	Tulsa	Riverpark Amphitheater
1990.9.5	Oklahoma City	Civic Center Music Hall
1990.9.6	Dallas	Music Hall at Fair Park
1990.9.8	San Antonio	Sunken Garden Theater
1990.9.9	Austin	Palmer Events Center
1990.9.11	Santa Fe	Paolo Soleri Amphitheater
1990.9.12	Mesa	Mesa Amphitheatre
1990.10.11	Brookville	Tilles Performing Arts Center
1990.10.12	Springfield	Paramount Theater
1990.10.13	West Point	Eisenhower Hall Theater
1990.10.15~19	New York City	Beacon Theatre
1990.10.21	Richmond	The Mosque
1990.10.22	Pittsburgh	Syria Mosque
1990.10.23	Charleston	Charleston Municipal Auditorium
1990.10.25	Oxford	Tad Smith Coliseum
1990.10.26	Tuscaloosa	Coleman Coliseum
1990.10.27	Nashville	War Memorial Auditorium
1990.10.28	Athens	Stegeman Coliseum
1990.10.30	Boone	Varsity Gymnasium
1990.10.31	Charlotte	Ovens Auditorium
1990.11.2	Lexington	Memorial Coliseum
1990.11.3	Carbondale	SIU Arena
1990.11.4	St. Louis	Fox Theatre
1990.11.6	DeKalb	Chick Evans Field House
1990.11.8	Iowa City	Carver–Hawkeye Arena
1990.11.9	Chicago	Fox Theatre
1990.11.10	Milwaukee	Riverside Theater
1990.11.12	East Lansing	Wharton Center for Performing Arts
1990.11.13	Dayton	University of Dayton Arena
1990.11.14	Normal	Braden Auditorium
1990.11.16	Columbus	Columbus Palace Theatre
1990.11.17	Cleveland	Cleveland Music Hall
1990.11.18	Detroit	Fox Theatre

Never Ending Tour 1991 (The One Sad Cry of Pity Tour)

1991.1.28	Zürich	Hallenstadion
1991.1.30	Brussels	Forest National
1991.1.31	Utrecht	Muziekcentrum Vredenburg
1991.2.2, 3	Glasgow	Scottish Exhibition and Conference Centre
1991.2.5	Dublin	Point Depot
1991.2.6	Belfast	Dundonald International Ice Bowl
1991.2.8~17	London	Hammersmith Apollo
1991.2.21	Williamsport	Capitol Theater
1991.2.22	Owings Mills	Painter's Mill Music Theater
1991.2.24, 25	Guadalajara	Hospicio Cabañas
1991.3.1, 2	Mexico City	Palacio de los Deportes

Never Ending Tour 1991 (North America)

1991.4.19	New Orleans	Saenger Performing Arts Center
1991.4.20	Pelham	Oak Mountain Amphitheater
1991.4.21	Greenville	Greenville Memorial Auditorium
1991.4.23	Atlanta	Fox Theatre
1991.4.24	Macon	Macon City Auditorium
1991.4.25	Charleston	King Street Palace
1991.4.27	Miami	Sunrise Musical Theater
1991.4.30	Savannah	Savannah Civic Center
1991.5.1	Columbia	Columbia Township Auditorium
1991.5.2	Salem	Salem Civic Center
1991.5.4	Winston-Salem	Lawrence Joel Veterans Memorial Coliseum
1991.5.5	Raleigh	Raleigh Memorial Auditorium
1991.5.7	Stony Brook	Stony Brook University
1991.5.8	Albany	Palace Theatre
1991.5.9	Boston	Matthews Arena
1991.5.11	Danbury	Charles Ives Center
1991.5.12	Amherst	Campus Pond

Never Ending Tour 1991 (Europe)

1991.6.6	Rome	PalaEur
1991.6.7	Bologna	Arena del Sole
1991.6.8	Milan	Palatrussardi Di Milano
1991.6.10	Ljubljana	ŽŠD Ljubljana Stadium
1991.6.11	Belgrade	Zemun Stadium
1991.6.12	Budapest	Kisstadion
1991.6.14	Innsbruck	Olympiahalle Innsbruck
1991.6.15	Linz	Linz Sporthalle
1991.6.17	Stuttgart	Kongresszentrum Liederhalle
1991.6.18	Essen	Grugahalle
1991.6.19	Offenbach	Stadthalle Offenbach
1991.6.21	Munich	Circus Krone
1991.6.22	Bad Mergentheim	Schloss Mergentheim
1991.6.23	Hamburg	Hamburg Stadtpark
1991.6.25, 26	Stockholm	Cirkus
1991.6.28	Sandvika	Kalvøya
1991.6.29	Funen	The Funen Village

Never Ending Tour 1991 (North America)

1991.7.4	Lenox	Tanglewood Music Shed
1991.7.5	Mansfield	Great Woods Center
1991.7.6	Nashua	Holman Stadium
1991.7.9	Syracuse	Empire Expo Center
1991.7.10	Essex Junction	The Champlain Valley Expo
1991.7.11	Wantagh	Jones Beach Theater
1991.7.13	Holmdel	Garden State Arts Centre

Bob Dylan Tour Chronology 1964 - 2023

作成：犬伏 功

World Tour

1964.2.1~12.7		47 Shows

Tour of North America

1965.1.29~4.24		19 Shows

England Tour

1965.4.30	Sheffield	Sheffield City Hall
1965.5.1	Liverpool	Liverpool Odeon Theatre
1965.5.5	Birmingham	Birmingham Town Hall
1965.5.6	Newcastle	Newcastle City Hall
1965.5.7	Manchester	Free Trade Hall
1965.5.9, 10	London	Royal Albert Hall

North America Tour

1965.7.24~12.19		42 Shows

Bob Dylan World Tour 1966

1966.2.4~5.27		47 Shows

Bob Dylan and the Band 1974 Tour

1974.1.3, 4	Chicago	Chicago Stadium
1974.1.6, 7	Philadelphia	The Spectrum
1974.1.9, 10	Toronto	Maple Leaf Gardens
1974.1.11, 12	Montreal	Montreal Forum
1974.1.14	Boston	Boston Garden
1974.1.15, 16	Landover	Capital Centre
1974.1.17	Charlotte	Charlotte Coliseum
1974.1.19	Pembroke Pines	Hollywood Sportatorium
1974.1.21, 22	Atlanta	The Omni
1974.1.23	Memphis	Mid-South Coliseum
1974.1.25	Fort Worth	Tarrant County Convention Center
1974.1.26	Houston	Hofheinz Pavilion
1974.1.28, 29	Uniondale	Nassau Coliseum
1974.1.30, 31	New York City	Madison Square Garden
1974.2.2	Ann Arbor	Crisler Arena
1974.2.3	Bloomington	Assembly Hall
1974.2.4	St. Louis	St. Louis Arena
1974.2.6	Denver	Denver Coliseum
1974.2.9	Seattle	Seattle Center Coliseum
1974.2.11	Oakland	Oakland-Alameda County Coliseum Arena
1974.2.13, 14	Inglewood	The Forum

Rolling Thunder Revue (Autumn Leg)

1975.10.30~31	Plymouth	Memorial Hall
1975.11.1	North Dartmouth	Southeastern Massachusetts University
1975.11.2	Lowell	University of Lowell
1975.11.4	Providence	Providence Civic Center
1975.11.6	Springfield	Springfield Civic Center
1975.11.8	Burlington	Patrick Gym
1975.11.9	Durham	Lundholm Gym
1975.11.11	Waterbury	Palace Theater
1975.11.13	New Haven	Veterans Memorial Coliseum
1975.11.15	Niagara Falls	Niagara Falls Convention Center
1975.11.17	Rochester	Community War Memorial
1975.11.19	Worcester	Worcester Memorial Auditorium
1975.11.20	Cambridge	Harvard Square Theater
1975.11.21	Boston	Boston Music Hall
1975.11.22	Waltham	Brandeis University
1975.11.24	Hartford	Hartford Civic Center
1975.11.26	Augusta	Augusta Civic Center
1975.11.27	Bangor	Bangor Auditorium
1975.11.29	Quebec City	Colisée de Québec
1975.12.1~2	Toronto	Maple Leaf Gardens
1975.12.4	Montreal	Montreal Forum
1975.12.7	Clinton	Edna Mahan Correctional Facility for Women
1975.12.8	New York City	Madison Square Garden

Rolling Thunder Revue (Carter Benefit Show)

1976.1.25	Houston	Astrodome

Rolling Thunder Revue (Spring Leg)

1976.4.18	Lakeland	Lakeland Civic Center
1976.4.20	St. Petersburg	Bayfront Arena
1976.4.21	Tampa	Curtis Hixon Hall
1976.4.22	Belleair	Starlight Ballroom
1976.4.23	Orlando	Orlando Sports Stadium
1976.4.25	Gainesville	Florida Field
1976.4.27	Tallahassee	Tully Gymnasium
1976.4.28	Pensacola	UWF Field House
1976.4.29	Mobile	Mobile Expo Hall
1976.5.1	Hattiesburg	Reed Green Coliseum
1976.5.3	New Orleans	The Warehouse
1976.5.4	Baton Rouge	LSU Assembly Center
1976.5.8	Houston	Hofheinz Pavilion
1976.5.10	Corpus Christi	Corpus Christi Memorial Coliseum
1976.5.11	San Antonio	San Antonio Municipal Auditorium
1976.5.12	Austin	Austin Municipal Auditorium
1976.5.15	Gatesville	Gatesville State School for Boys
1976.5.16	Fort Worth	Tarrant County Convention Center
1976.5.18	Oklahoma City	Jim Norick Arena
1976.5.19	Wichita	Henry Levitt Arena
1976.5.23	Fort Collins	Hughes Stadium
1976.5.25	Salt Lake City	Salt Palace

Bob Dylan World Tour 1978 (Asia)

1978.2.20~23	Tokyo	Nippon Budokan
1978.2.24~26	Osaka	Matsushita Denki Taiikukan
1978.2.28~3.9	Tokyo	Nippon Budokan

Bob Dylan World Tour 1978 (Oceania)

1978.3.9	Auckland	Western Springs Stadium
1978.3.12~15	Brisbane	Brisbane Festival Hall
1978.3.18	Adelaide	Westlake Stadium
1978.3.20~22	Melbourne	Sidney Myer Music Bowl
1978.3.25, 27	Perth	Perth Entertainment Centre
1978.4.1	Sydney	Sydney Show Ground

Bob Dylan World Tour 1978 (North America)

1978.6.1~7	Los Angeles	Universal Amphitheatre

Bob Dylan World Tour 1978 (Europe)

1978.6.15~20	London	Earls Court Exhibition Centre
1978.6.23	Rotterdam	Feijenoord Stadion
1978.6.26, 27	Dortmund	Westfalenhallen
1978.6.29	West Berlin	Deutschlandhalle
1978.7.1	Nuremberg	Zeppelinfeld
1978.7.3~8	Paris	Pavillon de Paris
1978.7.11, 12	Gothenburg	Scandinavium
1978.7.15	Camberley	Blackbushe Aerodrome

Bob Dylan World Tour 1978 (North America)

1978.9.15	Augusta	Augusta Civic Center
1978.9.16	Portland	Cumberland County Civic Center
1978.9.17	New Haven	New Haven Coliseum
1978.9.19	Montreal	Montreal Forum
1978.9.20	Boston	Boston Garden
1978.9.22	Syracuse	Onondaga County War Memorial
1978.9.23	Rochester	War Memorial Auditorium
1978.9.24	Binghamton	Broome County Veterans Memorial Arena
1978.9.26	Springfield	Springfield Civic Center
1978.9.27	Uniondale	Nassau Coliseum
1978.9.29, 30	New York City	Madison Square Garden
1978.10.3	Norfolk	Norfolk Scope
1978.10.4	Baltimore	Baltimore Civic Center
1978.10.5	Largo	Capital Centre
1978.10.6	Philadelphia	The Spectrum
1978.10.7	Providence	Providence Civic Center
1978.10.9	Buffalo	Buffalo Memorial Auditorium
1978.10.12	Toronto	Maple Leaf Gardens
1978.10.13	Detroit	Detroit Olympia
1978.10.14	Terre Haute	Hulman Civic University Center
1978.10.15	Cincinnati	Riverfront Coliseum
1978.10.17, 18	Chicago	Chicago Stadium
1978.10.20	Richfield	Richfield Coliseum
1978.10.21	Toledo	Centennial Hall
1978.10.22	Dayton	University of Dayton Arena
1978.10.24	Louisville	Freedom Hall
1978.10.25	Indianapolis	Market Square Arena
1978.10.27	Kalamazoo	Wings Stadium
1978.10.28	Carbondale	SIU Arena
1978.10.29	St. Louis	Checkerdome
1978.10.31	Saint Paul	St. Paul Civic Center
1978.11.1	Madison	Dane County Memorial Coliseum
1978.11.3	Kansas City	Kemper Arena
1978.11.4	Omaha	Omaha Civic Auditorium
1978.11.6	Denver	McNichols Sports Arena
1978.11.9	Portland	Memorial Coliseum
1978.11.10	Seattle	Hec Edmundson Pavilion
1978.11.11	Vancouver	Pacific Coliseum
1978.11.13, 14	Oakland	Oakland-Alameda County Coliseum Arena
1978.11.15	Inglewood	The Forum
1978.11.17	San Diego	San Diego Sports Arena
1978.11.18	Tempe	ASU Activity Center
1978.11.19	Tucson	McKale Memorial Center
1978.11.21	El Paso	Special Events Center
1978.11.23	Norman	Lloyd Noble Center
1978.11.24	Fort Worth	Tarrant County Convention Center
1978.11.25	Austin	Special Events Center
1978.11.26	Houston	The Summit
1978.11.28	Jackson	Mississippi Coliseum
1978.11.29	Baton Rouge	LSU Assembly Center
1978.12.1	Memphis	Mid-South Coliseum
1978.12.2	Nashville	Nashville Municipal Auditorium
1978.12.3	Birmingham	BJCC Coliseum
1978.12.5	Mobile	Mobile Civic Center
1978.12.7	Greensboro	Greensboro Coliseum
1978.12.8	Savannah	Savannah Civic Center
1978.12.9	Columbia	Carolina Coliseum
1978.12.10	Charlotte	Charlotte Coliseum
1978.12.12	Atlanta	Omni Coliseum
1978.12.13	Jacksonville	Jacksonville Coliseum
1978.12.15	Lakeland	Lakeland Civic Center
1978.12.16	Pembroke Pines	Hollywood Sportatorium

Bob Dylan Gospel Tour (First Leg)

1979.11.1~16	San Francisco	Fox Warfield Theatre
1979.11.18~21	Santa Monica	Santa Monica Civic Auditorium
1979.11.25~26	Tempe	Gammage Center
1979.11.27~28	San Diego	Golden Hall
1979.12.4, 5	Albuquerque	Kiva Auditorium
1979.12.8, 9	Tucson	Tucson Music Hall

Bob Dylan Gospel Tour (Second Leg)

1980.1.11, 12	Portland	Paramount Theatre
1980.1.13~15	Seattle	Paramount Northwest Theatre
1980.1.16	Portland	Paramount Theatre
1980.1.17, 18	Spokane	Spokane Opera House
1980.1.21~23	Denver	Rainbow Music Hall
1980.1.25, 26	Omaha	Orpheum Theater
1980.1.27~29	Kansas City	Uptown Theater
1980.1.31, 2.1	Memphis	Orpheum Theater
1980.2.2, 3	Birmingham	Jefferson Civic Center
1980.2.5, 6	Knoxville	Knoxville Civic Auditorium
1980.2.8, 9	Charleston	Charleston Municipal Auditorium

Bob Dylan Gospel Tour (Third Leg)

1980.4.17~20	Toronto	Massey Hall
1980.4.22~25	Montreal	Le Theatre Saint-Denis
1980.4.27, 28	Albany	Palace Theatre
1980.4.30, 5.1	Buffalo	Kleinhans Music Hall
1980.5.2~3	Worcester	Memorial Theater
1980.5.4, 5	Syracuse	Landmark Theatre
1980.5.7, 8	Hartford	Bushnell Memorial Hall
1980.5.9, 10	Portland	Portland City Hall
1980.5.11, 12	Providence	Ocean State Performing Arts Center
1980.5.14~16	Pittsburgh	Stanley Theatre
1980.5.17, 18	Akron	Akron Civic Theatre
1980,5.20	Columbus	Franklin County Veterans Memorial Auditorium
1980.5.21	Dayton	Memorial Hall

A Musical Retrospective Tour

1980.11.9~22	San Francisco	Fox Warfield Theatre
1980.11.24	Tucson	Tucson Community Center Arena
1980.11.26	San Diego	Golden Hall
1980.11.29~30	Seattle	Paramount Northwest Theatre
1980.12.2	Salem	The Armory
1980.12.3~4	Portland	Paramount Theatre

Shot Of Love U.S. Tour

1980.6.10	Chicago	Poplar Creek Music Theater
1980.6.11~12	Clarkston	Pine Knob Music Theatre
1980.6.14	Columbia	Marjorie Merriweather Post Pavilion

Shot Of Love Europe Tour

1981.6.21	Toulouse	Stade Municipal des Minimes
1981.6.23	Colombes	Stade de Colombes
1981.6.26~7.1	London	Earls Court
1981.7.4~5	Birmingham	International Arena
1981.7.8	Stockholm	Johanneshovs Isstadion
1981.7.9~10	Drammen	Drammenshallen
1981.7.12	Copenhagen	Brøndby-Hallen
1981.7.14~15	Bad Segeberg	Freileichttheater
1981.7.17	Loreley	Freileichtbühne
1981.7.18	Mannheim	Eisstadion
1981.7.19~20	Munich	Olympiahalle
1981.7.21	Vienna	Stadthalle
1981.7.23	Basel	Sporthalle St. Jakob
1981.7.25	Avignon	Palace des Sports

Shot Of Love U.S. & Canada Tour

1981.10.16~17	Milwaukee	Mecca Auditorium
1981.10.18	Madison	Dane County Memorial Coliseum
1981.10.19	Merrillville	Holiday Star Music Theater
1981.10.21	Boston	The Orpheum Theatre
1981.10.23	Philadelphia	The Spectrum
1981.10.24	State College	Pennsylvania State University
1981.10.25	Bethlehem	Stabler Arena, Lehigh University
1981.10.27	East Rutherford	Meadowlands Brendan T. Byrne Sports Arena
1981.10.29	Toronto	Maple Leaf Gardens
1981.10.30	Montreal	Forum de Montreal
1981.10.31	Kitchener	Kitchener Arena
1981.11.2	Ottawa	Civic Centre
1981.11.4~5	Cincinnati	Cincinnati Music Hall
1981.11.6	West Lafayette	Elliot Hall Of Music,
1981.11.7~8	Ann Arbor	Hill Auditorium
1981.11.10~11	New Orleans	Saenger Theater
1981.11.12	Houston	The Summit
1981.11.14	Nashville	Municipal Auditorium
1981.11.15~16	Atlanta	The Fox Theater
1981.11.19~20	Miami, Florida	Sunrise Musical Theater
1981.11.21	Lakeland	Civic Center Theatre

Bob Dylan/Santana European Tour 1984

1984.5.28~29	Verona	Verona Arena
1984.5.31	Hamburg	Wilhelm-Koch-Stadion
1984.6.2	Basel	St. Jakob Stadium
1984.6.3	Munich	Olympiastadion
1984.6.4~6	Rotterdam	Sportpaleis Ahoy
1984.6.7	Brussels	Stade de Schaerbeek
1984.6.9	Gothenburg	Ullevi
1984.6.10	Copenhagen	Københavns Idrætspark
1984.6.11	Offenbach am Main	Stadion am Bieberer Berg
1984.6.13	West Berlin	Waldbühne
1984.6.14	Vienna	Wiener Stadthalle
1984.6.16	Cologne	Müngersdorfer Stadion
1984.6.17	Nice	Stade de l'Ouest
1984.6.19~21	Rome	Palazzo dello Sport
1984.6.24	Milan	Giuseppe Meazza Stadium
1984.6.26	Madrid	Nuevo Estadio de Vallecas
1984.6.28	Barcelona	Mini Estadi
1984.6.30	Nantes	Stade Marcel Saupin
1984.7.1	Paris	Parc de Sceaux
1984.7.3	Grenoble	Alpexpo
1984.7.5	Newcastle	St James' Park
1984.7.7	London	Wembley Stadium
1984.7.8	County Meath	Slane Castle

True Confessions Tour (Oceania)

1986.2.5	Wellington	Wellington Athletic Park
1986.2.7	Auckland	Mount Smart Stadium
1986.2.10~13	Sydney	Sydney Entertainment Centre
1986.2.15	Adelaide	Memorial Drive Park
1986.2.17, 18	Perth	Perth Entertainment Centre
1986.2.20~22	Melbourne	Kooyong Stadium
1986.2.24, 25	Sydney	Sydney Entertainment Centre
1986.3.1	Brisbane	Lang Park

True Confessions Tour (Asia)

1986.3.5	Tokyo	Nippon Budokan
1986.3.6	Osaka	Osaka-Jo Hall
1986.3.8	Nagoya	Aichi Prefectural Gymnasium
1986.3.10	Tokyo	Nippon Budokan

True Confessions Tour (North America)

1986.6.9	San Diego	San Diego Sports Arena
1986.6.11	Reno	Lawlor Events Center
1986.6.12	Sacramento	Cal Expo Amphitheatre
1986.6.13, 14	Berkeley	Hearst Greek Theatre
1986.6.16, 17	Costa Mesa	Pacific Amphitheatre
1986.6.18	Phoenix	Arizona Veterans Memorial Coliseum
1986.6.20	Houston	Southern Star Amphitheater
1986.6.21	Austin	Frank Erwin Center
1986.6.22	Dallas	Reunion Arena
1986.6.24	Indianapolis	Market Square Arena
1986.6.26	Minneapolis	Hubert H. Humphrey Metrodome
1986.6.27	East Troy	Alpine Valley Music Theatre
1986.6.29	Hoffman Estates	Poplar Creek Music Theater
1986.6.30~7.1	Clarkston	Pine Knob Music Theatre
1986.7.2	Akron	Rubber Bowl
1986.7.4	Orchard Park	Rich Stadium
1986.7.6, 7	Washington, D.C.	Robert F. Kennedy Memorial Stadium
1986.7.8~9	Mansfield	Great Woods Performing Arts Center
1986.7.11	Hartford	Hartford Civic Center
1986.7.13	Saratoga Springs	Saratoga Performing Arts Center
1986.7.15~17	New York City	Madison Square Garden
1986.7.19, 20	Philadelphia	The Spectrum
1986.7.21	East Rutherford	Brendan Byrne Arena
1986.7.22	Mansfield	Great Woods Performing Arts Center
1986.7.24	Bonner Springs	Sandstone Amphitheater
1986.7.26, 27	Morrison	Red Rocks Amphitheatre

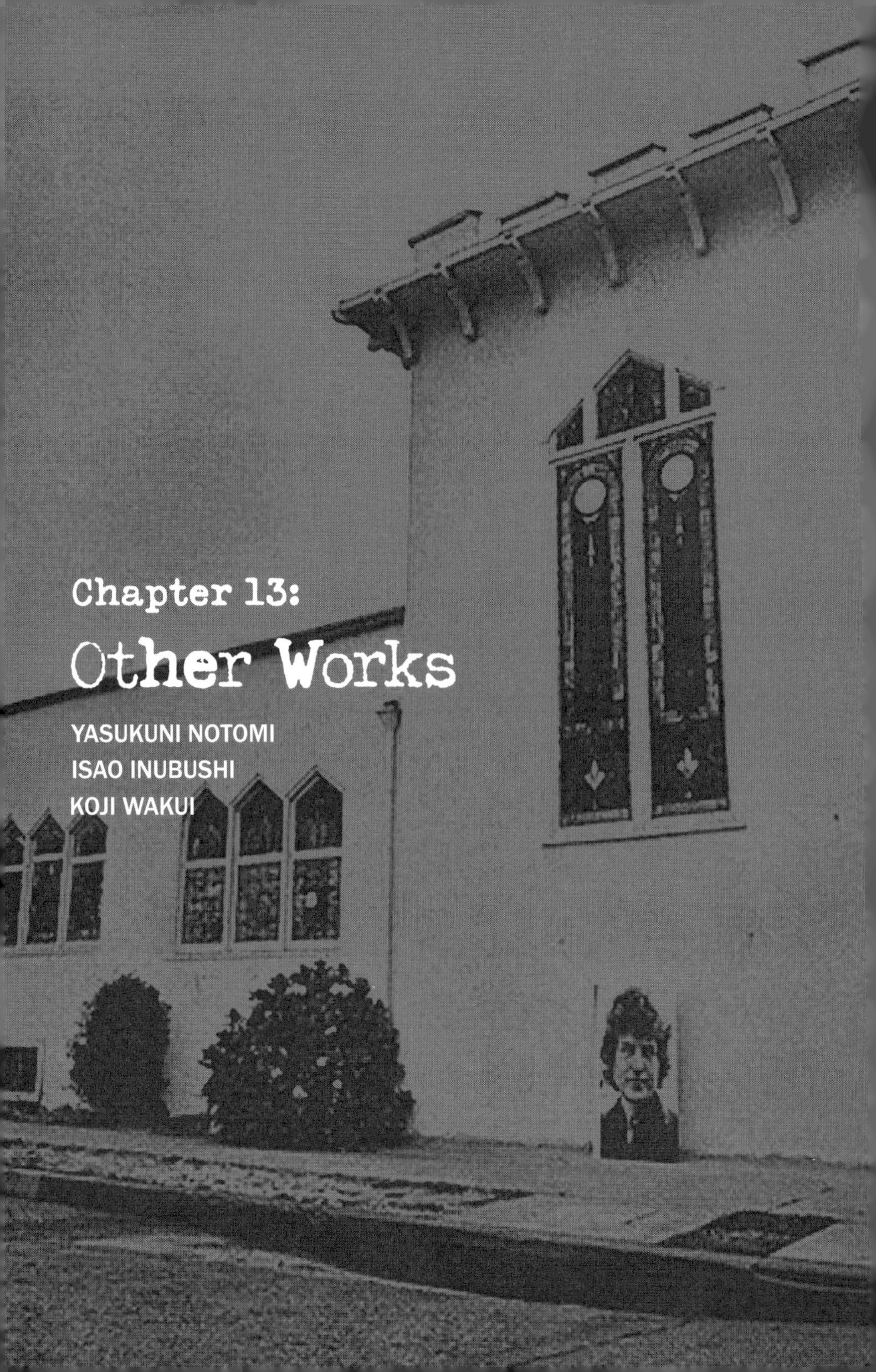

Chapter 13:
Other Works

YASUKUNI NOTOMI
ISAO INUBUSHI
KOJI WAKUI

Selected Compilations

Greatest Hits
グレーテスト・ヒット

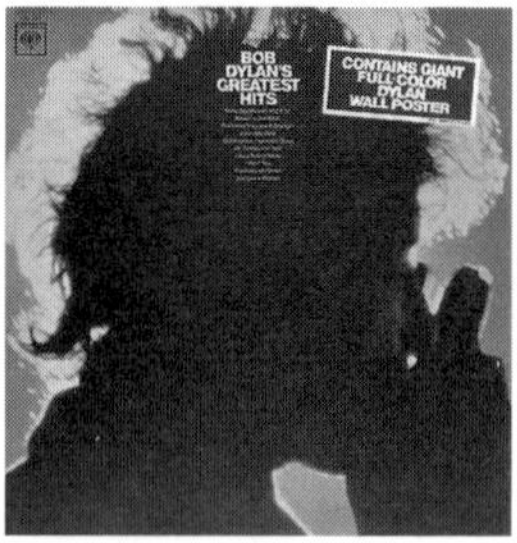

Columbia：KCL 2663(mono)／KCS 9463(stereo)
録音：1962年〜1966年
発売：1967年3月27日

[A]
1. Rainy Day Women #12 & 35
2. Blowin' In The Wind
3. The Times They Are A-Changin'
4. It Ain't Me Babe
5. Like A Rolling Stone

[B]
1. Mr. Tambourine Man
2. Subterranean Homesick Blues
3. I Want You
4. Positively 4th Street
5. Just Like A Woman

プロデューサー：John H. Hammond, Tom Wilson, Bob Johnston

初のベスト盤が編まれたのは、ディランのコロンビアとの最初の契約終了間際の1967年のこと。バイク事故による活動休止以降、初めて発売されたアルバムということになる。初期からエレキ・ギターを抱えた頃までのヒット曲と、ほかのミュージシャンがとり上げてヒットした曲を集めた、手堅い選曲だ。改めて聴いてみると、ディランというアーティストが最初から幅広い音楽性を持っていることがわかる、入門用にとてもよくできたアルバムに思えてくる。

　面白いのは先行して発売された英国盤では曲目や曲順が違っていること。米盤が「雨の日の女」をプロローグとして始まり「風に吹かれて」「時代は変る」へと繋がるのに比べ、英盤では「風に吹かれて」が一曲目だ。そこから「悲しきベイブ」「時代は変る」と続く。さらに米盤ではA面の最後に置かれた「ライク・ア・ローリング・ストーン」が、英盤ではB面3曲目という配置だ。フォークからロックへという流れをより明確にした曲順になっている。

　その分かりやすさ故か、英盤の方が当時のチャートの順位は上なのだけど、私は「雨の日の女」で始まり「ジャスト・ライク・ア・ウーマン」で締める米盤に味わい深さを感じる。こんな聴き比べも楽しいアルバムだ。

納富

Greatest Hits Vol. II
グレーテスト・ヒット 第2集

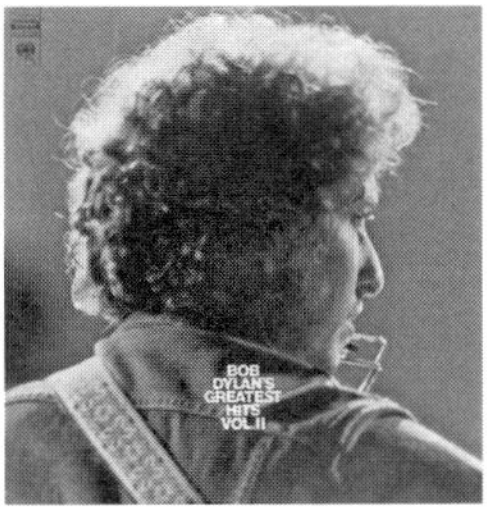

Columbia : KG 31120
録音 : 1962年〜1971年、発売 : 1971年11月17日

[A] 1. Watching The River Flow / 2. Don't Think Twice, It's All Right / 3. Lay Lady Lay / 4. Stuck Inside Of Mobile With The Memphis Blues Again
[B] 1. I'll Be Your Baby Tonight / 2. All I Really Want To Do / 3. My Back Pages / 4. Maggie's Farm / 5. Tonight I'll Be Staying Here With You
[C] 1. She Belongs To Me / 2. All Along The Watchtower / 3. The Mighty Quinn (Quinn, The Eskimo) / 4. Just Like Tom Thumb's Blues / 5. A Hard Rain's A-Gonna Fall
[D] 1. If Not For You / 2. It's All Over Now, Baby Blue / 3. Tomorrow Is A Long Time / 4. When I Paint My Masterpiece / 5. I Shall Be Released / 6. You Ain't Goin' Nowhere / 7. Down In The Flood

プロデューサー : John H. Hammond, Tom Wilson, Bob Johnston, Leon Russell

二枚目のベスト盤は前作の四年後に発売されている。かなり間が空いたようにも思うが、契約終了間際に編集盤を出すというのは、当時の音楽業界のひとつのパターン。ただ、それだけ大きなヒット曲が出ていなかった時期だということでもあるのだろう。

そのせいか、本作はベスト盤という体裁ながら、未発表曲や未発表テイク、ライヴ・ヴァージョンなどを含んだ2枚組という力作だ。

未発表テイクの「マスターピース」や、ハッピー・トラウムとのセッションで録音された「アイ・シャル・ビー・リリースト」などで聴かれる、ソウルフルと言ってもいいくらいに弾むリズムを基調とした演奏は、今も新鮮に響く。

ハッピー・トラウムとのセッションは名演揃いで、ほかに「ユー・エイント・ゴーイング・ノーホエア」「ダウン・イン・ザ・フラッド」を収録。ベスト盤というよりも、71年までの活動記録といった趣の作品だ。

納富

Masterpieces
傑作

日・CBS／Sony : 57AP 875〜7
録音 : 1962年〜1976年
発売 : 1978年3月12日

[A]
1. Knockin' On Heaven's Door/2. Mr Tambourine Man/3. Just Like A Woman/4. I Shall Be Released/5. Tears Of Rage/6. All Along The Watchtower/7. One More Cup Of Coffee
[B]
1. Like A Rolling Stone/2. The Mighty Quinn (Quinn The Eskimo)/3. Tomorrow Is A Long Time/4. Lay, Lady Lay/5. Idiot Wind
[C]
1. Mixed Up Confusion/2. Positively 4th Street/3. Can You Please Crawl Out Of Your Window?/4. Just Like Tom Thumb's Blues/5. Spanish Is The Loving Tongue/6. George Jackson (Big Band Version)/7. Rita May
[D]
1. Blowin' In The Wind/2. Hard Rain's A-Gonna Fall/3. The Times They Are A Changin'/4. Masters Of War/5. Hurricane
[E]
1. Maggie's Farm/2. Subterranean Homesick Blues/3. Ballad Of A Thin Man/4. Mozambique/5. This Wheel's On Fire/6. I Want You/7. Rainy Day Women #12 & 35
[F]
1. Don't Think Twice, It's All Right/2. Song To Woody/3. It Ain't Me Babe/4. Love Minus Zero / No Limit/5. I'll Be Your Baby Tonight/6. If Not For You/7. If You See Her Say Hello/8. Sara

プロデューサー : Bob Dylan, Robbie Robertson, Gordon Carroll, Rick Danko, Don DeVito, Rob Fraboni, John H. Hammond, Levon Helm, Garth Hudson, Bob Johnston, Richard Manuel, Leon Russell, Tom Wilson

来日記念盤として日本で企画され、オーストラリアとニュージーランドでも発売された編集盤。

最新のディランを聴かせる1枚目、フォークからロックへの変化を聴かせる2枚目、ザ・バンドとの出会い以降のガツンとしたロックを聴かせる3枚目という構成がスマートでいい。レア・トラックも6曲収録。当時の日本のスタッフのディランへの愛を感じる企画だ。

納富

Greatest Hits Volume 3
グレーテスト・ヒット 第3集

Columbia : CK 66783 [CD]
録音 : 1973年〜1990年
発売 : 1994年11月15日

1. Tangled Up In Blue
2. Changing Of The Guards
3. The Groom's Still Waiting At The Altar
4. Hurricane
5. Forever Young
6. Jokerman
7. Dignity
8. Silvio
9. Ring Them Bells
10. Gotta Serve Somebody
11. Series Of Dreams
12. Brownsville Girl
13. Under The Red Sky
14. Knockin' On Heaven's Door

プロデューサー : Bob Dylan, Mark Knopfler, Daniel Lanois, Don Was, David Was, Gordon Carroll, Don DeVito, Jerry Wexler, Barry Beckett, Chuck Plotkin, Brendan O'Brien

『グレーテスト・ヒット』と題されたベスト盤としては、71年の『第2集』以来、23年ぶりになる。それでも73年の『ビリー・ザ・キッド』から90年の『アンダー・ザ・レッド・スカイ』までの曲をディラン自身が選んだ全14曲だから、第1集から第3集までを聴けば、それまでのキャリアを俯瞰できる仕掛けになっている。

94年に発売されて以降、アナログは全く作られなかった上に、日本盤は未発売。そのため入手困難な盤として有名になってしまい、宮沢章夫の小説のタイトルにも使われた。

西新宿を幻の『第3集』を求めて探し歩く、その一風変った小説のおかげで、ディラン・ファン以外にも何故かその名前が届いているアルバムだったりもする。もちろん、CDは普通に手に入るし配信もあるのだが。

かつては幻だったアナログ盤も、デビュー60周年の日本独自企画の中で、リマスターの上、ソニーミュージックグループでの一貫生産という最高の仕様で22年に再発された。

未発表だったのは、『オー・マーシー』のアウトテイクを素材にリメイクした「ディグニティ」のみ。今聴くなら、ディランがこの17年間に作られた楽曲から何を選んだのか、という点が興味の中心になるだろう。『セイヴド』『エンパイア・バーレスク』以外の全てのスタジオ・アルバムから満遍なく選んでいるのが、なんとも律義だ。

納富

The Original Mono Recordings
ボブ・ディラン・モノ・ボックス

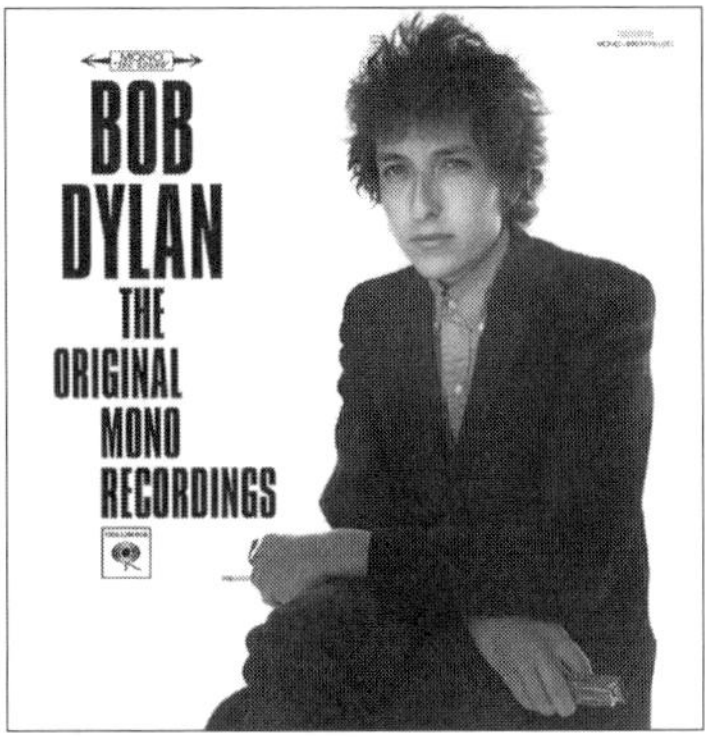

Columbia／Legacy：MONO-88697761042
[CD]
録音：1961年11月20日〜1967年11月29日
発売：2010年10月19日

[1] Bob Dylan
[2] The Freewheelin' Bob Dylan
[3] The Times They Are A-Changin'
[4] Another Side Of Bob Dylan
[5] Bringing It All Back Home
[6] Highway 61 Revisited
[7] Blonde On Blonde [Disc 1]
[8] Blonde On Blonde [Disc 2]
[9] John Wesley Harding

プロデューサー：Steve Berkowitz

62年3月発売のファースト・アルバム『ボブ・ディラン』から68年1月発売の『ジョン・ウェズリー・ハーディング』までのアルバムは、当時はステレオ盤とモノラル盤の両方が発売されていた。ただ、当時の多くのミュージシャンと同様に、ディランもモノラル盤の制作の方に注力していた。

しかし、CD化の際にはステレオ盤が使われることが一般的で、ディランの8枚のモノラル盤はCDになっていなかったのだ。それらをまとめてCDにしてボックスに収めたのが、このボックス・セットになる。

嬉しいのはストレートなリイシューで、しかも当時のモノラル盤を再現した紙ジャケットということ。そして、二枚組だった『ブロンド・オン・ブロンド』もしっかりCD二枚に分けて収録されている。さらに内袋まで復刻するという凝りようだ。

復刻版のボックス・セットは、作るのならば細部にきちんと気を配った仕様になっていないと面白くない。ロック史研究家による64ページの英文ブックレットも付属しているのだが、ソニーから出ている日本盤には、その完全対訳ブックレットも付属する。もちろん歌詞とその対訳、さらに、日本発売時の帯まで付いてくるのだ。コレクターズ・アイテムだからこそ音源さえあれば良いわけではない。配信の時代にそれでも欲しくなるのはこういった商品だろう。

納富

Side Tracks
サイド・トラックス

欧・Columbia：88691924312 [CD]
録音：1962年〜2000年
発売：2013年11月4日

[1]
1. Baby, I'm In The Mood For You / 2. Mixed-Up Confusion / 3. Tomorrow Is A Long Time (Live) / 4. Lay Down Your Weary Tune / 5. Percy's Song / 6. I'll Keep It With Mine / 7. Can You Please Crawl Out Your Window? / 8. Positively 4th Street / 9. Jet Pilo / 10. I Wanna Be Your Lover / 11. I Don't Believe You (She Acts Like We Never Have Met) (Live) / 12. Visions Of Johanna (Live) / 13. Quinn The Eskimo / 14. Watching The River Flow / 15. When I Paint My Masterpiece

[2]
1. Down In The Flood / 2. I Shall Be Released / 3. You Ain't Goin' Nowhere / 4. George Jackson (Acoustic Version) / 5. Forever Young / 6. You're A Big Girl Now / 7. Up To Me / 8. Abandoned Love / 9. Isis (Live) / 10. Romance In Durango (Live) / 11. Caribbean Wind / 12. Heart Of Mine (Live) / 13. Series Of Dreams / 14. Dignity / 15. Things Have Changed

プロデューサー：Jeff Rosen, Steve Berkowitz

2013年時点でのディランの全てのスタジオ・アルバムと公式のライヴ盤を収録したCD47枚組のボックス・セットが、『ボブ・ディラン・コンプリート・アルバム・コレクション Vol.1』。その箱に収められていたレア・トラック集のCDが本作だ。日本では独立した商品としてCDが発売され、アナログ盤も各国でリリースされている。

シングルのB面や、『グレーテスト・ヒット第2集』のレア・トラック、『バイオグラフ』収録の未発表テイクが中心で、もしかするとコアなファンには物足りないかもしれない。

しかし、言ってみれば公式レア・トラック集なわけで、それがコンパクトな形でまとめられていると考えると、これはこれで面白いではないか。ディランのレア・トラック探求の入り口として、押さえておくべき基本的なテイクが網羅されているのはとても助かるだろう。惹かれる曲があれば、ブートレッグ・シリーズなどに収録された別テイクや別ミックスの蒐集へと向かえばいい。

また『バイオグラフ』にも収録されていた「イシス」「ドゥランゴのロマンス」の75年モントリオールでのライヴ音源や、映画『ワンダー・ボーイズ』の主題歌「シングス・ハヴ・チェンジド」など、通常のアルバムとは違った魅力のあるテイクが多数収録されている、ある種の裏ベスト盤と考えれば、かなりコスト・パフォーマンスが高い。

納富

ボブ・ディラン・ライヴ! 1961-2000〜39イヤーズ・オブ・グレート・コンサート・パフォーマンス

日・SME：SRCS 2438［CD］
発売：2001年2月28日

1. Somebody Touched Me／2. Wade In The Water／3. Handsome Molly／4. To Ramona／5. I Don't Believe You／6. Grand Coulee Dam／7. Knockin' On Heaven's Door／8. It Ain't Me, Babe／9. Shelter From The Storm／10. Dead Man, Dead Man／11. Slow Train／12. Dignity／13. Cold Irons Bound／14. Born In Time／15. Country Pie／16. Things Have Changed

01年の来日記念盤として作られた日本独自企画のコンピレーション。企画したのはソニーの白木哲也氏だ（本書チャプター6のインタヴューでも、このタイトルに言及されている）。

デビュー前の61年から00年まで、39年間のライヴ・パフォーマンスを16曲に凝縮した編集が素晴らしい。

ブートレッグ・シリーズのような、あらゆる音源を収録するという方法も重要な面がある。しかし、膨大な音源から「これ」というテイクだけを収録した編集盤も同じくらいの価値があるのだ。しかも、レア・トラック満載なのだから言うことはない。

1曲目に00年の「サムバディ・タッチド・ミー」を聴かせたあとは、61年のミネアポリス、62年のガスライト、65年のシェフィールドと年代順にライヴが並び、00年にたどりついて「シングス・ハヴ・チェンジド」で終わる構成も見事。大ヒットしたのも当然の内容だ。 **納富**

ライヴ：1962-1966 〜追憶のレア・パフォーマンス

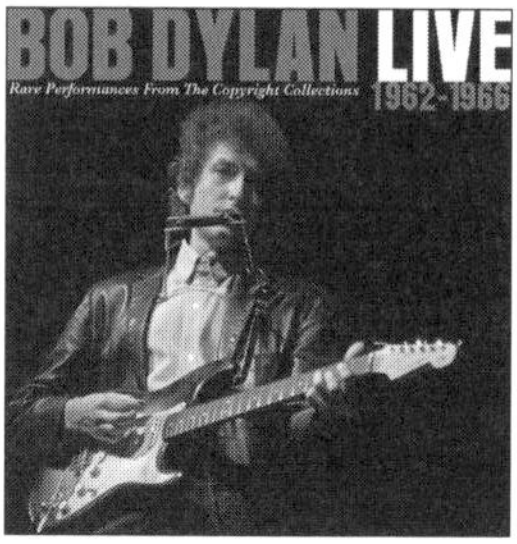

日・SME：SRCS 2438［CD］
発売：2018年7月18日

[1]
1. Blowin' In The Wind
2. Corrina, Corrina
3. John Brown
4. Don't Think Twice, It's All Right
5. Bob Dylan's Dream
6. Seven Curses
7. Boots Of Spanish Leather
8. Masters Of War
9. The Lonesome Death Of Hattie Carroll
10. When The Ship Comes In
11. The Times They Are A-Changin'
12. Girl From The North Country
13. Mr. Tambourine Man
14. It Ain't Me Babe
15. To Ramona
16. Chimes Of Freedom

[2]
1. One Too Many Mornings
2. It's Alright, Ma (I'm Only Bleeding)
3. Love Minus Zero/No Limit
4. Gates Of Eden
5. It's All Over Now, Baby Blue
6. She Belongs To Me
7. Maggie's Farm
8. It Takes A Lot To Laugh, It Takes A Train To Cry
9. Desolation Row
10. Baby, Let Me Follow You Down
11. I Don't Believe You (She Acts Like We Never Have Met)
12. Ballad Of A Thin Man
13. Visions Of Johanna

参加ミュージシャン：Joan Baez (cho), Robbie Robertson (g), Al Kooper (org, b), Levon Helm (ds), Garth Hudson (org), Rick Danko (b), Mickey Jones (ds), Michael Bloomfield (g), Barry Goldberg (org), Sam Lay (ds)

18年に、初来日から40年、通算１０１回目の来日の記念盤として日本で独自に企画されたコンピレイション。

62年4月の「風に吹かれて」から、66年5月の「ライク・ア・ローリング・ストーン」まで、フォークからロックへと向かうディランのライヴの変遷を全30曲という時間と共に体験できる。

66年録音の6曲を除き、ほかは全て世界初ＣＤ化という点も話題になった。 **納富**

お国柄がうかがえる編集盤いろいろ

納富廉邦

ディランの編集盤はアメリカ以外の国で企画されたものにも面白いものが多い。日本企画の『ボブ・ディラン・ライヴ！1961－2000〜39イヤーズ・オブ・グレート・コンサート・パフォーマンス』などは、その代表と言えるだろう。

97年の『ザ・ベスト・オブ・ボブ・ディラン』は、イギリス、オーストラリア、カナダで発売され、その後、ヨーロッパ各国や日本でもリリースされたが、アメリカでは発売されていない。『フリーホイーリン・ボブ・ディラン』から『オー・マーシー』までの曲に、「シェルター・フロム・ザ・ストーム」のオルタネイト・ヴァージョンが収録されている。日本盤はみうらじゅんが描いた帯付き。

2000年には、その第二弾『ザ・ベスト・オブ・ボブ・ディラン・ヴォリューム2』が出ている。こちらも前作同様にアメリカでのリリースはない。「ディグニティ」のオルタネイト・ヴァージョンや「シングス・ハヴ・チェンジド」のサントラ盤ヴァージョンなど、少し捻ったトラックを収録。日本盤には『バイオグラフ』所収のアコースティック・ヴァージョンの「フォーエヴァー・ヤング」がボーナス・トラックとして追加されている。

同じく00年に、コロンビアのベスト盤〈エッセンシャル・シリーズ〉から出たのが『エッセンシャル・ボブ・ディラン』。99年の『シングス・ハヴ・チェンジド』までの楽曲から、有名な曲、エポックな曲をズラリと並べた堂々たる〝ベスト盤〟だ。このアルバムはさまざまな国で曲順や収録曲が一部違うヴァージョンが発売されている。日本では、23年の来日記念盤として同アルバムをベースにしながら、より名曲集としての位置づけをはっきりさせた編集盤を『流

The Best Of Bob Dylan
欧・Sony/Columbia：SONYTV28CD［CD］
1997年

The Best Of Bob Dylan Volume 2
欧・Columbia：4983619000［CD］
2000年

The Essential Bob Dylan
Columbia：C2K 85168［CD］
2000年

アイデン&ティティ
日・ソニー：MHCP166［CD］
2004年

行歌集』というタイトルと和風のジャケットでリリースした。

　みうらじゅんが93年に企画・編集したコンピレイション『ディランがロック！』は非売品だった。それを商品化したいという10年に渡る交渉の末、04年の映画公開を期に、原作マンガに登場するディランの曲を集めたベスト盤という形で実現したのが『アイデン&ティティ』。みうらじゅん的ディランの名言集といった編集と、まさかのマンガ絵のジャケットは衝撃的だった。

　97年発売のものと同じタイトルの『ザ・ベスト・オブ・ボブ・ディラン』が、アメリカで05年に発売されている。もちろん内容は別物で、こちらは全15曲のシングル盤コンピレイションだ。リリースはアメリカとカナダのみ。

『ブルーズ』は、アメリカの大手書籍流通メーカー、バーンズ&ノーブル社の独占流通商品として06年に発売されたもの。シングル盤のコンピレイションで、なぜタイトルが『ブルーズ』なのかは分からない。

　アルバム『ボブ・ディラン』から『テンペスト』、『武道館』や『リアル・ライヴ』などの公式ライヴ盤に、レア・トラック集の『サイド・トラックス』を加えたＣＤ47枚組のボックス・セットが、13年に発売された『コンプリート・アルバム・コレクションＶｏｌ．１』だ。ノーベル文学賞受賞者にふさわしい「全集」と呼べるセットだが、文学者にしても生前の全集に意味があるのかという問題は残る。現役のミュージシャンに果たしてこんなボックスは似合うのだろうか。

　16年の『ディラン・リヴィジテッド〜オール・タイム・ベスト』は日本企画によるＣＤ５枚組。これが、みうらじゅんとディランを繋いだソニーの栗原憲雄氏による定年前最後の仕事となった。オール・タイム・ベストとして、ディスク１はデビューから66年まで。ディスク２は70年代、ディスク３は迷走の80年代、ディスク４ではそれ以降を収録して、ディスク５はレア・トラック集という構成が素晴らしい。

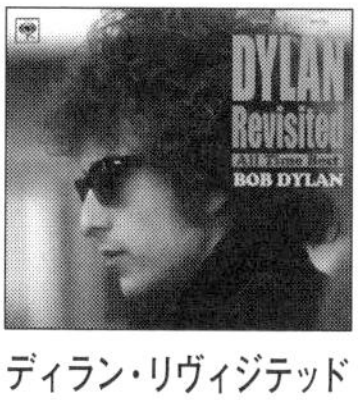

ディラン・リヴィジテッド
〜オール・タイム・ベスト
日・ソニー：
SICP-4761〜4765［CD］
2016年

The Complete Album Collection Vol.One
Columbia/Legacy：
888430284320S1［CD］
2013年

Blues
Columbia：
82876 88900 2［CD］
2006年

The Best Of Bob Dylan
Columbia：
82876 75013 2［CD］
2005年

ヨーロッパで発売されている著作権対策盤を考える

納富廉邦

ヨーロッパで、２０１２年に発売された『ザ・50th・アニヴァーサリー・コレクション／ザ・コピーライト・エクステンション・コレクションＶｏｌ．１』というディランのコンピレイションがある。62年から63年に録音されたアウトテイクを集めた4枚組のＣＤ－Ｒで、全86テイクが収録されている。これは、タイトルからも分かる通り、著作権の延長を意図したものだ。

ヨーロッパでは現状、商品化されたものの著作権は、アメリカや日本と同様、最初の商品化から70年に延長されているが、商品化されていない録音物に対しての保護期間は50年。つまり、未発表の音源は録音から50年経つとパブリック・ドメイン扱いになってしまい、レコード会社は著作権を主張できなくなってしまう。海賊盤も出し放題ということになる。

そこで、レコード会社としては将来的に正規盤としてリリースする予定はあるものの、今はそのタイミングではないとか、どういう形でまとめるのが良いのかが決まっていないといった場合でも、著作権は延長しておきたい。このシリーズの目的がおわかりいただけるだろう。

まさか、50年以上前の録音物にこれほどの価値が出るなどということは、誰も予想できなかった時代の法律だし、権利ビジネスの拡大の是非などもあって、法律的には色々と難しい面もある。それでも現在、ディランに限らず、多くのミュージシャンたちの過去の録音が、著作権対策盤としてリリースされているという事実は、これが現実的な解決策のひとつということなのだろう。

実際に、発売から50年を過ぎた作品の音源を使って、作詞作曲の印税だけを払い、ジャケットを替え、収録曲を少し変えたり増やしたりした非正規のレコードやＣＤを作る業者は山のようにいる。しかも、アマゾンやタワーレコードなどで普通に流通しているのだ。こうした訴訟しづらい商品が出回っている以上、レコード会社ものんきに構えてはいられないわけだ。

もちろん、どういう形であっても聴いたことがないディランの音源、海賊盤でしか流通していなかった録音が正規盤としてまとめて聴けるのはファンにとっては嬉しい。ただ、既成事実をつくるのが目的のようなものだし、ヨーロッパのみでの販売ということもあり、発行部数は１００セット程度と少ないことが多い。価格も安くはないが、あっという間に売り切れて中古盤価格はさらに高騰する。なかなか入手は難しい。

しかし、このシリーズ、ジャケットに『ザ・コピーライト・エクステンション・コレクション』と記されているのは、12年発売の62年コレクションだけで、その後、63年、64年、69年、70年と出ている商品については『ザ・50th・アニヴァーサリー・コレクション』とあるだけで、著作権対策の意図が見えづらくなっている。このあたりにも、レコード会社側の逡巡が見える。

内容はといえば、例えばＬＰ６枚組の『ザ・50th・アニヴァーサリー・コレクション１９６３』では、『時代は変る』セッションや、63年2月、ガーズ・フォーク・シティでのバンジョー・テープと呼ばれるライヴ、ＴＶやラジオへの出演時の録音などを時系列で収録。63年のディランの活動を音で追えるのが面白い。

このシリーズから通常盤になったものとしては、21年発売の『１９７０』があるし、このシリーズに収録された62から66年の録音からセレクトした編集盤が、18年に日本企画で発売された『ライヴ：１９６２−１９６６〜追憶のレア・パフォーマンス』だ。これらは、著作権対策盤があったから出せたと言えるのかもしれない。

そうなると、このシリーズが出ていない65年から68年の音源はどうなるのかが気になるところではある。

The 50th Anniversary Collection / The Copyright Extension Collection Vol. I
欧・Sony：none［CD-R］2012年

The 50th Anniversary Collection 1963
欧・Legacy/Columbia：88883799701［LP］2013年

The 50th Anniversary Collection 1970
欧・Legacy/Columbia：19439816262［CD］2020年

コロンビアのジョン・ハモンド・シニアがディランに興味を持ったのは、グリニッチ・ヴィレッジで自身も頭角を現し始めた息子のシンガー、ジョン・ハモンドが強力に推したからだった。62年9月、ハモンド・シニアはコロンビアに移籍してきた美人フォーク・シンガーのセッションにディランを呼んでハーモニカを吹かせ、そのときに好印象を持ったから翌月ディランと契約したのだ。キャロリン・ヘスターのアルバムでのプレイはそれほど印象に残るものではないが、ミネアポリスから出てきて9か月で初のメジャー録音を経験することになったヤング・ディランの記録として、ヘスターのアルバムは歴史的なものとなった。

ハリー・ベラフォンテは57年に「バナナ・ボート」を大ヒットさせてカリプソを世界に広めた人だが、その後はブルーズやR&Bも歌って〝南米系〟の最大のスターとなった。ハモンドはRCAにディランを出張させて、『ザ・ミッドナイト・スペシャル』でハーモニカを担当させた。このセッションは新人をプロモーションするためのものだったと思う。

ピート・シーガーらによるフォーク誌〝Broadside〟が制作したオムニバス盤に、ディランはブラインド・ボーイ・グラントの変名で参加し、「ジョー・ブラウン」と「オンリー・ア・ホーボー〜トーキン・デヴィル」を提供。このアルバムでは「風に吹かれて」がニュー・ワールド・シンガーズに、'I Will Not Under The Ground'がハッピー・トラウムに取り上げられた。

和久井

CAROLYN HESTER
Carolyn Hester

Columbia：CL 1796
発売：1962年11月

HARRY BELAFONTE
The Midnight Special

RCA Victor：LPM 2449
発売：1962年12月

VARIOUS ARTISTS
The Broadside Ballads Vol.1

Broadside / Folkways：B 301
発売：1963年8月

VARIOUS ARTISTS
Woody Guthrie: The Tribute Concerts (Complete)

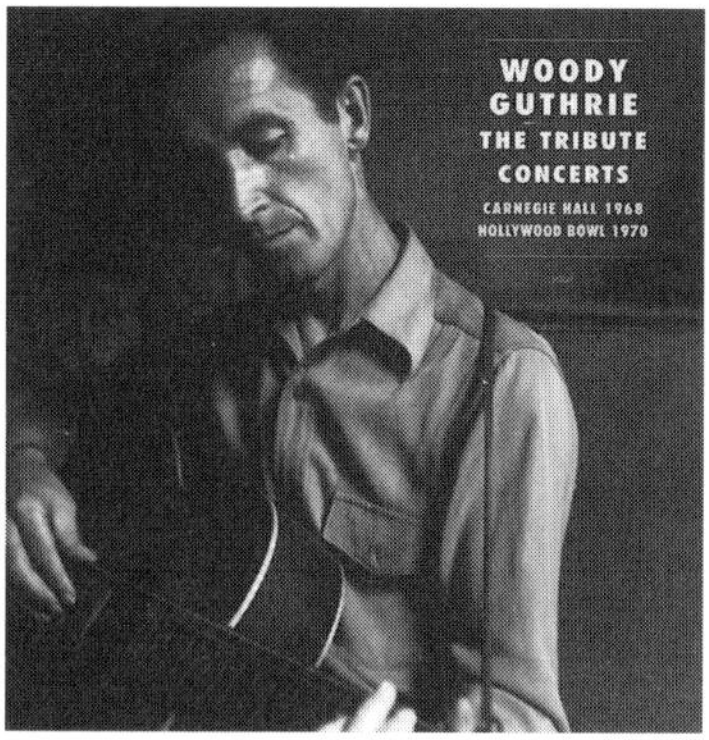

欧・Bear Family: 17329 [CD]
録音: 1968年1月20日、1970年9月12日
発売: 2017年

[1]
23. The Grand Coulee Dam
24. Dear Mrs. Roosevelt
25. I Ain't Got No Home
(ディランがヴォーカルの曲)

[3]
36. Last Thoughts On Woody Guthrie
(インタヴューに参加)

プロデューサー: Harold Leventhal

フォーク・ミュージックの開祖的存在であり、ボブ・ディランにも大いに影響を与えたウディ・ガスリー。彼は病に冒され、１９６７年10月3日に55歳の若さでこの世を去った。縁のあるミュージシャンたちは、68年1月20日、マンハッタンのカーネギー・ホールでガスリーを追悼するコンサートを開催した。

ディランはバイク事故を発端とする〝隠遁〟から復活を遂げ、67年12月にアルバム『ジョン・ウェズリー・ハーディング』をリリースしたばかりだったが、カーネギー・ホールに駆けつけてステージに立った。バックには、このあとファースト・アルバム『ミュージック・フロム・ビッグ・ピンク』の録音を行うことになるザ・バンド。ディランにとって、66年の事故以来、初の公の場での演奏であり、68年中唯一のパブリックな活動という貴重なものであった。

同様のコンサートは70年9月12日にハリウッド・ボウルでも開催されたが、こちらにはディランは参加していない。2回分の録音は、72年に欧ＣＢＳから発売、米では76年まで発売されなかった。

17年には独ベア・ファミリーが3枚組ＣＤの〝拡張版〟を編纂した。68年と70年、それぞれのショウが当時の演奏順に収録されている。ディランとバンドが披露した3曲はこのイベントの目玉だっただけに、72年のＬＰにも収められていたが、新たにガスリーに捧げた詩の朗読が発掘されている。

犬伏

THE BAND
Rock Of Ages
ロック・オブ・エイジズ

Capitol：SABB 11045
録音：1971年12月28日〜31日
発売：1972年8月15日

[A] 1. Introduction／2. Don't Do It／3. King Harvest (Has Surely Come)／4. Caledonia Mission／5. Get Up Jake／6. The W.S. Walcott Medicine Show
[B] 1. Stage Fright／2. The Night They Drove Old Dixie Down／3. Across The Great Divide／4. This Wheel's On Fire／5. Rag Mama Rag
[C] 1. The Weight／2. The Shape I'm In／3. The Unfaithful Servant／4. Life Is A Carnival
[D] 1. The Genetic Method／2. Chest Feve／3. (I Don't Want To) Hang Up My Rock And Roll Shoes

プロデューサー：The Band

参加ミュージシャン：J.D. Parron (sax, Clarinet), Howard Johnson (sax, Tuba, Euphonium), Joe Farrell (sax, horn), Earl McIntyre (Trombone), Snooky Young (Trumpet, Flugelhorn)

Expanded Version
Capitol：72435-30181-2-2［CD］
発売：2001年
[1] Rock Of Ages
1-18. *same as "Rock Of Ages"
[2] Previously Unreleased Bonus Tracks
1. Loving You Is Sweeter Than Ever／2. I Shall Be Released／3. Up On Cripple Creek／4. The Rumor／5. Rockin' Chair／6. Time To Kill／7. Down In The Flood／8. When I Paint My Masterpiece／9. Don't Ya Tell Henry／10. Like A Rolling Stone

プロデューサー：Andrew Sandoval, Cheryl Pawelski

71年のアルバム『カフーツ』がチャートの20位圏外に終わり、セールスの陰りも心配される中、ザ・バンドの起死回生の一作となったのが、72年8月にリリースされた、このライヴ・アルバムだ。

本作は当初、12月31日のニューヨーク、アカデミー・オブ・ミュージック公演を収めたものだと思われていたが、のちに同会場で28日から31日の4夜連続で行われた公演からベスト・トラックを選んで構成されたものであることが明らかになった。それを踏まえた拡張版が01年にリリースされたが、ここではオリジナル・アルバムの全曲を1枚目のCDに、新たに発掘された10曲が2枚目に収められた。遂にボブ・ディランが飛び入りした最終日、大晦日から日が変わって新年を迎えたあとに演奏された4曲が発掘されたのだ。

ザ・バンド作品のエクステンデッド／リマスター化が進む中でリリースされたこのヴァージョンは充分に満足のいくものだったが、その後16チャンネルのマルチ・トラックが発見され、ボブ・クリアマウンテンのリミックスによる4CD＋DVD版『ライヴ・アット・アカデミー・ミュージック1971』が13年にリリース、四夜に演奏された全曲が聴けるようになった。なぜか当日の演奏順と異なる編集が施されているが、ロビー・ロバートソンの意向が反映されているのだろう。ディランの4曲はもちろん01年版とは別ミックスだ。

犬伏

THE BAND
The Last Waltz - 40th Anniversary [DELUXE EDITION]

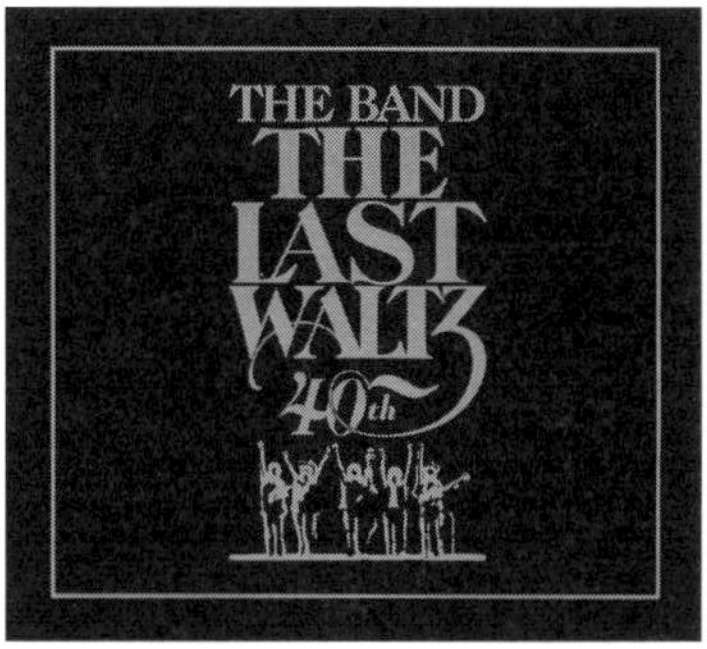

欧・Warner/Rhino：081227943554
[CD＋Blu-ray]
録音：1976年11月25日
発売：2016年11月11日

[3]
3. Baby Let Me Follow You Down
4. Hazel
5. I Don't Believe You (She Acts Live We Never Have Met)
6. Forever Young
7. Baby Let Me Follow You Down (Reprise)
8. I Shall Be Released （ディラン参加曲）

プロデューサー：Robbie Robertson

参加ミュージシャン：Eric Clapton (g, vo), Muddy Waters (vo), Ronnie Hawkins (vo), Van Morrison (vo), Joni Mitchell (g, vo, cho), Neil Young (g, vo), Dr. John (per, p, g, vo), Emmylou Harris (g, vo), Dennis St. John (ds), Neil Diamond (g, vo), Paul Butterfield (vo, Harmonica), John Simon (p), Bob Margolin (g), Pinetop Perkins (p), Bobby Charles (vo), Roebuck Staples (g, vo), Mavis Staples (vo)

今もなお、賛否両論を巻き起こしながらも愛され、聴かれ続けている『ラスト・ワルツ』は、ザ・バンドのフェアウェル・コンサートとして76年12月25日、ウィンターランドで行われた一夜限りのショウを捉えたLP3枚組。巧みな編集と数々のオーヴァー・ダビングが施されたアルバムは、ドキュメントというよりも、むしろひとつの立派な〝作品〟として仕上げられ、当日のショウ全体を見渡すことはできなかった。

本作は02年に米・ライノがリリースしたCD4枚組の〝完全版〟（厳密には当日の演奏と曲順が異なっている箇所や未収録曲があるが）に、映画本編のブルーレイを加えた40周年記念盤だ。CD自体の収録曲は02年盤と同じで、ディランの演奏としてはザ・バンドとの共演アルバム『プラネット・ウェイヴス』の収録曲、「ヘイゼル」が発掘され、当日の演奏曲がすべて聴けるようになっていた。

当日のディランは微妙な人間関係にあったザ・バンドの面々とは対照的に、ゴキゲンな演奏を聴かせている。セット・リストはマーティン・スコセッシらスタッフとも共有されていたが、最後にもう一度演奏された「ベイビー・レット・ミー・フォロー・ユー・ダウン」は、ディランがアドリブで突然始めたもの。バンドの面々は一瞬の焦りを見せながらも、演奏は見事に決まっている。まだ健在だった、ディランとバンドの〝阿吽の呼吸〟が実感できる好演である。

犬伏

VARIOUS ARTISTS
Hearts Of Fire
ハーツ・オブ・ファイヤー

Columbia：SC 40870／C 40870
録音：1986年8月26日〜27日
発売：1987年10月20日

[A]
1. Hearts Of Fire - Fiona
2. The Usual - Bob Dylan
3. I'm In It For Love - Fiona
4. Tainted Love - Rupert Everett
5. Hair Of The Dog (That Bit You) - Fiona

[B]
1. Night After Night - Bob Dylan
2. In My Heart - Rupert Everett
3. The Nights We Spent On Earth - Fiona
4. Had A Dream About You, Baby - Bob Dylan
5. Let The Good Times Roll - Fiona

プロデューサー：Beau Hill

参加ミュージシャン：Eric Clapton (g), Ron Wood (b), Keith Lentin (b, cho), Kip Winger (b, cho), David Rosenberg (ds), Henry Spinetti (ds), Reb Beach (g), Beau Hill (kbd, cho), Deborah Smith (cho), Louise Bethune (cho), Millie Whiteside (cho), Sandy Barber (cho), The New West Horns (horns)

〝『レナルド&クララ』以来、26年ぶりに主演〟。2003年公開の映画、『ボブ・ディランの頭のなか』の宣伝文句だが、つまるところ87年の『ハーツ・オブ・ファイヤー』が〝ディラン史〟から抹消されたことを示している。

この映画は、ディランが演じるベテランのミュージシャンが、自身の発掘した少女をロック・スターに育て上げるというストーリーだった。劇中にはディランのライヴ・シーンも登場するが、彼の演技は酷評され、英国で上映されるも不発で打ち切られ、米国では上映そのものが見送られている。さらには監督のリチャード・マーカンドが映画の完成直後に脳卒中で急死するというアクシデントも見舞われ、まさに〝いわくつき〟の作品となってしまったのである。

ディランは当初4曲を提供する契約だったようだが、結局彼が揃えたのはジョン・ハイアットの楽曲を取り上げた「ザ・ユージュアル」を含む3曲のみ。しかし、本サントラ用のセッションはギターにエリック・クラプトン、ベースにロン・ウッド（映画にもベーシストとして登場）、ドラムにヘンリー・スピネッティという豪華な布陣で、いかにも80年代らしい音作りながら、それぞれの曲の出来はよい。「ハッド・ア・ドリーム・アバウト・ユー、ベイビー」は本作発売後にオーヴァー・ダビングとリミックスが施され、88年のアルバム『ダウン・イン・ザ・グルーヴ』に収録された。

犬伏

VARIOUS ARTISTS
The Songs Of Jimmie Rodgers: A Tribute
ジミー・ロジャース・トリビュート

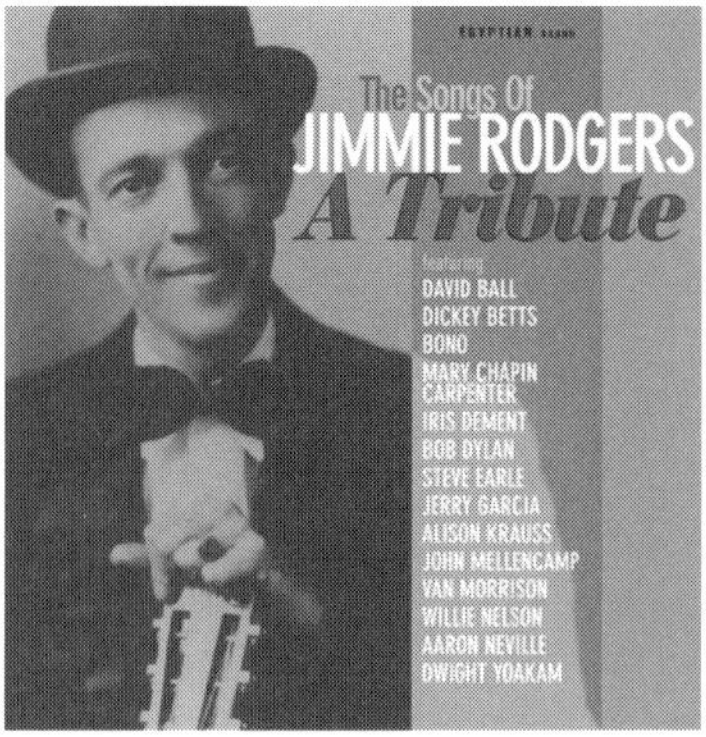

Egyptian／Columbia：CK 67676［CD］
録音：1996年〜1997年
発売：1997年8月19日

1. Dreaming With Tears In My Eyes - Bono
2. Any Old Time - Alison Krauss And Union Station
3. Waiting For A Train - Dickey Betts
4. Somewhere Down Below The Mason Dixie Line - Mary Chapin Carpenter
5. Miss The Mississippi And You - David Ball
6. My Blue Eyed Jane - Bob Dylan
7. Peach Pickin' Time Down In Georgia - Willie Nelson
8. In The Jailhouse Now - Steve Earle & The V-Roys
9. Blue Yodel # 9 (Standin' On The Corner) - Jerry Garcia, David Grisman, John Kahn
10. Hobo Bill's Last Ride - Iris DeMent
11. Gambling Bar Room Blues - John Mellencamp
12. Mule Skinner Blues - Van Morrison
13. Why Should I Be Lonely - Aaron Neville
14. T For Texas - Dwight Yoakam

プロデューサー：Jeff Rosen, Jeff Kramer

参加ミュージシャン：Tony Garnier (b), Winston Watson (ds), John Jackson (g), Bucky Baxter (g)（'My Blue Eyed Jane'に参加）
カントリー界の巨人であり、ファルセットを巧みに操る歌唱スタイルから〝ブルー・ヨーデラー〟の異名をもつジミー・ロジャーズ。彼は１９３３年に結核が原因で35歳の若さでこの世を去ったが、彼が残した１００曲超の楽曲は今も輝き続けている。本作はロジャースが生誕１００周年を迎えた97年にリリースされたトリビュート・アルバムで、ボブ・ディランの企画により、米コロンビア傘下に彼が設立したエジプシャン・レコーズの第一弾作品となった。Ｕ２のボノ、ウィリー・ネルソン、ヴァン・モリソン、アーロン・ネヴィル、ジョン・メレンキャンプ、ディッキー・ベッツら豪華な顔ぶれが揃ったにもかかわらず、一貫したノリとムードがあり、違和感なく一気に聴くことができる。なかでもジェリー・ガルシアとディッド・グリスマン、ジョン・カーンによる「スタンディン・オン・ザ・コーナー」はガルシアの生前最後となった貴重な録音だ。

ディランが歌う「ブルー・アイド・ジェーン」は94年に録音されたもので、これが本作のアイディアの原点なのだろう。演奏はバッキー・バクスター在籍時のツアー・メンバーによるもので、95年にリリースされたCD－ROMソフト〝Highway 61 Interactive〟にもその断片が収録されていた。ちなみにバクスターはこのアルバムの中で、かつての仲間、スティーヴ・アールの「イン・ザ・ジェイルハウス・ナウ」にも参加している。

犬伏

VARIOUS ARTISTS
Wonder Boys
ワンダー・ボーイズ

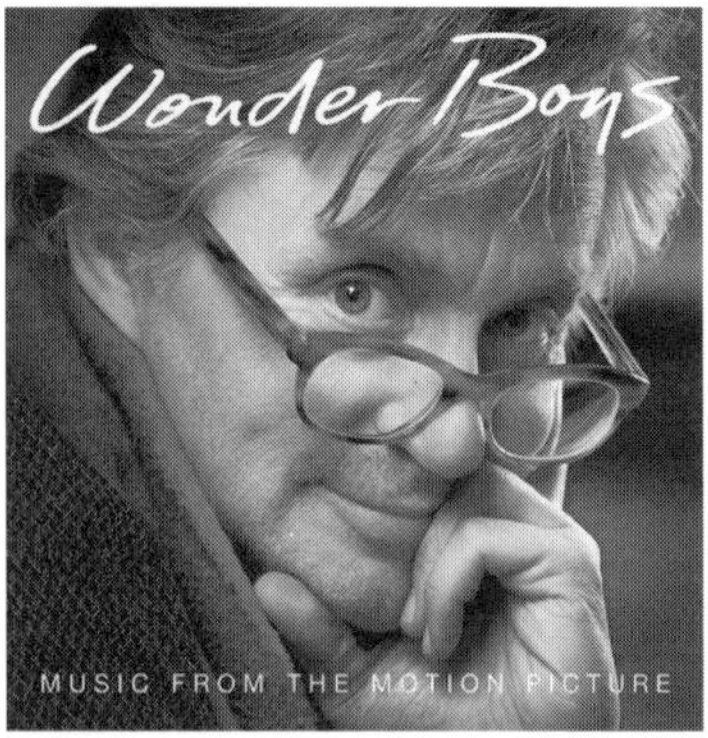

Columbia : CK 63849 [CD]
録音 : 1999年
発売 : 2000年2月15日

1. Things Have Changed - Bob Dylan
2. A Child's Claim To Fame - Buffalo Springfield
3. No Regrets - Tom Rush
4. Old Man - Neil Young
5. Shooting Star - Bob Dylan
6. Reason To Believe - Tim Hardin
7. Need Your Love So Bad - Little Willie John
8. Not Dark Yet - Bob Dylan
9. Slip Away - Clarence Carter
10. Waiting For The Miracle - Leonard Cohen
11. Buckets Of Rain - Bob Dylan
12. Watching The Wheels - John Lennon
13. Philosophers Stone - Van Morrison

プロデューサー : Carol Fenelon, Curtis Hanson

参加ミュージシャン : Charlie Sexton (g), Larry Campbell (g), Tony Garnier (B), David Kemper (ds)
(ボブ・ディランのトラックに参加)

マイケル・ダグラス主演、かつて〝ワンダー・ボーイ〟と呼ばれた中年作家を取り巻く騒動と再出発を描いた2000年公開の映画『ワンダー・ボーイズ』のオリジナル・サウンドトラック盤。映画で流されるBGMは一切収録されず、主人公の人生の歩みを彩ったであろう数々の楽曲、バッファロー・スプリングフィールド、ニール・ヤングやティム・ハーディン、レナード・コーエンからジョン・レノンに至るお馴染みのナンバーがずらりと並んでいる。

ディランは『血の轍』から「バケツ・オブ・レイン」、『オー・マーシー』から「シューティング・スター」、『タイム・アウト・オブ・マインド』から「ノット・ダーク・イェット」が選ばれたが、書き下ろしの「シングス・ハヴ・チェンジド」が映画の主題歌となり、結果的に英58位のセールスを記録、アカデミー歌曲賞とゴールデン・グローヴ賞の主題歌賞を受賞した。

演奏はチャーリー・セクストンがリード・ギターを務めていた当時のツアー・バンドによるもの。映画本編とは直接の関係はないものの、「シングス・ハヴ・チェンジド」はシングルのリリースに合わせてミュージック・ヴィデオも制作され、〝俳優〟ディランの演技がしっかり堪能できる。彼は俳優業に挑むたびに酷評されてきたが、長尺の映画よりもMVやCMくらいの長さがちょうどいいのかもしれない。

犬伏

VARIOUS ARTISTS
Masked And Anonymous: Music From The Motion Picture
ボブ・ディランの頭のなか〜マスクト・アンド・アノニマス

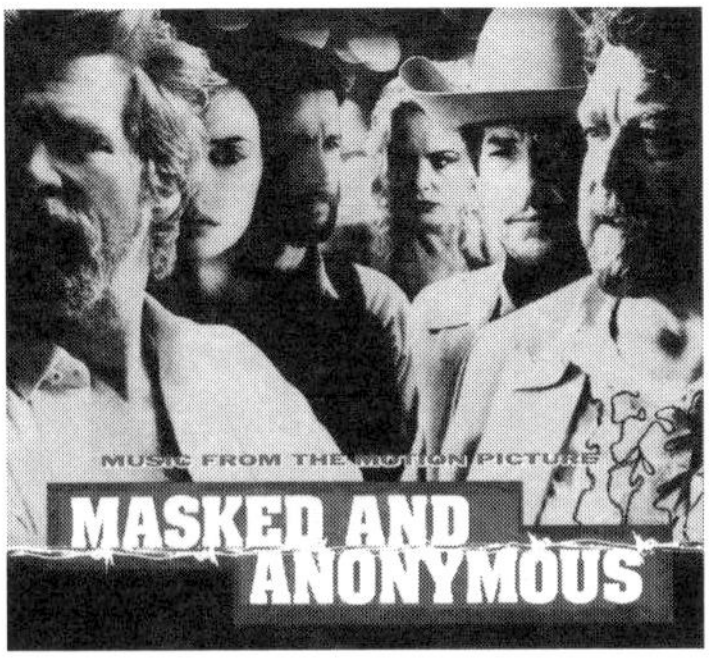

Columbia／Sony：CK 90536［CD］
録音：2000年3月16日、2002年6月18日
発売：2003年7月22日

1. My Back Pages - 真心ブラザーズ
2. Gotta Serve Somebody - Shirley Caesar
3. Down In The Flood (Live) - Bob Dylan
4. It's All Over Now, Baby Blue - Grateful Dead
5. Most Of The Time - Sophie Zelmani
6. On A Night Like This - Los Lobos
7. Diamond Joe (Live) - Bob Dylan
8. Come Una Pietra Scalciata (Like A Rolling Stone) - Articolo 31
9. One More Cup Of Coffee - Sertab
10. Non Dirle Che Non E' Cosi' (If You See Her, Say Hello) - Francesco De Gregori
11. Dixie (Live) - Bob Dylan
12. Senor (Tales Of Yankee Power) - Jerry Garcia
13. Cold Irons Bound (Live) - Bob Dylan
14. City of Gold - The Dixie Hummingbirds

プロデューサー：Jeff Rosen

参加ミュージシャン：Charlie Sexton (g, cho), Larry Campbell (g, cho), Tony Garnier (b), George Recile (ds)
（ボブ・ディランのトラックに参加）

先に紹介した1987年の主演映画『ハーツ・オブ・ファイヤー』の失敗にも懲りず、またもや〝主演〟してしまった、03年公開の『ボブ・ディランの頭のなか』のオリジナル・サウンドトラック盤。

本映画は情勢不安で荒れた〝とある国〟で収監されていたベテラン・ミュージシャン、ディランが演じるジャック・フェイトが釈放されたあと、チャリティ・コンサートを開催しようと奔走するも、大統領の急死により息子が新たなリーダーとなり、フェイトに対する弾圧が始まるという内容だ。例によってこのときも彼の演技は酷評され、映画自体の評価も決して芳しいものにはならなかった。

しかし、このサントラは非常に興味深い内容であり、映画、サントラともに冒頭を飾るのが真心ブラザーズによる「マイ・バック・ページズ」の日本語カヴァーということに驚かされる。ほかにもグレイトフル・デッドやジェリー・ガルシアのようなある種の〝定番〟とともに、イタリアのヒップ・ホップ・グループ、アルティコロ・トレントゥーノやスウェーデンのソフィー・セルマーニなど、映画の舞台の〝無国籍〟感を強く意識したようなディラン・カヴァーが並んでおり、おかげで凡百のカヴァー・アルバムにはない面白さがある。

なにより、当時のバンドを従えたディランのパフォーマンスは圧巻のひと言だ。サントラだけでなく、映像も一見の価値あり。実は侮れない映画なのだ。　**犬伏**

VARIOUS ARTISTS
I'm Not There: Original Soundtrack
アイム・ノット・ゼア

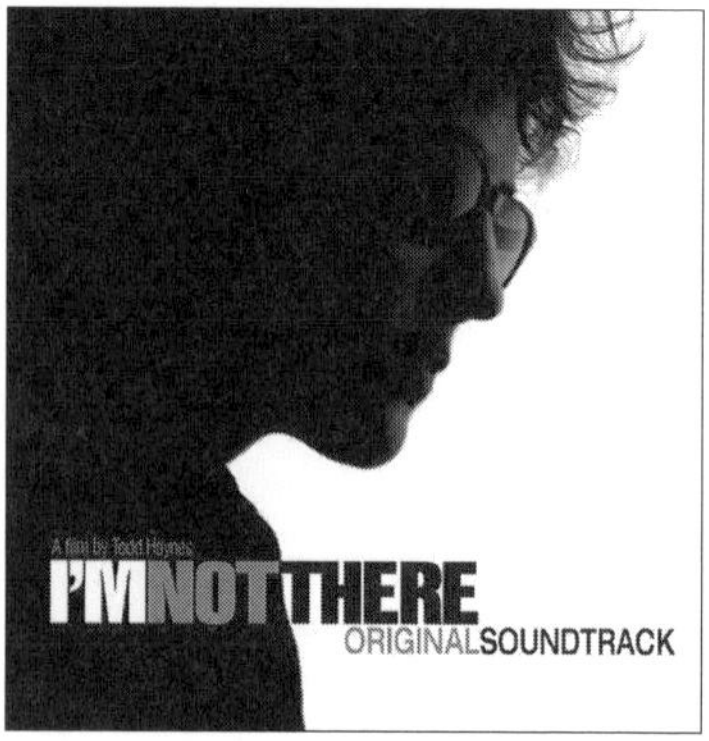

Columbia／Sony：88697 12038 2 [CD]
録音：1967年～2007年
発売：2007年10月30日

[1] 1. All Along The Watchtower – Eddie Vedder & The Million Dollar Bashers／2. I'm Not There – Sonic Youth／3. Goin' To Acapulco – Jim James & Calexico／4. Tombstone Blues – Richie Havens／5. Ballad Of A Thin Man – Stephen Malkmus & The Million Dollar Bashers／6. Stuck Inside Of Mobile With The Memphis Blues Again – Cat Power／7. Pressing On – John Doe／8. Fourth Time Around – Yo La Tengo／9. Dark Eyes – Iron & Wine* & Calexico／10. Highway 61 Revisited – Karen O & The Million Dollar Bashers／11. One More Cup Of Coffee – Roger McGuinn & Calexico／12. The Lonesome Death Of Hattie Carroll – Mason Jennings／13. Billy 1 – Los Lobos／14. Simple Twist Of Fate – Jeff Tweedy／15. Man In The Long Black Coat – Mark Lanegan／16. Señor (Tales Of Yankee Power) – Willie Nelson & Calexico

[2] 1. As I Went Out One Morning – Mira Billotte／2. Can't Leave Her Behind – Stephen Malkmus & Lee Ranaldo／3. Ring Them Bells – Sufjan Stevens／4. Just Like A Woman – Charlotte Gainsbourg & Calexico／5. Mama, You've Been On My Mind / A Fraction Of Last Thoughts On Woody Guthrie – Jack Johnson／6. I Wanna Be Your Lover – Yo La Tengo／7. You Ain't Goin' Nowhere – Glen Hansard & Markéta Irglová／8. Can You Please Crawl Out Your Window? – The Hold Steady／9. Just Like Tom Thumb's Blues – Ramblin' Jack Elliott／10. Wicked Messenger – The Black Keys／11. Cold Irons Bound – Tom Verlaine & The Million Dollar Bashers／12. The Times They Are A-Changin' – Mason Jennings／13. Maggie's Farm – Stephen Malkmus & The Million Dollar Bashers／14. When The Ship Comes In – Marcus Carl Franklin／15. Moonshiner – Bob Forrest／16. I Dreamed I Saw St. Augustine – John Doe／17. Knockin' On Heaven's Door – Antony & The Johnsons／18. I'm Not There – Bob Dylan With The Band

プロデューサー：Jim Dunbar, Randall Poster, Todd Haynes

6人の俳優が各時代のボブ・ディランを演じるという大胆な手法が大きな話題となった、異色の伝記映画のオリジナル・サウンドトラック盤。映画の方は、個々のエピソードが必ずしも時系列で描かれておらず、むしろ観念的にディランの半生を映像化したものだが、彼を描くにはこれだけの大胆さが必要だということなのだろう。ケイト・ブランシェット演じる〝電化〟ディランのハマり具合など描き方は見事で、ディラン自身がこの映画を〝公認〟したのも頷ける。

一方のサントラ盤である本作も侮れない内容で、ランブリン・ジャック・エリオットやウィリー・ネルソン、ロジャー・マッギンらベテラン勢から、パンク期を背負ったトム・ヴァーラインやジョン・ドー、米インディーズの名バンド、ソニック・ユースやヨラ・テンゴ、そしてエディ・ヴェダーに象徴されるグランジ以降の世代まで、米音楽シーンの縮図の如き顔ぶれが揃っている。映画ゆえ予算が潤沢で、その効果は音にもハッキリと出ており、顔ぶれの幅広さに起因する音のバラつきも一切ない。まさに、時代を超えた極上の〝ディラン・ソングブック〟である。映画のタイトルは〝地下室〟で録音された未発表曲から取られており、最後に加えられたディランのヴァージョンは本作が初出だが、現在はブートレグ・シリーズ第11集『ザ・ベースメント・テープス・ロウ』、『同・コンプリート』でも聴くことができる。

犬伏

VARIOUS ARTISTS
The Lost Notebooks Of Hank Williams
ザ・ロスト・ノートブックス・オブ・ハンク・ウィリアムス

Columbia／Egyptian／Country：88697090102 [CD]
発売：2011年10月4日

1. You've Been Lonesome, Too - Alan Jackson
2. The Love That Faded - Bob Dylan
3. How Many Times Have You Broken My Heart? - Norah Jones
4. You Know That I Know - Jack White
5. I'm So Happy I Found You - Lucinda Williams
6. I Hope You Shed A Million Tears - Vince Gill And Rodney Crowell
7. You're Through Fooling Me - Patty Loveless
8. You'll Never Again Be Mine - Levon Helm
9. Blue Is My Heart - Holly Williams
10. Oh, Mama, Come Home - Jakob Dylan
11. Angel Mine - Sheryl Crow
12. The Sermon On The Mount - Merle Haggard

プロデューサー：Mary Martin

参加ミュージシャン：Tony Garnier (b), George G. Receli (ds), Denny Freeman (g), Stu Kimball (g), Donnie Herron (g, violin)
('The Love That Faded'に参加)

発端は、ソニー／ATVで働いていた清掃員がオフィスから持ち出した1冊のノートだった。29歳で急死したカントリー界の大スター、ハンク・ウィリアムズの未発表歌詞が書かれたそれを、ふたりの清掃員はゴミ箱で拾ったものだと主張、それをナッシュビルの巡回ミュージアム経営者へ売却したため窃盗罪で告訴されたものの、ふたりの証言は認められノートはソニー／ATVに返却された。

その後、ウィリアムズの作詞ノートがボブ・ディランに託されたことから、彼の新しいアルバムになると話題になったが、最終的にディランは1曲を完成させたのみで、ほかの歌詞はジャック・ホワイトやルシンダ・ウィリアムズ、シェリル・クロウ、レヴォン・ヘルムら11人の錚々たるメンツに託される。本作はノートの〝再発見〟から5年、ディランに託されてから3年を経た11年に完成、ディランが設立したエジプシャン・レーベルからの第二弾リリースとなった。

同レーベルの初作品となったジミー・ロジャーズの楽曲集と大きく異なるのは、ウィリアムズの未発表の歌詞にそれぞれのミュージシャンが新たな曲をつけたものだということ。つまり、すべてが〝新曲〟なのだ。

これについては賛否があり、〝ウィリアムズのレベルには至っていない〟という厳しい意見があったものの、個々のミュージシャンの個性が加味された極上のカントリー・アルバムに仕上がっている。**犬伏**

VARIOUS ARTISTS
Inside Llewyn Davis
インサイド・ルーウィン・デイヴィス オリジナル・サウンドトラック

Nonesuch : 534867-2 [CD]
録音 : 2013年
発売 : 2013年11月12日

1. Hang Me, Oh Hang Me - Oscar Isaac
2. Fare Thee Well (Dink's Song) - Oscar Isaac & Marcus Mumford
3. The Last Thing On My Mind - Stark Sands With Punch Brothers
4. Five Hundred Miles - Justin Timberlake, Carey Mulligan, Stark Sands
5. Please Mr. Kennedy - Justin Timberlake, Oscar Isaac, Adam Driver
6. Green, Green Rocky Road - Oscar Isaac
7. The Death Of Queen Jane - Oscar Isaac
8. The Roving Gambler - The Down Hill Strugglers With John Cohen
9. The Shoals Of Herring - Oscar Isaac With Punch Brothers
10. The Auld Triangle - Chris Thile, Chris Eldridge, Marcus Mumford, Justin Timberlake, Gabe Witcher
11. The Storms Are On The Ocean - Nancy Blake
12. Fare Thee Well (Dink's Song) - Oscar Isaac
13. Farewell - Bob Dylan
14. Green, Green Rocky Road - Dave Van Ronk

プロデューサー : Joel Coen, Ethan Coen, T Bone Burnett, Oscar Isaac, Justin Timberlake, Marcus Mumford

13年に公開された映画『インサイド・ルーウィン・デイヴィス　名もなき男の歌』は、グリニッチ・ヴィレッジで活動する売れないフォーク・シンガーの半生を描いたものだ。デイヴィスは架空の人物で、脚本と監督を務めたコーエン兄弟～ジョエル・コーエンとイーサン・コーエンがフォーク・シーンの生き証人、デイヴ・ヴァン・ロンクやランブリン・ジャック・エリオットら当時のグリニッチ・ヴィレッジで活動していたミュージシャンを組み合わせて描いたもの。ヴァン・ロンクはディランの憧れのシンガーで、映画にはベン・パイクが演じる若き日のボブ・ディランも登場する。本作はこの映画のオリジナル・サウンドトラック盤で、Tボーン・バーネットがプロデュースを手がけたものだ。

収録曲のほとんどはこの映画のために収録されたものだが、ヴァン・ロンクの「グリーン、グリーン・ロッキー・ロード」は63年の録音。ディランの「フェアウェル」も同様に当時のものだが、こちらは曰く付きの曲で、アルバム『時代は変る』のセッションで録音されるも長らく未発表のままだったが、10年にリリースされたブートレッグ・シリーズ第9集『ザ・ウィットマーク・デモ』にデモ・ヴァージョンが収められた。映画にもこのデモが用いられたが、本作では63年のスタジオ版が発掘されている。2分にも満たない短い演奏だが、今も本作でしか聴くことができない貴重なものだ。

犬伏

キャリアを物語る多彩な参加作品

納富廉邦

１９６２年に創刊した『ブロードサイド』は、トピカル・ソングを大きく扱ってフォーク・リバイバルを牽引した雑誌だ。ディランもブラインド・ボーイ・グラント名義で参加している63年の『ブロードサイド・バラッド・Ｖｏｌ．１』を皮切りに、雑誌主導で録音された音源をまとめたアルバムがシリーズ化されている。

ディランが初めて出演した63年の第３回ニューポート・フォーク・フェスの音源を収録した『ニューポート・ブロードサイド』も同誌の制作によるもの。そのため、フェスで演奏された中からトピカル・ソングを集めた編集になっている。ディランが参加した音源は、ピート・シーガーと歌った「イエ・プレイボーイズ・アンド・プレイガールズ」、ジョーン・バエズとのデュエット「ウィズ・ゴッド・オン・アワ・サイド」が収録された。

ブロードサイド・バラッド・シリーズの第6弾としてリリースされた『ブロードサイド・リユニオン』は72年の発売だが、録音は62、63年に行われたものだ。ディランの演奏はブラインド・ボーイ・グラント名義で「トレイン・ア・トラヴェリン」「ドレッドフル・デイ」など4曲を収録。この頃のギラギラした演奏をたっぷり楽しむことができる。

ダグラス・サームの73年のアルバム『ダグ・サーム・アンド・バンド』には、ディランがレコーディングに全面的に参加。「ブルース・ステイ・アウェイ・フロム・ミー」や「パパ・エイント・ソルティ」などでギター・ソロを弾き、自作の未発表曲「ウォールフラワー」ではリード・ギターとヴォーカルを担当した。ほかの曲でもさまざまな形で参加し、ディランが他所のバンドのメンバーになったような作品だ。

BARRY GOLDBERG
Barry Goldberg
ATCO : SD 7040
1974年

DOUG SAHM AND BAND
Doug Sahm And Band
Atlantic : SD 7254
1973年

VARIOUS ARTISTS
Broadside Ballads Vol.6: Broadside Reunion
Folkways : FR 5315
1963年

VARIOUS ARTISTS
Newport Broadside
Vanguard : VRS 9144
1964年

ジェリー・ゴフィンとの共作曲でロッド・ステュアートのカヴァーが有名な「それはスポットライトではない」を収録した、74年のバリー・ゴールドバーグのソロ・アルバム『バリー・ゴールドバーグ』は、ディランとジェリー・ウェクスラーの共同プロデュース作品。ディランはプレイヤーとしても「ストーミー・ウェザー・カウボーイ」や「シルヴァー・ムーン」など4曲でコーラスに参加している。

ベット・ミドラーの76年作品『ソング・フォー・ザ・ニュー・ディプレッション』では、ディランの「バケッツ・オブ・レイン」がカヴァーされ、ミドラーとのデュエットが聴ける。カントリー風味の強いアレンジの中でディランの声が楽しげに響いてくる。

76年のエリック・クラプトン『ノー・リーズン・トゥ・クライ』は、ディランやザ・バンドの面々、ロン・ウッドにビリー・プレストンなど豪華なゲストが参加した。ディランは「サイン・ランゲージ」を提供してクラプトンとデュエットしている。演奏はザ・バンドが引き受け、ディランのアコースティック・ギターに絡むロビー・ロバートソンのエレキ・ギターが心地いい。

ビートニクス詩人のアレン・ギンズバーグによるアルバム『ファースト・ブルーズ』は83年のリリース。ディランが歌う冒頭の3曲、「ゴーイン・トゥ・サンディエゴ」「ヴォミット・エクスプレス」「ジミー・バーマン・ラグ」での、ハッピー・トラウムをバックにした明るさの中にザラリとした感触を残す演奏は出色の出来だ。とくに、「ジミー・バーマン・ラグ」でのだらりとした歌唱には、ニュー・ウェイヴの影響もうかがえて興味深い。

85年にスティーヴ・ヴァン・ザントが中心となって提唱した、南アフリカ共和国のアパルトヘイトに反対するプロジェクトが「アーティスツ・ユナイテッド・アゲインスト・アパルトヘイト」だ。彼らが同年に発表した「サン・シティ」は、南アフリカの人権運動をテーマに、USA・フォー・ア

BETTE MIDLER
Songs For The New Depression
Atlantic：SD 18155
1976年

ERIC CLAPTON
No Reason To Cry
RSO：RS-1-3004／2394 172
1976年

ALLEN GINSBERG
First Blues
John Hammond：W2X 37673
1983年

ARTISTS UNITED AGAINST APARTHEID
Sun City
Manhattan：V-56013 [EP]
1985年

フリカのヒットなどを受けて、同じようなオール・スターによるシングル盤として発表された。ディランのほか、マイルス・デイヴィスやリンゴ・スター、同曲のヒントとなった「ビコ」を書いたピーター・ゲイブリエル、ブルース・スプリングスティーン、ルー・リードなどが参加。「ウィ・アー・ザ・ワールド」と並ぶ豪華なメンバーが、ラップを取り入れた曲を歌うことで説得力が増しているように思う。

86年のアメリカ映画『バンド・オブ・ザ・ハンド』は、日本では邦題の『マイアミ5』の方が通りがいいかもしれない、マイケル・マン製作総指揮、ポール・マイケル・グレイザー監督によるサスペンス・アクションだ。TVシリーズにする予定で制作されたが、結局はパイロット版として作られた本作が、独立した劇場公開映画となった。そのため、5人のチームが結成されて、これからがメイン・ストーリーというところで終わってしまうのが残念。その主題歌「バンド・オブ・ザ・ハンド」をディランが作り、ザ・ハートブレイカーズと共に演奏している。ダークな活劇を予感させるダルな曲調と歌唱がやけにカッコいい。

86年には、ヒップ・ホップ・アーティスト、カーティス・ブロウのアルバム『キングダム・ブロウ』に参加。「ストリート・ロック」でカーティスとのラップ・バトル風にライムで絡む。「サン・シティ」でも、その片鱗はうかがわせていたし、ポエトリー・リーディングは詩人の嗜みとはいえ、本職に引けを取らない独特なグルーヴは、ディランがやはり言葉の人であることを再認識させた。

『フォークウェイズ：ア・ヴィジョン・シェアード』は、ウディ・ガスリーとレッド・ベリーへのトリビュート・アルバムとして88年にリリースされたもの。ここでのディランはギターとハーモニカのみのソロで、ガスリーの「プリティ・ボーイ・フロイド」をカヴァー。テンポを上げた歯切れのよい演奏は、この曲を自家薬籠中のものにしているという自信さえ感じられる。

U2
Rattle And Hum
英・Island：353400 [CD]
1988年

VARIOUS ARTISTS
Folkways：A Vision Shared
Columbia：CK 44034 [CD]
1988年

KURTIS BLOW
Kingdom Blow
Mercury：
422-830 215-1 M-1
1986年

VARIOUS ARTISTS
Band Of The Hand
MCA：MCA-23633
1986年

88年のU2『ラトル・アンド・ハム（魂の叫び）』は、ディランの「見張塔からずっと」や、ビートルズの「ヘルター・スケルター」のカヴァーで話題を呼んだ作品。ディランはゲストとして「ホークムーン269」でオルガンを弾き、「ラヴ・レスキュー・ミー」ではバッキング・ヴォーカルとハーモニカを担当。コードをおとなしく鳴らしているようで、要所要所でフェイクを入れるオルガンが、控え目ながらもしっかりとした存在感を示す。

無実の罪を着せられ逃げ回るヒッピーのデニス・ホッパーと、彼を裁判のために連れ戻さければならないFBI捜査官のキーファー・サザーランドによる90年公開のアクション・コメディ映画『フラッシュバック』。そのサントラ盤にはディランが歌う「ピープル・ゲット・レディ」のカヴァーが収録されている。『イージー・ライダー』のオマージュ的な映画にディランの歌が流れるのは妙な感慨があって、何気ないシーンなのに残る記憶が鮮明だ。

91年の『フォー・アワ・チルドレン』は、小児エイズ基金へのチャリティのためにディズニーが制作した。ディランはアメリカのトラディショナルな童謡「ディス・オールド・マン」を子どもに向けて対等に語りかけるように歌う。明るいフレーズのハーモニカが印象的だ。アルバムにはほかに、スティングやブルース・スプリングスティーン、ポール・マッカートニー、ブライアン・ウィルソンなども参加している。

93年にリリースされたウィリー・ネルソンの40枚目のスタジオ・アルバム『アクロス・ザ・ボーダーライン』は、ポール・サイモン、ボニー・レイット、デイヴィッド・クロスビー、クリス・クリストファーソンなど多彩なゲストを迎えて制作された。ディランはネルソンと共作した新曲「ハートランド」を歌っている。二人のデュエットの間を流れる空気は、落語家師弟の親子会のような心地よさがあって楽しい。プロデューサーはドン・ウォズ。

オリヴァー・ストーン監督の怪作にして

VARIOUS ARTISTS
Flashback
WTG : NK 46042 [CD]
1990年

VARIOUS ARTISTS
For Our Children
Walt Disney : 60616-2 [CD]
1991年

WILLIE NELSON
Across The Borderline
Columbia : CK 52752 [CD]
1993年

VARIOUS ARTISTS
Natural Born Killers
Nothing : 92460-2 [CD]
1994年

会心作、94年公開の映画『ナチュラル・ボーン・キラーズ』の音楽は、ナイン・インチ・ネイルズのトレント・レズナーが担当。サントラ盤は、ストーン監督自身によるディレクションで、かなり派手な曲が並ぶ中、ディランはスタンダード・ナンバーの「ユー・ビロング・トゥ・ミー」を渋い弾き語りで聴かせる。イントロのアコースティック・ギターのフレーズがいいのだ。

94年8月13日から14日にかけて行われた〈ウッドストック94〉でのディランは、「ジョーカーマン」で始まり「アイ・エイント・ミー・ベイブ」までの全12曲を、エレキ・ギターをかき鳴らして熱演した。その模様は海賊盤のCDやDVDで出回ってしまっているが、正規の音源は、A&Mから発売された『ウッドストック94』だけのようだ。ディランのセットからは、5分を越える演奏で盛り上げた「ハイウェイ61」が収録されている。

50年代に「セイヴ・ザ・ラスト・ダンス・フォー・ミー」や「ハッシャバイ」、エルヴィス・プレスリーの「ラスベガス万歳」など、数々の名曲を相棒のモルト・シューマンと共に世に送り出し、その後も長く活躍したソング・ライター、ドク・ポーマスのトリビュート・アルバム、『ティル・ザ・ナイト・イズ・ゴーン』が95年に発売された。ディランは「ブギ・ウギ・カントリー・ガール」を軽快なリズムを刻むバンドを従えてサラリと、しかしていねいに歌っている。メロディを大事にした歌唱スタイルは、ポーマスへの敬意だろうか。

96年の映画『フィーリング・ミネソタ』は、キアヌ・リーヴス、キャメロン・ディアス主演、音楽はロス・ロボスが担当した恋愛コメディ。兄の結婚相手と愛し合ってしまう二人のドタバタは、定石通りながら手堅い作りで面白く観た覚えがある。そのサントラに収録されたディランの演奏は、新たに録音されたジョニー・キャッシュ「リング・オブ・ファイア」のカヴァーだ。ディランにとっては何度も録音してはお蔵入りした曲が、映画音楽という形ながらよう

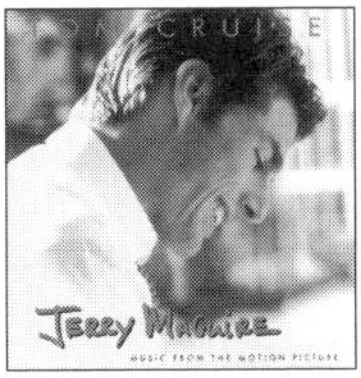

VARIOUS ARTISTS
Jerry Maguire
Epic : EK 67910 [CD]
1996年

VARIOUS ARTISTS
Feeling Minnesota
Atlantic/Jersey : 82865-2 [CD]
1996年

VARIOUS ARTISTS
Till The Night Is Gone : A Tribute To Doc Pomus
Forward : R2 71878 [CD]
1995年

VARIOUS ARTISTS
Woodstock 94
A&M : 31454 0289 2 [CD]
1994年

やく世に出ることになったわけだ。
映画のラストに「嵐からの隠れ場所」の未発表オルタネイト・ヴァージョンが流れたことでディラン・ファンの間でも話題になった『ジェリー・マグワイア』（邦題：ザ・エージェント）は、キャメロン・クロウ監督の96年作品。サントラ盤にはもちろん、その音源を収録。

『ハイサイト20／20』は、96年に発売されたカーレン・カーターのベスト・アルバム。全キャリアを俯瞰する編集に加え、レア・トラックも収録した充実した内容だ。収録されたディランのカヴァー「トラスト・ユアセルフ」には、彼自身もコーラスで参加。歯切れの良いリズムに乗った声がロックしている。

キャロル・キングやバリー・ゴールドバーグとの共作を始め、数々の名曲を生んだソング・ライター、ジェリー・ゴフィンの95年のアルバム『バック・ルーム・ブラッド』には、ゴフィンとの共作で、ディランがプロデュースも行っている「マスカレード」を収録。絶妙にピッチを外し、メロディ・ラインを曖昧にした歌い方には惹きつけられるものがあって、つい繰り返し聴いてしまう。ほかに、ディラン、ゴールドバーグ、ゴフィンによる共作曲「トラジェディ・オブ・ザ・トレード」も収録。

オハイオ州クリーヴランドにオープンした、ロック・ミュージックの博物館、日本ではロックンロールの殿堂と呼ばれている、ロックンロール・ホール・オブ・フェイムのオープンを記念して行われたコンサートの記録が、96年にリリースされた『ザ・コンサート・フォー・ザ・ロックンロール・ホール・オブ・フェイム』。ディランの登場は予告されていなかったにも関わらず、5曲も演奏したことで話題になったステージである。このCDに収録されているのは「見張り塔からずっと」のみだが、間奏のソロを含め、ディランのギターが疾走する力の入った演奏が素晴らしい。

新米天使が指導者の助けを借りながら、地上の悩める人々を導いていくキリスト教

CARLENE CARTER
Hindsight 20/20
Giant : 9 24655-2 [CD]
1996年

GERRY GOFFIN
Back Room Blood
Genes : GCD 4132 [CD]
1996年

VARIOUS ARTISTS
The Concert For The Rock And Roll Hall Of Fame
Columbia:C2K 67477 [CD]
1996年

VARIOUS ARTISTS
Touched By An Angel The Album
Sony : BK 68971 [CD]
1998年

系ファンタジー・ドラマ『タッチド・バイ・アン・エンジェル』は、98年から03年まで続いた米CBS制作の人気番組。98年に発売されたサントラ盤に収録されているディランの「ディグニティ」は、『オー・マーシー』セッションのアウトテイクでダニエル・ラノワのプロデュースによるオルタネイト・ヴァージョン。

ディランもカヴァーしているブルーグラス・デュオ、スタンリー・ブラザーズのバンジョー奏者ラルフのソロ・アルバム『クリンチ・マウンテン・カントリー』は98年の作品。ディランは、彼のバンド、クリンチ・マウンテン・ボーイズと共に彼らの代表曲でもある「ザ・ロンサム・リヴァー」を演奏した。ラルフのハーモニーに合わせるようなディランの穏やかな声が聞き物だ。

60年代のカウンター・カルチャーを背景にした米NBC制作のTVドラマ『ザ・シックスティーズ』は、若者の風俗ドキュメンタリーのような緩い画面とベトナム戦争の記憶が交錯する妙な作品だ。バックで流れる音楽が60年代ロックの名作なので、つい見てしまうのは、ロック・ファンの性かもしれない。サントラ盤に収録されたディランとジョーン・オズボーンとのデュオ「チャイムズ・オブ・フリーダム」はこのドラマのための新録。劇中では第二部のエンディングに使われた。ちなみに、第一部のエンディングは「ライク・ア・ローリング・ストーン」。

エルヴィス・コステロからパティ・スミス、スタンフォード・マーチング・バンドなどジャンルを横断したミュージシャンたちによる、グレイトフル・デッドのカヴァー集が、00年発売の『ストーレン・ローゼス・ソング・オブ・ザ・グレイトフル・デッド』。ディランはデニー・フリーマンやジョージ・ラシルと共に「フレンド・オブ・ザ・デヴィル」に参加している。この頃のライヴでよくカヴァーしていた曲で、ここに収録されているのは99年5月、ラスヴェガスでのライヴ音源だ。

99年から07年にかけて放映されたHBO

RALPH STANLEY & FRIENDS
Clinch Mountain Country
Rebel : REB-5001 [CD]
1998年

VARIOUS ARTISTS
The '60s
Mercury :
314 538 743-2 [CD]
1999年

VARIOUS ARTISTS
Stolen Roses - Songs Of The Grateful Dead
Grateful Dead : GDCD 4073 [CD] 2000年

VARIOUS ARTISTS
The Sopranos - Peppers & Eggs
Columbia/Sony : C2K 85453 [CD] 2001年

制作のドラマ『ザ・ソプラノズ〜哀愁のマフィア』のサントラ盤第二作『ザ・ソプラノズ〜ペッパー&エッグ』は01年の発売。ニュージャージーを舞台にイタリア系マフィアの周辺や家族の物語をリアルに描いた作品で、音楽の使い方が上手かった。ディランの曲も何度か流れているが、サントラではドラマ用に録音された「リターン・トゥ・ミー」のカヴァーが聴ける。

ロン・ウッドの6枚目のソロ・アルバム『ノット・フォー・ビギナーズ』は01年のリリース。ディランとのジャム・セッション風インストゥルメンタル・ナンバー「インターフェア」と「キング・オブ・キングス」の2曲が収録されている。リラックスしたムードの中で、音符の長さを完璧にコントロールする二人のギター・プレイはまさにプロの技なのだ。

52年に設立され、エルヴィス・プレスリーやロイ・オービソン、ジョニー・キャッシュなどを輩出したレコード・レーベル、サン・レコードのトリビュート・アルバムが01年にリリースされている。ポール・マッカートニー、ジェフ・ベック&クリッシー・ハインド、ペイジ&プラント、エルトン・ジョンなどが、すべて新録によるロックン・ロールの名曲カヴァーを披露。ディランは、ウォーレン・スミスの「レッド・キャディラック・アンド・ア・ブラック・ムスターシュ」を、リヴァーブをたっぷり効かせたギターに乗せて歌っている。

写真家にして映像作家、音楽家でもあり伝承音楽の研究者でもあったジョン・コーエンのキャリアを集大成した写真集『ゼア・イズ・ノー・アイ』が出版されたのが01年。その本に合わせてコーエン自身がプロデュースした写真のための音楽集が『ゼア・イズ・ノー・アイ〜ミュージック・フォー・フォトグラフ』だ。彼とは旧知のディランの曲は、62年にラジオ番組で録音された蔵出し音源の「ロール・オン・ジョン」を収録。若き日のディランを撮った写真家らしいセレクトだろう。

大げんかした母を許せない娘に、母の古

RONNIE WOOD
Not For Beginners
Steamhammer：
SPV 085-7276A CD [CD]
2001年

VARIOUS ARTISTS
Good Rockin' Tonight - The Legacy Of Sun Records
Sire：31165-2 [CD]
2001年

VARIOUS ARTISTS
There Is No Eye：Music For Photographs
Smithsonian Folkways：SFW CD 40091 [CD] 2001年

VARIOUS ARTISTS
Divine Secrets Of The Ya-Ya Sisterhood
Columbia/Sony：
CK 86534 [CD] 2002年

くからの友人たちが自分らの青春時代を話すシスター・フッド映画『ヤァヤァ・シスターズの聖なる秘密』は、02年公開。そのサントラ盤『ディヴァイン・シークレット・オブ・ザ・ヤァヤァ・シスターフッド』には、ディランが新曲「ウェイティン・フォー・ユー」を提供している。ディランがヒキガエルのような声で歌うワルツは映画の中でひたすら優しく響く。

02年の9月には、二種類のジョニー・キャッシュ・トリビュート・アルバムがリリースされている。『ドレスド・イン・ブラック』は、やや地味目の人選とヒット曲主体のカヴァー集というコンセプトの作品。もう一枚の『キンドレッド・スピリッツ』は、ディランやリトル・リチャード、エミルー・ハリス、シェリル・クロウ、キャッシュの娘ロザンヌも参加。ディランは「トレイン・オブ・ラヴ」をカヴァー。99年の録音だ。

グレイトフル・デッドが全曲ディランのカヴァーをしたアルバム『ポストカード・オブ・ハンギング』は02年の発売。デッドによるディランの曲の演奏の絶妙とも言える緩さは、ディランの曲のメロディの良さを伝えていて、聴いていて嬉しくなる。「マギーズ・ファーム」でのテンポアップする瞬間などのゾクッとするプレイいいのだ。「マン・オブ・ピース」にはディランも参加。87年のリハーサル音源だが、ディランが歌うとピリッと演奏が締まる。

優しいアウトローといった風情のウォーレン・ジヴォンが亡くなった翌年、04年にリリースされたトリビュート盤が『エンジョイ・エヴリィ・サンドウィッチ』。誰が演奏してもカッコよく決まるのは、曲が良いからだろう。ディランは「ミューティニア」のライヴ音源を提供。しっとりと歌い上げる素直な歌唱が珍しい。

集中豪雨に見舞われた04年のバナルー・ミュージック・フェスには、ディランやパティ・スミス、スティーヴ・ウィンウッドなど豪華な出演者が揃った。その模様を収録したライヴCDに収録されたディランの

VARIOUS ARTISTS
Bonnaroo – Music Festival 2004
Sanctuary/Superfly : 06076-84736-2 [CD] 2005年

VARIOUS ARTISTS
'Enjoy Every Sandwich' – The Songs Of Warren Zevon
Artemis : ATM-CD-51581 [CD] 2004年

GRATEFUL DEAD
Postcards Of The Hanging
Grateful Dead : GDCD 4069 [CD] 2002年

VARIOUS ARTISTS
Kindred Spirits – A Tribute To The Songs Of Johnny Cash
Lucky Dog : CK 86310 [CD] 2002年

パフォーマンスは、「ダウン・アロング・ザ・コウヴ」。歪みが効いたギターでパンキッシュな演奏を聴かせている。

『ラッキー・ユー』は、『ワンダー・ボーイズ』の監督カーティス・ハンソンが監督した07年の作品。若きプロ・ポーカー・プレイヤーと、彼の父親で伝説的なギャンブラーとの対決をオフ・ビートのタッチで描いた地味ながら味のある映画だ。ディランが提供した「ハックス・チューン」は書き下ろしの新曲で、映画のエンディングにとても似合っていた。

日本でも『NCIS〜ネイビー犯罪捜査班』のタイトルで大ヒットした米CBSのテレビ・ドラマ・シリーズのサントラ盤にディランが参加しているという組み合わせは意外な感じがする。収録曲の「カリフォルニア」が放映されたのはシーズン7の第6話。未発表音源で「アウトロー・ブルーズ」の前身となるヴァージョンだ。

14年に発売された『アート・オブ・マッカートニー』は、プロデューサーのラルフ・ソールが構想から11年かけて実現したというポール・マッカートニーのトリビュート・アルバム。ブライアン・ウィルソンをはじめ、アリス・クーパー、スモーキー・ロビンソン、ザ・キュアなど、あらゆるジャンルにまたがったアーティストたちによる全42曲は壮観だ。ディランは「シングス・ウィ・セッド・トゥデイ」をカヴァー。アコースティック・ギターが刻む重いリズムと、いつにも増したダミ声のヴォーカルには凄みがあってカッコいい。

同性同士の結婚式におけるウェディング・ソング・アンソロジー『ユニヴァーサル・ラヴ　ウェディング・ソング・リイマジンド』は18年の発売。ディランは「シーズ・ファニー・ザット・ウェイ」を「ヒーズ・ファニー・ザット・ウェイ」と変えて歌っている。ウェディング・ソングで歌われる二人の性別を、歌い手に合わせるというシンプルな趣向だが、ロマンティックなアレンジで聴かせることで、趣旨が上手く伝わっている。

VARIOUS ARTISTS
Lucky You - Music From The Motion Picture
Columbia/Sony : 82876 89625 2 [CD] 2007年

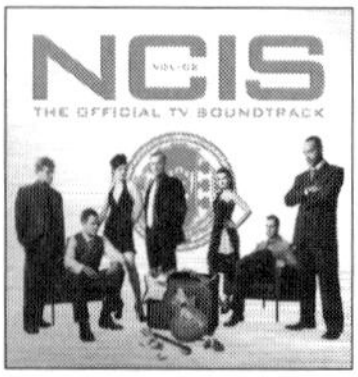

VARIOUS ARTISTS
NCIS : The Official TV Soundtrack Vol. 02
CBS : CBSR029 [CD]
2009年

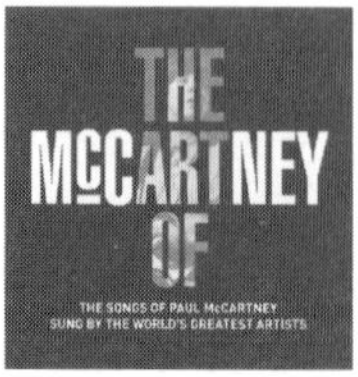

VARIOUS ARTISTS
The Art Of McCartney
[Deluxe Edition]
欧・Arctic Poppy :
APCDBOOK1402
[CD+DVD] 2014年

VARIOUS ARTISTS
Universal Love - Wedding Songs Reimagined
Legacy : 19075818301
2018年

Chapter 14:

Films, Novels, Lyrics

YASUKUNI NOTOMI

Films, Videos Novels & Lyrics

Eat The Document

"In 1966 Bob Dylan's tour would enrage fans ...and change Folk and Rock forever."
a film by d.a. pennebaker and bob dylan
EAT THE DOCUMENT
with Bob Dylan, Johnny Cash, John Lennon, Robbie Robertson, and many more...

撮影：1966年
公開：1972年
時間：52分

監督：Bob Dylan
プロデューサー：Bob Dylan

出演：
Robbie Robertson
Bob Neuwirth
Johnny Cash
Rick Danko
Richard Manuel
Garth Hudson

ディランの名前が初めて〝監督〟とクレジットされた映像作品。撮影はＤ．Ａ．ペネベイカーだが、彼が前年に監督した『ドント・ルック・バック』とは全く趣の違うフィルムになっている。

ディランの編集には独特のリズムがあって見飽きないし、今見ても興味深い映画に仕上がっている。にも関わらず制作した米ＡＢＣテレビが放映を嫌がったのは、期待したようなライヴ・シーンを中心にした映像ではなかったからだろう。ロード・ムーヴィー的な構成で、ツアーという状況の中にいるディランの眼と心象を描いた一種の映像詩は理解されにくいものだったのかもしれない。

画面にはディラン本人よりも、ディランを見ている人々がアップで映し出されるし、走る鉄道、動物たちなどのショットが、短く何度も挿入される。ホテルの部屋でのロビー・ロバートソンとのセッションでも、ディラン本人より、彼を見ながらギターを弾くロビーのカットが明らかに多い。ディランの行動を撮るのではなく、ツアー中の彼の視線や、被写体との関係性を記録するという意図が、編集や構成に行き渡っている。

だから、海賊版には収録されたジョン・レノンとの会話シーンがカットされているのは当然なのだ。彼が見せたかったのは出来事ではない。

納富

No Direction Home: Bob Dylan
ボブ・ディラン
ノー・ディレクション・ホーム

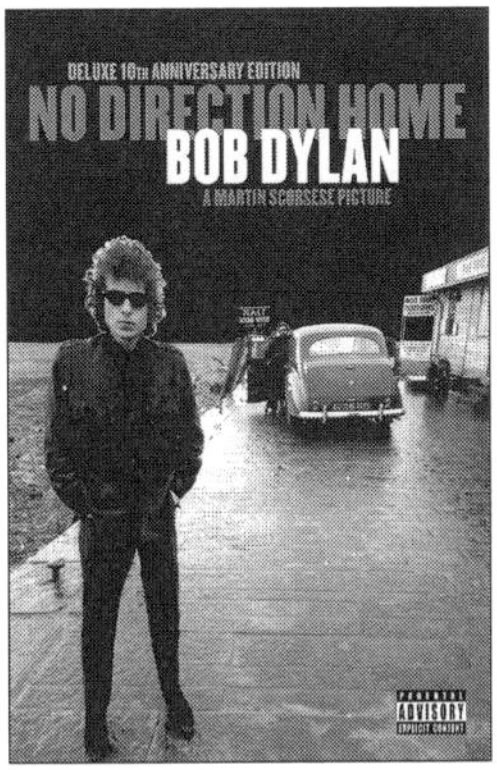

日・ユニヴァーサル：UIXC-10001［Blu-ray］
時間：208分
撮影：1995年〜2005年
配信：2005年9月27日
発売：2016年12月7日

出演：
Allen Ginsberg
Dave Van Ronk
Suze Rotolo
Joan Baez
Pete Seeger
Liam Clancy
Maria Muldaur
Peter Yarrow
John Cohen
Mavis Staples
Bob Neuwirth
Al Kooper
Mike Bloomfield
Micky Jones
Harold Leventhal
Tom Nelson
Izzy Young
Mitch Miller
John Hammond
Artie Mogul
D. A. Pennebaker
..etc

監督：Martin Scorsese
プロデューサー：Jeff Rosen, Martin Scorsese, Susan Lacy, Nigel Sinclair, Anthony Wall

　ジェフ・ローゼンが中心になって集めたインタヴューや資料を映画としてまとめるという仕事を引き受けたマーティン・スコセッシの編集能力の高さに驚く。その上、ディラン本人へのロング・インタヴューがあり、レアな映像も次々と繰り出される。その資料性の高さだけでもお腹一杯だが、この映画の面白さは、プロットを「ディランがエレキ・ギターを持つという事件」に絞ったことだ。

　第一部は生い立ちから63年のニューポート・フォーク・フェスティヴァルまで。第二部は66年のバイク事故までという構成。ただ、ディランは現在から過去を回想するという形でインタヴューを受けている。そして、映画は66年のホークスとのツアーから始まり、ディランの人生を語る関係者のコメントを挟みながら、随所で同ツアーのシーンが挿入されていく。つまり、未来からの視点と66年当時の状況の隙間にディランの人生を置いているのだ。周囲の人が見たディランという人物の輪郭を伝えつつ、同時に大変なことになっている状況が描かれるわけだ。だからこそ決定的な事件となった65年のニューポートに向けて、分かっているのに見ている側はついドキドキしてしまう。

　ディランは商業主義という言葉の曖昧さを指摘し、ブーイングに傷つきながら「なんでチケットはすぐ売り切れるんだ」と愚痴る。バエズは「ディランは常に変わる」と言う。それらの伏線をきっちり回収する手際が見事だ。　**納富**

Renaldo And Clara

撮影：1975年秋
公開：1978年1月25日
時間：232分

監督：Bob Dylan
プロデューサー：Mel Howard

出演：
Sara Dylan
Joan Baez
Ronnie Hawkins
Ronee Blakley
Harry Dean Stanton
Bob Neuwirth
Allen Ginsberg
Joni Mitchell
Mick Ronson
Roberta Flack
..etc

マルセル・カルネの『天井桟敷の人々』に影響されてディランがサム・シェパードと書いたという脚本は、ツアーのドキュメンタリー、デイヴィッド・ブルーがフォーク界の状況を解説するパート、そしてディラン夫妻が演じるレナルドとクララを中心としたフィクションの3つが混在しながら進む。

この凝った構成は、ドキュメンタリーにフィクションを混在させる試みではなく、バック・ステージもののロマンティック・コメディを実際のツアーを背景に使って撮るためのものなのだろう。フィクション・パートの演出がやたらと冴えているのだ。

不意に階段を駆け上がるディランの後ろ姿が見せる瞬間の活劇性や、ただ歩くサラの全身をロー・アングルからとらえたショットの抒情性などは、名シーンと言ってもいい。演奏シーン中心にした再編集版とは別に、フィクション部分を80分程度にまとめたら傑作になるのではないか。**納富**

Hard Rain
ボブ・ディラン・ライブ・コンサート・スペシャル 激しい雨

撮影：1976年5月23日
放映：1976年9月
時間：52分

1. Hard Rain
2. Blowin' In The Wind
3. Railroad Boy
4. Deportee
5. Pity The Poor Immigrant
6. Shelter From The Storm
7. Maggie's Farm
8. One Too Many Mornings
9. Mozambique
10. Idiot Wind
11. Knockin' On Heaven's Door

アルバム『激しい雨』の録音時に、米NBCがスペシャル番組として制作した作品。とはいえ収録曲11曲中、8曲がアルバム未収録だ。

ジョーン・バエズとのデュエットによる「風に吹かれて」や「レイルロード・ボーイ」は、とても良い演奏だし観客の反応もいいがアルバムには収録されていない。

つまり、アルバムにはパンク的なアプローチの演奏を収録しつつ、ライヴでは従来のスタイルも見せるのが、当時の姿勢だったのだろう。

フォーキーな曲が多いとはいえ、ビザール・ギターを手に革製の指サック的なものを使って不器用にスライド奏法を聴かせるディランや、狭い画角の中でバエズとのアコースティック・ギター合戦を二人の指遣いまでワンショットで見せる映像など見どころは多い。日本でもテレビ東京で「レイルロード・ボーイ」をカットした編集版が放映された。訳詞がキャプションで出る演出が素晴らしい。**納富**

BOB DYLAN WITH TOM PETTY AND THE HEARTBREAKERS
Hard To Handle

CBS Fox：3502［VHS］
撮影：1986年
発売：1986年10月
時間：55分

1. In The Garden
2. Just Like A Woman
3. Like A Rolling Stone
4. It's Alright, Ma (I'm Only Bleeding)
5. Girl From The North Country
6. Lenny Bruce
7. When The Night Comes Falling From The Sky
8. Ballad Of A Thin Man
9. I'll Remember You
10. Knockin' On Heaven's Door

監督：Gillian Armstrong
プロデューサー：Elliot Rabinowitz

トム・ペティ&ザ・ハートブレイカーズとの演奏が、エレキギターを持ったディランだからというだけではなく、ごく自然にロックを感じさせるのは、ギターの持ち方にあるのではないか。『ハード・トゥ・ハンドル』を見ていて、そう感じたことがある。

例えば「ライク・ア・ローリング・ストーン」の間奏部分での、低めに構えたストラトキャスターのハイ・フレットをグリップ・スタイルで持ち、前かがみになってコードを刻む姿勢。ピッキングもかき鳴らすというより、やや抑えめで、コリコリと弾く姿がロック・バンドとしてすんなり収まっているのだ。

「ジャスト・ライク・ア・ウーマン」での、アコースティック・ギターを抱えたトム・ペティとのツー・ショットは殺伐とした中での温かさがあってペキンパーの映画のワン・シーンのよう。そこでのペティのガチャガチャしたギターとディランの脚を広げた前傾姿勢が、パンク以降のロックの姿を体現している。

音的にも、ディランのクセの強いヴォーカルがストレートな歌声として機能している。これはよほどバンドとの相性が良いのだ。それは、ファーム・エイド2023にテレキャスターを持って現れたザ・ハートブレイカーズとのライヴ映像でも感じられた。途中、ディランは座ってしまうけれど、あのバンドをハートブレイカーズという名前で出したことにディランの想いがある。

納富

Pat Garrett & Billy The Kid
ビリー・ザ・キッド／21才の生涯

日・Worner：WTB65165［DVD］
公開：1973年5月23日
発売：2010年4月21日
時間：108分

監督：Sam Peckinpah
プロデューサー：Gordon Carroll

出演：
James Coburn
Kris Kristofferson
Richard Jaeckel
Jason Robards
Rita Coolidge
Donnie Fritts
..etc

ビリー・ザ・キッドとパット・ギャレットの悲しく歪んだ追跡劇を、サム・ペキンパー監督は一切の感傷を持たず、しかし詩情にあふれた画面で描き出す。そこに、ディランの乾いた声と明るささえたたえたメロディが重なる。

その相乗効果が、ひとつの時代が終わっても世界は続く。しかし、善悪を越えて何かが決定的に終わることはあることを物語る、この映画を生んだのだろう。

仲間の死に重なるように「ノッキン・オン・ヘヴンズ・ドア」が流れるが、ペキンパーの演出はそこでも映像で歌い上げることはしない。あくまでもさらりとしている。

ディランが演じるエイリアスという男は、二人の追跡劇を傍観者として見届ける存在だ。それはつまり、彼がこの世界に迷い込んだディラン本人ということなのだろう。そして、彼は現代に戻って音楽を作る。だから役名はアノニマス＝匿名ではなく、エイリアス＝分身なのだ。 **納富**

Hearts Of Fire
ハーツ・オブ・ファイヤー

Warner：6301640586［VHS］
公開：1987年
発売：1993年
時間：95分

監督：Richard Marquand
プロデューサー：Doug Harris, Jennifer Miller, Iain Smith

出演：
Fiona Flanagan
Rupert Everett
Richie Havens
Julian Glover
Suzanne Bertish
..etc

多分、この映画は84年のウォルター・ヒル監督作品『ストリート・オブ・ファイヤー』のような、音楽と活劇で綴る現代のおとぎ話を狙って企画されたのだと思う。ミュージシャンを夢見た女の子が商業音楽の世界の中でスターになり、しかし、それを捨てて故郷に戻る、いわゆる「行って帰ってくる物語」というプロットも悪くない。

ディランの演技も言われているほどひどいものではないし、フィオナが歌う曲も80年代後半のポップ・ロックとして上手くまとまっている。それでもこの映画が面白くないのは、例えばフィオナのギターを持った立ち姿がちょっとぎこちないとか、ロックのイメージがやや古臭かったとか、そういう細かい点の積み重ねの結果だろう。

ストーリーがぶつ切りで分かりにくいのは、上映時間に合わせて勝手に切られたせいなのではないかと邪推する。そのくらい編集が不自然なのだ。もったいない。 **納富**

Catchfire
ハートに火をつけて

日・キング：KIBF-4079［DVD］
公開：1990年4月3日
発売：2014年8月
時間：116分

監督：Alan Smithee（Dennis Hopper）
プロデューサー：Dick Clark

出演：
Dennis Hopper
Jodie Foster
Dean Stockwell
Vincent Price
John Turturro
Fred Ward
..etc

かつて『イージー・ライダー』の主題歌制作を断られた因縁はピーター・フォンダにはありそうだが、この映画の監督であるデニス・ホッパーにはあまり関係ない。むしろ、彼はディランの大ファンなのだけど、この映画への出演オファーは、どうもそれだけのカメオ出演というわけではなさそうに思う。

ホッパーはこの映画で、ノワールに見せかけたスクリューボール・コメディが撮りたかったように見えるのだ。そう思うと、ジョディ・フォスターの蓮っ葉なのかクールなのか分かりにくいキャラクターも、ホッパーの気弱な殺し屋という設定も腑に落ちる。

ディランの役が、妙な現代アートを作っている変な男だというのも、映画がコメディであることを強調する役を担っているからなのだ。

とはいえ、見るのならクライマックスをわかりやすく、より活劇的に見せたディレクターズ・カット版『バックドラフト』をどうぞ。

納富

Masked And Anonymous
ボブ・ディランの頭のなか

日・松竹：DZ-5194［DVD］
公開：2003年7月24日
発売：2008年6月
時間：106分

監督：Larry Charles
プロデューサー：Jeff Rosen

出演：
John Goodman, Jeff Bridges,
Penélope Cruz, Val Kilmer,
Mickey Rourke, Jessica Lange,
Angela Bassett, Bruce Dern,
Cheech Marin, Ed Harris,
Christian Slater, ..etc

ジェシカ・ラングのキュートな悪女っぷりと、ペネロペ・クルスの不思議ちゃん演技だけが印象に残るような映画ではある。それでも、ミュージシャンは音楽のことしか考えていないし、呼ばれればいい演奏をするだけの存在だというテーマは、しっかりと描かれていて悪くない。

ディランの演奏シーンが素晴らしく、ファンだという少女が「時代は変る」を歌う表情など、音楽シーンを丁寧に撮ることが物語のテーマに繋がる構造も考えられている。

分かりにくいのは、スラップスティック・コメディ的な演出で視点人物を明確にしなかったせいだろう。ジェフ・ブリッジズ演じる怪しいジャーナリストの視点でまとめれば見やすい作品になったはずだ。敢えてそれをしなかったことに、この不思議な映画の謎を解く鍵がある気がする。

日本盤DVD収録の、みうらじゅん、いとうせいこうによる副音声を聴きながら見るのがオススメ。

納富

ディランが参加したその他の映像作品

納富廉邦

マレー・ラーナー監督が、１９６３年から65年のニューポート・フォーク・フェスティヴァルを記録した映画が67年公開の『フェスティヴァル』。あの65年のディランによる「マギーズ・ファーム」もしっかりと記録されている。アメリカでの当時のフォーク・ソングの盛り上がりを分かりやすい形で見せてくれる映画なのだ。

78年には、ザ・バンドの『ザ・ラスト・ワルツ』が行われている。コンサート全体の音源も発売されているが、映像としてはスコッセッシが編集した映画が決定版。これはライヴのドキュメンタリーではなく、ロビー・ロバートソンとスコッセッシによる映像作品なのだ。だからこそディランは最後に現れなければならない。「フォーエヴァー・ヤング」と「ベイビー・レット・ミー・フォロウ・ユー・ダウン」から全員登場しての「アイ・シャル・ビー・リリースド」で終わるという流れが美しい。『ノー・ディレクション・ホーム』のツアー映像から12年で状況はここまで変わった。

さらに7年後の85年にはあの『ライヴ・エイド』が行われることになる。この時、ライヴに先行して公開された映像は『ＵＳＡ・フォー・アフリカ／ウィ・アー・ザ・ワールド』としてＤＶＤ化されている。思いっきりメロディを無視して、しかしどこか緊張気味に歌うディランもいいのだが、全員で歌うリフレインで居心地悪そうにしている彼の表情がたまらない。

『ライヴ・エイド』もコンサートから19年後にＤＶＤ化されている。ここでのディランはＪＦＫスタジアムのトリとしてキース・リチャーズ、ロン・ウッドと共に登場。「風に吹かれて」を演奏するが、幕のうしろでは「ウィ・アー・ザ・ワールド」のリハが行われているし、ディランのギターの弦は

VARIOUS ARTISTS
ニューポート・フォーク・フェスティヴァル
日・ユニバーサル/ハピネット：UIBY-15062［DVD］
2005年

THE BAND
ラスト・ワルツ（2枚組特別編）
日・フォックス：MGBQY-17337［DVD］
2017年

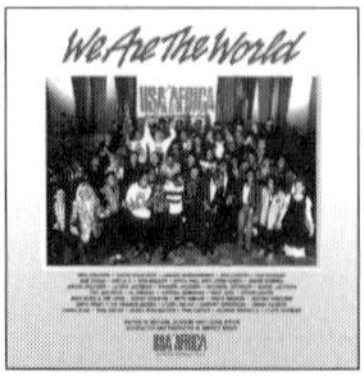

USA FOR AFRICA
We Are The World
日・ハピネット：HMBR-1097［DVD＋CD］
2015年

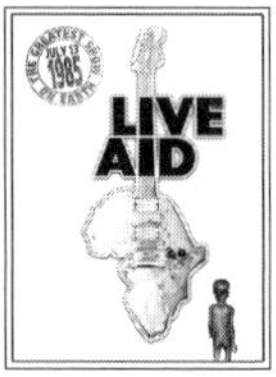

VARIOUS ARTISTS
ライヴ・エイド
日・ワーナー：WPBR-90451［DVD］
2004年

途中で切れる。周囲にひたすら気を遣うロニーと、サポートに徹するキースの間で、怒っていいのか分からないといった表情で歌うディランはいい人だと思う。

とても楽しげなディランが見られるのが99年の『エリック・クラプトン&フレンズ・イン・コンサート：ア・ベネフィット・フォー・ザ・クロスロード・センター・アット・アンティグア』。ディランはゲストとしては最後に登場して「ドント・シンク・トゥワイス、イッツ・オール・ライト」。遠慮がちなディランのギターにクラプトンが優しく音を重ねるような間奏がよい。続いてファンク味を強調したようなリズムで「クロスロード」。この時の、ディランの笑顔とステップを踏むような軽快な足さばきは他では見られない光景だ。

ウィリー・ネルソンの04年のファミリー・イヴェントを収録した『アウトロー・アンド・エンジェル』では、「ユー・ウィン・アゲイン」を演奏。アコースティック・ギターで端正なリズムを刻むウィリーとシンラインでルーズなノリを弾くディランが並ぶ姿は、ハワード・ホークスの西部劇のワン・シーンを思い起こさせる。

ディランのいわゆるクリスチャン・アルバムからのゴスペル・カヴァー集『ゴッタ・サーヴ・サムバディ：ザ・ゴスペル・ソング・オブ・ボブ・ディラン』のドキュメンタリー映像も03年にソフト化されている。この映像の価値はディランのゴスペル・ソングが宗教音楽として、どのように受け入れられたのかの記録という点にある。

ジョーン・バエズの最新ドキュメンタリーは23年に10月公開された『アイ・アム・ア・ノイズ』だが、その14年前に作られたのが『ハウ・スイート・ザ・サウンド』。この作品にも当然ディランは登場する。可憐としか言いようがない当時のバエズと、若く美しい顔のディランが並んで歌い、抱き合って踊るモノクロ映像の説得力は強烈だ。ディラン作品でのコメントとは違う、諦念まじりの回想にバエズというミュージシャンの強さが見える良作。

JOAN BAEZ
How Sweet The Sound
(Deluxe Edition)
Sony／Razor & Tie：
793018603591［DVD＋CD］
2009年

VARIOUS ARTISTS
Gotta Serve Somebody：The Gospel Songs Of Bob Dylan
MVD：MVD0843D［DVD］
2018年

WILLIE NELSON AND FRIENDS
Outlaws & Angels
Eagle Eye：EE 39059-9［DVD］
2004年

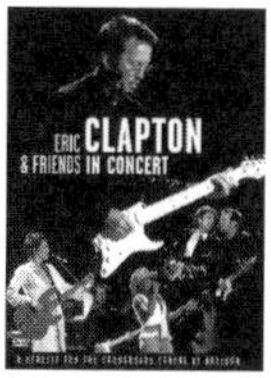

ERIC CLAPTON AND FRIENDS
クロスロード・コンサート
日・ワーナー：WPBR-95004
［DVD］2005年

タランチュラ

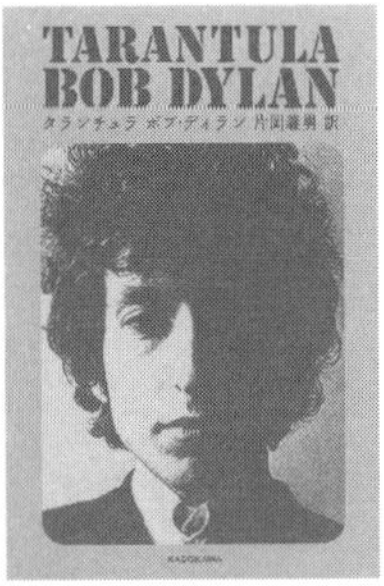

KADOKAWA：2014年3月25日

訳：片岡義男

ディラン初めての著書であり、アメリカでの初版は1971年に出版されているが、実際の執筆は65年から66年にかけて。日本での初訳は73年だから、当時の翻訳本としてはかなり早い出版だ。

目の前の現実がディランの眼にどのように映っているかを言葉の断片で繋いだ改行のないブロックと、架空の誰かがほかの誰かに向かって心情を吐き出すような書簡、それらを俯瞰するタイトルという三つのパートで構成された短い文章が連なる構成の作品集。その感触は執筆と同時期に編集していたという映画『イート・ザ・ドキュメント』とよく似ている。そして、どちらも難解なようで、全体をユーモアが覆っているいう点が、現代の観賞にも十分耐えるポイントになっている。言葉の繋がりがポップなのだ。

片岡義男の翻訳は、色を付けずシンプルな日本語で書かれていて読みやすい。その一行一行をただ目で追うだけで気持ちよくなれる。　納富

ローリング・サンダー航海日誌 ディランが街にやってきた

河出書房新社：1993年11月4日

著者：サム・シェパード
訳：諏訪優・菅野彰子

俳優で、ミケランジェロ・アントニオーニの『砂丘』や、ヴィム・ヴェンダーズの『パリ・テキサス』などの映画の脚本でも知られるサム・シェパードによる、第一期ローリング・サンダー・レヴュー同行記。アメリカで初版が発行されたのは1977年だ。

旅芸人一座の巡業を模して行われたツアーだけに、のちに『モーテル・クロニクルズ』を書くシェパードにとっては素材としてもそそられるものがあったのだろう。ログと言うには文章が饒舌だ。

ディランとの対話や、ツアー中の風景の描写に、詩やコントのようなシーンまで、雑多な内容が断片的に並ぶのだけど不思議と読みやすい。

本来はツアーのドキュメンタリー映画の脚本を依頼されて同行したシェパードだが、ツアー中の映像は『レナルドとクララ』の一部となり、彼はこの本を書いた。

狂騒的な描写と愚痴が入り乱れる中に旅情が浮かび上がる一線級の紀行文だ。　納富

ボブ・ディラン自伝

SBクリエイティブ：2005年7月

訳：菅野ヘッケル

三部作の予定でディランが自ら書いた自伝の一冊目。原題も『クロニクルズＶｏｌ．１』となっているが、２０２３年現在、二冊目以降は発行されていない。

この巻では、コロムビアとの契約から始まる60年代初頭、少年時代、ウッドストックに移った70年代、『オー・マーシー』のレコーディングといったバラバラの時期がディランの視点で書かれる。

冒頭の舞台はニューヨーク、一人称で淡々と状況が描写されるので、ハードボイルド小説のよう。また菅野ヘッケルの翻訳が流暢で、物語が頭に入りやすい。

ディランが感じた、アメリカの60年代から80年代の空気を、そのまま封じ込めたような作品である。

納富

The Drawn Blank

Random House：1994年

画家としてのディランは、ザ・バンド『ミュージック・フロム・ビッグ・ピンク』や自作の『セルフ・ポートレイト』のジャケット、１９７３年に出版された詞画集『ライティング・アンド・ドロウイング』などで早くから知られている。

この画集では89年から92年までのツアーの中で描いた線画のスケッチを集めている。木炭や鉛筆で描いたと思われるディランの線は柔らかく、しかし構図はシャープでスタイリッシュ。浮世絵を思わせる画角の風景や人物は、陰影より形を重視した方法で描かれたものが多い。

２００７年のドイツでの個展には、キュレイターの提案でこの時期の作品に着彩されたものが展示された。

納富

はじまりの日

岩崎書店：2010年2月

絵：Paul Rodgers
訳：アーサー・ビナード

「フォーエヴァー・ヤング」の歌詞を使ってイラストレイターのポール・ロジャーズが絵本に仕立てた作品。原題もそのまま『フォーエヴァー・ヤング』だ。それを『はじまりの日』というタイトルにしたのは、訳者の強いこだわりだったらしい。奇しくも『ボブ・ディラン自伝』の最初の章と同じタイトルになった。

テキストは歌詞のみだが、そこにイラストを付けることで、ディランの半生記のような物語を立ち上がらせることができるのは、絵本ならでは。

ただし訳文はクセが強く、例えば「いつまでも若く」という言葉は一行も登場しない。原書とはかなり印象が変わるので、合わない人も多そうだ。

納富

The Lyrics 1961–1973

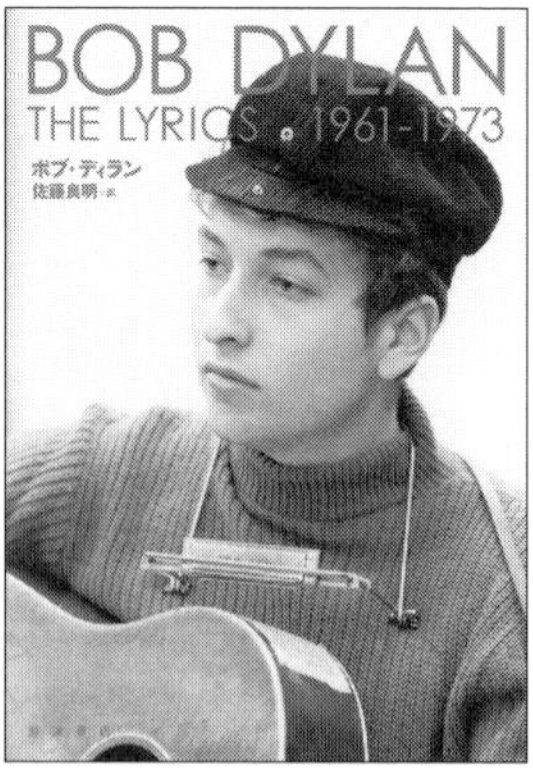

岩波書店：2020年３月27日

訳：佐藤良明

The Lyrics 1974–2012

岩波書店：2020年３月27日

訳：佐藤良明
189

　２０１２年までに書かれたディランの全作詞３９０曲を対訳で掲載したという編集が素晴らしいと思う。翻訳は、あのトマス・ピンチョンを、変な感じを十分に残しながら〝分かる〟日本語に訳した佐藤良明なので何の文句もない。それでも、英語の原詞と翻訳が並んでいるということが重要なのだ。

　もちろん、佐藤氏の翻訳は、言葉のリズムや日本語と英語のニュアンスの違い、書かれた当時の言葉の使われ方などを包括した素晴らしさ。それでも、詞は歌われるものであり、身体に染みているから、意味にも個人的な思いが入りこんでいる。そこは元の歌詞でないと補えない。

　一方で、谷川俊太郎らが切り拓いた現代詩的なリズムの日本語表現にハッとさせられる部分もたくさんある。「はげしい雨が降る」での「そろそろくるぞ、むごい、むごい、むごい、むごい」というひらがなの並びには、日本人だから感じられるディランの姿が見えるようだ。

　二冊とも６００ページを越える大著だが、それにふさわしく装幀も素晴らしい。本棚に並べて置くだけでもさまになる、鮮やかな色の対比とクールな文字の組み合わせは、この厚さがあってこそだし、日本の本には珍しいデザインで新鮮だ。

　今や、ディランの全歌詞はネットで無料公開されている。歌詞も情報のひとつなのだろう。それでも、翻訳文学のひとつの到達点でもあるこの本の価値が下がることはない。

納富

ソングの哲学

岩波書店：2023年4月13日

訳：佐藤良明

『ボブ・ディラン自伝』以来18年ぶりの自著で、しかもさまざまな他人の楽曲について論じているというのだから、それは話題になるだろう。しかし相手はディランである。当然のように、この本の文章は評論的ではないし、もちろんエッセイ的でもない。どこまでも創作的なところに彼が音楽についての本を書く意味があったのだろう。

　全体を通して語られるのは、「ソングの真実は作者ではなくソングの中にある」ということ。だから彼は「シンガーの人生を知ったからといって、ソングの理解が深まるものでもない（9ページ）」と言う。ペリー・コモからプレスリー、サンタナやクラッシュまで、66曲を取り上げて、それらの中に彼が見つけたものについてだけ書かれている。

「ブラック・マジック・ウーマン」から連想される女性像についてのホラ話と古い映画の記憶が混在する文章なんて、ほとんどトリビアルな短編小説だ。そして、そのトリビアに特別な暗喩などはない。それが歌の中にあった風景だから書いたというだけのことだ。

　取り上げた全てのソングをディランは現在の音楽として扱う。だから原題は『ザ・フィロソフィ・オブ・モダン・ソング』。録音が古い曲も取り上げているが、彼の中でそれらは懐かしの名曲ではない。作家性ではなく、ソング自体が持つアクチュアリティにしか興味はない。そんな風にうそぶく彼が見える。　**納富**

ディランをめぐる書籍いろいろ

納富廉邦

学生時代、古本屋を回っていると必ず見かけたのが、片桐ユズルと中山容の訳による晶文社の『ボブ・ディラン全詩集』だ。発行は1974年。英語版の『ワーズ・バイ・ボブ・ディラン』と日本語版の二冊が段ボールのケースに入った豪華だけれど簡素な造本は古書店の棚でもよく目立った。訳者の二人は関西フォーク運動の仕掛人だけあって、訳もかなりトピカル・ソング寄りだが、当時の日本のフォークとディランの繋がりが感じられる。

それから19年後の93年に、同じ出版社、同じ訳者コンビで85年までのディランの歌詞を網羅、前著に120篇を加えた『ボブ・ディラン全詩302篇　LYRICS　1962－1985』が出版された。前作同様、ディラン自筆の挿絵入りだ。

2000年までの歌詞を収録し、訳も新たにフォーク・シンガーの中川五郎が手掛けた、その時点での決定版が『ボブ・ディラン全詩集　1962－2000』。発行は05年。ディランの大作「マーダー・モスト・フォウル」の訳詞でも分かるように、中川の訳は言葉の選び方に品があるし、人称代名詞の使い方が上手く、歌の中の人物がはっきり見える。そして15年後に『The Lyrics　1974－2012』が、あの岩波書店から発売されるのだ。

歌詞集の歴史をたどりたかったので前後が逆になったが、02年にはハワード・スーンズが3年以上の調査と約250人の関係者インタヴューから構成したディランの伝記『ダウン・ザ・ハイウェイ―ボブ・ディランの生涯』が刊行されている。この本が出てようやく、40年近く謎に包まれていたディランのプライヴェイトの一端が知られることになった。原書の発表から1年で翻訳が出ていることからも、本書の日本での

ダウン・ザ・ハイウェイ―
ボブ・ディランの生涯
河出書房新社：2002年
著：Howard Sounes
訳：菅野ヘッケル

ボブ・ディラン全詩集
1962-2000
ソフトバンク：2005年
訳：中川五郎

ボブ・ディラン全詩302篇
LYRICS 1962-1985
晶文社：1993年
訳：片桐ユズル・中山容

ボブ・ディラン全詩集
WORDS
晶文社：1974年
訳：片桐ユズル・中山容

注目の高さがうかがえる。

　05年に出た『ザ・ボブ・ディラン・スクラップブック　1956―1966』は、若き日のディランの人生を、文字だけではなく写真や自筆の草稿、ライヴのチケットなどのレプリカでも見せてくれる作品。本人へのインタヴューを収録したCDまで付くという大サービスと豊富なギミックがファンには嬉しい。

　07年に発行された『ザ・ドロウン・ブランク・シリーズ』は、ドイツで行われた個展の図録として編集されたもの。個展は、94年に発行されたディランのスケッチ集『ドロウン・ブランク』の作品に、キュレイターの提案で着彩したものを中心に展示さた。この図録の発行から、『ザ・ドロウン・ブランク・シリーズ』はディランの画集シリーズとして本格的に動き出す。

　ディランとは長いつき合いになる写真家で映像作家のバリー・ファインスタインによる、63年～66年のディラン、74年のザ・バンドとのツアーを収めた写真集が『ボブ・ディラン写真集～時代が変る瞬間』。08年の発刊で原題は『リアル・モーメンツ』。なんと菅野ヘッケルによる解説が付いた日本版の方がアメリカより一週間先に発売されている。ファインスタインによる詳細なコメント付きなので、当時の様子がつかみやすくてありがたい。

　そのファインスタインが撮っていたハリウッドの写真の数々を見たディランが、そこから得たインスピレイションを詩として執筆。そのまま40年以上放置されていたものが見つかったらしい。そんなことがあるのか?という気もしないではないが、ともかく発見されたそれらを、当時の写真と組み合わせて写真詩集的に編集したのが『追憶のハリウッド'60ｓ　もうひとつのディラン詩集』だ。原書は08年、日本版は中川五郎訳で10年に発売されている。やや引き気味の構図で撮られたジュディ・ガーランド、マレーネ・ディートリッヒ、ブリジット・バルドーといったスターたちのモノクロのポートレイトにディランが60年代に書いた

ザ・ボブ・ディラン・スクラップブック 1955-1966
ソフトバンク：2005年
著：Robert Santelli
訳：菅野ヘッケル

The Drawn Blank Series, Catalogue of the Exhibition at the Kunstsammlungen Chemnitz, 2007/2008
PRESTEL：2007年

ボブ・ディラン写真集～時代が変る瞬間
ブルースインターアクションズ：2008年
撮影：Barry Feinstein
訳：菅野ヘッケル

追憶のハリウッド'60s もうひとつのディラン詩集
青土社：2010年
撮影：Barry Feinstein
訳：中川五郎

23篇の散文詩が重なる構成。それは、ハリウッドという特殊な場所についての、若き写真家とアーティストの対話のようにも見える。

09年に発売された『公認本　弾いて歌って、ボブ・ディラン』は、本来、歌詞集と対で読まれるべきものだと思う。歌詞を味わうのに、歌ってみない手はない。そして歌うならギターだって弾きたいではないか。それが公認なら言うことはない。

『グリニッチヴィレッジの青春』は『フリーホイーリン・ボブ・ディラン』のジャケットを飾った当時のディランの恋人、スージー・ロトロが60年代のグリニッチ・ヴィレッジを回想した本。表紙にはもちろんあのジャケット写真があしらわれている。『ノー・ディレクション・ホーム』での彼女は酸いも甘いもかみ分けたという感じのカッコ良さで、フィルムの中でも一際強い印象を残しているが、ディランにランボーを教えた人だけあって、回想にもピリッと芯が通っている。原書は09年、日本版は翌10年に菅野ヘッケルの訳での発売。しかし、その翌年に彼女は天に召されてしまう。

絵本『きみがいないと』は、「イフ・ノット・フォー・ユー」の歌詞を、『おやすみくまちゃん』などで日本でも人気が高いデイヴィッド・ウォーカーが絵本に仕立てたもの。「フォーエヴァー・ヤング」を絵本にした『はじまりの日』と同じ趣向の作品だが、このシリーズ、扱う歌詞に合わせてイラストレーターを変えているのがいいのだ。翻訳も、今回はドリアン助川が担当。同じシリーズでも全く違うテイストに仕上がっている。タイトルもこちらは原曲の意味通りだ。親犬と仔犬を主人公にお互いの愛情について歌詞に合わせた絵を描いていて、寝かしつけにも使えそうな出来映え。

片岡義男の『彼らを書く』は、プレスリー、ビートルズ、ディランの映像作品に絞って書かれた音楽評論集。その趣向も面白いが、映像に映っているものだけを対象に論を進めていく片岡の妙な頑固さが、この本をほかにはない存在にしている。

公認本 弾いて歌って、ボブ・ディラン
東邦出版：2009年
訳：菅野ヘッケル

グリニッチヴィレッジの青春
河出書房新社：2010年
著：Suze Rotolo
訳：菅野ヘッケル

きみがいないと
イマジネイション・プラス：2019年
絵：David Walker
訳：ドリアン助川

彼らを書く
光文社：2020年
著：片岡義男

Bonus Track:
Al Kooper

KOJI WAKUI
JIRO MORI

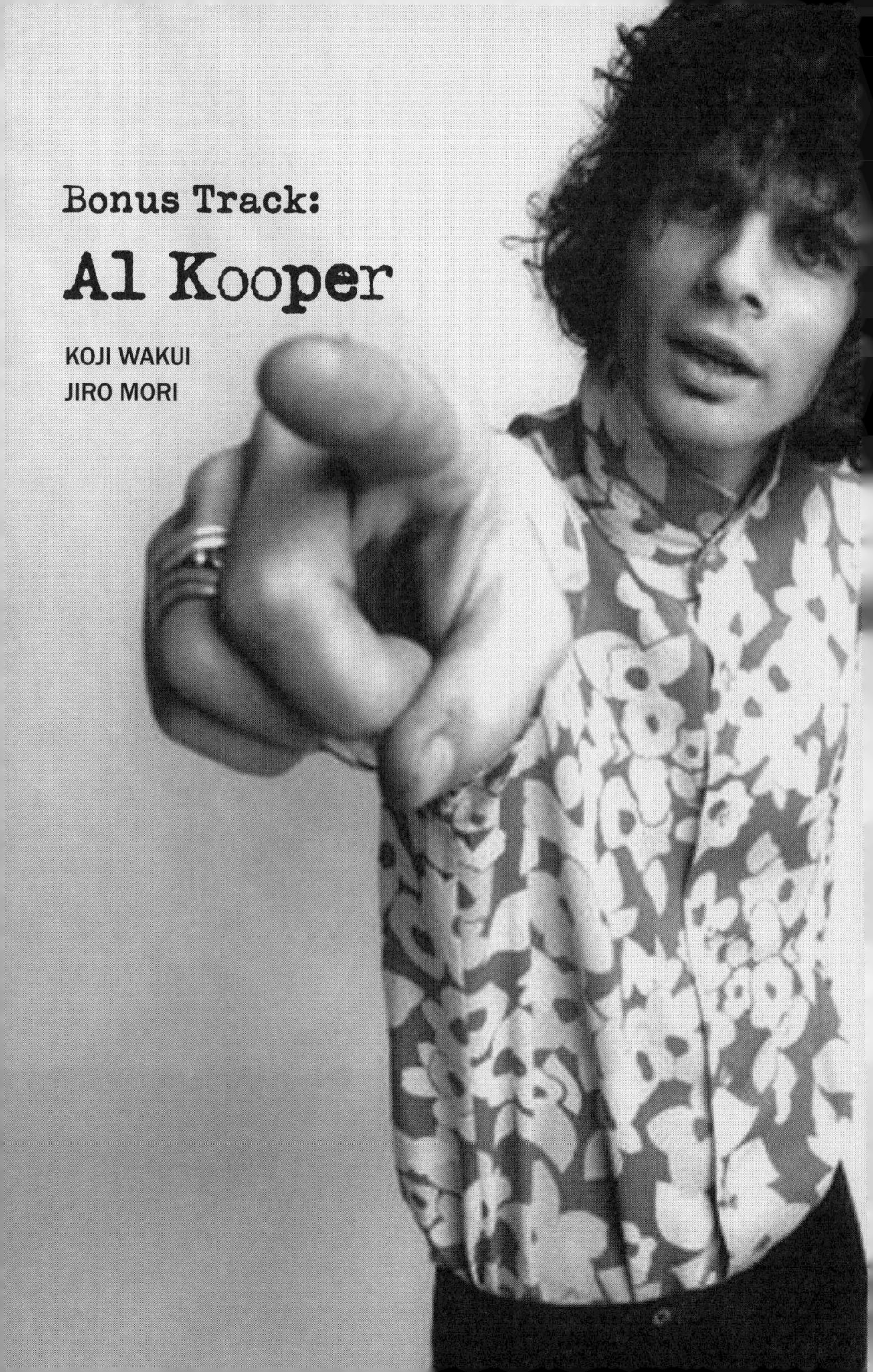

多才なアル・クーパーの多彩な活動

和久井光司

アル・クーパーことアラン・ピーター・クーパーシュミットは、1944年2月5日にニューヨークのブルックリン地区のユダヤ人家庭に生まれた。クィーンズ区ホリス・ヒルズで育った彼は、ロウ・ティーンのころロックンロールやR&Bに夢中になり、独学でギターとピアノの技術を習得。59年に15歳でザ・ロイヤル・ティーンズに加入して、ニューヨークの音楽シーンでプロのミュージシャンとしてのキャリアを積んでいった。

セッションマンとして活躍するうちに、ソングライター、アレンジャーとして認められるようになったアルは、ボブ・ブラス、アーウィン・レヴィンと共作した「恋のダイアモンド・リング」をゲイリー・ルイス&ザ・プレイボーイズが全米1位のヒットとしたことで注目され、ジーン・ピットニーには「アイ・マスト・ビー・シーイング・シングス」を提供。ピットニーのレコーディングではアレンジャーとしても采配をふるい、次第に頭角を表していくのだ。

アルの人生を変えたのは、65年6月15日に始まったディラン『追憶のハイウェイ61』のセッションだった。その日、見学に訪れた彼はマイク・ブルームフィールドと出会い、翌日行われた「ライク・ア・ローリング・ストーン」のセッションで、ギターではブルームフィールドに勝てないと悟ってオルガンを入れることを提案した。アルはこのとき初めてオルガンを弾いたそうだが、彼のプレイをディランが評価し、そのままレコーディング・メンバーの中心人物となるのだった。

同年の後半には、ダニー・カルブを中心に結成されたブルース・プロジェクトにオルガン奏者として加入し、『ライヴ・アット・カフェ・ア・ゴー・ゴー』では「アイ・ウォント・トゥ・ビー・ユア・ドライヴァー」ではヴォーカルも取っている。ブルース・プロジェクトには彼らの代表曲となる「泣きたい気持ち」を提供したアルだが、カルブと折り合いが悪くなったため67年前半に脱退。「モンタレー・ポップ・フェスティヴァル」には6月17日の昼の部にソロで出演した。

THE TUBES
The Tubes
A&M : SP-4534 (1975年)

LYNYRD SKYNYRD
(Pronounced 'Lĕh-'nérd 'Skin-'nérd)
Sounds Of South : MCA-363 (1973年)

MODE JONES
Get Right
Sounds Of South : MCA-329 (1973年)

MICHAEL GATELY
Gately's Cafe
Janus : JLP 3039 (1972年)

同年秋、ブラッド・スウェット&ティアーズを結成したアルは、同バンドのファースト・アルバム『子供は人類の父である』を68年2月21日にリリースしたが、3月には脱退。それはこの年のはじめにブルームフィールドと共に参加したモビー・グレープの『ワウ/グレープ・ジャム』からのアルの活動に注目していたコロンビアのクライヴ・デイヴィスが、多額の契約金を提示してアルにアーティスト/プロデューサー契約を迫ったからだと言われている。アルは、ブルームフィールド、スティヴン・スティルスと録音した『スーパー・セッション』を7月22日にリリースして一躍〝時の人〟となり、9月26、27日にサンフランシスコのフィルモア・ウエストで録音されたスーパー・セッションのライヴ盤『フィルモアの奇蹟』では、まだ無名だったエルヴィン・ビショップとカルロス・サンタナを世界に紹介している。

69年2月に発表された初ソロ・アルバム『アイ・スタンド・アローン』はビルボード54位まで上がったが、アレンジャー、プロデューサーとしての活動をやめるわけではなく、むしろソロ活動の方が余技に見えるような、独特のスタンスを築いていくのだ。

72年にアトランタに移住したアルは、ＭＣＡ傘下に新レーベル「サウンズ・オブ・サウス」を設立してモーズ・ジョーンズやレーナード・スキナードを売り出し、サザン・ロック・ブームの一翼を担うのである。

72年12月のソロ作『赤心の歌』をもってコロンビアとの契約を終了したアルは、しばらくサウンズ・オブ・サウスの運営に心血を注いでいたが、73年6月24日にニューヨークのセントラル・パークでブルース・プロジェクトの再結成フリー・コンサートを行い、そのライヴ盤をグループ最大のヒットにした。

その後ワン・ショットでソロ契約しながら、プロデューサーとしての活動を続けたが、80年代に入ると寡作となり、プロデュース作品も大幅に減っていく。その後もキーボードでのセッション参加は多岐に渡っているが、べつの仕事もしているのか、音楽活動はほとんど趣味のように見える。

下に並べたプロデュース作品は私が気に入っているものだが、無名のマイケル・ゲイトリーやジョニー・クーンチェ、英国のエディ&ザ・ホット・ロッズやオーストラリアのフィル・ジャッド（元スプリット・エンズ）や、グリーン・オン・レッドが面白いというのが彼らしい。

日本では90年代に「ジョリー」がクラブ・ヒットしたのをきっかけに『赤心の歌』が再評価されて以降、欧米とは比べものにならない高い人気を誇り、２００３年にはまさかの初来日。05年、07年、09年にも来日公演が行われている。

GREEN ON RED
Scapegoats
UK・China：WOL 1001
(1991年)

JOHNNY COONCE
Got My Eye On You
A&M：SP-6-4936 (1983年)

PHIL JUDD
Private Lives
AUS・Mushroom：L 37992
(1983年)

EDDIE & THE HOT RODS
Fisn'n' Chips
UK・EMI：EMC 3344
(1981年)

THE BLUES PROJECT
Live At The Cafe Au Go Go
カフェ・オ・ゴー・ゴーのブルース・プロジェクト

Verve／Folkways : FV 9024(mono)／FVS 9024(stereo)
録音 : 1965年11月24日〜27日、1966年1月
発売 : 1966年3月

[A] 1. Goin' Down Louisiana／2. You Go And I'll Go With You／3. Catch The Wind／4. I Want To Be Your Driver／5. Alberta／6. The Way My Baby Walks
[B] 1. Violets Of Dawn／2. Back Door Man／3. Jelly Jelly Blues／4. Spoonful／5. Who Do You Love?

プロデューサー : Jerry Schoenbaum

ザ・ブルース・プロジェクトは、もともとデイヴ・ヴァン・ロンクに師事していたギタリスト、ダニー・カルプがエレクトリック・ギターに持ち替えたあとに結成したグループが母体になっている。

同門のスティーヴ・カッツらが合流し、65年の終わりにコロンビアのオーディションを受けたとき、トム・ウィルソンがアル・クーパーにセッションに加わるように要請する。クーパーはメンバーにエレクトラのコンピレイション『ホワッツ・シェイキン』用のレコーディングを手伝ってもらうなど、交流を深めるうちに誘いを受け、バンドに加入することになった。

コロンビアとは契約に至らなかったが、ウィルソンがMGMに移籍したため、傘下のヴァーヴ／フォークウェイズからファースト・アルバムがリリースされることになる。

悪くはないんだが、ビート・バンドがブルーズを取り上げた典型のようだ。クーパーの存在感もまだ薄い。**森**

THE BLUES PROJECT
Projections
プロジェクション

Verve／Folkways : FT-3008(mono)／FTS-3008(stereo)
録音 : 1966年秋
発売 : 1966年11月

[A] 1. I Can't Keep From Crying／2. Steve's Song／3. You Can't Catch Me／4. Two Trains Running
[B] 1. Wake Me, Shake Me／2. Cheryl's Going Home／3. Flute Thing／4. Caress Me Baby／5. Fly Away

プロデューサー : Tom Wilson, Billy James

ファースト・アルバムの発売前にヴォーカリストのトミー・フランダースが脱退、5人でスタジオ録音されたセカンドが『プロジェクションズ』だ。ヴォーカルをカルプ、カッツ、クーパーの3人で分け合いながら、バンドの幅が広がっている。

1曲目の「アイ・キャント・キープ・フロム・クライング・サムタイムズ」は、ブラインド・ウィリー・ジョンソンのカヴァー。クーパーは『ホワッツ・シェイキン』でも取り上げていたので、よほどお気に入りだったのだろう。オリジナルもビートが強いが、ここでのヴァージョンはそのリズム感を踏襲しながら、ギターやオルガンのフレーズをふんだんに織り込み、サイケデリックな雰囲気まで纏わせることに成功している。

クーパー作のジャジーな「フルート・シング」は、センスの良さを感じさせる仕上がり。バンド名と演奏がかけ離れてきたが、それもアリと思わせるほどの充実ぶりだ。**森**

THE BLUES PROJECT
Live At Town Hall
タウン・ホールのブルース・プロジェクト

Verve／Folkways：FT-3025(mono)／FTS-3025(stereo)
録音：1967年
発売：1967年9月

[A]
1. Introduction / Electric Flute Thing／2. I Can't Keep From Crying／3. Mean Old Southern

[B] 1. No Time Like The Right Time／2. Love Will Endure／3. Where There's Smoke, There's Fire／4. Wake Me, Shake Me

プロデューサー：Howard L. Solomon

セカンド・アルバムで見せたサウンド面の成長とは裏腹に、バンドの内部では崩壊が進んでいた。クーパーはカルブとの対立もあって、67年の春に脱退を決意する。ブルース・プロジェクトは6月のモントレー・インターナショナル・ポップ・フェスティヴァルに出演するが、その後カッツ、カルブが相次いで去り、バンドは事実上解散状態に陥ってしまう。

そんな中、クーパー在籍時のスタジオ録音やライヴ音源を集めてリリースされたのが、このサード・アルバムだ。タイトル通りにニューヨークのタウン・ホールで録音されたライヴは、1曲だけだと言われている。

66年に初めてチャートに入ったクーパー作のシングル、「ノー・タイム・ライク・ザ・ライト・タイム」も収録されたが、さまざまなアイディアは詰め込まれているものの、『プロジェクションズ』で起こったバンド・マジックはすでに消えていた。 **森**

BLOOD, SWEAT & TEARS
Child Is Father To The Man
子供は人類の父である

Columbia：CS 9619
録音：1967年11月11日～12月20日
発売：1968年2月21日

[A] 1. Overture／2. I Love You More Than You'll Ever Know／3. Morning Glory／4. My Days Are Numbered／5. Without Her／6. Just One Smile

[B] 1. I Can't Quit Her／2. Meagan's Gypsy Eyes／3. Somethin' Goin' On／4. House In The Country／5. The Modern Adventures Of Plato, Diogenes And Freud／6. So Much Love / Underture

プロデューサー：John Simon

ブルース・プロジェクトを脱退したアルがすぐに始めたブラス・ロック・バンドがブラッド・スウェット&ティアーズだったが、アルは一枚で脱退。「スピニング・ホィール」と「ユード・メイド・ミー・ソー・ヴェリー・ハッピー」のヒットを生んだセカンド『血と汗と涙』には編曲のみで関わることになる。一般的には、シンガーのデイヴィッド・クレイトン・トーマスが加わり、シカゴとの仕事で知られるジェイムズ・ウィリアムズ・ガルシオがプロデュースするようになった次作以降が〝ジャストBS&T〟だろうが、ジョン・サイモンがプロデュースし、ランディ・ブレッカーもいる本作の方が私は好んでいる。ここにある〝シャレっ気〟や〝知性〟が売れてからのBS&Tからはあまり感じられないからである。ここで得たものと、やり残したことが詰め込まれたのが『アイ・スタンド・アローン』だ。ここでのセンスはそっちに繋がっている。 **和久井**

MIKE BLOOMFIELD / AL KOOPER / STEVE STILLS
Super Session
スーパー・セッション

Columbia：CS 9701
録音：1968年5月
発売：1968年7月22日

[A]
1. Albert's Shuffle
2. Stop
3. Man's Temptation
4. His Holy Modal Majesty
5. Really

[B]
1. It Takes A Lot To Laugh, It Takes A Train To Cry
2. Season Of The Witch
3. You Don't Love Me
4. Harvey's Tune

プロデューサー：Al Kooper

参加ミュージシャン：Barry Goldberg (p), Harvey Brooks (b), Eddie Hoh (ds, per)

2003 Reissue CD
Sony/Legacy：CK63400
Bonus Tracks：
10. Albert's Shuffle (2002 Remix w/o Horns)
11. Season Of The Witch (2002 Remix w/o Horns)
12. Blues For Nothing
13. Fat Grey Cloud (Live, Previously Unreleased)

BS&Tを脱退したクーパーは、コロンビアとA&R兼プロデューサーとして契約した。同じ頃、モビー・グレイプの“Grape Jam”(68年/Columbia：MGS1)のセッションに呼ばれた彼は、ジャムでつくり上げたロックをアルバムにすることを思いつく。パートナーに、かつてディランのレコーディングやニューポートでのライヴで行動を共にしたマイク・ブルームフィールドを選び、スタジオを2日間押さえたのだ。ブルームフィールドが脱退寸前だったジ・エレクトリック・フラッグからハーヴィ・ブルックスとバリー・ゴールドバーグも参加して、ぶっつけ本番の演奏が始められた。

レコーディングは順調に進んだが、2日目はブルームフィールドが現れず、急遽何人かのギタリストに声をかけたところ、崩壊寸前だったバッファロー・スプリングフィールドからスティヴン・スティルスが参加することになる。契約の問題から歌ってはいないが、B面のギターはすべて彼の演奏だ。ちなみに、スピリッツのランディ・カリフォルニアや、グレイトフル・デッドのジェリー・ガルシアからは返事を貰えなかったらしい。

しかし、仕上げの段階でクーパーはホーンをオーヴァー・ダビングしてしまう。03年に再発されたCDでは、2曲の〝ウィズアウト・ホーンズ〟リミックスが収録されたので、より生々しい演奏が聴ける。剛腕のブルームフィールドと柔軟なスティルス。どちらも魅力的だ。　**森**

MIKE BLOOMFIELD / AL KOOPER

The Live Adventures Of Mike Bloomfield And Al Kooper

フィルモアの奇蹟

Columbia：KGP 6
録音：1968年9月26日〜28日
発売：1969年1月

[A]
1. Opening Speech
2. The 59th Street Bridge Song (Feelin' Groovy)
3. I Wonder Who
4. Her Holy Modal Highness

[B]
1. The Weight
2. Mary Ann
3. Together 'Til The End Of Time
4. That's All Right
5. Green Onions

[C]
1. Opening Speech
2. Sonny Boy Williamson
3. No More Lonely Nights

[D]
1. Dear Mr. Fantasy
2. Don't Throw Your Love On Me So Strong
3. Finale - Refugee

プロデューサー：Al Kooper

参加ミュージシャン：Carlos Santana (g), Elvin Bishop (g, vo), John Kahn (b), Skip Prokop (ds)

スーパー・セッションのライヴがフィルモアで行われたのは68年9月26〜28日の三日間だが、ブルームフィールドがドタキャンした日があったりで、エルヴィン・ビショップと、まだ無名だったカルロス・サンタナが穴を埋めた。おかげで予想以上にセッションの醍醐味が刻まれたライヴ盤が生まれたわけだ。

ノーマン・ロックウェルによるジャケも強力だし、当時は最新だった、サイモン&ガーファンクル、ザ・バンド、トラフィックのナンバーをアルがどうアレンジし、ブルーズ・ロック・ギタリストとの接点をはかったのかも聴きどころとなった。パーマネントなバンドではないから、ある意味では無責任に自己主張できるわけだが、我が先輩のゴールデン・カップスはバンドなのにまともに受けとめたから（ものすごい成果も上げたけれど）いろんな意味で自由すぎることになってしまったのだ。ミッキー吉野さんが「ハモンド・オルガン買わなきゃ！」と思ったのもこれのせい。しかし、中2の私にブッカー・T&ザ・MGズの「グリーン・オニオンズ」と、トラフィックの「ディア・ミスター・ファンタジー」を同時に教えたのはすごいことだよ。

03年には同年12月13日にフィルモア・イーストで収録されたジョニー・ウィンター入りのライヴが発掘されたが、そっちは幾分ブルース・ロック色が強く、この名作にあるポップな面の効果があまり感じられないのだ。

和久井

AL KOOPER / MIKE BLOOMFIELD
Fillmore East: The Lost Concert Tapes 12/13/68
フィルモア・イーストの奇蹟

Legacy／Columbia：CK 85278［CD］
録音：1968年12月13日〜14日
発売：2003年4月8日

1. Introductions／2. One Way Out／3. Mike Bloomfield's Introduction Of Johnny Winter／4. It's My Own Fault／5. 59th Street Bridge Song (Feelin' Groovy)／6. (Please) Tell Me Partner／7. That's All Right Mama／8. Together Till The End Of Time／9. Don't Throw Your Love On Me So Strong／10. Season Of The Witch

プロデューサー：Al Kooper

『フィルモアの奇蹟』からおよそ3か月後に行われたライヴの発掘盤。場所をフィルモア・イーストに移し、ヘッドライナーはサム&デイヴのレヴュー、バンドのメンバーも入れ替えられた。

このときは2日間のステージを務め上げたブルームフィールドのギターが絶好調だが、クーパーが言うとおり、リズム隊が前回よりも一枚落ちる出来だったために、なかなか日の目を見なかった音源だ。

それでもリリースに踏み切ったのは、クーパーとブルームフィールドのコンビネイションが頂点に達しようとしていたことと、まだテキサスでのローカルな活動が中心だったジョニー・ウィンターをコロンビアとニューヨークの聴衆に紹介したドキュメントになっていることが大きい。

ウィンターが参加した「イッツ・マイ・オウン・フォルト」を聴いてほしい。鋭角的なウィンターのギターに絡みつくブルームフィールド。燃えるでしょ？ **森**

AL KOOPER INTRODUCES SHUGGIE OTIS
Kooper Session
クーパー・セッション

Columbia：CS 9951
録音：1968年、発売：1969年

[A] The Songs　1. Bury My Body／2. Double Or Nothing／3. One Room Country Shack／4. Lookin' For A Home
[B] The Blues　1. 12:15 Slow Goonbash Blues／2. Shuggie's Old Time Dee-Di-Lee-Di-Leet-Deet Slide Boogie／3. Shuggie's Shuffle

プロデューサー：Al Kooper

〝スーパー・セッション〟の第二弾でフィーチャーされたのは、当時まだ15歳だったシュギー・オーティス。レヴュー形式のリズム&ブルーズやロックンロールのショウで知られるジョニー・オーティスの息子だ。11歳の頃から変装して、父親のバンドでギターを弾いていたという。

クーパーはジョニーのアルバム“Cold Shot”(68年／Kent：KST534)で彼に目をつけたのだが、時すでに遅し、エピックがすでにソロ契約を結んでいた。そこで『スーパー・セッション・ヴォリュームⅡ』というかたちをとって、シュギーを引っ張り出すことに成功したわけだ。

完全即興の《ザ・ブルーズ》も、年齢を考えれば驚異的なプレイの連続なのだが、センスの良さが光るのは《ザ・ソングス》。ゴスペルやソウルをポップに聴かせる術は父親譲りか。MGズの「ダブル・オア・ナッシング」では、キレの良さとほどよい粘り気を帯びたギターが聴ける。 **森**

I Stand Alone
アイ・スタンド・アローン

Columbia：CS 9718
録音：1968年
発売：1969年2月

[A]
1. Overture
2. I Stand Alone
3. Camille
4. One
5. Coloured Rain
6. Soft Landing On The Moon

[B]
1. I Can Love A Woman
2. Blue Moon Of Kentucky
3. Toe Hold
4. Right Now For You
5. Hey, Western Union Man
6. Song And Dance For The Unborn, Frightened Child

プロデューサー：Al Kooper

参加ミュージシャン：Wayne Moss (g), Jerry Kennedy (g), Charlie Daniels (g), Charlie McCoy (b), Ken Buttrey (ds), The Blossoms (cho)

中2の私は本作を聴いてアルに夢中になったのだが、なぜこれを買ったのかと言えば、自由の女神になったアルがCBSソニーのニュー・ロック・キャンペーンのマークになっていたからだった。この人が〝新しいロック〟の代表格なのか、とガキンチョは思ったわけである。

しかしそれは間違いではなかった。冒頭の騒然としたデモのドキュメントは何だか怖かったが、おかげで「アイ・スタンド・アローン」のスウィート・ソウル臭が生きているし、アレンジが緻密で派手な「カミール」から、ニルソンの「ワン」への展開も〝めくるめく〟と表現するのが相応しい印象となった。ポール・マッカートニーの「アンクル・アルバート」は絶対にこの「ワン」を真似したんだと思った。チャーリー・マッコイらナッシュヴィルのミュージシャンを使ってもディランみたいにはならず、アーバン・カントリーに仕上げてみせるのがニューヨークっぽいではないか。シカゴやBS&Tのヒット曲は知っていたが、いわゆるロック・バンド編成の曲が皆無なロック・アルバムをソロ名義で出している人は他にいなかった。ストリングスやホーンが贅沢に鳴り響いて、どこまでも豊かな音空間がつくられていくのに私はシビレたのだ。

いま聴いても、20代前半でこんな〝オトナの音楽〟をやっていたのはスゴイことだと思う。〝ポップだけど異端〟という立ち位置がいいよね。

和久井

You Never Know Who Your Friends Are
孤独な世界

Date : DAS 2054
録音 : 1969年
発売 : 1969年9月

[A]
1. Magic In My Socks
2. Lucille
3. Too Busy Thinkin' 'Bout My Baby
4. First Time Around
5. Loretta (Union Turnpike Eulogy)
6. Blues, Part IV

[B]
1. You Never Know Who Your Friends Are
2. The Great American Marriage / Nothing
3. Don't Know Why I Love You
4. Mourning Glory Story
5. Anna Lee (What Can I Do For You)
6. I'm Never Gonna Let You Down

プロデューサー : Al Kooper

参加ミュージシャン : Ralph Casale (g), Stu Scharf (g), Eric Gale (g), Ernie Hayes (kbd), Paul Griffin (kbd), Frank Owens (kbd), Walter Sears (kbd), Chuck Rainey (b), Jerry Jemmott (b), John Miller (b), Bernard "Pretty" Purdie (ds), Al Rogers (ds), Bernie Glow (trumpet), Ernie Royal (trumpet), Marvin Stamm (trumpet), Ray Desio, Jimmy Knepper (trombone), Bill Watrous (trombone), Tony Studd (trombone), George Young, Sol Schlinger (sax), Seldon Powell (sax), Joe Farrell (sax), Hilda Harris (cho), Connie Zimet (cho), Albertine Robinson (cho), Lois Winter (cho), Michael Gately (cho), Lou Christie (cho), Robert John (cho), Charlie Calello (cho)

当時は全然気づいていなかったが、主にベースはチャック・レイニー、ドラムはバーナード・パーディ、ギターはエリック・ゲイルで、チャーリー・カレロがアレンジに関わっていたりもする。

全12曲中5曲が〝アル・クーパー・ビッグ・バンド〟名義だが、ホーンが入った大編成じゃなくてもロック・バンドとはまったく違うゴージャスな音だ。

ブルース・ロック〜ハード・ロックのギタリストがヒーローだった時代に、こういう音楽をやっていた人はあまりいない。アルはギターを弾くのがいちばん好きらしいが、ソングライター、アリンジャーとしての要求が自分の好みを抑えるのかもしれない。

ここでも、ジャズもソウルも呑み込んだミクチュア度の高い音楽をやろうとしているのがよくわかるし、そういう曲がちゃんと書けてもいるのだが、『アイ・スタンド・アローン』のようなメリハリがないからか、本作の評価は低く、〝通受けする中堅〟とも言える座席が決まってしまったのだ。次の『イージー・ダズ・イット』のいいところを一枚にまとめたようなアルバムをこのタイミングで出せていれば、ソロ活動がもう少しうまくいったんじゃないかと思う。

それにしても、こんな贅沢なレコーディングをしてメジャーからリリースしているのに、たいして売れなくても許された時代が羨ましい。〝豊かさ〟はどこから来るのかってハナシだよね。

和久井

Easy Does It
イージー・ダズ・イット

Columbia：G 30031
録音：1969年
発売：1970年8月

[A]
1. Brand New Day
2. Piano Solo Introduction
3. I Got A Woman
4. Country Road
5. I Bought You The Shoes

[B]
1. Introduction
2. Easy Does It
3. Buckskin Boy
4. Love Theme From "The Landlord"

[C]
1. Sad, Sad Sunshine
2. Let The Dutchess No
3. She Gets Me Where I Live
4. A Rose And A Baby Ruth

[D]
1. Baby, Please Don't Go
2. God Sheds His Grace On Thee

プロデューサー：Al Kooper

参加ミュージシャン：Stu Woods (b, cho), Rick Marotta (ds, cho), Charlie McCoy (b), Kenny Buttrey (ds), Pete Drake (g), Wayne Moss (g), Charlie Daniels (g), David Bromberg (g), Tom Cosgrove (g), Lyle Ritz (b), Earl Palmer (ds), Larry Knechtel (p), Louie Shelton (g), Tommy Tedesco (g), Fred Lipsius (sax), Peter Ivers (harmonica), John Miller (b), Al Rogers (ds), George Devens (per), Stu Scharf (g), Joe Beck (g), Joe Osborn (b), Joe Correro (ds), Milt Holland (tabla), Keith Allison (g), Freddy Weller (g), The Blossoms (cho), Bobby Colomby (conga), Jackson Marlie (vo)

『ザ・ランドロード』のサントラ制作の予算をうまく横滑りさせたのか、無理も力みもなくゴージャスなサウンドをつくりあげ、実力の高さを見せつけた2枚組の傑作である。

映画に便宜をはかったとも思える「ブランド・ニュー・デイ」から、ツボを押さえた「ピアノ・ソロ・イントロダクション」を経て、レイ・チャールズの「アイ・ガッタ・ウーマン」、そしてジェイムズ・テイラー「カントリー・ロード」の超絶アレンジ・カヴァーへ、というA面の流れに誰もがKOされるはずだ。

リズム・セクションは主にステュ・ウッドとリック・マロッタだが、バックには常にフル・オーケストラが控えていて、必要ではない曲では使わないという『夜のヒット・スタジオ』みたいな体なので、ミュージシャンが誰かなんて気にさせない。私は中2でこんなのを聴いていた成果、ウッドストック系のシンガー・ソングライターは〝小さな幸せ〟や〝趣味〟を追っているようにしか見えず、ジェフ・マルダーぐらいにしか感心しない人間になってしまったのだ。

編成はどうでもいいのだが、ダイナミズムとユーモアを追わなくなったらミュージシャンは終わりでしょ。歌やギターが上手いヤツなんか沢山いるからね。

セッションマンからソングライター／アレンジャーとなり、ロック・バンドで名を成した苦労人らしい〝厳しさ〟が随所に感じられるのだ。

和久井

New York City (You're A Woman)
紐育市（お前は女さ）

Columbia：C 30506
録音：1971年
発売：1971年6月

[A]
1. New York City (You're A Woman)
2. John The Baptist (Holy John)
3. Can You Hear It Now (500 Miles)
4. The Ballad Of The Hard Rock Kid
5. Going Quietly Mad

[B]
1a. Oo Wee Baby, I Love You
1b. Love Is A Man's Best Friend
2. Back On My Feet
3. Come Down In Time
4. Dearest Darling
5. Nightmare #5
6. The Warning (Someone's On The Cross Again)

プロデューサー： Al Kooper

参加ミュージシャン： Terry Kath (g), Rita Coolidge (cho), Paul Humphries (ds), Bobbye Hall Porter (per), Lou Shelton (g), Carol Kaye (b), Herbie Flowers (b), Bobby West (b), Roger Pope (ds), Sneaky Pete Kleinow (g), Caleb Quaye (g), Venetta Fields (cho), Clydie King (cho), Donna Weiss (cho), Julia Tillman Waters (cho), Edna Wright (cho), Maxine Willard Waters (cho), Lorna Willard (cho), Edna Woods (cho), Claudia Lennear (cho), Dorothy Morrison (cho), Robbie Montgomery (cho), Jessie Smith (cho), Robert John (cho), Michael Gately (cho), Jay Siegel (cho)

ロンドンとロサンゼルスでのレコーディングで故郷を考えたからか、雑然とした大都会の喧騒と狂気をリポートしたようなアルバムになった。

自らギター・ソロを取る場面が多いのは、時の〝ロック〟も少しは意識しないと、と思ったのかもしれない。LA録音の「ザ・バラッド・オブ・ザ・ハード・ロック・キッド」ではそれが空回りしている感があるが、ロンドンでエルトン・ジョン・バンドのカレブ・クウォイ、ブルー・ミンクのハービー・フラワーズらと録った「静かに狂っていく僕」は過剰なツイン・ギターが美しい曲をぶち壊すのがオツな傑作となっている。

リタ・クーリッジやクライディ・キングらによる女性コーラスを活かしたLAセッションを中心にしたB面の方が〝らしい〟けれど、トータル・アルバム風にしたのが災いして、逆にまとまりに欠けてしまったのが難点。この〝やりすぎ感〟はミュージシャンが罹る麻疹みたいなものだが、アルほどの免疫があっても避けられなかったってことだよね。

リチャード・アヴェドンによるジャケットの静かなポートレイトがオシャレだが、裏に映る当時の恋人はその後ロン・ウッドの奥さんになったんじゃなかったっけ？ そんなことはどうでもいいが、「ニューヨーク・シティ、お前は女さ」と言いながら、どちらに対しての混乱も隠せなかったことで、真実が浮かび上がったように見えるのが救いか。

和久井

The Landlord: Original Movie Picture Soundtrack

United：UAS 5209
録音：1970年、発売：1971年

[A] 1. Brand New Day／2. The Landlord／3. Car Commercial／4. Walter G's Boogaloo／5. Crouqet Game／6. Let Me Love You／7. Lainie's Theme／8. Rent Party／9. Elgar's Fantasy
[B] 1. Love Theme／2. Soul Hoedown／3. Doin' Me Dirty／4. Brand New Day／5. The Axe／6. God Bless The Children
プロデューサー：Steve Cropper

ボー・ブリッジズとリー・グラントが主演した、ハル・アシュビー監督の映画『真夜中の青春』のサントラ盤。

ちょうど『イージー・ダズ・イット』を制作中だったアルは、この映画のテーマ曲として「ブランド・ニュー・デイ」を書き、自身のアルバムにもヴァージョン違いを収録している。ここではチャック・レイニーがベース、アルは（キーボードはもちろん）ギター・パートをエリック・ゲイルと分け合っている。

インスト曲からもプレイヤーがご機嫌なのが伝わってくるし、ステイプル・シンガーズとロレスン・エリスンがアル以外のヴォーカル曲を担当しているのだから、サントラだからと侮ってはいけないアルバムなのである。

私が持っているのはジャケ違いのUK盤だが、これはどこを取ってもUS盤の勝ち。未聴の方は〝見つけたら買い〟の一枚として頭の隅に置いておいと、苦労せずに入手できるはずだ。

和久井

Al's Big Deal - Unclaimed Freight

Columbia：PG 33169
録音：1967年～1972年
発売：1975年

[A] 1. I Can't Quit Her／2. I Love You More Than You'll Ever Know／3. My Days Are Numbered／4. Without Her／5. So Much Love / Underture
[B] 1. Albert's Shuffle／2. Season Of The Witch／3. If Dogs Run Free
[C] 1. The 59th Street Bridge Song (Feelin' Groovy)／2. The Weight／3. Bury My Body／4. Jolie
[D] 1. I Stand Alone／2. Brand New Day／3. Sam Stone／4. New York City (You're A Woman)／5. I Got A Woman

本作はBS&Tから『赤心の歌』までのクーパーの仕事をまとめたコンピレイション。67年末から72年までの動きが概観できる選曲になっているが、ディラン『ニュー・モーニング』収録の「イフ・ドッグス・ラン・フリー」が異色。この曲はクーパーがピアノで奏でるリフを基にしたセッションから生まれたそうだ。

89年にCD化されたときには1枚ものだったため、収録時間の関係から4曲がオミットされ、82年の『チャンピオンシップ・レスリング』から1曲が追加されているのでご注意を。曲順も入れ替えられ、クーパー自身が9曲をリミックスしているので、別物と考えてもいいくらい。

ほかの編集盤には、オール・タイム・ベスト＋レア・トラック集の〝Rare & Well Done〟（01年／Columbia／Legacy：C2K62153）や、日本編集の『フリー・ソウル』（03年／ソニー：MHCP37）、配信版の〝50/50〟（08年／Sony Digital）などがある。

森

A Possible Projection Of The Future / Childhood's End
早すぎた自叙伝

Columbia：KC 31159
録音：1972年1月～3月
発売：1972年4月

[A]
1. A Possible Projection Of The Future
2. The Man In Me
3. Fly On
4. Please Tell Me Why
5. The Monkey Time

[B]
1. Let Your Love Shine
2. Swept For You Baby
3. Bended Knees (Please Don't Leave Me Now)
4. Love Trap
5. Childhood's End

プロデューサー：Al Kooper

参加ミュージシャン：Alan Parker (g), Harvey Brooks (b), Herbie Flowers (b), Barry Morgan (ds), Edna Wright (cho), Claudia Lennear (cho), Clydie King (cho), Linda Lewis (cho), Michael Gately (cho), Robert John (cho), Bobby West (b), Paul Humphrey (ds), Bobbye Hall Porter (per), Venetta Fields (cho), Oma Drake (cho)

アポロ計画で人類が月面に降り立ったのは歴史的な事件だったから、スタンリー・キューブリックの『2001年宇宙の旅』はとってもリアルで、「そうか、宇宙に何年もいて地球に戻ってくるとお爺さんになってるのか」とアインシュタインの相対性理論をかじってみたりしたものだ。その感じを特殊メイクで再現して見せたジャケットで、タイトルは『早すぎた自叙伝』。発売時に買った日本盤についていたブックレットに載っている磯田秀人×立川直樹×越谷政義の鼎談にも感化され、私のアル・クーパー熱はいっそう高まったのだった。

録音はロンドンとLA。エンジニアのジョン・パンターによる緊迫緊張感の高いナレーションで始まるタイトル曲から、アレンジが美しいディランの「マン・イン・ミー」、変化のつけ方がアルらしいオリジナル曲「フライ・オン」、ジミー・クリフの「プリーズ・テル・ミー・ホワイ」、インプレッションズ（＝カーティス・メイフィールド）の「モンキー・タイム」というA面の展開は非の打ちどころがないぐらいで、アルのヘナヘナしたヴォーカルも味になっている。

B面はミラクルズの「泣きたいくらいさ」を挟みながら自作曲で物語性を加味したトータリティの高い流れで、前作での失点を取り返した感じがあるのだ。

次の『赤心の歌』もいいけれど、無人島に持っていくなら黒人音楽への愛が深いこっちなんですよ、私は。　**和久井**

Naked Songs
赤心の歌

Columbia : KC 31723
録音 : 1972年
発売 : 1973年1月

[A]
1. (Be Yourself) Be Real
2. As The Years Go Passing By
3. Jolie
4. Blind Baby
5. Been And Gone

[B]
1. Sam Stone
2. Peacock Lady
3. Touch The Hem Of His Garment
4. Where Were You When I Needed You
5. Unrequited

プロデューサー : Al Kooper

参加ミュージシャン : Barry Bailey (g), J. R. Cobb (g), Robert Nix (ds), Richard Greene (fiddle), Dean Daughtry (p), Stuart Scharf (g), Patti Austin (cho), Linda November (cho), Tasha Thomas (cho), Robert John (cho), Maeretha Stewart (cho), Eileen Gilbert (cho), Albertine Robinson (cho), Michael Gately (cho), John Paul Fetta (b), Junior Hanley (ds), Charlie Brown (g), Paul Goddard (b), Maruga Booker (per)

私はこれ、73年の初春に横浜西口のジョイナスにあったヤマハのレコード店で輸入盤を見つけたのだが、三千円近かったから諦め、近所のレコード屋に国内盤はいつ出るのか訊きに行った。ところがその段階ではリリースが決まっていなくて、予定にもなかったのだ。

仕方ないから高い輸入盤を買いに行ったのだけれど、それだけのことはあった。あとから染みたのは前作だけれど、いちばん聴き狂ったのはこれだった。

最初は不安定なヴォーカルがバック陣の演奏が高揚していくのに伴って熱を帯びていくのがいい「自分自身でありなさい」、アルのひたむきなギターがたまらない「時の流れるごとく」と来て、必殺の「ジョリー」である。例によってアタマの3曲で持っていく技がすごい。

カヴァーの選曲もよくて、ジョン・プラインの「サム・ストーン」はシングル・カットされた。アネット・ピーコックを教えてくれたのもこのアルバムで、おかげで私は早くに『アイム・ザ・ワン』を入手したのである。

けれど73年夏ごろにようやく出た日本盤にも反応は乏しく、誰もアル・クーパーを語らなくなっていくのだ。後年の再評価で自分のセンスに自信が持てたけれど、本当にアルが好きならこれだけじゃないだろ、と強く言っておきたい。

しかしジャケはアイディア倒れだよね。私は一般的には裏とされている方が表だと思うのだが、どうだろう。

和久井

THE ORIGINAL BLUES PROJECT
Reunion In Central Park
ブルース・プロジェクト・イン・セントラル・パーク

MCA／Sounds of the South : MCA2-8003
録音 : 1973年6月
発売 : 1973年

[A]
1. Introduction: Ron Delsene
2. Louisiana Blues
3. Steves Song
4. Introduction: Al And Andy
5. I Can't Keep From Cryin' Sometimes

[B]
1. You Can't Catch Me
2. Introduction: Al
3. Fly Away
4. Caress Me Baby

[C]
1. Introduction: Andy
2. Catch The Wind
3. (I Heard Her Say) Wake Me Shake Me

[D]
1. Introduction: Danny Kalb
2. Two Trains Running

プロデューサー : Al Kooper, Andy Kulberg

　サウンズ・オブ・サウスを創設してモーズ・ジョーンズやレーナード・スキナードを紹介、サザン・ロックはオールマン・ブラザーズ・バンドだけじゃないと実感されてくれたのも大きな功績だったが、自分はどうするの?と思っていたらブルース・プロジェクトを再結成してニューヨークでコンサート、すぐさまこのライヴ盤をリリースしてくれた。「変わり身、早ッ!」と思ったものだ。

73年6月24日にセントラル・パークで開かれたシェッファー・フェスティヴルに登場したブルース・プロジェクトは、アル、ダニー・カルブ、スティーヴ・カッツ、アンディ・カルバーグ、ロイ・ブラメンフェルドの5人。唯一のソロ・アルバムがいいトミー・フランダースはいないが、ほぼオリジナル・メンバーだ。

　アルがむかし望んだことをようやく実現したような演奏を繰り広げて、ニューヨーク・ロック初期の〝ブルース・バンド感〟とニューヨークならでは〝ミクスチュア感〟を合体させているのがいいし、そういう意味ではガサッとラフなところも効いているのである。

　ちょっと古くなってしまったカルブのブルース趣味を〝伝統〟にすりかえながら、ポップな「泣きたい気持ち」や「フライ・アウェイ」の価値を再認識させるところに、アルのプロデュース能力の高さが感じられるのだが、スタジオ盤をつくる気にはならなかったんだろうね。その気持ちはよくわかる。

和久井

Act Like Nothing's Wrong
倒錯の世界

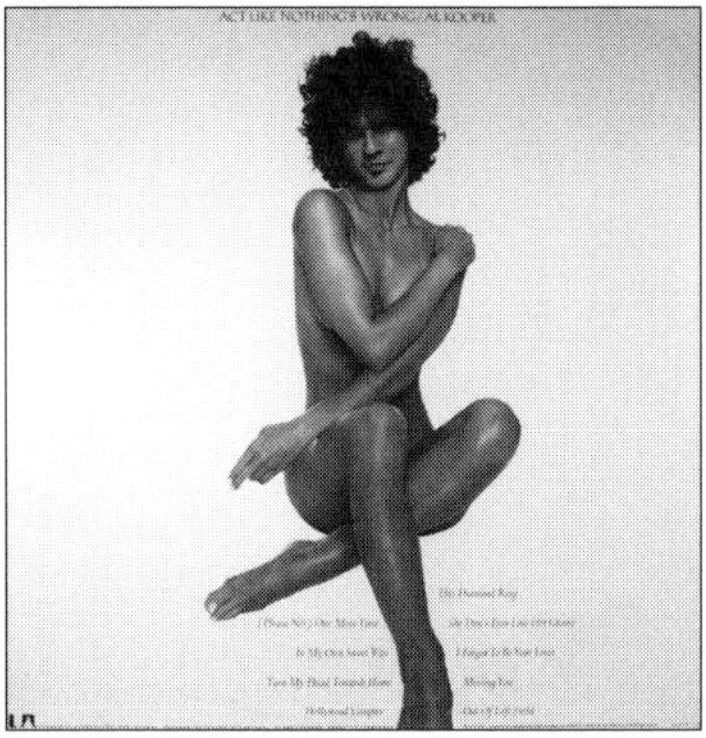

United：UA-LA 702-G
録音：1976年
発売：1976年11月18日

[A]
1. Is We On The Downbeat?
2. This Diamond Ring
3. She Don't Ever Lose Her Groove
4. I Forgot To Be Your Lover
5. Missing You
6. Out Of Left Field

[B]
1. (Please Not) One More Time
2. In My Own Sweet Way
3. Turn My Head Towards Home
4. A Visit To The Rainbow Bar & Grill
5. Hollywood Vampire

プロデューサー：Al Kooper, John Simon

参加ミュージシャン：Joe Walsh (g), Ron Bogdon (b), J. R. Cobb (b), Gary Coleman (per), Robert Ferguson (ds, vo), Steve Gibson (g), Hilda Harris (cho), Ron Hicklin Singers (cho), Mike Leech (b), Willie Hale (g), Larrie Londin (ds), Harry Lookofsky (violin), George Perry (b), Marvin Stamm (trumpet), Tower of Power (horns), Wendy Waldman (cho), Bobby Wood (kbd), Reggie Young (g, vo), Tubby Zeigler (ds)

ユナイテッド・アーティスツとワン・ショット契約したのは『ザ・ランドロード』のサントラがあったからかもしれない。制作費に不足がなかったのは音を聴けば明らかだし、BS&Tのファースト以来となったジョン・サイモンの登板で前線に復帰したのが嬉しかった。

　ファンキーなクラヴィネットが効いた「恋のダイアモンド・リング」のセルフ・カヴァーから、フィリー・ソウルに迫った2曲、アルならではの曲づくりとアレンジが楽しめる「ミッシング・ユー」と続き、A面はダン・ペンとスプーナー・オールダムの曲で締めるのだから、ソウル趣味が40年ぐらい先を行っていた。

　オリジナル曲を並べたB面は弦やホーンをふんだんに使って〝アメリカン・ポップの万華鏡〟をつくってみせたかのようで、ジョー・ウォルシュのスライド・ギターをジョージ・ハリスンのそれのように配した「ハリウッド・ヴァンパイア」なんて映画の大団円を想わせるほど。再評価すべき一枚だ。

　こんなのを聴かされたら誰だって次作に期待してしまうが、プロデュース仕事でしか名前を聞かなくなってしまうのだから困ったチャンである。

　ここまでは何をやっても〝ロック〟にとどまっていたのだが、フュージョンとディスコに感化されて、おかしくなってしまうのだ。AORに転向して思い切りメロウなアルバムをつくってくれた方がよかったとも思う。

和久井

1972年、クーパーはジョージア州アトランタに居を移す。この土地から生まれる音楽の地力に気づいた彼は、クラブに顔を出しては目ぼしいバンドを探し始めた。モーズ・ジョーンズと出会ったクーパーは、彼らからレーナード・スキナードを紹介されると《サウンズ・オブ・ザ・サウス》というレーベルをつくりMCAと契約、両バンドのレコード・デビューに注力するようになる。

　コロンビアとのソロ契約を履行するため、『赤心の歌』のレコーディングを終えると、レーナード・スキナードの最初の3枚のアルバムを制作、商業的な成功を収めた。しかし、74年にはレーベルをMCAに売却し、今度はロサンゼルスに引っ越して、米英を行き来しながらザ・チューブスなどのプロデュースを続ける。

　ブルース・プロジェクトの再結成や、ソロ・アルバム『倒錯の世界』の発売などはあったものの、80年代が終わる頃にはサウンドトラックも手がけるようになり、裏方に軸足を置いていたクーパーだが、その傍らで私家版とも言うべきレコードを何枚かつくっていたようだ。

　友人に配布するためだけに編集し、100枚しかプレスされなかったものもあるようで、詳細はわからない。内容はスタジオのアウトテイク、ジャム、会話などがコラージュされたものらしい。

　根っからのワーカホリックなんじゃないかとも思うが、それだけではないようだ。友達のためにクリスマス用のレコードをつくるというだけでも大変な労力とお金を使っているだろうし、最初の一枚は飛行機事故で亡くなったレーナード・スキナードのメンバー、ロニー・ヴァン・ザントとローディーのディーン・キルパトリックに捧げられているのだ。　**森**

The Legendary Kapusta Kristmas Album
Kapusta：AK 101/102
発売：1977年

The 2nd Annual Kapusta Kristmas Album
Kapusta：K-201
発売：1970年代末

The Third Annual Kapusta Kristmas Album
Partners In Crime：NL-109
発売：1987年

FOUR ON THE FLOOR
Four On The Floor

Casablanca : NBLP 7180
録音：1979年
発売：1979年9月17日

[A]
1. There Goes My Baby
2. Gypsy Woman
3. Any Day Now

[B] Glimmer Twins Medley
1. Let's Spend The Night Together
2. Lady Jane
3. Paint It Black
4. Under My Thumb

プロデューサー： Al Kooper

アルとジェフ・バクスターがプロデュース／アレンジ／演奏したディスコ・バンドの唯一のアルバム。企画ものだと思うのだが、ヴォーカルがノン・クレジットでグレン・ヒューズなのだから面白い。

アルはシンセやヴォコーダーを使って遊んでいるし、予算があったのか派手な弦やホールを入れている。ジェフもノリノリで16ビートをカッティングし、アグレッシヴなギターを弾きまくっている。

B面のストーンズ・メドレーは聴きもので、「こういう機会でもなきゃ演れないもんね！」と笑うアル、ジェフ、グレンが容易に想像できるのだ。しかしアレンジはけっこう本気で、鋭いフレーズが目白押し。ドラムにはリッチー・ヘイワードも協力している（音源の提供だけ?）。

中古盤屋のバーゲン箱に投げ捨てられていることが多いから、注意していれば500円ぐらいで買えると思う。こんな下世話な仕事もしちゃうのがアルらしい。

和久井

Championship Wrestling
チャンピオンシップ・レスリング

Columbia : FC 38137
発売：1982年

[A] First Fall
1. I Wish You Would / 2. Two Sides (To Every Situation) / 3. Wrestle With This / 4. Lost Control

[B] Second Fall
1. I'd Rather Be An Old Man's Sweetheart (Than A Young Man's Fool) / 2. The Heart Is A Lonely Hunter / 3. Bandstand / 4. Finders Keepers / 5. Snowblind

プロデューサー： Bill Szymczyk

フォー・オン・ザ・フロアーの相棒ジェフ・バクスターの協力をあおいだ久々のソロ・アルバムだが、全9曲中2曲はインストで、ヴォーカルもヴァレリー・カーターに2曲、ミッキー・トーマスに2曲、リッキー・ワシントンに1曲を任せている。つまりアルが歌っているのは2曲だけ。ディスコ風味が残りつつのインスト曲は本当にアメリカのプロレスかF1のテーマ曲みたいだから、アルのソロ・アルバムとは思えない。ドラムが曲によってザッパ・バンドのヴィニ・カリュータだったり、ホーンはタワー・オブ・パワーだったりするから聴きどころは少なくないのだが、ミッキー・トーマスが歌うとアメリカン・ハード・ロックになっちゃう。内袋でアルが着ているTシャツに“Never Try To Teach A Pig To Sing. It Wastes Your Time And Annoys The Pig.”とプリントされているのが意味深。冗談でつくったアルバムなのかな?

和久井

Rekooperation

Music Masters Rock：01612-65107-2［CD］
発売：1994年6月

1. Downtime／2. After The Lights Go Down Low／3. When The Spell Is Broken／4. How 'My Ever Gonna Get Over You／5. Sneakin Round The Barnyard／6. Soul Twist-ed／7. Lookin For Clues／8. Honky Tonk／9. Clean Up Woman／10. Don't Be Cruel／11. Alvino Johnson's Shuffle／12. Johnny B. Goode／13. I Wanna Little Girl

プロデューサー：Al Kooper

12年振りのソロ・アルバムは、（ほぼ）インストゥルメンタル作品となった。基本的なバンドはギターのジミー・ヴィヴィノを番頭役とし、ベースのハーヴィ・ブルックス、ドラムのアントン・フィグ、そしてクーパーという布陣。曲によってはランディ・ブレッカーらホーン・セクションが入ってくる。

インスト集とは言え、カヴァーが多く、とっつきやすい仕上がりになっているし、何よりクーパーが操るオルガンと、ヴィヴィノのギターが絡み合う瞬間が頻繁に現れるので飽きることはない。

リチャード・トンプソンの「ホウェン・ザ・スペル・イズ・ブロークン」には、急にフランク・ザッパの「ピーチズ・エン・レガリア」が差し込まれてくるし、続く自作の「ハウ・マイ・エヴァー・ゴナ・ゲット・オーヴァー・ユー」は思いっきりジャズだ。ほかにもブルーズ、オールディーズへのオマージュがたっぷりと詰め込まれている。 **森**

Soul Of A Man: Al Kooper Live

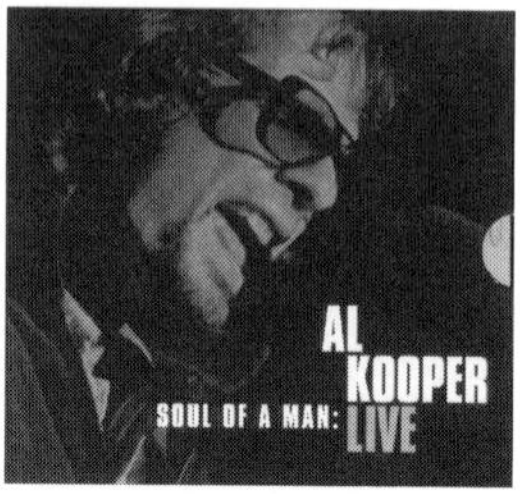

Music Masters Rock：1612 65113-2［CD］
録音：1994年2月4日〜6日
発売：1995年2月

[1] 1. Somethin' Goin' On／2. I Can't Keep From Cryin' Sometimes／3. I Stand Alone〜I Can Love A Woman〜New York City (You're A Woman)／4. Flute Thing／5. Don't Tell Me (Repo Man)／6. Two Trains Runnin'／7. Heartbeat／8. Sleepwalk／9. Just One Smile

[2] 1. I Can't Quit Her／2. I Want A Little Girl／3. My Days Are Numbered／4. I Love You More Than You'll Ever Know／5. Vocal Intro／6. Made In The Shade／7. Downtime／8. Violets Of Dawn／9. Albert's Shuffle／10. You Can't Always Get What You Want〜Season Of The Witch〜Al's Witch Hunt

プロデューサー：Al Kooper

アル・クーパー50歳の誕生日を中日とした3日間、ニューヨークのボトムラインで収録されたライヴ・アルバム。スティーヴ・カッツ抜きの《ザ・ブルース・プロジェクト》、BS&Tを再現する《チャイルド・イズ・ファーザー・トゥ・ザ・マン》、そしてそのほかのプロジェクトやソロの曲を一手に引き受ける《ザ・リクーパレイターズ》という3つのバンドが登場するが、曲順は入り乱れ、まさにクーパーの万華鏡状態である。

キャリアを総括した選曲になっているが、本作がリリースされた当時聴いても、まったく古さを感じなかったと記憶している。さすがに『アイ・スタンド・アローン』の曲は絞り込めなかったのか、メドレーになっているが。

それにしても、レーナード・スキナードの「メイド・イン・ザ・シェイド」を取り上げるとは泣かせるじゃないか。しかも、ピアノがジョニー・ジョンソンで、ハーモニカはジョン・セバスチャンだ。 **森**

Black Coffee
ブラック・コーヒー

Favored Nations : FN 2520-2 [CD]
発売 : 2005年7月12日

1. My Hands Are Tied / 2. Am I Wrong / 3. How My Ever Gonna Get Over You / 4. Going, Going, Gone / 5. Keep It To Yourself / 6. Get Ready / 7. Imaginary Lover / 8. Green Onions (Live!) / 9. Another Man's Prize / 10. Childish Love / 11. Got My Ion Hue / 12. Just For A Thrill / 13. Goin' Back In A Cadillac (Live!) / 14. (I Want You To) Tell Me The Truth / 15. Test Drive (Bonus Track : 日本盤のみ収録)

プロデューサー : Al Kooper

還暦を過ぎたクーパーが久しぶりにリリースしたアルバム。《ザ・ファンキー・ファカルティ》というバンドでの演奏がメインで、ところどころクーパーがセルフ・レコーディングした曲が混ぜ込まれている。ダン・ペンと共作した「ゴーイング、ゴーイング、ゴーン」などは、適度にポップなメロディと抑制の効いたアレンジが、いい歳の取り方をしたホワイト・ソウル、という感じがする。

スモーキー・ロビンソン作、テンプテーションズの「ゲット・レディ」や、ブッカー・T&ザ・MGズの「グリーン・オニオンズ」のカヴァーなどは、ずっと好きだった曲を今演ってみたら意外とイケたよ、みたいな雰囲気で、邪さがないところが潔い。

それにしても、ザ・バンドのリック・ダンコとリチャード・マニュエルに捧げた「(アイ・ウォント・ユー・トゥ) テル・ミー・ザ・トゥルース」で締め括られると、何も言えませんって、先生。 **森**

White Chocolate
ホワイト・チョコレート

A Minor : AMRC69711 [CD]
発売 : 2008年10月21日

1. Love Time / 2. You Never Know Til You Get There / 3. Calling You / 4. I Love You More Than Words Can Say / 5. It Takes A Lot To Laugh (It Takes A Train To Cry) / 6. I Cried So Hard / 7. Staxability / 8. You Make Feel So Good (All Over) / 9. Susan / 10. Hold On / 11. Cast The First Stone / 12. No 1 2 Call Me Baby / 13. Candy Man / 14. I (Who Have Nothing) / 15. (I Don't Know When But) I Know That I'll Be There Soon

プロデューサー : Al Kooper

発売当時、日本盤が出ないと思ってオフィシャル・サイトから取り寄せたら、本人のサイン入りだったという個人的な思い出のあるアルバム。しかも、ダウンロード・コードが印字されたカードが同梱されていて、収録曲のデモが7テイクも入手できるという大盤振る舞い。ラッキー、と思っていたら、来日公演に合わせるように日本盤が発売になり(さすがソニー…)、ライヴの終演後には物販コーナーで即席のサイン会が開かれているではありませんか。ちなみに私が観に行った日には、津軽三味線の上妻宏光が呼び込まれて、クーパーやバンドと共にブルーズのセッションに興じるという、とんでもない一幕もありました。

アルバム自体は前作の延長線上にあり、ディランやフレッド・ニールのカヴァーがあったり、南部ソウルへのオマージュだらけの「スタックサビリティ」があったりと、彼のベースになっている音楽が詰め込まれている。 **森**

執筆者プロフィール／アンケート

❶生年、出身地、肩書き
❷経歴
❸個人的に好きなボブ・ディランのアルバム3作
❹個人的に好きなボブ・ディラン・ナンバー5曲
❺改めて、ボブ・ディランに対して想うこと

犬伏 功（いぬぶし・いさお）

❶1967年大阪生まれ、大阪市在住の音楽文筆家／グラフィック・デザイナー。

❷2000年より音楽雑誌、ライナーノーツなどの執筆、再発監修等を行う。主に英国産ポップ・ミュージックを軸足にさまざまな執筆活動を展開、地元大阪では隔月開催の『犬伏功の Music Linernotes』をはじめ、さまざまな音楽系トークイベントを開催している。

❸『ブリンギング・イット・オール・バック・ホーム』『ジョン・ウェズリー・ハーディング』『血の轍』

❹「ハリケーン」「ラヴ・マイナス・ゼロ／ノー・リミッツ」「我が道を行く」「エヴリシング・イズ・ブロークン」「フォーエヴァー・ヤング」

❺摑みどころのない人。頑固者。逆張りの人。地上最高のストーリー・テラー。常に聴いているわけではないが、常に傍らにいて、いなくては困る人。唯一無二の存在。最高にカッコいい人。

梅村昇史（うめむら・しょうじ）

❶1961年名古屋生まれ。グラフィック・デザイン／イラストを生業とする。在野のザッパ研究家。

❷書籍、絵本等のデザインやイラストを手がけつつ、CDジャケットのデザインなどを制作。『ザ・バンド完全版』『ピンク・フロイド完全版』『ローリング・ストーンズ完全版』等では漫画ページと原稿の執筆を担当。

❸『ブリンギング・イット・オール・バック・ホーム』『激しい雨』『ロイヤル・アルバート・ホール』

❹「サブタレニアン・ホームシック・ブルース」「ゲーツ・オブ・エデン」「アイ・ドント・ビリーヴ・ユウ」「タングルド・アップ・イン・ブルー」「ポリティカル・ワールド」

❺中学生の時から聴いてはいるけど正確に理解しきれていません。カヴァー・ヴァージョンで聴いてイイ曲だなと知るオレ。最後まで気難し屋で行ってください。

納富廉邦（のうとみ・やすくに）

❶1963年6月22日、佐賀市で生まれる。フリー・ライター。

❷大学在学中からフリーランスでコピー・ライターを始め、85年に雑誌を中心にノン・ジャンルで書くライターになる。94年に初の著書『CD-ROM Review Book』を刊行。以降、『iPod Fan Book』シリーズは、アメリカ、ドイツ、フランスでも発売されたほか、『やかんの本』『Drinkin Cha』『子供の本がおもしろい！』『大人カバンの中身講座』『40歳からのハローギター』など著書多数。『ザ・バンド完全版』『NYパンク以降のUSロック完全版』『ピンク・フロイド完全版』『ローリング・ストーンズ完全版』へ寄稿。新聞、雑誌、Web、書籍での執筆、テレビ、ラジオの出演、講演、製品プロデュースなどで活動。最近の仕事として、『アート・コレクターズ』誌上での美術評論の連載、書籍『二十一世紀の名品小物101』『逆光写真集』の刊行、秋田道夫著『かたちには理由がある』の編集・構成などがある。

❸『ザ・ベースメント・テープス・コンプリート』『追憶のハイウェイ61』『ダウン・イン・ザ・グルーヴ』

❹「見張塔からずっと」「雨の日の女」「ブルーにこんがらがって」「メイン・タイトル・テーマ（ビリー）」「マイ・マインド・メイド・アップ」

❺あらゆる面で手に負えないというか面白い人だなと思う。若い頃から一貫して〝笑い〟を大事にしているのがいとおしい。日本編集で画集が出ないものだろうか。

真下部緑朗（まかべ・ろくろう）

❶1964年、鹿児島県生まれ。ラグビーも大好きな熟年サラリーマン。

❷大学卒業後、婦人実用出版社→食肉専門商社・経理部を経て某文芸出版社・営業部に勤務。『ニール・ヤング全公式音源攻略ガイド』『デイヴィッド・ボウイ完全版』『カンタベリー・ロック完全版』『ザ・バンド完全版』『NYパンク以降のUSロック完全版』『ピンク・フロイド完全版』『ローリング・ストーンズ完全版』などに参加。

❸『追憶のハイウェイ61』『ブロンド・オン・ブロンド』『オー・マーシー』

❹「ライク・ア・ローリング・ストーン」「ミスター・タンブリン・マン」「見張り塔からずっと」「いつまでも若く（ラスト・ワルツ・ヴァージョン）」「天国への扉」
❺ディランの思い出といえば、「タイト・コネクション」のミュージック・ビデオに倍賞美津子が出てきたのにビックリしたこと。ついに大衆にすり寄ったかと感じたが、その後のディランは相も変わらずだった。今のままでずっといて欲しい、転がる石のように…。

森 次郎（もり・じろう）
❶1968年、愛媛県生まれ。アマ五段。
❷2021年、ライター仕事（バイト）を開始。
❸『タイム・アウト・オブ・マインド』『ブートレッグ・シリーズ第1〜3集』『テル・テイル・サインズ』
❹「北国の少女」（ウィズ・ジョニー・キャッシュ）、ザ・タートルズ「イット・エイント・ミー・ベイブ」、ブライアン・フェリー「メイク・ユー・フィール・マイ・ラヴ」、ニューエスト・モデル「嵐からの隠れ家」、パンタ「ラヴ・マイナス・ゼロ」
❺歌の上手さを隠そうとしているのに、ときどき忘れてつい見せてしまう、三上寛的なところが人間臭くていいと思っています。

森山公一（もりやま・こういち）
❶1973年。大阪府大阪市東成区生まれ。ミュージシャン。
❷「オセロケッツ」のヴォーカリストとして97年、ソニーからメジャー・デビュー。シングル10枚、アルバム3枚をリリース。ソロとしても02年にシングル、15年にアルバム『Record!』を発表した。大阪を拠点にした「the Sokai」、京都が誇る老舗カントリーバンド「永冨研二とテネシーファイブ」での活動や、楽曲提供、プロデュース、専門学校講師等、幅広い分野で活躍している。まもなく50歳になるので、記念イベントを計画中。ディラン年表でいくと、アコギでカヴァー・アルバム作る時期なのかも？
❸『ナッシュヴィル・スカイライン』『血の轍』『トリプリケイト』
❹「サブタレニアン・ホームシック・ブルース」「ライク・ア・ローリング・ストーン」「ジョン・ウェズリー・ハーディング」「いつまでも若く」「メイク・ユー・フィール・マイ・ラヴ」
❺思いつきで行動してるように見せかけて何となく計画的な所が好きです。自身が思い描くボブ・ディラン像の実現には余念がなく、日夜研鑽を積んでらっしゃる姿や、理想の為には過去まで書き換える狡猾さ、年齢を重ねてもユーモアを忘れない態度にも惹かれます。「我が道を行く」ことを教えていただき、大変感謝しております。

横田 信（よこた・しん）
❶1966年、東京生まれの埼玉育ち。肩書きは模索中。
❷今回が実質的に初執筆。
❸『ブリンギング・イット・オール・バック・ホーム』『欲望』『クリスマス・イン・ザ・ハート』
❹「ミスター・タンブリン・マン」「廃墟の街」「オン・ア・ナイト・ライク・ディス」「モザンビーク」「イズ・ユア・ラヴ・イン・ヴェイン」
❺だみ声を集めて囃子ボブ・ディラン〜だみ声を芸術に高めたところが好き。

和久井光司（わくい・こうじ）
❶1958年10月2日に東京渋谷で生まれ、横浜市戸塚区（〜泉区）で育ち、75年ごろ「からすの羽根」の若手として横浜野音などでバンドを活動を本格化させた総合音楽家。
❷81年にスクリーンを率いてレコード・デビュー。翌年キティレコードと作家契約し、他者に詞・曲を提供するようにもなる。バンドで5枚、ソロで5枚のフル・アルバムがあり、プロデュース、参加、楽曲提供、企画・コーディネイト、デザインなどで関わった音楽作品は60作を超える。代表作はソロ名義の『ディランを唄う』と、和久井光司&セルロイド・ヒーローズの『愛と性のクーデター』（ともにソニー）。著書に『ビートルズ原論』『放送禁止歌手 山平和彦の生涯』『ビートルズはどこから来たのか』『ヨーコ・オノ・レノン全史』など、編著に『英国ロックの深い森』『ラブ ジョン・レノン』『ジョージ・ハリスン スワンプ・ロック時代』などがある。23年暮れ発売に向けて初の詩集を制作中。
❸『血の轍』『タイム・アウト・オブ・マインド』『モダン・タイムズ』（スタジオ録音盤から選んだ）
❹「ジャスト・ライク・ア・ウーマン」「ザ・マン・イン・ミー」「運命のひとひねり」「ブラインド・ウィリー・マクテル」「ラヴ・シック」
❺カッコはつけるのだが、カッコつけてるかぎりダサいんだよ、と思っているはずで、どうしたらいいんだか、自分でもわかっていないんだと思う。けれど、ありのままなんてことは信じず、何かを代表することを嫌い、毎日自分を変化させていってるんだから、哲学的ではある。そんな人に私もなりたい。

執筆　犬伏 功　梅村昇史
納富廉邦　真下部緑朗
森 次郎　森山公一
横田 信　和久井光司

編集統括　森 次郎

データ作成　犬伏 功　納富廉邦

アート・ディレクション　和久井光司

デザイン　和久井光司　梅村昇史

写真提供　ソニー・ミュージックジャパンインターナショナル

カヴァー写真　Horosuke Katsuyama

ボブ・ディラン完全版

2023年11月20日　初版印刷
2023年11月30日　初版発行

責任編集　和久井光司

発行者　小野寺優

発行所　株式会社河出書房新社
〒151-0051 東京都渋谷区千駄ヶ谷2-32-2
電話 03-3404-1201（営業）
03-3404-8611（編集）
https://www.kawade.co.jp/

組版　坂本芳子

印刷・製本　株式会社暁印刷

Printed in Japan
ISBN978-4-309-23139-6

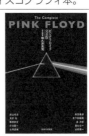

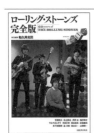

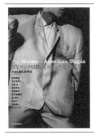

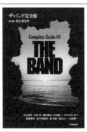

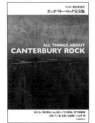